中世寺院史料論

永村 眞著

吉川弘文館

目次

I　寺院史料の成立とその特質

Ⅱ　法会の史料・修学の史料

序章　寺院社会史と史料論

はじめに

仏教伝来より今日に至るまで、「日本仏教」[1]は寺院を拠点として発展を遂げてきたが、この寺院（寺院群）という空間に拠りながら成立・存続した寺僧集団の社会的組織を寺院社会と呼ぶことにする。そして古代・中世において寺院社会が果たした歴史的役割については数多くの研究成果が公刊され、多様な視点や概念規定のもとに構造的な解明が蓄積されている。[2]

さて寺院に止住する僧侶集団を構成実体とする寺院社会は、世俗社会の内にありながら独自の規範をもって維持されてきた。そして古代以来の寺院社会が世俗社会と不断に関わりながら存続する過程で、その内部と外縁に多様かつ多量の歴史的痕跡がのこされ、そのわずか一部が今日に伝来し寺院史料と呼ばれている。すなわち寺院史料は、広義には文献史料から考古遺物・建造物・彫刻・絵画にわたる多彩な形状・形態の媒体を含み込むが、狭義には紙本・布帛・金石に書刻された文献史料を指し、本書ではこの狭義の寺院史料を検討対象とする。

寺院社会に生まれ伝存した膨大な寺院史料が、聖俗両界にわたる歴史研究の素材として活用されてきたことはいうまでもない。しかし従来の日本史分野における寺院史料の調査は、もっぱら寺院社会に伝来した世俗社会に関わる史料、とりわけ古文書の蒐集に集中しており、その過半を占める寺院社会に特有の史料はほとんど等閑視されてきたといっても過言ではない。そして寺院史料の中核をなす教学・法会に関わる史料については、その多くが調査対象から排除され、わずかに著名な仏典の内容や筆跡・識語、また特殊な形態・形状が注目されてきたにすぎない。つまり寺院史料が生まれた本来の場や役割と無関係に活用されてきたという一面は否定できないのである。

しかし近年になり史料保存を目的とする悉皆調査が相次いで実施され、その成果としての史料目録や史料集の公刊が相次いで行われている。たとえば、京都の高山寺・石山寺・大覚寺・青蓮院・醍醐寺・東寺観智院や奈良の東大寺・興福寺・西大寺における悉皆調査により、『高山寺経蔵典籍文書目録』（高山寺典籍文書綜合調査団編）・『石山寺の研究（校倉聖教・古文書篇）』（石山寺文化財綜合調査団編）・『東寺観智院金剛蔵聖教目録』（京都府教育委員会編）・『大覚寺聖教目録』（大覚寺編）・『醍醐寺文書聖教目録』（醍醐寺編）・『東大寺文書目録』（奈良国立文化財研究所編）・『興福寺典籍文書目録』（同前）等々、詳細かつ良質な史料目録やさらに史料集が相次いで刊行されている。

諸寺に伝来した寺院史料の全貌が明らかになった結果として、従来は目を向けられることの少なかった寺院特有の史料が注目されるようになった。このような傾向はおおいに歓迎すべきことであるが、膨大な寺院史料の保存を第一の目的として編集された目録は、内容に関わりなく伝来単位で個々の史料を配列・記載しており、これを縦横かつ有効に活用することは必ずしも容易ではない。そこで寺院史料を活用する前段階として、それらを生み出した寺院社会という空間において、寺院史料を構造的に把握する作業が必須となろう。すなわち寺院社会が生み出し伝えた膨大な寺院史料を、改めて寺院社会の成立・存続という場のなかで捉え直し、寺院史料が果たした歴史的・社会的な役割を検討するところに、寺院史料論の大きな課題が存在するわけである。

本書では、寺院史料を寺院社会という本来の場に戻して検討を試みることを心がけ、その前段階として史料論という基本的な研究姿勢を措定し、寺院社会の組織構造を踏まえた寺院史料の生成・機能を論ずることにしたい。なお拙著『中世東大寺の組織と経営』（塙書房、平成元年）は、東大寺という具体的な事例を通して、中世寺院がもつ組織的な側面から、その個性的な構造とともに寺院社会に共通する構造について検討を試みたものであり、前著における組織論を踏まえつつ本書の史料論を展開したい。

そこで本書の構成としては、「序章　寺院社会史と史料論」において、寺院社会の構造と寺院史料との関係を提示し、「I　寺院史料の成立とその特質」において、寺院社会が成立し存続するに不可欠な場において、いかに寺院史料が生まれたかを踏まえ、「II　法会の史料・修学の史料」では、とくに寺院社会に特有の史料を取り上げ、その具体的な機能や素材について検討し、「終章　寺院史料論の総括と課題」に至ることにしたい。

また考察の素材としては、おもに南都東大寺・興福寺や京都醍醐寺に伝来する多彩な史料を用い、さらにこのほか課題にふさわしい諸寺史料に目を向けることになる。つまり南都北嶺と称されるいわゆる「旧仏教」社会に伝来した史料をおもに取り扱うことになる。これら諸寺の伝来史料に注目したのは、一つには古代・中世における寺院社会の中核的な寺院として、その史料論に一般化の糸口が見られること、今一つには、筆者自身が調査に関わった経験をもち、伝来史料の全貌とは言いがたいものの、全体の輪郭をおおむね捉えることが可能であることによる。なお東大寺・興福寺・醍醐寺の場合、前記の通り所蔵史料の目録が既刊もしくは刊行中であり、史料群の概要を知る術が提供されている。

第一節　寺院社会史への視座

一　寺院社会とは

寺院（寺院群）に止住する僧侶集団により構成される社会的組織を寺院社会と呼称することは前述の通りである。そこで前掲の拙著における検討の過程で、また東大寺・醍醐寺等の寺院史料を通覧するなかで経験的に注目した、中世の寺院社会がもつ世俗社会との関わりや内部的構造を規定するいくつかの象徴的な事象についてまず触れておきたい。

その第一は、戒律と本尊の存在であり、これらは聖俗両界の区分と共存を象徴する事象といえる。まず戒律については、印度初期仏教社会より仏法相承を図る比丘集団（実質的には僧団）が堅持すべき最も基本的な規範と認識され、日本の古代・中世においても継承されており、しかも寺院社会に特有の原理の淵源をなすものと考えられる。すなわち組織構成の原理（たとえば僧伽の原理と集会制度）や組織経営の原理（たとえば利と財）は、その根元が戒律に見出され(3)、戒律こそ寺院社会を内部から支える諸原理の基礎とすることができよう。とりわけ寺院社会を実質的に構成する比丘集団（寺僧集団）が、戒律のもとで秩序づけられ、僧団（「衆徒」「大衆」）としての集団性が形づくられた点は看過しがたい。また本尊は聖俗両界の接点にあって、世俗社会側からみれば自らがいだく信心（信仰心）を託する拠りどころであり、寺院社会側からみれば自らの存続の前提となる檀越の信心を吸引する磁場にほかならない。つまり世俗社会から投じられた信心を方向づけ、寺院社会に誘う指針としての役割を本尊は果たすわけで、聖俗両界の共存に不可欠な信心を象徴する存在といえよう。このように戒律は寺院社会における内部構造の支柱として、本尊は聖俗両界の接点として、いずれも世俗社会のなかに寺院社会が独自の空間を保つための要件としてある。

第二には、「鎮護国家」という一語に象徴される寺院社会の宗教的機能がある。「国家」つまり「公家」(天皇)を護持するという機能は、古代以来の寺院社会が世俗社会に対して果たす宗教的機能の第一に位置づけられ、また諸宗・時代を問わず後世の寺院社会の過半はこの機能を高く掲げてきた。中国・朝鮮から伝来した仏教が日本社会に定着・布弘する端緒は、「仏教公伝」という一語が明快に語るように、政治権力(朝廷)による仏教受容にほかならない。仏教布弘の当初より寺院社会が果たす宗教的機能には濃厚な政治性が伴い、これが「日本仏教」の一つの特徴であったことは確かである。そこで「鎮護国家」という宗教的機能は、寺院社会がもつ世俗性の根元ともなり、その世俗的な影響力を支えるための重要な拠りどころとなった。平安中期には「王法・仏法」相依という原理が寺院社会側から強調され、その世俗的な利権を守る論拠とされるが、この原理の淵源が「鎮護国家」にあることはいうまでもあるまい。このように寺院社会の本源的な機能としての「鎮護国家」、そしてその延長上にある檀越の護持は、世俗社会に内在する寺院社会が政治・経済・社会にわたる自らの世俗的権力を伸張させる拠りどころともなったわけである。

第三には、修学と法会(祈禱)勤修という活動があげられる。これは「鎮護国家」という宗教的機能を具体的に実現するための寺院社会による宗教的活動そのものである。寺院社会を構成する寺僧集団は、日常的な修学活動に基づき、さまざまな意図のもとに寺内外で催される法会(祈禱)に職衆として出仕し、その場で修学の成果を顕示する。寺僧集団による法会勤修こそが「鎮護国家」の実現であり、また法会勤修は日常的な修学によって支えられる。つまり修学と法会勤修は、寺院社会にあって寺僧集団が存立する前提条件ということになる。そこで寺僧集団による修学と法会勤修が、寺院社会のもつ教学的・社会的・経済的な構造を決定する要因となることはいうまでもない。

そして第四には、信心と覚悟（悟り）という精神的活動があげられる。聖俗両界における信心は、いうまでもなく仏教と寺院社会の存続には不可欠な要件であり、その究極に覚悟が位置づけられる。世俗の信心は寺院社会が存続するための要件であるが、その信心を受け入れる寺院社会においても、寺僧の信心がその日常的な精神生活を支えていたことは確かである。信心をもって寺院社会に自らの座を占める寺僧は、修学という結縁の手段を通して自利・利他にわたる宗教的果実を求め、煩悩を克服した末の覚悟を目指すことになる。寺院社会が掲げる「鎮護国家」のもとで寺僧は修学と法会勤修に従い、またこの宗教的活動それ自体が寺僧にとっては覚悟に至るための手段でもあった。古代・中世における南都北嶺の寺院社会は、個人の救済を前面に押し出した宗教的活動に積極的であったとは言いがたいが、その諸活動の基底に、信心と覚悟を求めた寺僧の意識を見過すことはできない。

以上のような象徴的事象は、本書中においてもその存在意義を検討することになるが、これらを踏まえて古代・中世の寺院社会がいかなる存在であるか、その定義を試みることにしたい。

まず個別寺院もしくは寺院群を拠点とする寺院社会は、空間的には世俗社会に包摂されながら、独自の組織原理と宗教的機能を拠りどころに、固有の空間と活動を保証された社会的組織といえる。寺院社会が許容された独自性は、世俗社会から寄せられる信心を背景に、とくに「鎮護国家」に象徴される檀越の護持という宗教的機能により維持された。そこで宗教的機能を担うべき寺僧の修学と法会勤修が、寺院社会における諸活動の中軸に位置することは当然といえよう。また仏法相承を組織存続の大前提とする寺院社会の外縁と内部構造は、戒律を淵源とする組織・経営の原理によって支えられた。そしてこの構造と環境のもとで成立し存続した寺院社会の実体こそ、僧伽の原理を共有し集団的意思のもとに社会的組織を運営した寺僧集団（僧団）にほかならない。このように寺院社会の位置と構造を措定した上で、実際の歴史的空間においていかに寺院社会が生まれ存続していったのか、その条件を改めて考えてみることにしたい。

二　寺院社会の存続原理

寺院社会の存続を考察するにあたり、その骨格と内実を各々寺務組織と僧団と捉え、また寺院社会の成立に不可欠な仏・法・僧という三要素が一体として表出される場こそ法会であると理解した(4)。そこで前節の定義を踏まえて、寺院社会が特定の時代に成立し時代を超えて存続するにあたり、必要不可欠と考えられる諸要件について再考を試みることにしたい。ただしここで提示する諸要件は、それらを包括的に例証する史料が存在し、そこから導かれる結論というものではなく、あくまで多くの寺院史料を通覧する作業のなかで経験的に捉えられた仮説にすぎない。そこで社会組織としての寺院社会が成立し存続する横断面・時系列という視点に加えて、世俗社会からいかに支えられたのかという視点から抽出された諸要件を提示する。

1　寺院社会の成立要件

まず個別寺院が成立するに必須の要件とは何かを考えるにあたり注目されるのが、南北朝時代に東寺の碩学杲宝により撰述された「東宝記」である。三巻八部からなる本書は、

第一仏宝上（草創、棟宇目録、南大門、中門、金堂、講堂、鐘楼、経蔵、食堂）
第二仏宝中（灌頂院、護摩堂、塔婆、大経蔵、相承道具等）
第三仏宝下（鎮守八幡宮、西院、庁屋、温室大湯屋、当寺代々修造事）
第四法宝上（灌頂）

第五法宝中（灌頂院御影供、安居講、当寺代々御修法勤例）
第六法宝下（修正・修二月、御国忌、諸堂法会条々、西院御影供法会条々、講説等条々、論義条々、安置聖教）
第七僧宝上（長者、法務、別当、定額僧）
第八僧宝下（真言宗年分度者、諸堂阿闍梨職、永宣旨権律師）

という内容構成をもつ。すなわち「仏宝」では創建の由緒と堂宇・本尊の成立・規模等について、「法宝」では結縁・伝法灌頂をはじめ諸堂院における法会と安置聖教について、「僧宝」では長者を頂点とする寺職と真言宗僧の僧階についての詳細な記事が掲げられる。

ここで杲宝が東寺の足跡と組織を概観し「東宝記」を撰述するにあたり、「仏宝」「法宝」「僧宝」という三部に区分したことはおおいに注目される。つまり杲宝は仏・法・僧という三側面から寺院社会を余すところなく表現できると認識していたことになる。仏宝・法宝・僧宝という区分は、すでに古代寺院が律令政権に提出した資財帳にも見られるが、単に寺院の資財にとどまらず、寺院の基本的な構成要素と認識されていたわけである。

そこで寺院が実体的かつ社会的に存在するための条件、つまり寺院社会が成立する要件として仏・法・僧三宝を掲げることにしたい。ここで「三宝」の語義であるが、「真如」の三表現たる「同体三宝」を根元として、教主たる「三身如来」を仏宝、「二空教」説を法宝、「三賢十聖」の仏弟子を僧宝とする「別体三宝」、さらに仏像を仏宝、仏典を法宝、比丘を僧宝とする「住持三宝」へと、抽象から具象へ概念の階層を下げながら社会的な実態に近似した意味に帰着する（「釈氏要覧」巻中）。そしてこの「住持三宝」が「東宝記」の構成と同質の三宝ということになろう。

すなわち寺院社会が成立するに不可欠な要件（横断面的要件）を、仏・法・僧三宝と措定する。そして三宝を寺院社会の内実に則して具体的に表現するならば、仏宝（仏像）は本尊と安置堂宇、法宝（仏典）は三蔵・聖教とそれに基づく教学・法儀（法会）、僧法（比丘）は寺僧とその集合体たる僧団とすることができよう。

2　寺院社会の存続要件

成立した寺院社会が時代を超えて存続するためには、日常的な経営活動が必須となる。この寺院社会が存続するための要件（時系列的要件）として、寺務と所務をあげることができる。世俗社会に包含される寺院社会がもつ法人としての外貌は「寺家」と呼称された。寺院社会が寺僧集団を内実とする社会組織を表現する概念であるならば、寺家は時代の社会的空間にこの概念が実体化した姿ということになる。(5)

そこで寺院社会の存続は寺家の経営に換言されるが、この寺家の経営を、寺家の組織経営と寺家の経済的基礎をなす財源経営の両面に分かち、前者を寺務、後者を所務と呼称することにしたい。

寺務とは寺務組織による運営活動であり、寺院社会の内部にありながら宗教的色彩の希薄な活動といえる。なお寺務には世俗政権や檀越との交渉など世俗的色彩が濃厚な活動も含まれる。寺務組織は諸寺により多様な形態をとるが、基本的には長官（別当、座主等）と所司（三綱、勾当等）から構成され、政所・公文所などと呼ばれる。この寺務組織には別当をはじめとするさまざまな寺職が置かれ、得分を伴う寺職の補任は寺僧にとって大きな関心事でもあった。

また所務つまり財源経営は、財源となる寺領荘園等の経営から収納・配分にわたる幅広い活動であり、寺領における諸職補任など権利関係の調整、寺領における荘民支配など具体的な経営活動、寺領からの年貢・公事の徴納や寺内配分などの財務活動、さらには寺領をめぐる相論の調停や提訴などにわたる。これらを担うのは基本的に寺僧であり、俗人と不断に接触しながら日常的な業務を果たす世俗性の濃厚な活動といえよう。

このように寺務と所務という宗教性の希薄な活動、つまり寺家による世俗的活動によって、寺院社会が実質的に支えられ存続した。しかし世俗性の濃厚な諸活動は、世俗社会との接触を物語る多彩な史料をのこしたわけで、従来の寺院史研究が聖俗両界の接面を主要な検討課題としたことも肯けよう。

3　寺院社会の保証要件

寺院社会の構造を検討するならば、少なくとも寺院社会の成立と存続の要件を取り上げるだけで十分といえる。しかし寺院社会がなにゆえに成立・存続したのかを考えるためには、その宗教的機能の意義を認識し維持を図ろうとする世俗社会の積極的な意思と支援が不可欠の要件となるはずである。ここで世俗社会が寺院社会の存在を容認し空間的共存を保証するための要件として、信心をあげておきたい。この信心を起点に仏法結縁を図ろうとの意思は、結縁の媒介を果たす寺院社会の役割を認め、その存続のため社会的・政治的・経済的な恩恵を提供することになる。このように檀越たる世俗社会は、信心の表現として寺院社会に対しその成立・存続のための外護と喜捨を供したのである。とりわけ世俗政権による政治的な保護（外護）と経済的な恩恵（喜捨）によって、寺院社会は時代とともに成長し、世俗政権の統制を排除して自立化を遂げたといえる。そこで世俗社会における信心の意味を十二分に理解する寺院社会は、檀越の信心に基づく比丘への関わりを、戒律内に例外規定を設けてまで容認するまでの配慮を見せたのである。

以上のように、寺院社会の成立要件として仏・法・僧三宝を、寺院社会の存続要件として寺務・所務という活動を、そして寺院社会の保証要件として信心をあげ、各々の原理的な存在意義について考えた。ここで掲げた諸要件は、寺院社会が成立し存続するための主柱であるとともに、寺院社会の日常的な維持には不可欠な活動の主柱でもある。そして寺院社会を支える活動の主柱は、必然的にその痕跡としての史料が生成される源泉となる。そこで後述する史料論と組織論との関係を考える前提として、寺院社会の存在要件についていささかこだわったわけである。

三　寺院社会と世俗社会

ここで寺院社会が自らの基底を支える世俗社会をいかに認識していたのかについて、少々目を向けておきたい。天喜元年（一〇五三）東大寺領美濃茜部荘司・住人等解案（『平』三―七〇二、補注参照）は、「王法・仏法」相依論を語る重要な論拠として知られる。[6] 荘官・住民から寺家に提出された訴状のなかで、問題となる一文を引用するならば、

> 方今王法・仏法相双、譬如車二輪鳥二翼、若其一闕者、敢以不得飛・輪、若無仏法者、何有王法乎、若無王法者、豈有仏法乎、仍興法之故王法最盛也、而今近代国司各忘憲法、為事利潤、而間収公寺院庄田、徴責官物租税、宛負臨時雑役、虚〔互〕用仏物・僧物、因茲寺家庄園弥以荒廃、御寺大愁莫過於斯、

と記されている。すなわち「王法・仏法」を「車二輪」・「鳥両翼」として両者が相互に依存する関係と捉え、「仏法」・「興法」が「王法最盛」の条件であることを理由に、「近代国司」による寺領への官物・雑役賦課の停止を寺家に訴えている。国司の非法は寺領の荒廃をもたらし、さらに寺家の疲弊、仏法の衰退につながり、ひいては王法の衰微に波及するとの論理である。最終的には寺家に公家への訴訟を求めたこの訴状は、「東大寺美濃国茜部御庄司・住人等解　申請」とあるものの、実際に起草したのはその用語・文体から推して、「惣検校僧」もしくはその周辺の寺僧であろう。これは「虚〔互〕用仏物・僧物」との戒律に基づく表現からも窺われる。寺領荘園から寺家に上申される訴状の多くは、必ずしも荘官・荘民ではなく、在地もしくは寺内にあって寺領経営に責務を負う寺僧が起草するものである。つまり本訴状の骨格をなす「王法・仏法」相依論は、あくまで寺院社会が発想し主張する論理であることを確認せねばならない。

寺院社会は世俗政権からの外護を享受するため、各時代に「王法・仏法」相依論をはじめとする論理を創出したわけで、笠松宏至氏が指摘した『墓所』の法理」や「仏陀施入之地不可悔返」（仏陀法）もこの一類であるが[7]、いずれも寺院社会の主張を時の政治権力が容認する限りにおいて有効性をもつ論理であることはいうまでもない。

では寺院社会は常に世俗社会と自らが対等な相互依存の関係にあると認識していたのであろうか。ここで元久元年（一二〇四）戒律復興を祈願した栄西願文（『鎌』三―一四四七）に記される、「其仏法者、是先仏・後仏之行儀也、王法者、先帝・後帝律令也、謂王法者仏法之主也、仏法者王法之宝也」、「望請慈恩、住自利々他賢慮、誘進沙門、勧励比丘、令修梵行持戒律者、仏法再興、王法永固乎」との表現に目を向けたい。まず「仏法」・「王法」の語義を定めた上で、「王法」は「仏法」の「主」、「仏法」は「王法」の「宝」という形で相互を関係づけた。そして公家の賢慮により沙門・比丘を仏道修行と持戒に導いたならば、「仏法再興」し「王法」は永く地歩を固めることになると主張する。この栄西が展開した論理は、あくまで「仏法」を「王法」による外護の傘下に位置づけ、「王法」の配慮によって「仏法再興」が実現し、この結果が「王法」に永続をもたらすという流れであり、「王法」と「仏法」とは相互に依存するものの同列に肩を並べるわけではなかった。

実のところ寺院社会は世俗社会とりわけ世俗政権との関係を、「王法・仏法」相依としてよりも、むしろ「仏法」は「王法」に従属し、相応の外護を求めうるものと認識していたのではなかろうか。そして先に触れた寺院社会の発展を支える「鎮護国家」という宗教的機能こそ、世俗社会との関係を端的に表現するものと考える。

すなわち「鎮護国家」という表現をとることはなくとも、その宗教的機能を示す寺院社会の行動は少なからず見出される。たとえば、承安四年（一一七四）伊賀国黒田新荘・出作を東大寺領として認める後白河院庁下文に引用された同寺所司解に、

望請庁裁、且依文書道理、且任国司庁宣、件出作・新庄等停止一切勅事国役、可為不輸寺領之由、被成賜御下文者、将仰　皇恩之無偏、弥奉祈万歳之宝祚者、

との表現が見られる（『平』七―三六六八）。このような表現は公家への訴訟・請願には一般的に用いられるが、公家から「出作・新庄等停止一切勅事国役」という恩恵に、「弥奉祈万歳之宝祚」との宗教的な見返りで応じようとの文脈のなかに、寺院社会による「鎮護国家」の機能と、これに対置される世俗権力の崇敬と保護という関係が確認される。

しかしこの関係は政治権力との間でのみ存在したわけではない。たとえば、寛元四年（一二四六）東大寺大仏殿に燈油料田一段を寄進した大石氏女寄進状（『鎌』九―六七三〇）には、「右、為慈父悲母出離生死・往生浄刹、兼弟子等面々現世安穏・後生善所、法界衆生平等利益、奉寄進状如件」との文言が記される。大石氏女の父は寺僧であったと思われるが、この寄進状の文言のなかに、父母の極楽往生と弟子の現世・後生の安穏を願い、併せて「法界衆生平等利益」を加え、これらの願念のもとに燈油料田を寄進し、宝前に供した燈明の功徳・利益によって願念の実現を図ろうとの意図が窺える。つまり願念の実現という見返りを期待して寄進という結縁行為がなされており、ここにも寺院社会と世俗社会との相互依存の関係が見られよう。

すなわち信心を起点を置く寺院社会の外護・喜捨に対し、寺院社会は祈禱・護持により応えるという両者の双務関係がある。外護・喜捨と祈禱・護持という行為は、その各々が次元を異にする聖俗両界にありながら等価であり、この双務関係への確信があればこそ、寺院社会は「王法・仏法」相依論をはじめとする論理を創出し、世俗社会からの恩恵を求めこれを享受したといえよう。このように寺院社会が世俗社会に対し多様な恩恵を要求しえたのは、寺院社会のみが宗教的機能を果たし宗教的果実を実現できるという自負によるものと考えられる。

第二節　寺院史料論の方向

寺院社会は寺院史料が生まれ機能し伝来した土壌といえる。前述した寺院社会の定義・存在要件とその社会的位置を踏まえ、時代を超えて寺院社会が存続した痕跡としての膨大な寺院史料に検討作業を進めることになる。そこで寺院史料論に足を踏み出す前提として、寺院史料を含む史料をいかに捉えるべきか、本章における基本的な姿勢を明らかにしておきたい。

一　「史料」の定義

「史料」という語句にはさまざまな語義が提示されている。たとえば、佐藤進一氏『古文書学入門』第一章の冒頭には、

われわれが歴史事実を認識し、歴史知識を構成するには必ずそのよりどころとなる素材がなければならない。この素材を史料という。史料にはどんなものがあるかというと、大きくわけて精神的遺物と物体的遺物とがある。前者には言語・風俗・習慣・伝承・思想などがあり、後者には遺蹟・器物などの狭義の遺物と、文字・文章の記載そのものに史料としての価値の認められるもの、すなわち文献とが含まれる。

として、「史料」の属性と実体範囲が提示されている。これは、「歴史研究の素材となる文献、遺物、文書、日記、伝承、絵画、建築などの総称」（『日本国語大辞典』「史料」項）との語義と相通ずるものがあり、基本的には歴史研究という立場を前提として、その素材として「史料」の定義がなされている。

一方、史料管理学という立場から編集された『文書館用語集』（文書館用語集研究会編）には、「史料（しりょう）archives」として、

①個人または組織がその活動のなかで作成または収受し、蓄積した資料で、継続的に利用する価値があるので保存されたもの。記録史料。

②歴史研究に利用可能なすべての記録・モノ情報資源。または、歴史研究のための文字記録情報。

との語義が掲げられる。このうち、②は前述の語義と同質といえるが、①の語義はＩＣＭ（International Council on Archives）編の"DICTIONARY OF ARCHIVAL TERMINOLOGY"に記載されるもので、「歴史的文化的価値があるので永久に保存される史料」という基本的認識を踏まえた史料管理学の立場からの語義であり、そこで歴史研究という立場が必ずしも前面に出ることはない。

さて本章の「史料」に対する姿勢であるが、研究素材として活用することは当然としても、伝来「史料」を取捨選択することなく次世に受け渡すことこそ歴史研究者の基本的任務であると確信し、①を第一義、②を第二義としたい。

そこで「史料」を、まず「歴史的空間において、個人・集団・組織が活動した痕跡を後世にのこした事物」という広い幅で捉えたい。まず痕跡を生み出す主体は、自然現象ではなくあくまで意思をもつ人間であり、人間も個人にとどまらず社会的な存在とある集団・組織にわたることはいうまでもない。個人・集団・組織による社会的な活動のなかで多様な痕跡が生まれたが、この痕跡とは一般的に文書・記録・編纂物や典籍・聖教・経巻・絵画・彫刻・建造物など、一定の意図のもとに作成・作製された「モノ」（媒体）と情報を指す。これらは作成・作製の意図が一定の充足をえた時点を境に、意図的に保存され伝来したものと、偶然に伝来して現代にその姿をとどめるものとに分化する。いずれにしても本章では、「史料」を単なる歴史研究の素材となる文字情報（漢字文字列）というよりも、文字情報を

伴う「モノ」として、つまり文字情報とその媒体という相関する二面を備えた一体と捉えたい。

ところで「史料」は、作成された時点、保存が意図された時点、伝来「史料」として認識された時点で、異次元にわたる機能を果たすものと考える。そこで一通の文書が成立して本来の役割を果たした上で伝来する経緯をたどることにする。

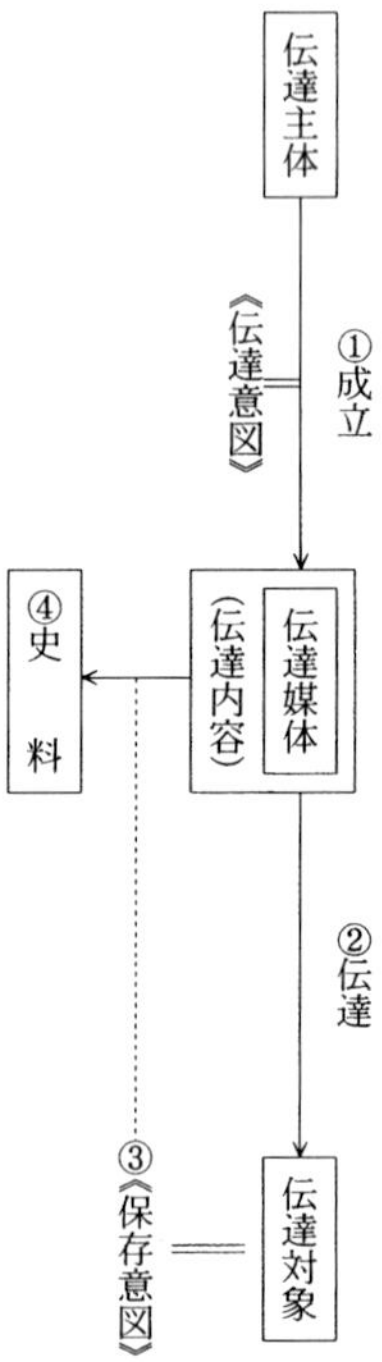

①文書の成立（伝達主体の伝達意図に基づき、伝達媒体に伝達内容を付加した文書が作成される）

②文書の伝達（意思伝達の主体から伝達媒体たる文書が伝えられる）

③文書の伝来（意思伝達の対象のもとで、一定の保存意図のもとに文書が保存され時代を超えて伝来する。この段階で保存意図なしに偶然によって伝来する史料も生まれる）

④史料としての役割（時代を超えて伝来した文書が「史料」として認識され、さまざまな意図のもとに保存・活用が図られる）

すなわち①・②は、文書が作成・伝達され本来の役割を果たす過程である。ところが③における保存意図は、記載内容を重視して後世に伝えようとの場合もあれば、徴古趣味など全く異なった目的の場合もある。さらに時代を隔てた④では、①・②における伝達意図、③における保存意図とは全く異質の、研究対象として①・②・③を読み取ろうとの意図、さらに文化財として保存しようとの意図のもとに、「史料」が取り扱われる場合もある。このように現代にその姿をのこす「史料」は、時代によって多様な機能を果たしたわけで、各段階における機能が異次元にわたることはいうまでもない。

二 「史料」への視角

さて前述のように、「史料」が機能する根元に、一定の意図のもとに作成・作製された「モノ」と情報という二つの属性を置いた。つまり「史料」には、「モノ」としての側面と、文字情報としての側面があるわけで、前者は「歴史的文化的価値があるので永久に保存される史料」、後者は「歴史事実を認識し、歴史知識を構成するには必ずそのよりどころとなる素材」との語義につながる。そこで「史料」を、文字情報とその媒体（「モノ」）が一体化した存在と捉えるならば、逆にこの両側面から「史料」はいかなる様相を示すことになろうか。

まず「史料」の「モノ」としての側面では、材料・素材、その形態、成立の時代等々、書誌学的な指標からの検討がなされ、文化財としての実態が把握されるとともに、その管理・保存に検討が及ぶことになる。次に「史料」の文字情報としての側面では、史料表記（文字）・史料表現（語句、文体）・史料形式（記載様式）と史料内容という次元での検討がなされる。そこで「モノ」・文字情報の両者を一体として、「史料」が歴史的に果たした役割について検討を試みるわけであるが、その段階で「史料」に対し具体的にどのような視角が設定されるものであろうか。

ここで個別の「史料」への視角を考える素材として、平安後期から院政期にわたり発給された印信を書写した「印信類聚」（「醍醐」七六函二七号、江戸前期写）に含まれる永万二年（一一六六）大阿闍梨乗海授実海伝法灌頂印信紹文写を掲げることにしたい。

乗海授実海
引合紙

最極秘密法界躰伝法灌頂阿闍梨職位事

金剛弟子実海

在昔大日如来開大悲胎蔵・金剛秘密両部界会、授金剛薩埵、金剛薩埵数百歳之後、授龍猛菩薩、如是伝金剛秘密之道、迄吾祖師根本大阿闍梨弘法大師、既八葉焉、今至余身第二十二葉、大悲胎蔵第二十一葉、伝授次第師資血脈相承明鏡也、小僧数年之間、尽承事、誠幸蒙先師前大僧正(定海)并前少僧都(実運)具支灌頂印可、今実海大法師一家親族、付法上足也、専学両部大法・諸尊瑜伽、即従小僧頻受流而写瓶、今授密印許可、可為次後阿闍梨、為示後哲記而授矣、

永万二年七月七日授実海大法師

伝授阿闍梨権律師法橋上人位乗海

永万二年七月五日丙午弁宿火曜入壇重受遂之、

以彼受者実海自筆記書之、然者印信者、以後日賜之歟、

一交畢、

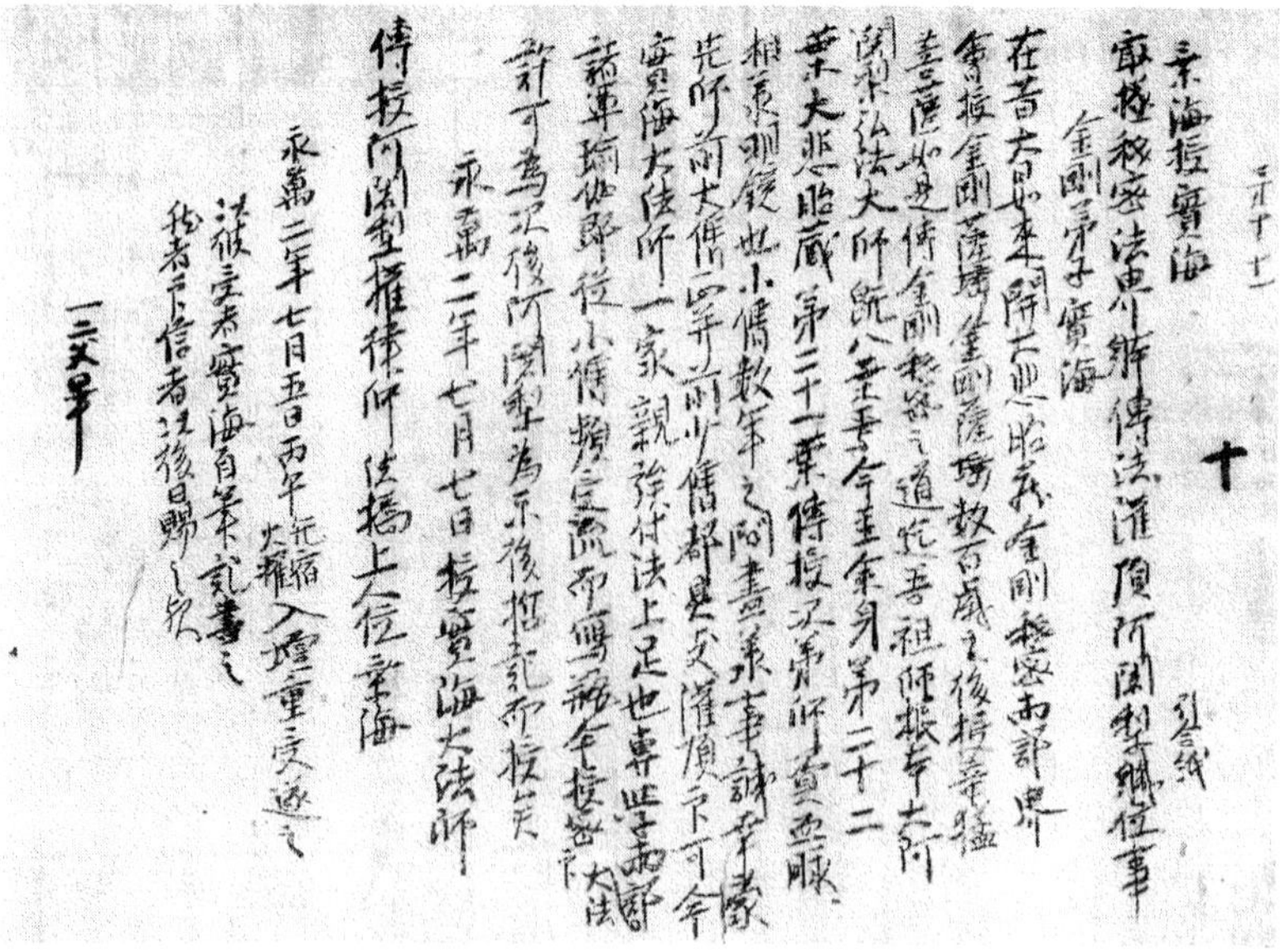

右に引用した印信は写であるが、冒頭「乗海授実海　引合紙」と末尾「永万二年七月五日丙午」以下の追記を除いた部分が印信本文である。すなわち印信本文に加えて、印信が生まれ書写された経緯やその様態が、後人の手で追記されたわけである。そこで「史料」を検討するにあたり、経験的ながら、形態・様式・生成・機能・内容という視角を設定し、各々から本文書を見直すことにしたい。

〔形態論〕

本文書は写であり、原本の体裁・法量・材質といった形態的な情報を得ることは不可能である。しかし袖に記された「引合紙」という付記は注目される。つまり原本は書写の当時に「引合紙」と呼ばれた料紙を用いており、このような料紙に関わる注記を、本書のなかに求めるならば、「引合紙」のほかに「粉紙」「紫紙」「引合打紙」「薄紫紙」「庸吉紙」「杉原紙」という表記が見られる。現代における和紙の呼称と平安後期以降の料紙の呼称を同一視することはできないが、染紙や引合紙は一般に貴族の書札や歌集・写経等に用いられる料紙である以上、少くとも師資相承を証する印信が良質の料紙を用いるべき文書と考えられていたことは確かであろう。

〔様式論〕

印信は「乗海授実海」との袖書に見られる差出・宛所と伝達すべき内容をもつ文書であり、しかも一定の形式を備えた定形文書である。印信はわが国で創出された文書形式であり、その形式は平安中期から後期にかけて確立したものと考えられる(8)。印信紹文は、大日如来による胎蔵・金剛両部一体の教えが、真言八祖を経て当該付法の大阿闍梨まで相承されてきた経緯、大阿闍梨自らの受法、当該受者の付法にふさわしい資質、大阿闍梨からの伝法の事実と印信作成の意図という内容から構成される本文と、奥上に付法する大阿闍梨法名、日下に受法する受者法名が記される。このような様式はおおむね平安中期に登場し、以後分派を遂げる東密諸流により文言は一定しないが、鎌倉時代までには固定化したと考えられる。そのような形式確立の流れのなかに本印信が位置づけられるわけである。

〔生成論〕

印信末尾の「以彼受者実海自筆記書之、然者印信者、以後日賜之歟」との追記から、印信が作成される手続きが知られる。まず原本は受者たる「実海自筆」であり、印信は受者が大阿闍梨から示された書様に従ってあらかじめ起草され、これに付法の「後日」に大阿闍梨の証判が加えられて受者に交付されたと考えられる。一般に文書は差出側が作成して宛所側に送付するものであるが、印信は宛所側で作成し、差出側が証判を加え改めて宛所側に交付するもので、作成手続きから見れば特殊な文書ということになる。しかし「戒牒為受者用意」（「東大寺具書」）とあるように、戒牒もやはり受者による「用意」が「南北戒壇一輸儀式」（同前）とされており、このように受戒・灌頂という付法行為に関わる文書については、宛所側が作成することは通例であった可能性がある。

〔機能論〕

「史料」が成立から伝来の過程で次元を異にするさまざまな機能を果たしたことは前述の通りで、灌頂にあたり師僧から受者へ交付される印信についても同様のことがいえる。

まず第一に、伝法灌頂の場において大阿闍梨乗海から受者実海へなされた付法の証という宗教的機能があげられる。印信紹文と併せて受者に交付される印信印明には、伝授された印・明が掲げられており、紹文・印明一体としてその宗教的機能を果たすわけである。

また第二には、法流を相承し門徒に連なることを証する社会的な機能がある。大阿闍梨の乗海であるが、醍醐寺三宝院を開創した勝覚の室に入り、その嫡弟で同院を継承した定海の入壇資として三宝院流の正統に連なり、永万二年には醍醐寺座主の任にあった。この乗海を大阿闍梨として伝法灌頂をうけた実海は、自ずから三宝院門徒のなかでは優越した立場を占め、のちに三宝院を相承し座主に就くことになる。すなわち右の印信には、単に法流相承の証として以上に、門徒中において優越した立場を顕示するという役割があったと思われる。

さらに第三として、印信を書写類聚する行為に見られる歴史的機能があろう。印信の正文は受者の死とともに焼却され、原則的には伝来することがないといわれる。しかし特定の法流では先師の印信形式を踏襲して新たな印信を起草しており、形式の継承それ自体が法流を相承する正統性の証明と認識されていた。そこで歴代祖師の印信を類聚した印信集が少なからず作成され、時代を超えて法流固有の形式を保つ拠りどころとされたわけである。また当該時代に印信案が成巻され伝来したことも、同様の機能が期待されてのことであろう。

〔内容論〕

印信の記載内容からさまざまな史実が明らかとなることはいうまでもない。本文書を含む「印信類聚」には、〔義範→勝覚〕・〔勝覚→定海〕・〔定海→乗海〕・〔明海→乗海〕と〔元海→実海〕・〔乗海→実海〕の伝法潅頂印信が書写されているが、勝覚・定海・元海・乗海・実海はすべて醍醐寺座主に補任された三宝院院主であり、この一連の印信が三宝院流嫡流にそって発給されたことは確かであろう。そこで引用した印信中の、「実海大法師一家親族、付法上足也」との表現に注目したい。大阿闍梨乗海は「左近権中将師重息」（「醍醐寺新要録」巻十四）とあるように源師重息で勝覚・明海は叔父にあたる（『尊卑分脈』村上源氏）。一方、受者実海は「参議公行息、憲俊養子也」（「醍醐寺新要録」巻十四）として、参議藤原公行息であるが源憲俊の養子となっており、先だって灌頂をうけた元海は養父憲俊の実弟にあたる（『尊卑分脈』村上源氏）。つまり乗海と実海はいずれも村上源氏の「一家親族」に属し、勝覚・定海・元海・明海とも同族であり、醍醐寺座主・三宝院院主と三宝院流はこの村上源氏の「一家」によって相承されていたことになる。創建の由緒により第十代座主慶助より以降、文徳・醍醐・村上天皇の末裔が多く座主に補任されており、源氏により支えられた醍醐寺という一面が印信の文言からも窺われよう。

また実海は保元元年(一一五六)に元海より伝法灌頂をうけており、永万二年(一一六六)に乗海からうけた伝法灌頂は印信末尾の付記にもあるように「重受」であった。つまり実海は「元海・乗海両僧都入壇資」(「醍醐寺新要録」巻十四)とあるように、元海・乗海の両師から重ねて伝法灌頂をうけたわけであるが、その理由はやはり〔勝覚―定海〕の法流に連なる元海・乗海の両師から余すところなく大法・秘法を相承しようとの意図に加えて、定海の弟子として元海と肩を並べる座主乗海の入壇資となることにより、座主職の譲りを受けようとの意図があったのではなかろうか。一般的に法流相承に際して、未灌頂の場合は伝法灌頂をうけて、已灌頂の場合は許可灌頂をうけて、諸尊法の伝授がなされることになっており、ことさら「重受」をうけるには相応の理由があったと考えられる。

以上のように、一通の印信を形態・様式・生成・機能・内容という視角から捉えることにより、印信とそれを生み出した真言密教を掲げる寺院社会のさまざまな実相を知ることができるわけで、まさにこの検討作業こそが個別「史料」論にほかならない。そして形態・様式論が古文書学的な考察に属し、生成・機能・内容論が歴史学的な考察に属しており、しかも成立から伝来に至る過程で「史料」がさまざまな歴史的な役割を果たしていることを考慮すると、とくに「史料」論においては生成・機能論を独立した視角として設定すべきであろう。

なおここで問題としたのは、あくまで個別「史料」をめぐる視角であり、生成母体を共有する「史料」集合としての史料群に対する基本的な姿勢については、次項において触れることにしたい。

三　史料論は組織論

近年、「史料学」を冠した網野善彦氏『日本中世史料学の課題』(弘文堂、平成八年)、石上英一氏『日本古代史料学』(東京大学出版会、平成九年)の公刊が相次ぎ、また平成九年の日本古文書学会大会においても「史料学」をめぐる討論がなされた。しかしこれらの論著や討論において、「史料学」をいかに定義するかが明言されぬまま、自明の語句として用いられてきたように思える。網野・石上両氏の論著では、古文書・古記録・編纂物のみならず、これらの範疇を超えた歴史研究の素材を広く「史料」として捉え、これらを包括的かつ有機的に活用する研究手法を「史料学」と呼称されていると考える。(9) しかし用語として定着しているとは言いがたい「史料学」を、ことさらに掲げる以上は、用語の定義に言及する必要がなかろうか。本章では、文字情報を備える「モノ」としての「史料」を対象とする研究手法を、「史料学」ではなく「史料論」と呼称するが、少なくともこの用語をいかなる語義と立場で用いるか、とくに寺院社会における「史料論」にこだわりながら前言しておきたい。

前節では、寺院社会を捉える指標として、その成立・存続・保証要件を措定したわけである。また寺院社会は寺院・寺院群を拠点として僧団によって支えられることからも明らかなように、その存立には一定の社会的な組織とその活動が不可欠である。寺院社会にとって組織とその活動が必須であることを考え併せるならば、仏・法・僧と寺務・所務と信心という存在要件は、具体的な組織活動の場と言い換えることができる。さらに組織活動の痕跡として「史料」(史料群)が生まれるわけであるから、組織活動の場は史料生成の場とすることができよう。社会は一定の組織をもち、組織は活動により維持され、活動は史料を生み出すという筋道により、寺院社会の存在要件はその存続のなかで生成される史料集合の柱となるのである。このように考えるならば、寺院社会により生み出される寺院史料は、組織とその活動を離れて論じがたいことが明らかとなろう。

ここで史料論は組織論であるという命題を掲げることにしたい。寺院組織を検討するにあたり、その組織が発給・受給する文書を類聚し、組織の構造や役割を解明するという作業が常道である。ここで明らかになった寺院の組織構造と機能を前提として、改めて寺院史料を通覧することにより、その史料群の構成と個別史料の役割を理解することができる。さらに史料群の全体構成と個々の史料の機能を踏まえることにより、再び寺院組織のより正確で詳細な検討が可能となる。このように史料論と組織論とは相互に依存しあう関係にあり、歴史学的な考察を進める上で表裏をなす作業手続きともいえることはいうまでもない。なお先に措定した寺院社会の存在要件は、東大寺・醍醐寺等の寺院史料に基づく寺院組織の検討作業を通して確信するに至ったものである。

このように史料・史料群はその生成母体たる組織とその活動に密接な関わりをもつが、この両者の関係について今少し考えてみたい。寺院社会の組織というものは、寺家経営を支える寺務組織（政所、公文所、年預所、執行所、勧進所等）、僧団を構成する寺内階層（学侶、堂衆、密衆、律衆等）、法会・教学を担う寺僧集団（供衆、講衆、練行衆等）というように、世俗的次元から宗教的次元にわたる多様な組織・集団の集合体という様相を示している。異次元にわたるこれらの組織・集団が個々に活動を行うことにより、全体として寺院社会が存続し、その活動のなかに膨大な史料が生み出される。そして個々の組織・集団がもつ固有の構造・機能・性格は、必然的に組織活動の痕跡としての史料の属性に反映されることになる。つまり史料・史料群は組織・集団がもつ構造・機能・性格が二次元的に投影されたものといえるわけで、宗教的色彩の濃厚な組織・集団は相応に宗教色の強い史料を、世俗的色彩の濃厚な組織は世俗臭の強い史料を生み出すのも当然といえる。聖・俗にわたる多彩な性格と機能を負う寺院史料を全体として把握するためには、その生成母体である次元を異にした組織・集団とその活動を包括的に捉えることが不可欠の条件となる。

そこで本書では組織論を前提において史料の生成・機能に注目しながら、個別史料・史料群がもつ形態・様式・内容と相互関係を含めての歴史的な意味と役割を検討する、このような研究手法を史料論と呼ぶことにしたい。すなわち史料のもつ文字情報と「モノ」という両側面を注視しながら、寺院という組織的な枠（制約）のもとで史料論が語られるということになる。

ただし前述の通り、史料には生成時に期待された機能とは別に、伝来の過程で全く異質の機能を負うことがしばしばある。前項で掲げた印信の場合、その歴史的機能は宗教的・社会的機能とは異なり、印信の生成時には意図されなかった機能といえよう。しかし印信の歴史的機能は、あくまで師資相承という宗教的原理の範囲で意味をもつ以上、派生的な機能と評価できる。ところが特定文書の墨跡を美術品として珍重することがしばしばあるが、これはもはや派生的な機能ではなく、本来的な機能とは全く無関係な新規の機能である。史料を「モノ」として取り扱うならば、本来的な機能とは全く関わりをもたぬ新規の機能を無視することはできない。しかし組織の枠外に成立したこのような史料が果たす新規の機能については、その存在を指摘するにとどめ、原則として検討範囲から除くことにする。

また史料論と古文書学との違いについて付言しておかねばならない。古文書学の体系を説く概説書を通覧する限り、公家・武家・寺社等が発給した文書について、発給手続を意識しながらも、その形態・様式を比較検討する手法を古文書学はとってきた。これは古文書を「書跡」と呼称したことにも窺われるように、古文書学がおもに単品の古文書を対象として、その形態分類・様式分類を課題に掲げ発展を遂げてきたことに由来しよう。個別の古文書をいかなる文書形式に分類し、いかなる文書名を付与するか、これが古文書学の第一の課題であったといっても過言ではない。そこには「書蹟」としての古文書が注目され、文書群に含まれる個別文書がいかなる成立条件をもち、いかなる役割を果たして伝来したのか、さらには文書・文書群の母体となる組織との関係などは、決して優先的な検討課題とはなりえなかった。また文書形式の体系化が目指されるなかで、必然的に定形文書がもっぱらの検討材料とされ、非定形文書（書札等）は検討の範囲外に置かれている。古文書を素材とする歴史研究のなかで、文書・文書群の生成・機能が論じられるとしても、古文書学の体系については依然として様式論優先であることは確かである。(10) 一方、本章で提示した史料論の基本姿勢は、再々述べるように組織論を踏まえた史料の生成・機能論であり、前提条件として組織という制約が設けられている。すなわち組織という枠を超越した比較論としての古文書学に対して、特定の組織という枠のもとでの組織活動に密着した生成・機能論を考える史料論、このように史料論と古文書学との質的差異を設けることにしたい。

四　寺院史料論の枠組

寺院社会における組織活動の二次元的表現として史料・史料群を捉えるという基本的姿勢を定めたわけであるから、史料をめぐる視角のなかで、生成・機能論を形態・様式論に優先するさせるのは当然の帰結である。そこで寺院社会の存在要件が、いかなる史料の生成・機能の具体的な場に対応するかについて考えておきたい。

〔仏・法・僧〕

住持三宝として仏像・経典・比丘とされる仏・法・僧の各々を、寺院社会における具体的な組織・活動に置き換えることにする。

まず「仏」は寺院社会の宗教的機能を象徴する本尊にほかならず、法会の主尊、信心の対象として宗教的な活動・行為の拠りどころとしての役割を果たした。また本尊を保管する施設、供養する施設として必然的に仏堂が生まれる。寺院の空間は一見すれば仏堂が建ち並ぶ景観をもつが、仏堂に安置された本尊あってこそ存在意義もあるわけで、寺院の創建・再興が本尊・仏堂の造営と同一視されることも肯けよう。そこで本尊・仏堂を造営し維持する活動が寺院の存立を示す指標となることから、本尊・仏堂は造仏・造寺という活動と、それらを担う造営組織（造寺所、勧進所、番匠、造仏所、仏師）に投影される。

次に「法」は経蔵に納められた経典であるが、この経典に基づく活動が寺院社会の宗教的活動でもある。すなわち経典に拠る寺僧集団の教学活動、この教学活動を基礎とする仏教儀礼としての法会勤修が、寺院社会の宗教的活動の実体といえる。寺僧集団の教学活動のために講・談義という場が設けられ、講衆・談義衆という固有の集団による日常的な修学から、教学に関わる聖教を始めとする史料が生まれた。また教学活動により読経・講経・論義・修法などの法要のため加行・習礼を遂げた寺僧は、寺内・寺外で催される法会に職衆として招請され、自ら修めた所作・学識を披露した。そして職衆を招請して勤修された法会にあたり生まれた史料は、教学に関わる史料と併せて、寺院史料の量的・質的な中核をなすことはいうまでもない。

さらに「僧」は寺院社会の実体をなす寺僧と寺僧集団を指す。寺院社会は僧伽の理念と原則を意識して運営され、比丘（寺僧）は常に僧伽（僧団）の一員として寺内止住を果たした。そこで寺内に止住する寺僧は、自らの法流を断絶させぬために師資相承の原則により弟子への付法・付属を行った。また寺僧の集合体である僧団は、常に自らの存続を図るため合議により意思決定を行い、僧団と寺家の運営に関与することになる。このように寺僧は必ず師資関係をもち、付法・付属によって師資相承を果たし、僧団は合議の場としての集会と、集会を召集し決議を実施する僧団運営組織（五師所・年預所）をもった。

すなわち仏・法・僧三宝は、おのおの〔本尊、仏堂〕・〔教学、法会〕・〔師資、僧団〕という具体的な組織・活動に置き換えられることになる。

〔寺務・所務〕

寺務は寺家経営に関わる活動の総体であり、寺務組織の運営とその実務活動に大別される。寺務組織の運営とは、寺務組織（政所・公文所等）を編成して寺職（別当・三綱等）を撰任し寺家経営の実務を分掌することであり、寺務組織の実務活動とは、宗教的機能を果たす寺院としての堂塔管理・法会主催・財務管理・寺僧統制・対外交渉等々の実務を遂行することである。たとえば中世の東大寺では、財務管理・寺僧統制・対外交渉は政所、堂塔管理は勧進所、法会管理は執行所により分掌され、とくに年預所が時代とともにすべての活動に関わりをもつようになった(11)。そこで寺務とは、具体的に寺家経営を分掌する組織とその活動ということになり、おのおのの組織が発給・受給する史料がその活動の実態を物語ることになる。

また所務は寺家経営を支える財源の経営であり、個々の財源経営のための組織を編成して所職を補任し、さらに経営自体の管理を行って年貢・公事などの寺納を確実に達成し、寺内に配分する一連の実務ともいえる。財源個々に設けられた所職の補任、補任された諸職の管理、財源から寺納される年貢・公事などの管理、さらに年貢未進の財源への対応と訴訟等々、財源ごとにまた時代とともに多彩な実務が生まれ果たされた。そこで数多くの史料が作成され伝来しており、従来の荘園史研究は寺領荘園の経営に関わる史料を重要な素材としその成果をあげてきた。ただし財源と使途が直結することも多く、財源からの年貢などを受給する寺内組織が自らその経営を行う事例も見られ、財源経営の全体を専一に担う組織が置かれることは少ない。そこで所務とは個々の財源に権益をもつ寺内組織の活動として捉えることもできよう。

このように寺務・所務はいずれも実務を負う組織の活動であることから、世俗性の濃厚な史料は、組織単位で類聚し評価する作業が必要となろう。

〔信　心〕

世俗社会の信心は、檀越がいだく帰依の心の表明として、またその心の実体的な表出として表現される。すなわち檀越は自らの信心に基づいて、さまざまな願いを願文などに記し寺僧に託して本尊に呈する。さらにこの願いの実現を図るために、外護・喜捨という心情の物質的な表現を副えることになる。結縁の証としての外護・喜捨は、仏法結縁の重要な媒体でもあるわけで、ここに生まれる功徳によって檀越の願念は実現に向かうのである。寺院社会の存続を保証する世俗社会の信心は、仏・菩薩のもとに呈される願念と、功徳・利益を生み出す媒体としての喜捨という表現形態をとることになる。

以上のように、〔仏・法・僧〕、〔寺務・所務〕、〔信心〕という寺院社会の存在要件は、具体的な組織と活動の場においてその姿を現わすことになる。そこで「寺院社会」・「史料」・「史料論」の定義を踏まえ、寺院社会が存続するための組織・活動の場において、寺院史料がいかに生成・機能したかについて、次後に検討を加えることにしたい。

注

（1）　渡辺照宏氏は中国・日本の仏教にあって初期印度仏教には存在しない要素として、ⓐ宗教儀礼、ⓑ経典読誦、ⓒ職業的宗教家（僧尼）、ⓓ礼拝の場としての寺院、ⓔ礼拝の対象としての仏像を掲げられるとともに、経典・開祖を共有する「日本仏教」の存在に大きな疑問を投じられている（「仏教の原初形態とその変貌」『渡辺照宏著作集』四）。この渡辺氏の指摘は説得力に富み、また筆者にとっては大きな衝撃でもあった。寺院が伝えた事象・事物を対象とする研究分野（社会史・建築史・美術史・芸能史・国文学・教学史等々）は、いずれも「仏教」としては本質的ではない現象に注目し研究対象としてきたということになる。たしかに「日本仏教」と呼ぶにふさわしい統一的な実体と、それを支える仏教教団の存在を確認しがたいことは事実である。しかし古代以来の日本社会には日本「仏教」と呼ぶにふさわしい実体が存在したことは確かであり、必ずしも初期印度仏教のもつ本質的な要素を継承することなく大きく偏向・変容を遂げながら、日本の社会に開花した「仏教」を、現象として「日本仏教」と捉えざるをえない。そこで中国仏教を起点として漢訳仏典に依拠して実現した多様な教学体系（「宗」教学）、その体系に根ざした宗教的活動（法会・修学）を備えた、日本に特有の「仏教」のあり方を「日本仏教」と称することにしたい。そしてこの「日本仏教」の特質のもとで成立した、日本固有の寺院社会について検討を進めることになる。

（2）最近の刊行にかかるものとして、『黒田俊雄著作集』（法蔵館）、山陰加春夫氏『中世高野山史の研究』（清文堂出版、平成八年）、稲葉伸道氏『中世寺院の権力構造』（岩波書店、平成九年）、原田正俊氏『日本中世の禅宗と社会』（吉川弘文館、平成十年）、久野修義氏『日本中世の寺院と社会』（塙書房、平成十一年）などを掲げておきたい。なお稲葉・久野両氏の著作には詳細な寺院社会に関する研究史の整理がなされている。

（3）寺院社会における利・財のあり方については、拙稿「寺院社会における財と『利』意識―その原理的な側面から―」（『史艸』三六号）参照。

（4）拙論『中世東大寺の組織と経営』（塙書房、平成元年）序参照。

（5）寺家には、寺院のもつ空間、寺院の経営組織、経営組織の代表者（別当、座主など）、別当・座主などにより代表される法人格としての寺院という語義があるが、ここで用いる寺家はその最後の語義ということになる。

（6）黒田俊雄氏「王法と仏法」・「王法仏法相依論の軌跡」（『黒田俊雄著作集』第二巻所収、法蔵館、平成六年）参照。なお黒田氏は「王法仏法相依論」を「顕密仏教」と世俗権力が結合した体制の成立を前提として発展したと考えられているが、「古代仏教」とは異相にあるとする「顕密仏教」という概念自体に疑問を感じており、本章では黒田氏とは異なる「王法仏法」相依論を提示している。

（7）同氏『日本中世法史論』（東京大学出版会、昭和五十四年）所収。

（8）印信の成立については、拙稿「『印信』試論」（本書Ⅱ第六章）参照。

（9）網野氏は『日本中世史料学の課題』の序章「史料学の発展のために」において、「史料・資料そのものに即した学問的な研究」を「史料学・資料学」と考えられている。また石上氏は『日本古代史料学』の「序」において、「史料学という学問領域が、科学として定義されるに至っていないという状況、すなわち史料学は形成されつつある学問領域であり、それにより表象される内実は多様であるという、発展可能性、躍動性に満ちたものであるという状況にある」として「史料学」の定義を保留されている。なお石上氏は本書第一章において「史料体論」を展開され、「史料」の構造と伝来のメカニズムを函数表現してモデル化を試みられているが、これはあくまで現象の数式化であって、モデル化の目的であるはずの動的解析という作業は全くなされていない。

(10) 様式論優先の古文書学の究極的な到達点を示すのが相田二郎氏『日本の古文書』(岩波書店、昭和二十四年)であり、この対極に、様式論の枠内で生成・機能論に基づく文書形式の変化を跡づけた佐藤進一氏『古文書学入門』があり、佐藤氏の提示された方向性のもとで新たな古文書学の体系が検討される可能性が生まれつつある。

(11) 注(4)拙稿第一・二章参照。

〔補注〕 本書では、史料引用に際して、『平安遺文』は『平』、『鎌倉遺文』は『鎌』、『大日本古文書』は『大古』、「東京大学史料編纂所架蔵」は東史、「東大寺図書館所蔵」は東図、「醍醐寺文書聖教」は「醍醐」との省略した呼称を用いる。

また時代表現は以下の通りとする。

奈良時代 (和銅三年〈七一〇〉~延暦三年〈七八四〉九月)
平安前期 (延暦三年〈七八四〉十月~昌泰三年〈九〇〇〉)
平安中期 (延喜元年〈九〇一〉~長保五年〈一〇〇三〉)
平安後期 (寛弘元年〈一〇〇四〉~応徳三年〈一〇八六〉)
平安院政期 (寛治元年〈一〇八七〉~元暦二年〈一一八五〉二月)
鎌倉前期 (元暦二年〈一一八五〉三月~承久三年〈一二二一〉)
鎌倉中期 (貞応元年〈一二二二〉~弘安十年〈一二八七〉)
鎌倉後期 (正応元年〈一二八八〉~正慶二年・元弘三年〈一三三三〉四月)
南北朝時代 (正慶二年・元弘三年〈一三三三〉五月~明徳三年〈一三九二〉十月)
室町前期 (明徳三年〈一三九二〉閏十月~嘉吉三年〈一四四三〉)
室町中期 (文安元年〈一四四四〉~延徳三年〈一四九一〉)

室町後期（明応元年〈一四九二〉～永禄十一年〈一五六八〉八月）
安土桃山時代（永禄十一年〈一五六八〉九月～慶長八年〈一六〇三〉正月）
江戸前期（慶長八年〈一六〇三〉二月～延宝八年〈一六八〇〉）
江戸中期（天和元年〈一六八一〉～安永九年〈一七八〇〉）
江戸後期（天明元年〈一七八一〉～慶応三年〈一八六七〉九月）

Ⅰ　寺院史料の成立とその特質

第一章　寺院史料の生成と機能

組織論を踏まえて寺院史料論を検討するという基本的姿勢のもとで、寺院社会の存在要件から導き出された組織活動の場において、いかに史料が生成し機能したのかについて考えてみることにしたい。そこで仏（造寺・造仏）・法（教学・法会）・僧（僧団・師資）、寺務・所務、信心（願念・喜捨）という各々の場において、具体的な史料がいかなる意図を負って生まれ機能したのか、もしくは寺院史料が生まれる決定的な条件となった寺院組織の構造・活動を考えるという視座から、本章の各節を述べることになる。

第一節　仏

一　造　寺

弘化四年（一八四七）、東大寺の「大勧進所」（勧進所）において寺家伝来の宝物が公開され、そのなかに「当寺食堂大黒天　法橋快兼作、貞和二年大行事法眼玄重、依　太神宮御夢相令作之」とされる「食堂大黒天」像一体の姿が見出された（得富家所蔵「古文書控」）。この大黒天像は寺外に流出して個人の手に帰し、『国華』五七号に「大黒天彫像」として紹介された後、高輪美術館に所蔵されるに至った(1)。

さて高輪美術館に所蔵された大黒天像（像高七一・〇センチ）は造像当初の厨子（高九四・〇センチ、幅七一・〇センチ、奥六六・〇センチ）に納められ、その内壁には、以下に引用する造像の経緯を記した「東大寺食堂造営感夢記」（以下「感夢記」と略称）が貼り付けられている。

東大寺食堂造営感夢記

貞和二年閏九月廿七日夜、大行事法眼玄重、於住房陳和卿旧居夢、油倉坊主円道房・知事僧道俊房等諸僧群集客所、或僧云、食堂勧進先就宗廟御坐、勧勢州、次可勧王城、詞訖退出、玄重随後至平門前立還、指門柱示両宮神体、即拝西柱、円輪中在尊容、如釈迦像、東柱円輪中有三茎蓮、成奇特思兮夢覚矣、為祈請進道俊房於太神宮、自翌二月十五日参籠外宮、同廿一日法楽所榻下通夜及暁、更不省夢、長二尺余黄装束大黒像立膀右脇、翌朝下向、同廿二日未剋、参内宮法楽所、楠本目前切残巻物、忩取披見、摺写大黒天千余躰、躰別有神呪、不堪感喜、頂戴下向、具告子細於祈師外宮一禰宜度会家行、即相語云、当宮与彼天有同躰習、冥応莫疑、即載社家記焉、重語幸在御躰、安置御箱幷御船木以之造外宮拝見像、可奉納内宮感得云々、帰寺之後、任家行指南、以件霊木造像、仏師法橋快兼、御厨子左右顕二輪、後壁図千手尊像、是則食堂本仏也、前扉図廿八部衆、豈非仏寺外護乎、綵色幷図像大仏師法橋観慶、塗工引頭行定、長行友、同三年七月廿四日甲子、於油倉奉開眼供養矣、

右の「感夢記」の内容は大きく三部分から構成されており、各々を簡単にまとめてみることにしたい。

まず第一の部分は、東大寺勧進所（油倉）の実務責任者である大行事玄重が、貞和二年（一三四六）九月二十七日に見た「夢」を記したものである。(2) 玄重の住房に油倉坊主・知事僧等が集っていると、そこに居た「或僧」が、「食堂勧進」はまず宗廟のある伊勢国で実施し、その次に山城国で行うべきであると語り退出した。これを怪しみ「或僧」のあとを追った玄重は、平門の東西の柱に伊勢両宮の神体を象徴する「円輪」中の釈迦像と三茎の蓮を見て、これを

奇特に思うと夢が覚めた。

　第二の部分は、この不可思議な「夢」の真意を知るために伊勢に派遣された油倉知事の道俊房が、外宮・内宮で体験した奇瑞を記す。翌年二月に伊勢に赴いた道俊房は、まず外宮法楽所で参籠中に黄装束の大黒天の姿を実見し、さらに内宮法楽所では楠の根本に大黒天の摺仏を見出した。これらの奇瑞に歓喜した道俊房は、早速に祈師である外宮禰宜の度会家行に事の様を語った。これを聞いた家行は道俊房に対して、大黒天と伊勢大神とは「同体」の言い伝えがあり「冥応」は間違いなく、この奇瑞を外宮の「社家記」に記録すると語り、さらに外宮で拝見した大黒天を造像して内宮に奉納するよう勧めたのである。

　第三の部分は、仏師快兼による大黒天の造像を記している。すなわち度会家行の勧めに従い、東大寺勧進所は仏師快兼に命じて伊勢からもたされた霊木により大黒天を刻ませ、また絵仏師観慶には像を納める厨子内の左右壁に「円輪」を、後壁には「食堂本仏」としてあった千手観音像を描かせた。そして貞和三年七月、油倉において大黒天像の開眼供養が執り行われたのである。

　東大寺と伊勢大神宮とは、「東大寺盧遮那仏者、聖武皇帝勧進天下衆庶、祈請伊勢太神宮所建立也」（「東大寺八幡大菩薩験記」）として、創建期以来の緊密な関係をもっと認識されており、文治二年（一一八六）には東大寺再建の円滑な進行を祈念するため大勧進重源上人が寺僧を引きつれて大神宮に参籠し、神前において大般若経の転読を催している（同前、「俊乗房重源伊勢太神宮参詣記」）。このような東大寺と伊勢大神宮の関係を踏まえて、はじめて食堂造営をめぐる奇瑞が具体的な意味をもつことになる。

　奇瑞を記した「感夢記」は、大黒天を納めた厨子の内壁に貼り付けられ、造像の由緒を今に伝えることになったが、由緒の柱をなす霊夢・奇瑞と造像は、その背後に「感夢記」が果たす多面的な機能を物語っている。

まず「感夢記」の出発点となる大行事玄重の「夢」は、「食堂勧進」と伊勢大神の神意を結びつける役割を果たしている。公家・武家が所在する山城国に先んじて、公家の祭神が鎮座する伊勢国において勧進を行うべきであるとの神託は、食堂造営とその勧進を伊勢大神の神意により正当化したものである。そして勧進所によって企てられた食堂の造営勧進こそが、「感夢記」の前提でありまた帰結といえるはずである。

次に玄重の「夢」の信憑性は、伊勢大神と「同体」の大黒天出現という奇瑞により裏付けられ、しかも外宮の「社家記」に記録されることにより、奇瑞には伊勢外宮の保証が与えられることになった。大黒天を媒介として、食堂の造営勧進の意図と、伊勢大神の意思とはつなぎとめられたのである。

伊勢からもたらされた霊木により造像された大黒天は神意の象徴にほかならない。伊勢大神と「同体」の大黒天像、両宮の神体を象徴する「二輪」と食堂本仏の千手観音を内壁に描いた厨子、これらは一体として食堂の造営勧進を承認する神意を顕示している。油倉において開眼供養がなされた大黒天像は、食堂造営を企てる勧進所（油倉）にとって、その事業を推し進める大きな拠りどころとなったことはいうまでもない。そこで「食堂勧進」を正当化する神意の存在を強く主張し、さらに神意を示す奇瑞の風化を防ぐためにも、貞和三年の大黒天像の開眼供養を遂げた後に、「感夢記」が草され厨子の内壁に貼り付けられたと思われる。

ではこの「感夢記」が実質的な役割を果たした時代背景について少々触れておくことにしたい。康永四年（一三四五）三月、時の大勧進職照玄は奏状を呈し、「請特蒙天恩、因准先例、被下宣旨、勧進洛中辺境、五畿七道諸人施与、建立十一間食堂、安置五丈皆金色千手観音、脇士虚空蔵・地蔵菩薩各二丈五尺像、奉祈天下泰平、海内安全子細状」とあるように、食堂の造営勧進への宣旨下賜を請うたのである。南北朝時代の東大寺内にあって、「施僧施福之庭宇」たる食堂は、「帰仏帰法之道場」たる大仏殿・講堂が再建された後も、「空残古礎石」したまま放置されていた。食堂が再建されぬため、「年始節会・禅定法皇御受戒翌日大僧供、并花厳・法華已下大会威儀供等、不能遂行」として、大法会において「太僧」へ「僧供」を供することはできなかった。すでに「正応勅許」により鎌倉後期には食堂の再建が図られていたが、見るべき結果が得られぬままに、康永四年に至り改めて「人民之煩」となる「棟別」銭の賦課を避けて、「勧進諸国」して再建事業を進めるため、その勅許を請うたわけである（『大日本史料』六編八「雨森善四郎所蔵文書」）。

しかしこの奏状に対して直ちに造営勧進の勅許は下されなかったようである。貞和二年（一三四六）十月に大勧進職代静祐は奏状を呈し、「欲早被経御　奏聞、任貞永　宣旨等先跡、可致籠山興行之由、被成　院宣於武家、専当寺食堂造営料国防州諸郷保地頭以下輩近年任雅意伐取山木、為打開新畠焼払数万本用木条無謂間事」を訴えている。つまり東大寺は、「当寺食堂造営料国」の郷保地頭による山木伐採と焼畠の厳禁、さらに「籠山興行」を指示する院宣が幕府に下されんことを請うており、「食堂造営」のための用材確保が図られていたことは確かである（東図5|24）。

そして大黒天像の開眼供養がなされた直後の貞和三年八月、大勧進職代静祐は幕府に以下の申状（同前5|23）を進めた。

造東大寺領大勧進照玄上人代静祐謹言上

　欲早任将軍代々佳例預公方并評定衆御奉加、遂食堂造営大功致天下泰平精祈間事

右、当寺者、為天下無双大伽藍之間、　公家・武家御帰依異他之条、不違始而啓矣、而今度食堂造営事、申賜諸国勧進　宣旨并御施行畢、依之於　公家者、既被付下野国了、至武家御奉加之例者、寺家再興之比、文治・建久之間、右大将家連々所送賜于寺家之色々、如寺家記録者、金銀米銭不知其数、一日供養分鑿牙一萬斛、龍蹄七百〔万カ〕疋、其外金録〔銀カ〕銭貨布絹等類、又不知其数云々、加之大講堂造営之時、将軍家之御奉加沙金五百両、御評定衆已下

銭貨之結縁、具載于寺家建長之記録矣、然者早任代々佳例預御奉加、遂食堂造営之大功、為奉祈天下泰平・武徳繁栄之御願、粗勒事由、言上如件、

貞和三年八月

右の申状に先立ち、「食堂造営」のための「諸国勧進」を認める宣旨が下され、その由が幕府に伝達されるとともに、下野国が造営料国として寺家に寄進されていた。この公家による食堂造営事業の後援を踏まえ、東大寺は幕府に対して、「文治・建久」の大仏殿以下の再建や、「建長」の大講堂再建における将軍・評定衆からの寄進という先例を掲げて、造営料の奉加を求めたのである。

食堂造営をになうのは勧進所（油倉）であり、また勧進所を主導し造営事業全体を統括するのは大勧進職であった。大勧進職照玄上人の代官静祐は、食堂造営を実現するために公家・武家へ申状を呈したが、その背景には造営事業を積極的に進めようとする勧進所の意向があったものと思われる。このように公家から造営勧進を承認され、下野国衙領が造営料国に施入されてはいるが、実質的に諸国にわたる勧進や造営料国の経営がなされ、また食堂の再建がなされた痕跡は見出しがたいのである。

食堂再建はついに実現することはなかった。しかし東大寺勧進所が「食堂造営」の意図をもって、その前提となる造営勧進の勅許と後援を公家・武家に繰り返し求めていたことは前述の通りである。そして大行事玄重の霊夢に端を発した大黒天造像に至る顚末は、まさに勧進所が造営勧進の勅許を公家に働きかけていたさなかの出来事であり、しかも大黒天像の開眼供養に前後して勅許がなされたことにも目を向けるべきであろう。

「感夢記」が作成された意図が、奇瑞に表出した神意による「食堂勧進」の正当化にあったことはしばしば述べた。しかも神意を象徴する大黒天像の厨子に貼り付けられた「感夢記」は、単なる奇瑞の記録というよりも、差し迫って

公家・武家から造営勧進の承認と後援を得るための説得手段となったはずである。「感夢記」に記された奇瑞の内容は、「社家記」への記録という保証のもとに公家に奏上されたと思われる。残念ながら「感夢記」を、「諸国勧進　宣旨」が下される直接の契機とする明証はないが、政治的な思惑と全く無縁に生まれたとも考えがたい。すなわち造像の由緒を記した「感夢記」には、公家を説得する術という至って政治的な役割が色濃く存したことを再確認しておきたい。

確かに食堂再建は実現しなかったが、「食堂勧進」に関わって生まれた大黒天像は、厨子に貼付された「感夢記」によってその造像の由緒が語り継がれ、江戸後期に及んでも「食堂大黒天」と呼称されたのである。

二　造　仏

仏教伝来とともにもたらされた仏像は、堂宇の本尊、法会の主尊として、また世俗が信心を託す拠りどころとして、数多くが古代から造立されてきた。造像の意図に基づいて、如来・菩薩・明王・諸天・羅漢など多様な種類と規模・構造の仏像が生まれたわけであるが、この造像の経緯を語る一つの史料が見出される。寿永元年（一一八二）、九条兼実は十一面観音像を造立した。その日記「玉葉」の同年六月四日条に、

天晴、此日奉始一尺三寸十一面像、智詮阿闍梨加持御衣木、此仏如法可奉造、仍仏師授五戒、以栢木可奉造、不可加膠、又不可押薄幷綵色、是依近日之夢、所奉造也、殊以有存旨、如法可造立、即於智詮壇所毎日受戒、満呪遍、来十三日可奉造出也、勧進家中男女、給其料物、是又為先化他也、即以結縁衆名帳、可奉籠尊像之中也、

として、造像の契機と方針が示されている。すなわち夢告をうけた兼実は十一面観音像の造仏を意図し、また思うところあって「如法」での造像を決意した。「如法」の造像とは、五戒を授けられた仏師が、栢木を材として、膠や金

箔・彩色を一切加えず素木のまま刻み出すものとされた。六月四日、智詮阿闍梨により観音像の御衣木加持が行われ、また智詮の「壇所」においては毎日願主への「受戒」と祈禱が勤修され、十三日から「造出」されることになった。さらに造像と併行して、兼実はあらかじめ「家中男女」に料物を給し、改めてこれを喜捨させて形式的ながら造仏「勧進」の形式をとろうとしている。これは「先化他」として自らが享受すべき造立の功徳を広く「家中」に回向しようとの意図によるものである。また家中男女」が造像に結縁した証として、その「結縁衆名帳」を観音像の胎内に納めることとしたのである。このように右の「玉葉」の記事から、造仏の発願と「如法」の造像、家内勧進による化他の表現と「名帳」の胎内納入という造仏活動の実態とともに、施主と結縁衆、受戒した仏師、受戒・加持を担う祈禱僧の関わりにより、はじめて造仏が実現したことを確認することができる。

さて兼実は造立する一尺三寸の十一面観音像の胎内に「結縁衆名帳」を納めようとしたが、造像に関わった人々の「結縁」の痕跡を何らかの形で仏像の胎内に納めるという事例は少なからず見出される。そこでその一例として、ボストン美術館所蔵の「快慶作弥勒菩薩像納入宝篋印陀羅尼奥書」に注目し、仏師快慶がいかなる意図のもとに造仏に関わったのかを確認することにしたい。

興福寺に旧蔵されていた快慶作弥勒菩薩像の胎内には、「弥勒上生経」と「宝篋印陀羅尼」を書き継いだ一巻が納められ、その末尾に以下の奥書が記されている。(3)

文治五年己酉九月十五日、三尺弥勒菩薩之像奉造立、仏師快慶、為奉納像中、奉書写此経幷此神呪者也、以今此造仏書経功徳、先資過去双親・先師権僧正離苦得楽、次自身一期終焉之夕、安住正念、順次離三悪之苦、必上兜率内院、烈天衆末、自親聴弥勒妙説、若順次業縁不熟、不遂内院上生者、五十七億六万《(ママ)》歳之間、受生於善趣、慈尊下生之暁、為三会説法聴衆、必預初会説法、速證道果、広導群生、

願以造像力　必生兜率天　奉見慈氏尊　聴説深妙法
願以此功徳　普及於一切　我等与衆生　皆共成正覚
文治六年三月八日記之了、

この奥書によれば、文治五年（一一八九）仏師快慶は三尺の弥勒菩薩像を造立するとともに、自ら書写した「弥勒上生経」と「宝篋印陀羅尼」を胎内に納めた。快慶による造仏・写経の意図とは、第一には亡き両親・先師の菩提、第二には自らの臨終正念と弥勒慈尊のもとでの覚悟を期するものであった。臨終後に兜率「内院」への「上生」がかなえば、自ら弥勒慈尊の説法を聴聞し、もし「業縁不熟」して「内院上生」が不可ならば、弥勒下生を待ちその「初会説法」の聴衆となり、必ずや覚悟を得て広く衆生を導きたいとの表現のなかに、世俗にありながら仏道結縁に近接しているはずの仏師がいだく欣求浄土の実相を垣間見ることができる。

前述した九条兼実による十一面観音像の造立は、施主が自らの願念の実現を図るため、仏師（仏師組織）に託して造像を行い、併せて「結縁衆名帳」の納入を意図した。この「結縁衆名帳」は自利と利他を表現するもので、造仏の功徳は広く「結縁衆」に回向されることにより、より確実に自らの許にもたされると兼実は確信したであろう。一方、仏師快慶による弥勒菩薩像の造立は、有縁の亡者追善と自己の往生を願い、自ら刻んだ仏像内に自ら書写した経巻を納め、その末尾に願念を記したわけである。俗人と仏師と社会的な立場は異なるものの、造像・写経という仏との結縁行為により願念の実現を図ろうとの思いは共通している。このような思いに支えられ、造仏のみならず造寺・写経など多彩な作善行為が実現し、その結果として多くの仏像が造立されたことはいうまでもない。

造仏という作善行為によって施主に功徳がもたらされ、自ずからその願念の実現が果たされるはずである。ところが兼実・快慶は、いずれも「結縁衆名帳」や奥書を記した経巻を仏像胎内に納入しようと考えた。造仏にとどまらず、胎内に結縁の痕跡をわざわざ遺そうという行為は、いかなる意図によるものであろうか。これは願念に基づく作善行為により功徳・利益が即刻に実現される保証がない以上、施主はその実現まで作善の痕跡を形にのこそうとしたと理解すべきであろう。そして本尊の胎内にのこす「結縁衆名帳」や経巻は、まさに作善の痕跡にほかならない。

さて仏像の胎内からは、造像・修理に関わった結縁者の交名・願文や書写経巻を始めさまざまな納入品が見出される(4)。たとえば文治元年(一一八五)の東大寺大仏開眼供養に先立ち、九条兼実は、「東大寺勧進聖人来、余奉渡可奉籠大仏之舎利三粒、奉納五色五輪塔、相具願文、其上入錦袋、是又五色也」(『玉葉』元暦二年四月廿七日条)とあるように、大仏に奉籠すべき仏舎利三粒と五輪塔に願文を添え、五色の錦袋に納めて大勧進重源上人に手渡した。また重源上人の勧進に応じて、後白河法皇も唐招提寺・東寺に伝わった仏舎利二粒を(『東大寺続要録』供養篇)、醍醐寺座主勝賢も供養を遂げた仏舎利を大仏に納めるべく奉加している(『醍醐雑事記』巻十)。このようにして集められた仏舎利等は、「奉納大仏御身仏舎利八十余粒幷宝篋印陀羅尼経・如法経」(『南無阿弥陀仏作善集』)とあるように、他の経巻とともに一括して大仏胎内に奉籠された。

では大仏の胎内に仏舎利を納める行為にいかなる意味があろうか。これは開眼供養の直前に「大仏御腹蔵」に仏舎利とともに「塗塞」がれた重源願文(『東大寺続要録』供養篇)の文中に窺われる。蔵人藤原親経が草し法印雅宝が啓白した重源願文には、「伝聞、以生身之舎利納造仏之胎内、忽放光明、頻現霊瑞」とあるように、本尊胎内に納められた仏舎利は「霊瑞」を現すと認識されていたわけで、仏菩薩の感応を期待して「八十余粒」が「塗塞」がれたのである。

また仏舎利とともに大仏胎内には「宝篋印陀羅尼」が奉籠されたが、快慶が奥書を記して弥勒菩薩像に納めたものも同経である。また東大寺南大門の吽形像からは、胸部部材に鎹で固定された「宝篋印陀羅尼」一巻が確認されてい

る。(5)このように仏像胎内に「宝篋印陀羅尼」を納めるのは、

復次仏告金剛手言、若有衆生書写此経置塔中者、是塔即為一切如来金剛蔵卒塔波、亦為一切如来陀羅尼心秘密加持卒塔波、即為九十九百千万倶胝如来卒塔波、亦為一切如来仏頂仏眼卒塔波、即為一切如来神力所護、若仏像中卒塔波中安置此中、〔経カ〕其像即為七宝所成、霊験応心、無願不満、其卒都波傘蓋・羅網・輪橖・露盤、徳宇鈴鐸・楹礎・基階、随力所弁、或土或木若石若甎、由経威力自為七宝、一切如来於此経典加其威力、

として同経の功徳を説く一文に基づくと考えられている。(6)仏が金剛手菩薩に向かって一切如来の舎利を納めた宝塔の功徳を説いた「一切如来心秘密全身舎利宝篋印陀羅尼経」(「宝篋印陀羅尼」)には、もし衆生が本経を書写し、土・木・石・甎で造立した塔中に安置したならば、塔は一切如来の「神力所護」によってその功徳を象徴する七宝の塔婆に変じ、また仏像中の塔中に本陀羅尼を安置したならば、仏像はただちに七宝で飾られ、思うがままの「霊験」が現れあらゆる願いがかなうとする。一切如来がその威力を添える「宝篋印陀羅尼」は、仏像内に納めることによって「霊験応心、無願不満」との功徳をもたらすと考えられていたわけで、本経が胎内に納められる理由はここに見出されよう。

仏像胎内に仏舎利や「宝篋印陀羅尼」を奉籠する意味は以上の通り説明できようが、納入された経典は本経にとどまるものではない。大仏には「如法経」、仁王像には「不空羂索神呪心経」が奉籠され、また仏頂尊勝陀羅尼・般若心経など他の経典、(7)さらには交名や願文が納められる事例も少なくない。すなわち経典とは別に結縁交名や願文という文書を像内に納める行為は、本尊に作善の痕跡をのこすことにより、本尊の「威力」によって功徳を期待するという素朴な意識があったと考えざるをえない。これは東大寺南大門吽形像の部材各所に仏師等の名が墨書されていることにも窺われよう。また吽形像に納入された「宝篋印陀羅尼」の尾題に続いて、

建仁三年八月八日、書写（於南大）門東脇、午時之許書写之、執筆恵阿弥陀仏

願以此功徳　普及於一切　我等与衆生　皆共成仏道

造東大寺大勧進大和尚南無阿弥陀仏（重源）　聖阿弥陀仏（中略）

大仏師定覚 湛慶　小仏師覚円 源応　定勝 慶仁　定円 春慶　定尊 明尊　信勝 行縁　長順 慶寛

として、造仏に関係した大勧進重源をはじめ勧進聖と、大仏師以下の工人の交名が掲げられるが、そのなかに加えられた「願以此功徳」以下の回向文もまた、素朴な功徳の期待を暗示するといえよう。「宝篋印陀羅尼」の末尾に交名を記して自らの作善の証とし、その功徳を広く衆生に回向しようとの定型句も、九条兼実が「化他」を意図して家中に「勧進」を行い、「結縁衆名帳」を像内に奉籠しようとした行為と共通するものである。

聖俗にわたるさまざまな願念を込めた造仏の意図は、仏師（仏師組織）の活動を媒介に仏像という形で結実し、作善の功徳を期待する意識は聖俗に共通して造仏事業を支えた。九条兼実・快慶・重源による造仏は、出家・在家を問わず作善行為をめぐる共通した意識の存在を裏づけるものである。そして快慶作の弥勒菩薩像に納入された「宝篋印陀羅尼」奥書をはじめとする素材は、造仏行為を支えた社会的な組織とともに、聖俗にわたる作善の意図を窺う貴重な手がかりであるといえよう。

第二節　法

一　論義会と聖教

鎌倉後期に編輯された『東大寺続要録』には、東大寺内で勤修された法会や教学活動について記す「諸会篇」・「仏法篇」が収められる。その「諸会篇」には平安前期までに成立した修正会・華厳会・般若会の由緒や次第が、また「仏法篇」には鎌倉時代に催された世親講・東南院問題講・大乗義章三十講・三季講・因明講・新院談義講・三論三十講・四聖講・三面僧房法華義疏談義・倶舎十講などの諸講が生まれた経緯や所作次第などが記されている。ところで「仏法篇」に列記される諸講は、いずれも「歎仏法之衰微」き「為勧学徒之鑽仰」めに、別当や学侶有志の発議によって創始された教学研鑽の場であり、「諸会篇」に収められる寺家・院家により主催された十二大会などとは自ずから性格・機能を異にするものと考えられる。つまり本願主である公家の護持を掲げて催された十二大会に対して、諸講は学侶自身の教学修得の場として創始・勤修されたもので、その開催自体が東大寺における教学活動の隆盛を顕示するものでもあった。

東大寺における仏教教学の興隆を象徴する諸講は、その過半が鎌倉時代に創始されたものであるが、そのなかで大乗義章三十講のみはすでに保延二年（一一三六）までその起源が遡る。すなわち治承・寿永の内乱の戦火による寺内堂宇の焼亡から、寺家の復興がなされる過程で相次いで成立した諸講であるが、その倣うべき先蹤はすでに平安院政期に準備されていたといえる。

さて大乗義章三十講は、「撰召三論一宗之学徒、令修三十座之講行、一向以大乗義章為宛文、分二百余科、令問答・輪読」とあるように、慧遠撰「大乗義章」に掲げられる「二百余」の「科」文（経論段落の要約）により分かたれた本文について、招請された三論宗徒による「問答・輪読」の場として創始された。のちには「三論疏」（中論疏・百論疏・十二門論疏）が加えられ、「大乗義章之精読、三論疏之問答、共闘智弁、互決雌雄」するとあるように、「精読」（「輪読」）と「問答」という二様の方法により、三論宗徒は「大乗義章」と「三論疏」の理解を深めたわけである。

このように「問答」つまり論義は、教学の伝持に不可欠の修学方法とされ、とくに南都・北嶺の寺院社会においては、日常的な寺僧の修学活動から寺家により催される法会まで多くの場に採用された。そして論義（問答）を中核に構成される法会が論義会であり、平安時代からの南都・北嶺で勤修される法会の過半は論義会であるといっても過言ではない。そこで本節では、東大寺を始めとする南都諸寺院において、学侶の修学活動を背景に催された論義会とそのなかで生まれた聖教が、寺院社会において果たした機能の一端について考えることにしたい。

1　論義の起源と発展

学侶の修学活動において不可欠の所作とされる論義（問答）は、平安院政期に初めて寺院社会に登場したわけでは決してない。「問」・「答」の往復により仏法の認識を深めるという形式は、すでに中国で撰述された疏釈類（経論の注釈書）にもしばしば見られる。本朝ではすでに白雉三年（六五二）に、「請沙門恵隠於内裏、使講無量寿経、以沙門恵資為論議者、以沙門一千為作聴衆」（『日本書紀』巻廿五）とあるように、「無量寿経」を講ずる恵隠に対して恵資が「論議」（論義）を行い、一千口の聴衆がこの問答を聴聞したとされる。先達というべき講師が経論を講説し、これに対して問者が疑問を投ずる論義は講問論義とも呼ばれ、これより以降、宮中御斎会内論義や季御読経論義、さらに興福寺維摩会・東大寺法華会や諸寺御八講をはじめとする諸寺の法会において、中核的な法要形式として定着することになった。たとえば、治承五年（一一八一）の法勝寺御八講では、證誠信円をはじめ講師十口と聴衆十口が、四箇大寺（延暦寺・園城寺・興福寺・東大寺）から招請された（東図「法勝寺御八講問答記第六」113/27/6）。その初日夕座において、

　夕座、、（講師）弁暁律師　問者融観
問、、、花厳経心別説仏果功徳耶、　答、可有説不説二過之義也、　進云、別説之、香象尺、　付之、開一部経文、但説向比功徳、未説仏果功徳、依之十地品中、或但説一文云、此説ヲハ論家不説果分功徳云々、
問、有大乗論中、以八聖道支摂分別等六種支、爾者以正語支可摂化楽他支耶、　答、　進云、不摂化楽他支也、　若不摂之、六種支中摂何文中耶、依之余大乗論中摂化楽他支、　如何、

とあるように、講師である東大寺弁暁の講説を承けて、聴衆のなかから撰任された問者の興福寺融観が二つの「問」を試み、これに対して講師弁暁が各々に「答」を返すという次第で論義がなされており、このような問答が初日から第五日に至る朝・夕の計十座にわたり催された。また「問」をめぐる講師の「答」を承けて、さらに問者が「進云」・「付之」と「問」を畳みかけることにより、論義の内容を深化させたわけである。講師・問者の間で交わされた「問」・「答」によって経論の奥義が極められるとともに、その問答のやりとりのなかで講師・問者自身の学識も問われることになった。

　このように宮中や諸寺において論義形式の法会が隆盛した背景には、寺院社会による漢訳仏典の受容能力の向上が想定され、その反映として法要形式は奈良時代から平安時代を下るにつれて、〔読経→講経→論義〕という重心の移行を見せることになる。そして奈良時代前後に勤修されるようになった論義会は、講師と問者が交わす問答を聴衆に聴聞させ、経論の理解をたすけるというきわめて実質的な機能を果たした。なお中国仏教における仏典受容の過程で、

経論の要点を顕在化させるために設けられた「科文」が、論義とそのための聖教類が成立する柱となったことは想像にかたくない。

さて講問論義とは別に、寺僧が修学・僧階の階梯を昇るための試問としての竪義論義があり、その勤修は平安前期に確認される。すでに承和四年（八三七）に「加以頃年之例、別立五階・三階令補講・読師」として、諸国の「講・読師」選任に「五階・三階」業が条件として定められていた。ところが「而今有司稱格無試業之階、任意恣挙少智之輩」するという現実のもとで、改めて「応定試業之階補任諸国講・読師事」として、「講師」には「五階」としての「試業、複、維摩立義、夏講、供講」を経たものを、「読師」には「三階」としての「試業、複、維摩立義」を経たものを補任することが定められた（『類聚三代格』巻三　斉衡二年八月廿三日太政官符）。講・読師補任の条件とされた「維摩立義」とは、いうまでもなく維摩会において研学竪義をつとめることである。なお単に「立義」と記されるのは、天長七年（八三〇）に薬師寺最勝会の「立義」が「諸国講・読師之試」とされるまでは（同前第三　天長七年九月十四日太政官符）、実質的に維摩会竪義そのものと考えられる。そしてこの「立義」は、少なくとも延暦二十五年（八〇六）、華厳・天台・律・三論・法相各宗の年分度者が得度・受戒の後に、「更試十二条、本業十条、戒律二条、通七以上者、依次差任立義・複講及諸国講師」として、「本業」と「戒律」の修得を試みるため定められた課試規定のなかにも確認される（同前第二　延暦二十五年正月二十六日太政官符）。すなわちこの課試はのちの「試業」に相当するが、少なくとも平安時代の初期には、維摩会「立義」が僧侶昇進の階梯に確実に位置付けられ、「安居講師」（夏講）の選任条件とされており、しかも竪義論義が課試の所作として寺院社会に定着しつつあったことは明らかであろう。

さらに平安前期より、「春講最勝奥典、開緇素之慧眼、冬説維摩玄旨、祈天下之栄楽」（同前第二　貞観十年十月四日太政官符）と併記される興福寺維摩会竪義と薬師寺最勝会竪義に准じて、諸寺に相次いで竪義が設けられたのである。

天長九年（八三二）には大安寺法華会において、「須其立義及第者、准興福寺維摩会預安居講師」とされ（同前第二天長九年十月三日太政官符）、貞観四年（八六二）には本元興寺法華供、貞観十年には新薬師寺・法華寺・招提寺・弘福寺・崇福寺・西寺・海龍王寺・龍蓋寺に、仁和二年（八八六）には雲林院安居講などに竪義が置かれることになった。このように課試における試問として登場した竪義は、興福寺維摩会・薬師寺最勝会をはじめ諸寺法会に設置され盛んに催されるとともに、僧侶昇進の階梯として寺院社会に定着したのである（同前巻二）。なお竪義論義における課試の判定は、

披見竪義得略文、被注其科之条、探題已似不知古伝、随得略科可有上中下也、

『丙』『甲』伝燈住位僧宗縁　法相宗　専寺

所立唯識義一章、四種相違義、幷十帖八得一未判一略、

とあるように（成簣堂文庫「類聚世要抄」巻十七）、探題が提示した問題について、問者との問答のなかに竪者の経論をめぐる理解度を推し量り、その結果を精義（證義・證誠）が得・略・未判（合格・不合格・保留、後に「上・中・下」）の評価を下すという形態をとり、この次第は形式化しながらも後世まで継承されることになる。

このように奈良時代に先だって登場した経典講説の理解を深めるための講問論義と、平安前期には僧侶課試の方法として定着した竪義論義は、その成立・発展の経緯は異なるものの、論義を重んじる南都・北嶺諸寺の法会において盛んに勤修されることになる。しかも講問論義と竪義論義は、興福寺維摩会や東大寺法華会などに見られるように、同一の法会のなかで併せて勤修された。さらに平安院政期を境にして、竪義・講問論義に竪者・講師として出仕を図る学侶が問答を修練する場として講が生まれ、これが寺院社会のおける重要な教学活動として一般化したことは前言の通りである。

2　論義会の職衆と次第

斉明天皇三年（六五七）の創始とされる興福寺維摩会では、初日より第五日にわたり講師・問者によって勤修される講問論義の後に、初夜より第五夜にわたり竪者・問者・精義・探題による竪義論義と、また勅使饗応のため論匠衆による勅使坊番論義が催された。興福寺維摩会は複数の論義法要から構成される複合的な法会であり、このような構成は平安中期に確立していたようである。そして各々の論義の機能を果たすにふさわしい職衆が招請されていた。つまり講問論義では経論を講説する講師とその講説に疑義を投ずる問者が、竪義論義では探題に申告した問題について義を立てる竪者とその義に難を投ずる問者、両者の問答へ論評を加える精義、竪者に最終的な判定を下す探題、さらに勅使坊番論義では交互に講師・問者の役をつとめる論匠衆が、複数の論義法要を支える職衆として招請されていた(8)。

また仁和寺蔵「紺表紙小双紙(9)」には、長保四年（一〇〇二）に創始された宮中最勝講における「最勝講初日講師次第」が収められ、職衆全体の動きとともに講師の所作が詳記される。初日の朝座に他の職衆とともに入堂した講・読師は、「礼仏」・「着座」に続いて、

「両師登高座」―「講師表白」―「読師唱経題」―「釈経」―「問経初文」―「揚経題」―「問者執香炉表白」―「置香炉発疑問」―「講師取牒成答」―「問者挙第二重疑」―「又答之」―「置如意」―「唱供養浄真言」―「六種」―「回向」―「両師降高座」

との次第で所作をつとめる。また夕座においても「登高座」の後に、

「登高座」―「読師唱経題」―「講師置香炉執如意」―「釈経」―「問経初文」―「揚経題」―「論義」―「置如意」―「回向」―

「両師降高座」

として、同様の所作を繰り返す。すなわち朝座においては、講・読師が「登高座」すると、講師は表白を読み上げ、用いる「経題」名が読師により唱えられた後、如意を執る講師により経典をめぐる講説としての「釈経」が始められる。「釈経」を終えた講師は読師に「問経初文」い、読師は「揚経題」げ、ここから「論義」が始まる。柄香炉を執る問者が表白を唱えた後に「発疑問」すると、これに対して講師が「成答」し、さらに問者は「挙第二重疑」げ、さらに講師がこれに答える。(10)この二往復の問答を終えると、講師が如意を置いて「供養浄真言」と「六種」・「回向」を唱えた後に、講・読師は高座を降りて論義は終了する。このように朝座における「釈経」から「又答之」までの講師・問者による「問」(「疑」)と「答」の往復が、最勝講における論義の具体的な内実であった。そして講師・読師・問者による一連の所作からなる朝座と同様の次第で夕座も催され、朝・夕二座の論義が初日から第五日まで、計十座催される。なお最勝講の講問論義においては、講師・問者と併せて読師が所作を支える職衆として招請されていたことが確認される。

ところで延長八年(九三〇)に創始された醍醐寺御影堂御影供には、長元元年(一〇二八)に竪義議論が供養次第に加えられた(『醍醐寺新要録』巻四御影堂篇「竪義類」)。醍醐寺御影堂の竪義論義では、内明に「大乗義章十二因縁義」もしくは「声聞賢聖義」、因明として「因明四種相違義」からの各五題計十題の問題について、竪者と問者の間で竪義論義が勤修されている。真言密教のみを伝える寺院と見られる醍醐寺であるが、承平元年(九三一)には真言宗と並んで法華経・最勝王経・仁王経を修学すべき三論宗の年分度者が置かれており(『醍醐寺新要録』巻一)、上醍醐寺を拠点に顕立ともいうべき竪義論義が江戸前期まで勤修されていた事実は見過ごせない。

さて竪義論義に出仕する職衆をめぐり、『醍醐寺新要録』の「竪義類」には「竪者段」「探題段」「精義段」「問者段」「注記段」「竪義雑事段」として各々についての故実が掲げられており、各職衆による所作の詳細を窺うことができる。そのなかで「竪者段」には、「静寛阿闍梨記云、次竪者立面道、次題者参会ス、○次竪者登高座、次竪者調衣装、取麈尾表白ス、次一問表白ス、次始問題」として、登高座・表白についで「問題」をめぐる竪義にあたり、「取短冊故実事」「読題故実事」「置短冊故実事」「奉拝鎮守事」「読表白事」「問答切声事」「竪者行粧事」「扇持不持事」「竪者入影堂時執当打磬事」「於竪者坊一献事」「内試ハ竪者祈禱事」等々、細々にわたる故実が掲げられている。

このなかで「取短冊故実事」における「短冊ハサムコトハ東大・興福各別也、」という文言や、「論題故実事」における「南都旧記云」という典拠から明らかなように、南都とりわけ東大寺との密接な関わりをもって竪義論義は催された。また永治二年（一一四二）の根本僧正忌日御影供には、「尊師御影供竪義者東大寺定樹、常陸公頼樹得業弟子也、内侍〔試〕饗無之、本寺之人遂此立義之時、不勤件饗之由、珍海擬講所被申也」（『醍醐雑事記』巻七）とあるように、「本寺之人」たる東大寺僧が御影供の竪義をつとめることもあった。

東大寺東南院を創建した聖宝を開山とする醍醐寺が、聖宝の本寺である東大寺を「本寺」と呼び、三論宗による竪義論義に東大寺の助力を仰いでいたことは首肯される(11)。しかしこのような経緯はあるとしても、醍醐寺が真言密教事相小野流の中核寺院として隆盛を遂げる一方で、御影供における竪義論義に南都東大寺僧の参仕を仰いでいたことは注目すべきであろう。

また延暦寺においても、平安前期以降の教団整備のなかで南都の諸大徳を請じ法華十講が催されており、これがのちに霜月会となる。また延暦二十年（八〇一）の霜月会に竪義が付加され、やはり南都諸寺から「博士」（精義）が参仕したとされる。さらに康保五年（九六八）に創始された六月会広学竪義においても、当初より百年ほどの間は論義題として天台に因明・唯識が加えられており、南都における論義法要の影響が色濃く見られる(12)。すなわち南都諸寺で継承された論義法要の所作や次第は、新たに洛中・洛外に創建された諸寺の法会にも移植され、また南都諸寺僧が自ら参仕するという形で強い影響力を及ぼすことになったのである。

3　聖教の撰述

先述の醍醐寺御影堂竪義論義において、竪者と問者により交わされた問答は注記役により記録された（『醍醐寺新要録』第四）。「注記段」に掲げられる「注記古本事」には、

章云、如法華論宣説、声聞有四種文、其四種者何等耶、　答、一移性声聞、二退菩提心声聞、三増上慢声聞、四応化声聞、是其四種声聞也云事、

章云、楽論義者、生五浄居文、心何、　答、於上流般那含有四類之中、楽論義者、生五浄居天云、此文意也、如云事、

として、「大乗義章」を出典とした問題をめぐる論義内容が記される。問者は「大乗義章」の「如法華論宣説、声聞有四種」との文言を引用した上で、「其四種者何等耶」との問題を提示し、これに対して竪者の「答」が続く。そして御影堂竪義論義における故実のなかに、「短冊」「表白」「札」「本草・略草」「問題」等、竪者の所作において唱えられる文言を記したさまざまな名称の唱文が掲げられており、このなかで「短冊」・「札」・「問題」は、前掲の問答の冒頭に記される論義問題の唱文を記したものにほかならない。このように論義会において交わされた問答の内容は注記役等の手で記録され、また問答の場で用いられた問題を記す「短冊」などをめぐりさまざまな故実が生まれたわけである。

また大乗義章をめぐっては、平安院政期に興福寺頼超の撰述にかかる「義章問答第二」（東図104/132/1）が伝来してい

る。本書はまず表紙裏に、

　文殊・阿難於鉄圍山集摩訶衍耶、

　第二七日宣説花厳修多印也耶、

をはじめとする「問」題を掲げ、その各々について、

　問、引龍樹所説明二蔵結集、爾於何処結集摩訶衍耶、

　教迹義章云、龍樹上云、○文殊・阿難於鉄圍山集摩訶衍為菩薩蔵云々、

とあるように、具体的な問答の内容が記されている。頼超が「義章問答」を撰述した意図は明らかではないが、論義会の場で注記役により記録された問答記ではなく、「大乗義章」をめぐる問題を整序し、その各々について先師の問答を選択し引き付けたものであり、あくまで頼超の修学活動の成果というべきであろう。冒頭で触れたように、大乗義章三十講において、講衆は「輪読」（「精読」）と「問答」という方法により、「大乗義章」を修学しその理解を試問された。この「問答」に対応するために、あらかじめ論義に出仕する講師・竪者・問者の手で、「義章問答」に類する論義草の集成（論義書）が撰述されたと思われる。

　また文永四年（一二六七）東大寺聖顕が寺内知足院で、賢恩已講本より書写した「局通対略文集」（「醍醐」蔵五三二函九号）には、「局通対意何」との「問」をめぐり、「疏（慈恩撰「因明入正理論疏」）云」、「義断（慧沼撰「因明義断」）云」、「明燈抄（秋篠寺善珠撰「因明論疏明燈抄」）云」、「纂要（慧沼撰「因明入正理論纂要」）云」、「断（慧沼撰「因明義断」）云」という形で、疏釈類にその典拠を求めた要文が抜書きされている。本書は覚憲撰「因明大疏抄」に掲げられる論題の一つである「局通対事」に関する疏釈を類聚した抄物ということになる。この「局通対略文集」の撰者は明記されていないが、賢恩の師匠であり、本書が伝来した知足院を再建した良遍と推測され、なお東大寺図書館には良遍撰

にかかる「勝願院草局通対」（124/132/1）、「局通対略文集知足院精義草」（124/130/1）が伝来している。そして本書の記述内容は、弘安五年（一二八二）に盛俊が書写した「因明十題」（104/206/1）にそのままの形で転記されており、さらに「局通対事」は因明論義における「大題」として固定化することになる。

すなわち経論の要諦をなす問題をめぐり交わされた問答の内容が、経論を理解する重要な方法として、学侶の修学対象とされていた。本来ならば竪義論義・講問論義における問答は、あくまで論義の場でその機能を完結させるはずであるが、現実には問答の内容が記録され書写が重ねられたのは、後進の学侶が先師の問答を自らの修学活動にあたり参照したからにほかならない。そして論義の所作に用いられた「問題」・「短尺」と、問答内容を記した論義草、さらにそれらの問答内容を自らの修学のために書写・整理した抄物などは、いずれも聖教と呼ばれている。寺院社会において主に教学に従う学侶が、その修学活動のなかで作成した膨大な聖教類は、多様な内容と形式をもつが、とくに顕教聖教については、

A、疏釈（経律論の注釈）
B、論義草（短冊・短尺・問答草・論義抄）
C、論義書（論義草の類聚）
D、問答記（注記・日記）
E、抄物（経律論・疏択・論義草からの抜書き）
F、聞書（先師の教説、談義の問答内容を記録）

に大別することができる。[13] 前述の通り聖教類は、寺僧の自行の覚えとして作成されたものから、法会出仕にあたり所作のために作成されたものまで成立の契機はさまざまあり、一律にその成立の条件を定めることはできない。しかし

教学活動のなかで作成された問答形式の聖教類は、論義の内容を通して経論の要諦を解説したものである以上、学侶の経論理解を深めたことは確かであろう。いずれにしても聖教類は、その成立の経緯と内容のなかに、学侶による教学活動の具体的な内実と教学の継承の有様を窺わせる貴重な史料であることはいうまでもない。

ところで文永五年（一二六八）東大寺聖禅は、同寺尊勝院院主宗性から貞慶撰「明本抄十三帖」と「因明論義抄三帖」の書写を許され、聖禅一期の後には、書写した聖教類を宗性の跡をつぐべき宗顕へ譲ることを誓約する契約状を草した（東図「明本抄日記」124/37/1）。そのなかで聖禅は聖教類の「書写」を「因明結縁」と表記していることに注目しておきたい。聖禅が書写した「明本抄」十三帖とは、

予一期案、前後雖区、漸探屢決諸義、巨細悉帰小島一説、奉謁龍花、以仰悟解之加被矣、因明之事、本無其功、随又廃忘、今年春秋之間、聊加覆審、或拾往日遺草、或有当時潤色、至十一月一日、如形終篇、其間迷謬失錯等、深雖恐冥顕、随分清浄之志、大明神可垂納受、病悩相続之間、未及再治耳、

貞慶記之、

建暦弐年十二月二十三日

と奥書にある通り（『大正蔵』巻六十九所収）、平安院政期に因明教学を大成した蔵俊が「因明大疏」の科文とそれをめぐる疏釈を集成した「因明大疏抄」を、貞慶が小島真興の解釈に依拠しながら再編を加えたもので、いうまでもなく問答形式をとっている。聖禅が書写した「明本抄」は、貞慶から覚遍を経て本書を伝得した良遍が宗性に付属したものであり、付属の折に「於此物者、大略一本候、殊可有御秘蔵候」（同前）とされた秘書であった。つまり因明の論義を記した本書は、その書写・付属自体が因明教学を嫡々相承することの証であり、その内容とは別に「モノ」としての聖教が教学上の秘奥相承を象徴することになる。そこで因明の秘奥を記す本書の書写を、「因明結縁」と記すことも首肯されよう。ここに論義を記す聖教類には、修学上の実質的な機能とは別に、教学相承の象徴的な機能があっ

たことを見過ごすことはできない。このように「明本抄」という聖教は、貞慶が撰述した段階では、因明教学の秘奥の修学と伝授を支えるという実質的な役割を果たしたが、その書写・伝授が「真実之器」のみに制限されることにより、限定された範囲で相伝される秘書へと性格変化を遂げることになったのである。

すなわち聖教類とりわけ論義草は、それ自体が論義法要の内実であり、また教学修得の手段であり、さらに教学相承の象徴としての機能を果たすものであった。このような意味で、聖教は機能した時期における教学受容の実態を示すとともに、その社会的な存在意義を窺わせる素材となろう。

従来は教学関係の史料として史料調査の対象外に置かれていた聖教類であるが、前述の通り寺院社会史の解明にあたり不可欠な研究素材であることは確かであろう。古代・中世を通じて南都・北嶺における法会の中核は論義会であり、その所作を支えるための膨大な聖教類が生まれ、そのわずか一部が今日に伝来している。しかし聖教類は論義法要の所作そのものにとどまらず、修学から法脈相承にまで幅広い関わりをもちながら、歴史研究の立場からは教学史料として疎外され、また教学研究からは形骸化した法要所作に関わるものとして疎外されてきた。このような一面はあったとしても、法会は教学活動の成果を表出する場であり、また日常的な学侶の教学活動はこの法会を節目として進められたわけで、法会とりわけ論義会とそのなかで生まれた聖教類を無視して寺院社会における教学を語ることはできない。言を重ねるならば、いわゆる教祖・碩学による教学・教説の頂点を結んで語られる教学史とは別に、数多くの寺僧集団による日常的な教学活動という側面から、幅広い教学受容の実態を跡づける教学史も必要であろう。そして聖教類が寺院社会をめぐる教学史的・社会史的な研究のなかで、より積極的に活用されるべきであることを強調しておきたい。

なお興福寺維摩会において承平七年（九三七）に創始されたとされる勅使坊番論義の勤修からも明らかなように、饗応としての番論義が催される背景には、明らかに問答の一端を理解する俗人の存在がある。本来ならば寺僧の経論修得の術とされた論義は、平安後期にはその理解度に浅深はあれ聖俗にわたり受容されるようになり、論義を根元にもつさまざまな文芸・芸能が生まれ、さらにその極に藤原頼長による因明談義や「左府抄」が出現することになった。このような論義（問答）の聖俗への広がりという現象を助長した一因として、冒頭で触れた平安院政期以降における諸講の創始と勤修があげられよう。ただしこのような論義の一般化が進むなかで、寺内外の関心は問答における教学的な内容から問答を読み上げる唱文・唱法に移り、論義会が形式化の一途をたどったことも見過ごしがたい現実である。

二　悔過会と史料——東大寺二月堂修二会記録文書を通して

平安時代以降の寺院において勤修される法会の多くは、読経・講経・悔過・論義・修法という法要形式を柱として構成されていた。前項で触れた論義会は、講師・問者・竪者による教学上の問題をめぐり交わされる論義（問答）を通して、仏法への認識を深めその究極に覚悟への接近を図ろうとの法会であった。このような問答という所作からなる論義会とは異なり、懺悔を表現する所作から構成される悔過作法により衆生の犯した罪業の消除を図る悔過会が、奈良時代より盛んに勤修されていた。天平勝宝四年（七五二）実忠和尚により創始された悔過会としての東大寺二月堂修二会は、十一面観音像を主尊に上院を道場として二七箇日にわたり勤修され、平安前期には「修二会」との会称と「二月堂」という堂名を寺内に定着させた。さらに平安時代を通して華厳宗僧によって継修された由緒を引きながら、鎌倉時代以降には広く学侶・堂衆からなる練行衆により支えられる「不退之行法」として、今日に伝えられている。(14)

現代の東大寺において代表的な法会される二月堂修二会では、その勤修を支える寺内階層（学侶・堂衆・俗役）の手で数多くの史料が生み出され、少なくとも近世以来の形式にならって、今日でも文書・記録が書き継がれている。たとえば、昭和二十年に発給された、

昭和弐拾年二月堂参籠練行衆交名之事

僧正　英俊
僧正　明俊
権僧正　英祐
権大僧都　聖準
権大僧都　瑞真
少僧都　隆聖
権少僧都　公典
律師　聖観
権律師　寛秀
以上
加増　一人
新入　一人

昭和弐拾年二月堂上七日参籠練行衆交名之事

英俊　明俊　英祐
聖準　隆聖　瑞真
公典　聖観　寛秀
準達　頤正

との練行衆の招請に関わる二通の「参籠練行衆交名」は、中世以来の形式を踏襲したものであり、「二月堂修中練行衆日記」・「六時支配帳」（「六時之差帳」）・「時数帳」・「四座講式交名」・「四座講伽陀衆交名」・「夜荘厳支配帳」・「加供帳」・「加供支配帳」・「別当坊音物注文」・「局支配」等々とともに、今日においても継続的に生み出される二月堂修二会の史料といえよう。これらの史料の形式はおおむね江戸時代には固定化し今日に至っているわけであるが、各々の形式・機能と史料名が確立する過程は、修二会に関わる膨大な史料の検討作業から明らかにされるべき課題である。

ところで平安時代より昭和二十一年を下限とする二月堂修二会関係史料二千四百点が、平成八年に一括して重要文化財の指定を受けた（文化庁文化財保護部美術工芸課編『二月堂修二会記録文書目録』）。これら二月堂修二会関係史料には古代から現代にわたる多彩な文書・記録が含まれており、重文指定目録では便宜的に「修中日記」・「諸日記作法」・「行法文書」・「明治以降年度別」・「堂童子方記録」に分類されている。これら一群のなかで、修二会勤修の足跡を語る注目すべき史料として、平安院政期より現代まで途切れることなく書き継がれた法会記録と、行法を支える諸役が草した手引書の存在が挙げられる。

まず二月堂修二会の足跡をたどるに不可欠な史料として第一に挙げられるのは、「大双紙」（「御堂日記」）と呼ばれる、保安五年（一一二四）から宝暦十四年（一七六四）に至る「二月堂修中練行衆日記」（東図141/468 A 1〜141/492 1）二十六冊であろう。[15] 奈良時代から平安後期に至る分については、その存在を含めて未確認であるが、少なくとも平安院政期から継続的に勤修された希有な法会である二月堂修二会が、変転を遂げる時代背景のもとでいかに継承されてきたのかを「大双紙」は如実に物語っている。

さて「大双紙」の記載内容は、

承安三年二月堂上七日練行衆講法華経第四巻、
信有和上　寛秀呪師　源舜　重覚　厳祐堂司
玄恵導師　玄仁　義慶　尋勝　寛恵
顕実　善祐　明慶　延智　仁玄
延勢　賢運　行珍神名帳　顕祐処世界
已上十九人
下七日籠衆交名事
信有和上　玄助導師　寛秀呪師　源舜　□□
厳祐堂司　義慶　尋勝　寛恵　□□
善祐　明慶　延智　延清　□□
珍舜　寛尋処世界
已上十七人
但、此内玄助大法師、雖大導師、兄西香房死去了、□□□日没以前ニ退出了、而顕実大法師ハ雖達陀衆之内、□□□為其器、依練行衆儀定、大導師職被補了、仍□□□日没時、其役勤始、為後代記之、

とあるように、年ごとに勤修される修二会行法を単位として、二七日にわたる行法の上・下七日の練行衆交名を掲げ、

四職（大導師、和上、呪師、堂司）や神名帳・処世界などの所役を付記するとともに、行法中における事件等を記録したものである。右に引用した承安三年（一一七三）の行法では、下七日に大導師をつとめるはずであった玄助が、兄の死去による忌服のため会中に下堂し、「練行衆儀定」により顕実が急遽大導師職に補任され行法を継続した事実が「為後代」に記録されている。つまり「二月堂修中練行衆日記」は修二会の練行衆名とその役割に加えて、行法や練行衆に関わる特記事項を合議（「儀定」）に基づき「後代」にのこした記録ということになる。つまり「二月堂修中練行衆日記」は行法を支える練行衆全体に関わる公的な記録であり、後世に「大双紙」がしばしば参照されたのも当然といえよう(16)。

ところで平安院政期より東大寺内では学侶・堂衆という寺内階層が画然と分化し、寺内における立場・処遇に差異はあれ、共に寺家経営や法会勤修に関与していた(17)。そして奈良時代より二月堂修二会を支えた練行衆の構成員も、上院（法華堂、二月堂）に止住する華厳宗僧から、学侶・堂衆という階層に分化した華厳宗僧へ、さらに鎌倉時代以降には華厳宗に限定されぬ寺内止住の寺僧（学侶・堂衆）へと変遷を遂げていった。文保三年（一三一九）に起筆される「二月堂修中練行衆日記」第五からは、堂衆には「中観舜和上五ヶ日」・「法勇賢」として中門堂衆・法華堂衆という所属が付記されるようになる。このように学侶・堂衆の区別が強く認識されるなかで、練行衆としての所作や四職以下の諸職が所属階層に規定されることになったのである。

さて享徳三年（一四五四）から、法華・中門両堂衆に属する練行衆の手で、「二月堂修中記録」（「二月堂練行衆日記」・「二月堂修中日記」、東図141B/1/1～141B/26/1）が記録されるようになった。その第一冊目の冒頭には、

享徳三年甲戌、二月堂参籠練行衆交名
法丑定円房大米春　　中巳慶賢房大祐専

中辰明覚房大定春　　中子延春房大長宗
戌年頭人
法春道房大長弘　　法寅賢良房大延恵
権処世界、亥　　処世界、卯
法定舜房実専新入　　中善堯房賢盛

右、来十六日午貝定量於上坊辺、可有御会合之状、如件、

一自往代廻請続集往来為大巻之間、参籠衆依評議、納法花堂庫蔵、初而認双紙畢、彼往来裏仁、就練行衆之事、為後々被記題目在之、

一依草子之初段実共註、於向後者新入計可記之、

（中略）

一於宿所出事、不可有増減由、自上古往来、禅空房住坊而紛失之間、康永三年甲申、初又被記往来百十二年之分、法花堂庫蔵仁被預置者也、仍双紙初之間、各以自筆参籠記年序、於後世真門仁儀等、相応之仁勿令違失矣、

自応永二十九年壬寅参籠合三十年　栄春（花押）

自永享八年丙辰参籠合十九年　祐春（花押）

（下略）

との記事が記されている。法華・中門両堂衆の交名が掲げられた文頭は、練行衆請定を写したもので、これに続いてこの「双紙」が作成された理由が記され、さらに当年の特記事項に加えて、「堂方」練行衆が参籠した「年序」が付記されている。

これらの記事から、少なくとも室町時代には練行衆は「寺方」（学侶）と「堂方」（堂衆）としてまとまりをもち、行法にあたっては各々に対して「廻請」・「往来」が発給されていたことが知られる。「廻請」とは前掲冒頭の「交名」

（請定）にあたり、「往来」とは行法勤修のなかで発給された文書と思われ、この「往来」の裏には「後々」のために練行衆が記録すべき「題目」が追記された。そして「堂方」の練行衆は、行法を記録した「廻請」・「往来」を貼り継いだ「大巻」を「法華堂庫蔵」に保管するかわりに、改めて「双紙」を記すことにした。つまり文書としての「廻請」・「往来」は巻子として保管され、日常的に参照する記録として「二月堂修中記録」が書き継がれたわけである。

このように学侶・堂衆という寺内階層が固定化し、各々が独自の運営体制を整えるなかで、学侶は「大双紙」、堂衆は「修中記録」を書き継ぐことにより、練行衆の手になる修中日記は二様が伝来することになった。ただし「寺方」として学侶の手で書き継がれた「大双紙」であるが、平安院政期以来の形式を踏襲し、「修中記録」が登場して以降も練行衆全体の記録という役割を継承したのである。

また「寺方」・「堂方」の練行衆が、各々固有の文書・記録をもったことは、次の事例にも確認することができる。文明四年（一四七二）の行法結願の折、「寺方」つまり学侶の練行衆は合議を経て、

（端裏）「牛玉記録寺方」

記録　条々

一二月堂牛玉近年繁多而流布世間、陵遅之至、無物躰次第也、然者不可有威験条勿論也、所詮於自今已後者、紙数極多不可過弐拾伍枚事、

一近比捧料紙誂牛玉事増倍、是又不可然、非当参者、設雖為練行衆誂、不可請取之事、

一雖権門勢家之誂、不可承引之事、

一有新入時、称今此記録、可被加判形事、

一有肝要事者、可有追加事、

右、背今此条々者、可蒙当堂大聖観自在尊御罰違犯身者也、仍起録如件、

文明四年壬辰二月十五日

実賢（花押）

大導師延営（花押）　　実友（花押）

和上亮信（花押）　　秀範（花押）

堂司覚延（花押）　　宗真（花押）

（下略）

とあるように、行中に摺写す二月堂牛玉宝印を練行衆一人に二十五枚と制限し、これをこえる牛玉摺の厳禁を誓約する起請文を作成し、さらに新入の練行衆はこの起請文の文言を唱えて署判を加えることと定めた。文明四年より今日に至るまで中断なく「寺方」練行衆の署判が加えられた本起請文は、堂司櫃に保管され伝来してきた。そして「寺方」の起請文とは別に書き継がれた「堂方」連行衆の起請文もまた現存している。このように少なくとも室町中期以降、練行衆は「寺方」・「堂方」という寺内の二階層が、各々独立性を保ちながら相互に役割を分掌して二月堂修二会という行法を支え続けたのである。

さて二月堂修二会の行法は練行衆により勤修されたが、行法それ自体は練行衆のみならず俗役によっても支えられていた。実務的に二月堂修二会の実務を担ったのは、「三役」（堂童子・小綱・駆士）を中心とする「木守」「大炊」「加供奉行」「局奉行」「院士」などの俗役であった。これら俗役の中核に位置する堂童子が、その職務を遂行するため記した修中の記録が、堂童子職を相伝する稲垣家に伝来している。現存するものとしては、堂童子乗清と清貞が貞享五年（一六八八）から享保十九年（一七三四）に至る記録を収めた「二月堂修中日記」（「二月堂巻帳日記」）、賢清・清実・幸清・存清・延清・貫清・晁清・広良・鉄鼎・円清により書き継がれた宝暦五年（一七五五）から大正四年（一九一

五）に至る「二月堂修中日記」、乗清の手になる元禄十年（一六九七）から享保九年（一七二四）に及ぶ「二月堂日記」（「二月堂記録」）、存清が記した天明九年（一七八九）分の「二月堂修二新入日記」、そして延清により記された享和二年（一八〇二）から文政十三年（一八三〇）に至る「二月堂修中日記」である[18]。その内容構成は、「練行衆」の交名、「湯屋方」とされる小綱以下の俗役交名に加えて、「従朔日日記」（「日記」）として俗役の関わる行中の特記事項が記されており、基本的には「寺方」・「堂方」の修中日記と変わるところはない。ただ実務に関わるだけに、「日記」部分の記載内容は練行衆側の修中日記よりも詳細であり、さらに「修中献立之事」等というような記事が散見されるのも肯ける。そして稲垣家に伝来した堂童子方の詳細な記録類は、修二会勤修の実態を明らかにする貴重な素材となることはいうまでもない。

以上のように、二月堂修二会勤修に参画する学侶・堂衆と堂童子による修中日記が継続的に作成され、各々の役割を継承するため後世に伝えるべき事項が記録され、またのちの練行衆などはこれらの記録のなかに先例を求めたわけである。そして二月堂修二会勤修の足跡は、これら各階層によって作成される修中日記を組み合わせることによって、初めてその全体像の解明が可能となる。

ところで練行衆が集団としての意思のもとに書き継いだ「二月堂修中練行衆日記」・「二月堂修中記録」や、堂童子が記録した「二月堂修中日記」のような毎年の行法を記録した日記とは別に、行法を支える諸職衆が個々に自らの所作・役割を果たす拠りどころとして作成した手引書の存在がとくに注目され、これらの手引書により修二会行法を構成する所作の詳細が解明できる。

まず修二会行法を法儀・世事の両面で主導する堂司は、その職務の多様さから独自の手引を作成している。たとえば、天文九年（一五四〇）に新大導師となった英訓が記した「二月堂々司私日記」[19]は、「朔日日中上堂」の、

一日中登ニ二方宿所ヱ案内ノ事、但加供奉行、
一水晶念珠ヲ持ツ、菊房念珠幷日記懐中、但中間ニ鎰持スヘシ、日没ヨリ処世界持セ登、
一四職ハ内陣出入ハ、設ヒ雖有上首四職第一也、
一導師、二和上、三呪師、四堂司、十五日涅槃講懺法ノ時入ル次第、一導師、二和上、三呪師、四堂司、毎日例時モ同前、内陣ニ入ル時ハ、下座ヨリ次第也、
一内陣用意物
　時導師香呂　同鈴　和上鈴　両座花籠花入廿　円燈　松付竹　閼伽折敷正面壇下置、　大導師香呂

との記事から書き起こされ、「十五日朝座作法」に至る堂司の細々にわたる職務が列記されたものである。本書を草した法印英訓[20]であるが、明応八年（一四九九）二十四歳で「新入」して処世界をつとめ、永正十六年（一五一九）「新堂司」となり、大永二年（一五二二）・同三年に堂司をつとめた後、享禄二年（一五二九）「新呪師」、天文四年（一五三五）「新和上」、そして天文九年（一五四〇）に「新大導師」となり、四十年余にわたり練行衆として行法を勤修した（「二月堂修中練行衆日記」巻十四・十五）。天文九年、新大導師として出仕を目前に別火坊にあった英訓が、いかなる意図で本書を草したか明らかではないが、練行衆として経験豊かな英訓の手になる「二月堂々司日記」は、のちの堂司にとっては拠るべき一書となったはずであり、現存する本書も江戸中期に英訓の自筆本から書写されたものである。

　また江戸後期に書写された「二月堂々司私日記」[21]には、

　一十月中、堂童子ヲ以、参籠衆江堂司落書有之間、明後何日大湯屋江集会可有之旨、相触畢、但シ口上也、

として、前年の十月に始まる職務に続いて、「二月堂々司勘渡目録」「勘渡目録請取上」「二月堂運上銀請取状」「壇供支配状」「二月堂仏餉職補任状」「二月堂堂童子職宛行状」等々、堂司が発給すべき文書類の書様が収められ、さらに本書の奥には、堂司の配下にある俗役の職務に関わる「祐筆記」「加供奉行日記」と「二月堂物忌」が付記される。

本書の書様と現存する文書とを比較すると、その形式・文言は少なからず中世に散見され、すでに室町時代以前においてもやはり堂司の手になる類似した書様集が存在した可能性は高い。そして文久四年（一八六四）地蔵院永応から堂司公延に譲られた本書の存在に、中世以来の手引を書写・伝領して修二会行法の形式を継承する堂司の姿が窺われよう。

さて修二会の行法を主導する立場の四職を除いた練行衆は平衆と呼ばれた。平衆は内陣の座により北座衆・南座衆に分かれ、北座の末座は処世界、南座の末座は権処世界と呼ばれた。処世界は練行衆の最末座として行法における細々にわたる雑用を果たしたが、その職務を詳細に記した「二月堂処世界日記」（東図142/407/1）が現存している。[22] 本書はその奥書に、

此一帖者、厳海大夫君・長宗延春大以両本書写畢、別而者、於愚意加故実者也、

于時長禄三年三月廿二日　　経弘春秋廿一

授与栄実

とあるように、長禄三年（一四五九）に練行衆に新入した経弘が、やはり同年に参籠した厳海と中門堂衆長宗の所持本を書写し、さらに「愚意」に従い「故実」を付記したものである。学侶・堂衆の手になる日記を底本として撰述された本書は、朔日の「朔日食堂ハテ、、日中ニ登時ノ持物ハ、トウスミ・サシカケ、童子ニモタスヘシ」との記事から始まり、十五日まで日をおって処世界の職務や忘備を書き上げた上で、二月堂の「絵図」「達駄次第」「食堂作法」等が記されている。そして本書の奥書からも明らかなように、学侶・堂衆にわたる練行衆の手で手引としての日記が作成され、書写・伝領されていたことが明らかとなる。なお本書は文明十三年（一四八一）に新入した中門堂衆栄実に授与されている（「二月堂修中練行衆日記」巻十二）。

このような「二月堂々司内陣日記」・「二月堂処世界日記」という手引書は、堂司・処世界に限らず広く練行衆の手で作成されており、「二月堂修二会私記」・「会中諸事覚悟記」が合綴された「二月堂修中覚悟記」[23]は、

写本ニ云、

右記者、以庸性法印幷庸訓上人之自筆本写得之、但自初至朔日之式者、以盛憲私之考雑記之、二日以下者、悉庸性等之趣全書写スル處也、

天明五龍集乙巳年霜月十二日、於金珠院北室写功終、　地蔵院盛憲

二月堂修中覚悟一帖、依永澄法師所望、以右盛憲写本、乍愚毫写得之訖、

嘉永五壬子年暮秋中旬　惣持小弟永恩

とあるように、江戸時代に生まれいくたびかの転写が重ねられている。本書はその内容から必ずしも特定の諸役に限定された手引ではなく、練行衆としてわきまえるべき知見を掲げたものと考えられる。すなわち修二会の行法を支えるにあたり、練行衆は各々の立場にあって果たすべき所作を手引書によって確認し、またそれに自らの経験を加えて次代に継承させることにより、確実に行法も次代に継承されていったのである[24]。

二月堂修二会が勤修されるなかで生まれた数多くの史料のなかで、とくに特徴的な修中日記と手引書について簡単に触れた。論義会における問答の内容を掲げた聖教と異なり、所作の法会というべき悔過会は相応の内容をもつ日記・手引を後世にのこした。所作を重視する法会のなかで生まれた史料は、多岐にわたる所作を遺漏なく記録して後世に伝える機能を負ったことはいうまでもない。そこで練行衆と俗役という行法を支える諸役の構成と役割を踏まえ、伝来した日記・手引の成立と内容を検討することにより、二月堂修二会そのものの果たす宗教的・社会的な機能が明

らかになることを再確認しておきたい。

第三節　僧

一　僧団の文書

寺院社会を実質的に支える主体を寺僧集団つまり僧団（「大衆」・「衆徒」）とする認識は、「寺家所司・五師・大衆共、於大仏宝殿奉納已畢」（『平』一―二七二）として、寺家へ寄進された所領を「大衆」の承認のもとに「大仏宝殿」に帰属させる手続きや、寺財（寺家に属する資財）を特定寺僧の私財として「於大衆中付属」し認めるという手続きのなかにも確認される（宮内庁書陵部蔵「東大寺雑記」）(25)。

「僧」とは「梵語、具云僧伽、唐云衆」（「釈氏要覧」）とあるように比丘集団を示す「僧伽」の略称であり、それ自体が僧団という意味をもった。心身の清浄を保ち仏道修行に励む比丘の拠るべき規範が戒律であり、この戒律を遵守するための羯磨作法を実行する比丘集団こそが「僧伽」である。そして「僧伽」による羯磨作法には、「和合」（集会）する比丘数により催すことのできる作法内容に制約が設けられていた。つまり説戒・結界のための羯磨作法を行いうる「四人僧」（四人の比丘の「和合」）、辺地受戒・自恣を行いうる「五人僧」、中国受戒を行いうる「十人僧」、すべての羯磨が許される「二十人僧」ということである。そして比丘には自らが属する「僧伽」（「現前僧伽」）で催される羯磨作法に出仕する義務が課されていたのである（「四分律删繁補闕行事鈔」上一）。

このような戒律に基づく「僧伽」運営の原則は、文字通りの形ではないとしても、日本の寺院社会において認識・

尊重され、寺家経営にその姿を見せる。戒律における比丘集団の呼称としての「僧伽」は、史料上では「大衆」・「衆徒」という表現で現れる。たとえば、「延喜式」玄蕃寮条の、「凡諸大寺別当・三綱有闕者、須五師・大衆簡定簾節之僧」との規定からは、諸大寺別当・三綱の補任にあたり、その「簡定」の主体としての「五師・大衆」が寺院社会のみならず律令政権からも公認されていたことが知られる。この規定の実効性は、天延二年（九七四）に法縁を東大寺別当に重任した太政官符に引用される、「彼寺五師・大衆去三月二日奏状」の存在からも裏付けられよう（『大古』東大寺文書一―三四）。そして「五師・大衆」が別当・三綱を「簡定」するにあたり、「集会」の場において集団的な意思を固めたことはいうまでもない。

東大寺における「集会」には、「諸寺聴衆相共集会、始行法花会」（「東大寺要録」本願章）とあるように法会に出仕するため職衆が集合する行為、「依宣旨幷御教書旨、大衆・所司等集会於中門、召件房主僧之處」（『平』三―八一六）とあるように僉議のため「大衆」が集合する行為という語義が知られる。なお法会として勤修される説戒・自恣・受戒は、戒律によるならば羯磨作法のための「集会」でもあるわけで、仏教儀礼のために寺僧が出仕する法会は「集会」から派生したものと考えることもできよう。奈良時代以降における「集会」の用例を一覧するならば、当初は法会出仕のために集まる語義が過半を占めるが、平安前期に僉議のため集まる語義が登場して時代とともに増加する傾向が見られ、これは日本の寺院社会における自覚的な僧団の成長過程を示唆するものではなかろうか。そして僧団が自らの集団的な意思をまとめ内部規範として定めまた僧団外へ表明するためにも、「集会」の場は不可欠となるのである。

以上のように僧団の集団的な意思は「集会」の場から対内・外に表明されたわけで、少なくとも僧団の文書は「集会」における合議を踏まえて発給される。(26) そこで「集会」の場を経て成立した代表的な僧団の発給文書について、古代・中世の東大寺文書に素材を求めたい。

〔衆議記録〕

嘉暦三年（一三二八）十一月の満寺集会において、寺僧の集会出仕について合議がなされた。これに先立つ同年十月五日、東大寺別当聖尋は自らの意思を年預五師慶顕へ伝える「仰詞」により、「寺門衆会間事、毎月六ヶ度定式日、可有衆会評定」（東図1―1 258―8）として、「寺門衆会」（満寺集会）を毎月六度は催すように指示した。これを受けて翌六日、東大寺衆徒は満寺集会を開いて、

　就嘉暦三年十月五日仰詞、同六日衆議条々、

一惣寺集会毎月六ヶ度事、任被仰出之旨、可有其沙汰候、日次等能々治定後、可令進事書、又衆議評定之趣、毎度就申詞可参申之条、不可子（ママ）細候、

とあるように、別当の指示を受け容れて「惣寺集会毎月六ヶ度」を催すこと、式日等は決定後に「事書」を別当に進めること、集会における「評定」の内容は「申詞」により年預五師が別当に報告することを決議した（同前2―4）。どのような理由によって別当聖尋が毎月六度の集会開催を指示したか明らかではないが、この決定に先立って別当と年預五師の間で「申詞」・「仰詞」が頻繁に交わされており、「大略連日依催集会」との表現には相応の現実があったわけである（『大古』東大寺文書一一―二八）。度重なる集会がもたらす弊害と負担を回避するため、集会の「式日」を定めた上で、「於可被申　寺務之篇目者、件日々可被参申」とあるように、その「式日」に限って別当の指示を仰ぐよう命じたのではなかろうか。そして東大寺衆徒は改めて集会において、満寺集会の開催について詳細を定め以下の衆議記録を作成している（東図2―2）。

　「廿九日可為式日事、

一先々大略連日依催集会、或修学之輩無暇于稽古、或公私之用計会尤多端、仍促連々集会所定六度法令也、然者

彼集会之日、可有沙汰之題目、可被究其事、沙汰未盡之以前、惓于長座、不可有退散事、

一毎度集会剋限、念仏堂巳終之大鼓以為定置、各彼大鼓以前有出仕而、大鼓鳴者、即可読交名、於交名者始終二ヶ度可読之、二ヶ度内不合一度○者、可為三人合之科、不合二度者、可為五人合之科、若相触科由之時、至次度集会之日、於不勤仕科酒之輩者、以三人合半連、五人合壱連之分、先為年預沙汰可有其経営、彼人供料下行之時、以利銭結解可押取事、

一催集会之時、雖乞暇於小綱、任雅意不可許暇、若小綱許暇者、速可行小綱於科、設又令失念雖許暇、於小綱暇者、全不可叙用事、

一促集会於六ヶ度之本意、以余暇之日時、成公私方々之要用、当集会之期日、為成弁寺門色々之大事也、然者面々可計会事等、以余日成之、於集会式日者、除万障可能隙、然為遁集会、或他行、或自余種々要事等、兼令造意、令計会集会式日等之奸謀、全不可有事、

一当集会日、有難去之故障者、顕其事可被出厳重起請文、設為蜜事者、雖不顕其事、依此事不堪集会出仕之由、可被載之、又集会出仕之仁、俄令故障出来者、以起請文可被乞暇、若無誓文者、全不可許暇、但為急用者、先許暇、○後日必可出起請事、

一起請案文事

敬白　天罰起請文事

右、今日依有何子細可載其事、難罷出集会候、可蒙御免候也、此条若為遁集会、背記録之旨、令構謀略、令申虚言者、大仏三尊八幡三所二月堂観音罰於可罷蒙其身之状如件、

年　月　日　　　　某

任此案文、可被書之、故障事、随躰可被載之、於不顕事者、如先段載之、

一於集会日者、小綱兼可催之、若於不慮被催漏之輩者、雖不合始之交名、可無其咎、於彼輩者、即時重可催之、蒙催之後不合終交名者、不可遁咎、次雖触催其住所、稱直不対面小綱、備遁咎由之条奸曲也、設雖面不蒙其催相触住所畢、無出仕者、同不可遁咎、抑小綱催落之条、依矯餝哉、依忘却哉、宜以起請明申之、若為矯餝者、可行咎、若令忘却者、非沙汰之限事、

一長日八幡宮陀羅尼幷二月堂○禱祈勤仕之輩者、彼勤終者、速可被出集会、寄事於勤無出仕者、不可遁咎、自余有限寺役等可准之事、

以前条々、堅守式目、不可有違失、仍依衆議所記録之状、如件、

嘉暦三年十一月　日

前欠の土代ではあるが、その最初の条では集会の「式日」を定め、第二に、寺僧は毎月六度の集会に必ず出仕し退散することなく合議を尽くすこと、第三に、念仏堂の太鼓を集会開始の刻限として寺僧の出仕交名をとり、不参の寺僧は科酒・科料を負うこと、第四は、集会招集のあたる小綱は恣意に寺僧の暇乞いを認めたならば罪科となること、第五は、「式日」以外で私用を果たし、集会には万障を排して出仕を図り不参の企てをなさぬこと、第六は、「故障」により集会不参のときは起請文を提出すること、第七に、不参の場合に書様に従い起請文の記すこと、第八に、小綱の過失により招集から漏れ遅参した場合の咎は免除となり、また不参・遅参を小綱の過失と言い立てたならば咎となること、第九に、「長日八幡宮陀羅尼幷二月堂祈禱」に出仕の寺僧は勤修後に集会に出仕する、他の「寺役」もこれに准ずる等々が定められた。これら九条にわたる衆議の内容から、鎌倉後期の東大寺において集会に寺僧が対処する様が窺われよう。

すなわち連日催される満寺集会により、寺僧は「無暇于稽古」く「公私之経会尤多端」との現実に苦慮し、出仕を忌避するようになっていた。そこで集会開催の「式日」・「刻限」に不参・遅参する寺僧への罰則を定め、不参の折には起請文の提出を義務づけたのである。寺僧にとって集会出仕は大きな負担であるが、別当・政所や僧団にとっては厳しい規則を定めても維持せねばならぬ行事であった。

また第七条に掲げられた不参起請文の書様は、天罰起請文の一つの用法を示している。寺僧が寺家・僧団に起請文を提出するのは、「手搔会依所労不出仕由事」を起請した勝実起請文（同前3/3/83）に見られる法会への不参や、「今度烈参京上衆ニ被差申候処、此間脚気萌候ヵ」として、持病による「烈参衆」の辞退を起請した俊専起請文（同前3/3/228）に見られる僧団の発向・列参などへの不参の場合が知られる。つまり寺内で起請文は、集団行動に参加できぬ場合、その理由に虚言のないことを誓約するために用いられており、これは集会においても同様であった。

寺内において集会開催が重視されたことは、取りも直さず寺家経営にとって僧団が果たす役割の大きさを物語るが、その一方で、寺僧に大きな負担を強いたことも確かである。

この現実はしばらく措くとして、右の衆議記録は、衆徒全体が出仕する満寺集会をはじめ、学侶・堂衆や講衆などの寺僧集団ごとに催される集会において、その決議事項を記し置くにあたり用いられた文書形式である。

満寺衆議記録は、「堅守式目、不可有違失」との書止文言からも明らかなように、衆徒全体にその遵守を求めるため年預五師の手で記録されたものであり、集会における衆議の経過と結果を記したこの形式の文書は東大寺文書中に少なからず見出される。たとえば、正安二年（一三〇〇）衆徒は「満寺群議」を催し、

（端裏書）
「記録状八幡宮小五月会等興行間事 正安二四七」

記録　八幡宮小五月会・九日会等興行沙汰間事

右、彼小五月会等者、十二大会之随一、当社規模之神事也、而近年依論頭役之前後、彼会式等退転而空送年之条、神事之違例、寺社之陵遅、何事過之哉、付内付外不可不興、仍始自当年之小五月会、於向後者、不違其式日、慥可令勤行之、至近年之闕分者、勘未勤仕之頭人、糺其巡任次第、来十五日以前、悉可行入之、若於令難渋致懈怠之輩者、御八講供料幷法花会料等下行之時、抑留之、可成神事用途之状、依満寺群儀記録如件、

　　年預五師尊顕

　正安二年卯月七日

とあるように、八幡宮小五月会等の興行を図るため寺僧に頭役勤仕を義務づけ、また違背の寺僧には罰則を設けるとの「群儀」に従い、年預五師が「記録状」を作成した（同前2／72）。先の嘉暦三年の満寺衆議記録と右の「記録状」とは類似した書止文言をもち、両者の共通した機能を推測させる。すなわち衆議記録（「記録状」）は、「依満寺一同之評定、為後日所記録之状如件」（同前2／42）との書止文言を考え併せるならば、単なる衆議結果の記録というよりも、むしろ衆議結果を寺内に遵守させる強制力を期待して作成されたものではなかろうか。そして衆議記録の遵守を求められたのは、僧団の構成員たる「満寺老若」の寺僧自身はいうまでもなく、寺僧が補任される寺領の預所・給主（同前2／43・1／12／31）や相論沙汰人（同前1／12／100）、寺家に従属する楽人・舞人（同前2／53）や神人（同前2／39）、七郷郷民（同前1／25／412）、寺家が補任する庄家諸職（同前1／1／320）に及ぶことになる。そこで衆議記録は、寺僧を中心に寺家配下の僧俗に対し一定の強制力をもつものであり、いわゆる「寺法」としての機能をもつと考えられる[27]。

〔惣寺起請文（東大寺衆徒連署起請文）〕

東大寺文章中に、衆議記録がもつ強制力をより強めた「惣寺起請文」と呼ばれる文書形式が見出される。弘安三年（一二八〇）衆徒は伊賀黒田庄における百姓の訴訟への対処をめぐり、

(端裏書)
「惣寺起請文付黒田庄訴訟事、弘安三年」

起請
　条々
一黒田庄百姓濫訴間、付内外不可得土民幷他寺堂家語、不可有和讒仲言事、
一此沙汰永不可打棄之、庄家以複本各可為本意、更不可有懈怠事、
一評定趣可従多分事、
一為衆議不可披露趣、令一同時、密議不可口外事、
一依此沙汰題目、若不審子細出来時、一同不見放之、一味同心可致沙汰事、
右、以前条々、若於令違背之人者、奉始日本国主天照大神、惣日本国中大小神祇、別大仏・八幡・熊野・金峯冥罰・神罰、毎其身八万四千之毛孔、具可蒙之状如件、
　弘安三年八月十四日　　顕玄（花押）
（以下、連署省略）

との連署起請文を作成した（同前3/3/289）。これは黒田庄の訴訟にあたり、寺領経営の旧態回復を目指す衆徒が、同庄百姓や興福寺堂衆と与同することなく、密事は口外せず「一味同心」して評定を重ね事態に対処することを決議し、さらに神文を掲げてその遵守を誓約したものである。起請文の奥には年預五師慶賢を含めて百十余名を数える寺僧の署判が列記されている。満寺（惣寺）の衆徒が連署を加えた「惣寺起請文」（東大寺衆徒連署起請文）は、僧団にとって重大事といえる寺領黒田庄の経営回復を図るため、衆徒が一丸となって対処しようとの堅い意思を示すものである。
この「惣寺起請文」は基本的に衆議記録と同質の機能をもつと考えられるが、集会に参仕した衆徒が連署を加えて衆議内容の遵守を明確に表明している以上、その寺僧個々への強制力は衆議記録をはるかに越えることはいうまでもな

い。

〔集会事書（群議事書）〕

満寺集会において生まれた衆議記録とは別に、「集会事書」との文書名で呼ばれた文書も少なからず確認される。たとえば、元徳二年（一三三〇）九月十九日の満寺集会で、伊賀黒田庄において悪党として寺家に敵対した寺僧快実の所領没収が衆議され、その由を記した「集会事書」土代（同前2―65）が作成された。

（端裏書）「集会事書快実買得地事、新庄事、元徳二九　進政所」

元徳二年九月十九日衆議、

快実兵部房寺敵悪行之間、転〔点〕定所領、可加罪科之由、満寺群議事切候了、然間於惣寺進止之地者、直致其沙汰候、於諸院〔御〕家領内者、触申方々候歟、当院〔御〕家領内、若快〔実〕進止之田畠候者、不残段歩可被点定候、努々不可有御潤色之儀候矣、

右の「集会事書」はその端裏書から明らかなように、「政所」つまり東大寺別当聖尋に呈するため年預五師の手で起草されたものと考えられる。実は当日に衆議された題目がこの一件だけではなかったことが、本文書とは別に、「可進政所事書、可有御宥両堂由事、於堂家者不可減夏供員数事、元徳二九廿」との端裏書をもつ「集会事書」土代（同前2―66）の存在から知られる。少なくとも当日の満寺集会において、「快実買得地事」と「可有御宥両堂由事」の二件の題目が衆議され、各々について「集会事書」が作成され個別に別当の許に提出されたわけである。先に引用した嘉暦三年の満寺衆議記録では、集会開催に関わる複数の題目が列記されているが、元徳二年の「集会事書」では題目ごとに一通ずつが作成されたことになるが、二様の方法がとられた理由は明らかではない。

また年預五師が衆議内容を別当に報告するにあたり、右の土代をもとに「申詞」を整えて面前で読み上げる場合と、

「集会事書」を清書し、

東大寺衆徒群議事書

八幡宮転害会、依寺訴数年延引、当年分来十一《今》月廿三日可令遂行之由、所及用意也、勅使威儀御馬・官幣以下事、任例被沙汰下之様、欲被経御　奏聞之旨、可令洩披露別当宮庁給者、衆徒群議如斯、

貞治二年十一月十六《四》日　　年預五師宗兼

という「東大寺衆徒群議事書」土代（同前6―36）を整える場合もあった。右の満寺集会の「事書」は、目前となった八幡宮手掻会に京都から「勅使威儀御馬・官幣以下」が下されるよう、公家への申請を別当に求めたものである。そして先の「進政所」・「可進政所事書」との端裏書と「可令洩披露別当宮庁給者」との表現から明らかなように、衆徒から別当への報告や申請・訴訟のための文書形式として「集会事書」が用いられたことは確かであろう。さらに永徳三年（一三八三）に東大寺衆徒は、

東大寺群侶評議事書

造寺料国防州下得地保惣検事、東福寺可任傍例之由乍請申、無故令遁避之後、結句東福寺造営之間者、且可闕検注之由掠給　勅裁、而数年間令闕如本寺造営要脚之条、謀略之至極也、殊大仏殿以下幷八幡宮修造最中也、忩遂惣検、可全造寺造営之要脚之旨、被経御執　奏、欲被成下　勅裁之由、群議如斯、

永徳三年八月　日

として、満寺集会に基づいて造営料国周防国の下得地保における東福寺領への国衙検注を命ずる勅裁を公家に請うた「東大寺群侶評議事書」（同前2―9）を奉呈している。すなわち「集会事書」（「衆議事書」、「群議事書」）は東大寺衆徒から、別当のみならず公家・武家に対する申請・訴訟に用いられた文書形式とすることができよう。(28)

ここで「集会事書」のように、東大寺衆徒が前面に立って上申文書を発給した先例を求めるならば、寛弘九年(一〇一二)の東大寺所司等解が見出される(『平』二—四六八)。ただし本解は、「東大寺所司已講五師并修学法師等誠惶誠恐謹言」との書出文言、「仍録事状、法師等誠惶誠恐謹言」との書止文言をもつが、差出書として日下に「伝燈法師位会勝」と記されるのみで、文中の「大衆集会食堂」との文言を除いて、「修学法師等」の意思を明示する痕跡は見られない。これは天喜四年(一〇五六)の「東大寺所司大衆等解　申請　天裁事」との書出文言をもつ東大寺所司大衆等解案(『平』二—七九五)においても同様である。ところが長治元年(一一〇四)の東大寺所司五師等解案(『平』四—一六二六)では、「東大寺所司大衆等解　申請　天裁事」との書出文言とともに、所司に続き「八幡宮御八講結衆」・「八幡宮彼岸御不断経衆」の連署がなされており、「大衆」が文書上にその姿を現している。さらに安元元年(一一七五)の東大寺衆徒解案(『平』七—三七三二)では、「東大寺衆徒誠惶誠恐謹言」との書出で始まり、日下の差出書には「衆徒等」と記され、発給主体としての衆徒の存在が明確に示されており、この形式が鎌倉時代を通して踏襲されることになる(『鎌』五—三三六〇、三一—二三九二四)。また正治二年(一二〇〇)の東大寺申状(『鎌』二—一一三二)では、差出に三綱が連署しているが、「依衆議言上如件」との文言で書き止められており、衆徒の「衆議」をうけて三綱が解を起草するという形式も見られる。

このように衆徒を発給主体とする上申文書は、実質的には平安院政期に登場し、おおむね鎌倉時代を通してその形式が継承されたが、これと併行して鎌倉後期以降に新規の文書形式である「集会事書」が現れ、形式を整えつつ上申文書の一類型として定着することになったと考えられる。

〔大衆下文〕

衆徒が発給する下達文書としては、天仁三年(一一一〇)東大寺大衆下文案(『平』四—一七一七)が知られる。「東大寺大衆」が発給主体として文書上に明確な姿を現した初見といえる本下文は、平群郡内に置かれた花厳会免田の田堵に対し「饗役式法」を定め下したもので、書出の「東大寺大衆下」と書止の「衆議之旨如件」、さらに差出として「五師」大法師が奥上に連署を加えた形式をとる。ただし下文の発給にあたって、寺家経営の実務を担ってきた所司（三綱）が関与しており、日下と奥上に三綱の連署も見られる。ところが久安元年（一一四五）寺僧覚光大法師に寺領飛驒庄の庄務・私領の相伝を安堵した東大寺大衆下文（『平』六―二五六四）では、

東大寺下　飛驒庄司住人等所

可令早任公験相伝理、覚光大法師領掌田畠幷執行庄務事、

右、件人、公験相伝之上、代々別当与判明鏡也、可令早任道理領掌田畠幷執行庄務者、依諸衆僉議、下知如件、庄家宜承知、勿敢違失、故下、

久安元年潤十月二日

年預大法師（花押）

五師所

伝燈大法師（花押）

伝燈大法師

伝燈大法師（花押）

伝燈大法師

とあるように、書出文言に「大衆」とは記されないが、「依諸衆僉議、下知如件」との書止と、奥上に年預五師と五師の連署に、明らかに大衆（衆徒）が自らの意思決定に基づき独自に文書を発給した痕跡が示される。そして本下文

の形式は、安元元年（一一七五）に初見される、「東大寺年預所下　黒田庄官等所」との書出、「依衆徒議定、下知如件、庄宜承知、敢不可違失、故下」との書止、奥上の「年預大法師在判」の差出をもつ東大寺年預所下文（『平』七―三七一九）として定着し、鎌倉時代以降も繁用されることになるのである。

〔寺牒〕

上申・下達文書とは別に、僧団が他寺僧団に直接に発給する注目すべき文書形式として「寺牒」があげられる。その初見は嘉応元年（一一六九）の興福寺大衆牒案（『平』七―三五〇四）であり、金峯山寺僧徒と小蔵庄民の路次往反を止めるよう、興福寺「大衆」が高野山衆徒に求めたものである。僧団が他寺僧団に送付する「寺牒」の文書形式は、興福寺のみならず延暦寺・醍醐寺・東大寺などにおいても用いられた。ただし平安時代における東大寺牒の多くは、諸国国衙に封戸物の弁済を求めるため別当・三綱から発給されるものである。[29]そして東大寺衆徒が発給した「寺牒」が確認できるのは、嘉禎元年（一二三五）の醍醐寺返牒（東史「寺家雑筆至要抄」）の文中である。

醍醐寺返牒　東大寺衙

来牒壱紙、被載可供奉発向事、

牒、両寺之芳契已旧、一門之親昵今新、来牒之趣尤所庶幾也、然而衆徒不幾、器量又希、早任先例可被懇祈、冥顕雖異、志願惟同者歟、衆議如此、以返牒、

嘉禎元年十二月廿五日　　　　公文都維那慶真

この返牒に先立って東大寺衆徒は醍醐寺衆徒に発向供奉を求める「東大寺牒」を送っている。この「寺牒」をうけた醍醐寺衆徒は衆議を催し、来牒は尊重すべきであるが衆徒に余力のないことを理由に、供奉を辞退する返牒を送った。「醍醐寺返牒」を起草したのは公文都維那であるが、「衆議如此」との書止文言に明らかなように、この「返牒」

はあくまで衆徒の衆議に基づいたものである。このように僧団が発向・嗷訴などさまざまな集団行動を起こすにあたり、他寺僧団に与同を求め「寺牒」を発給する事例が散見されることになる（東図2―62）。

〔衆徒啓状・衆徒巻数〕

僧団が他寺僧団ではなく他寺僧個人に対して文書を発給する興味ある事例が見られる。これは建保七年（一二一九）神泉苑において請雨経法を勤修し霊験を顕わした前東大寺別当の勧修寺成宝に対して、東大寺衆徒が送った「賀札」である（『大古』東大寺文書　別一―三九①）。同年四月十六日に年預五師印賢は、「上啓　祈雨霊験事」との書出で、「依満寺衆議、上啓如件、恐惶謹言」との書止の「啓」状を成宝の坊官能登法眼に送り、「仍衆徒付惣別抽懇誠、奉祈御願成就旨之處、今任祖師之先規、令艶大法之高験、陰雲普覆、甘雨忽降、随喜徹于肝、感涙余于袖、仏法不墜地、仰而可取信、以此趣可申御賀之由」として東大寺衆徒の慶賀を伝えている。どうしてことさらに東大寺衆徒が前別当成宝の「霊験」に「賀札」を送ったものか明らかではないが、先立つ承元四年（一二一〇）東大寺別当に就任した成宝は「東大寺衆徒御巻数二通」を送られ、「今又集会数百之高僧、送給両通之巻数、披之、増歓悦」との返状を送っている（同前⑥）。つまり東大寺衆徒は成宝のために読経・誦経等を勤修し、その内容を「巻数」に記して成宝のもとに届けているわけである。このように僧団が衆議に基づいて勧修寺成宝に敬意を表し「巻数」・「賀札」を送るという行為のなかにも、別当以下の寺務組織の制約をうけず、その枠を越えた僧団の自立的な行動を確認することができよう。

以上のように、東大寺において僧団が発給した文書として、僧団の構成員を拘束する衆議記録・惣寺起請文、上申文書として用いられた集会事書、僧団からの下達文書としての大衆下文、他寺僧団への意思伝達のため発給された寺牒等々、各々の文書形式と機能について検討を加えた。これら僧団発給の文書が寺内外において果たした機能は、僧団自体が東大寺内でいかなる位置を占めいかなる役割を担ったかを如実に物語ることは言うまでもない。

二　付法と付属

寺院社会が時代を超えて存続するためには、仏法相承を担う寺僧の断絶ない再生産が大前提となる。「住持三宝、全頼人弘、師徒相摂、僧宝不断、則仏法増広也」（「四分律行事鈔資持記」上三）とあるように、師僧が弟子僧に仏法を継承する「師徒相摂」（師資相承）こそが、間断ない寺僧の再生産ひいては仏法相承に不可欠の条件と認識され、この師資相承の原理が広く寺院社会において共有・尊重されたわけである。これは「仏家伝来之道、以師主為根本教法相承之源」（東史「醍醐寺二問具書」）との表現のなかにも確認され、「師主」を仏法相承の根元とし、その存在があって初めて「仏家伝来」つまり寺院社会の存続が実現すると考えられていた。なお「僧尼令」自還俗条に、「凡僧尼自還俗者、三綱録其貫属、京経僧綱、自余経国司、並申省除付、若三綱及師主、隠而不申、卅日以上、五十日苦使、六十日以上、百日苦使」として、寺内で衆僧を統制する立場に三綱と「師主」を位置づけており、「師主」は仏法伝持のための「依止師」としてのみならず、弟子僧を社会的に監督する役割を負っていた一面も見過ごせない。

師僧は弟子僧を育み導き仏法を継承させる、この師・資の連続によって「僧宝不断」・「仏法増弘」が実現することから、師資相承の原則は寺院社会を維持する根本原則として、さまざまな社会的慣習・制度・手続きを生み出すことになった。本来ならば師資相承とは仏法伝持を図るための原理であり、師僧から弟子僧へ仏法（教学・所作）を伝授する行為そのものでもある。そこで師・資間での仏法伝授という行為によって、師資相承は完結するはずである。しかし仏法が断絶なく継承されるためには、師資の単位それ自体を再生産する社会的・経済的・空間的な条件が必須となる。つまり寺僧は自ら寺内止住を果たすとともに、仏法を継承すべき弟子僧を育み、自らの法流が存続するための環境を整えねばならない。ここに師資相承の原理が「世間」・「出世」両界に具体的な姿を現わすことになるが、「出世」間における付法、「世間」における付属がこれである。

そこで古代・中世の寺院社会において、師資相承の原理が生んだ具体的な社会的行為としての付法・付属に注目し、その場においていかなる史料が生まれたのか、とくに真言密教を伝持する醍醐寺に素材を求め検討することにしたい(30)。

1　付　法

真言密教における仏法相承は師・資間の面授を原則とし、師から資（「弟子」）への仏法継承の流れ（法流）を重要視する。師から資への仏法相承を実現する行為は一般に付法（伝授）と呼ばれるが、この付法を契機に師僧から弟子僧に付与された以下に掲げる重書は、密教ではとくに「聖教」と呼称されている(31)。

嘉元二年（一三〇四）地蔵院大僧正親玄は、遍智院宮聖雲に自ら相承する「当流大事」を付法した。親玄が相承した法流とは、勝覚（三宝院権僧正）を流祖として定海（三宝院大僧正）・元海（松橋大僧都）・実運（勝倶胝院僧都）・勝賢（覚洞院僧正）・成賢（遍智院僧正）・道教（遍智院大僧都）・親快（覚洞院法印）と続いた小野流事相三宝院流の末流である。ただし三宝院流は成賢の下で弟子の憲深・道教・深賢に分岐し、その流れが後に報恩院流・地蔵院流道教方・地蔵院流深賢方と呼ばれ、親快は道教方・深賢方の両派を併せて相承し、弟子の親玄に地蔵院流（三宝院流地蔵院方）を伝えることになった（『醍醐寺新要録』「地蔵院篇」）。また遍智院宮聖雲は、「亀山院宮、遍智院、真言宗、頼瑜法印入壇資、実勝法印入室、親玄入壇資、重受」（同前「座主次第篇」）とあるように、亀山院皇子として親快弟子の実勝（遍智院法印）のもとに入室し、師命により中性院頼瑜から伝法灌頂をうけ、さらに親玄からも伝法灌頂を「重受」している。つまり聖雲は本来ならば親玄と正嫡を争った実勝の弟子という立場にありながら、その示寂後に親玄から「重受」して法流に連なり、醍醐寺座主を継ぐことになる（同前「遍智院篇」「座主次第篇」）。つまり聖雲は、師実勝と対立した親玄から改めて伝法灌頂を「重受」され、その弟子に列することにより座主職を譲られたわけで、ここに付法がもつ至って政治的な役割が確認されよう。

このような背景のもとで親玄から聖雲への付法がなされ、以下の伝授目録・付法状（「醍醐」七六函四五号）が作成された。

伝受目六案大僧正方

孔雀経三月十四日

仁王経同

如法尊勝同

如法愛染同

請雨経三月十五日

太元法同十七日　（梵字「駄都」）秘決十月廿七日

転法輪法同十八日　秘鎮十月廿七日

後七日法七月廿五日　後書入之、

已上、八箇秘法、以秘抄幷別本等、委細口決、悉奉授遍智院(聖雲)宮畢、

嘉元二年七月廿五日

座主僧正親玄

附法状案大僧正

当流大事等、代々遺誡之趣、猶雖可廻思案、万里之境、有待之習、不慮之子細出来者、断種之罪難遁、仍申請大師三宝、所奉授遍智院宮也、後資不可成疑殆者也、

嘉元二年十一月廿一日

座主僧正在御判

前者の伝授目録は、いずれも大法・秘法とされる「八箇秘法」について、守覚法親王撰「秘鈔」などの修法次第集に拠りながら「委細口決」を併せて伝授したものである。個々の修法次第や道場荘厳などは「秘鈔」などに拠り、その所作などの詳細は「口決」により伝授されたと思われる。また伝授は嘉元二年三月・七月・十月の七日にわたり一尊法ごとに逐次なされており、本目録の作成後にも伝授の追記が見られる。そして「当流大事」の伝授が終了した十一月に、後者の付法状が付法の証として親玄から聖雲に与えられた。親玄と対立した実勝の弟子聖雲への伝授には、やはり親玄門徒のなかにも反発が見られたのであろうか、「後資不可疑殆者也」はこれを意識した表現ともとれよう。なお同年三月の伝授に先立って聖雲は親玄から「重受」をうけており、親玄授聖雲伝法灌頂印信（紹文・印明・血脈）が存在したはずであるが現在のところ未確認である。

親玄自身は「親快法印入壇資」として、文永九年（一二七二）に師親快から伝法灌頂を受けており、

伝法灌頂阿闍梨位事

昔大日如来開大悲胎蔵・金剛秘密両部界会、授金剛薩埵、数百歳之後、授龍猛菩薩、如是金剛秘密之道、迄吾祖師根本阿闍梨弘法大師八葉、今至愚身第廿五代、大悲胎蔵第廿四葉、伝授次第師資血脈相承明鏡也、小僧数年之間、尽求法之誠、幸随先師法印、蒙具支灌頂印可、爰法眼親玄深信三密奥旨、久学両部大法、已機縁相催、今所

授伝法灌頂之密印也、為次後阿闍梨為示後哲而授之、能洗五塵之染、可期八葉之蓮、是則酬仏恩、答師徳、吾願如此、不可余念耳、

文永九年歳次壬申十一月七日辛酉奎宿月曜　法眼和尚位親玄

伝授大阿闍梨法印大和尚位前権大僧都親快

法眼和尚位親玄

授印可

金剛界　大率都婆印　普賢一字明

帰命（梵字「鑁」）

金剛名号　堅固金剛

胎蔵界　外縛五股印　満足一切智々五字明

（梵字「阿尾囉吽欠」）

金剛名号　守護金剛

右、於醍醐寺持宝王院、授両部灌頂畢、

文永九年壬申十一月七日辛酉奎宿月曜

大阿闍梨法印大和尚位前権大僧都親快

との親快授親玄伝法灌頂印信の紹文・印明（東史「正嫡相承秘書」）の写が知られる。(32) そこで親玄が聖雲に付与した印信も、自らが親快から付与された印信の形式を踏襲したと思われるが、「重受」の紹文には「重所伝受潅頂之密印也」

とことさらに「重」を書き加える場合もあり（「醍」七六函二六号「祖師印信写」）、文言の異同は当然考えられよう。

なお文永九年に催された親快から親玄への伝法灌頂は初重であり、これ以後にも「宗大事」としての二重・三重の印明伝授がなされ、

秘印明三重事

初重二印二明　如常、

二重一印二明　（梵字「鑁」）、、、、

三重一印一明　五輪　（梵字「阿」）、、、、

右、所授親玄法眼如件、

建治二年五月廿三日　法印前大僧都親快

との親快授親玄伝法灌頂二三重印信印明（同前）が付与され、この印明によって最極秘の伝授がなされたことになる。すなわち親玄をめぐる付法に見られるように、伝法灌頂の初重により受者としての基本的な資格が与えられたのち、「宗大事」たる二重・三重の印明と併せて、「当流大事」を中核におく諸尊法の伝授により、まさに「瀉瓶伝器」としての師資相承が完結することになる。そして付法を契機として、師僧（大阿闍梨）から弟子僧（受者）に対して印信・付法状・伝授目録等が交付されたわけであるが、これらは伝授された事相作法の内容を掲げるとともに、付法が実行されたことを師資の周辺に証明するという、宗教的かつ社会的な役割を負っていたことは確かであろう。

2　付　属

文永九年（一二七二）覚洞院親快は親玄に伝法灌頂をあたえたが、その前後に以下に掲げる三通の親快譲状（「正嫡相承秘書」）を作成している。

寺務職事

右、件職者、先師道教僧都由緒相伝之条、世以無隠、而賢海僧正於不慮所望補任了、申披子細雖可執務、于今不達本望者也、仍先師僧都所帯證文等、所譲与親玄法眼也、為後日勒子細之状如件、

建治二年五月日

法印（親快）在判

譲与

本尊・聖教・道具等目録各有別紙、

右、件仏像・経巻・書籍等、先師道教僧都譲給之内也、少々又愚僧加之、而今相具各別目録等、永所譲与親玄法眼也、但此外於所安置覚洞院経蔵之本尊・聖教・道具等者、愚僧存日之時、任目録悉以付実勝法印、納覚洞院経蔵了、譲状分明、全不可混乱者也、没後若雖不慮沙汰出来、更以不可傾動、縦雖為同宿弟子、不得譲者、争恣可令進退領掌乎、仍為後日勒子細之状如件、

文永九年八月廿九日

法印（親快）在判

譲与

地蔵院敷地・券契等有別紙、

堂舎・経蔵聖教道具本尊等・僧坊・雑舎等

右、件坊舎等、先師深賢法印遺跡也、而盛深閉眼之時、有子細譲愚僧畢、其後領掌年尚、敢無異論、而今相具證文等、永所譲与親玄法眼也、向後更不可有違乱之状如件、

文永十年十月廿八日

法印(親快)在判

まず二通目から、文永九年の伝法灌頂に先立って、親快は師道教から譲られた「本尊・聖教・道具等」を二分し、覚洞院経蔵に安置した分を実勝に、その余を親玄に譲与したことが知られる。ここで道教であるが、その師成賢の「遺言」に基づき三宝院流の正嫡を継いだが（同前）、嘉禎二年（一二三六）病床につき、正嫡親快への「具支灌頂」をなしえぬままにこれを深賢に委ね、自らは「当流大事等、授自鈔」けたのみで示寂した（同前）。すなわち道教は師成賢から正嫡にふさわしい付法にあずかることなく、また早世したため、成賢以後の三宝院流相承には大きな混乱が生まれることになった。つまり成賢の弟子である憲深・道教の門下が、いずれも「正統法流」と座主坊三宝院の相承を主張して対立し、三宝院流は実質的にその実体が見失われることになった（同前）。さらに親快が道教から譲られた「本尊・聖教・道具等」は法流相承の象徴であり、これを二分して実勝と親玄に譲与したこともまた、のちに地蔵院流の正統をめぐる混乱の火種となったのである。

次に三通目は、親快が相承した「深賢之遺跡」の地蔵院を親玄に譲ったものである。親玄が相承した地蔵院の経蔵には、深賢が集めた「始自宗当流之秘書等、至于他家俗典日記等」（「正嫡相承秘書」）、とりわけ深賢書写の「遍智院一流御聖教」（「醍醐鈔」）が納められていた。成賢が自ら住持した遍智院の経蔵には、「故覚洞院(勝賢)相伝大事等、一切不

動、遍智院経蔵大法ツシニ有也」（『醍醐寺新要録』「遍智院篇」）とあるように、成賢の師勝賢が相伝した「大事等」の聖教が伝来していたという。この「大事等」が深賢により書写され地蔵院経蔵に納められたため、親玄は三宝院嫡流が相承する「遍智院経蔵」の聖教を自らの掌中に収めることになった。親玄は親快から譲られた聖教と地蔵院経蔵の聖教を併せもつことにより、徳治二年（一三〇七）の書状に「三宝院御流相承事、祖師遍智院僧正成賢、為正統附法伝来之次第、至親玄無違失候」（「正嫡相承秘書」）と記して、自ら三宝院嫡流としての立場を自信をもって寺内外に表明したのである。

　このような立場にあった親玄が師親快からうけた第一通目は、「寺務職」つまり醍醐寺座主に就任する上で必須となる「先師僧都（道教）所帯證文等」の譲状であった。この道教の師成賢は、建仁三年（一二〇三）に第二十四代醍醐寺座主として寺務二年、建永元年（一二〇六）に還補して寺務十五年をつとめている（『醍醐寺新要録』「座主次第篇」）。醍醐寺座主は十一代明観より「任師範之譲、可被　宣下」との先例に従い、現座主の譲状・挙状を得た弟子僧が、太政官符によって次代座主に補任されてきた。道教は成賢の嫡弟として座主職を継承する立場にあり、しかも貞永元年（一二三二）には成賢資の第三十一代座主道禅から、「任先師遺命、於寺務者奉譲候、仍挙状令進之、早可令申沙汰給候也」として、座主職譲与の意思と手続きを明確に伝える書状（「正嫡相承秘書」）をうけながら、違例ともいえる賢海の座主就任に阻まれたまま早世した。この賢海は、「自覚源僧正以来、代々座主、皆以師挙状補来、今忽以新儀横被補了、大僧正定（海）一門徒之外初例矣」（『醍醐寺新要録』「座主次第篇」）とあるように、金剛王院院主として同流に連なる寺僧であり、次代の実賢・勝尊と併せて三代は「非三宝院之嫡流」ざる座主とされた。この賢海により座主補任を阻まれた道教からの座主職譲与は望めぬため、親快は「先師僧都（道教）所帯證文等」を親玄に譲り、弟子の座主就任に望みをつないだとも考えられる。なお永仁六年（一二九八）に親玄は関東に下向したまま第四十六代の座主に補任されたが、師親快からの聖教を二分しまた「此流嫡末」を争った実勝は、すでに弘安十年（一二八七）に四十二代座主となっており、法流の「嫡末」は必ずしも座主補任の前後につながらなかったようである。

さて親快から親玄への付属（譲与）は、「本尊・聖教・道具等」、「地蔵院」、「先師僧都所帯證文等」の三者を対象とした。その第一の「本尊・聖教・道具等」は、法流に伝わる修法勤修には必須の重宝であり、付法と密接な関わりをもつものである。第二の「地蔵院」であるが、その「経蔵」の「聖教・道具・本尊等」は第一に含まれるとして、「堂舎・僧坊・雑舎等」は院主・門徒の止住と修学活動には不可欠な施設であり、また「敷地・券契」は院家の空間と院家経営を支える所領である。第三は、師僧の譲状を必須とする「寺務職」であり、このような寺職により寺僧の寺内における立場が保証された。この三様の内実をもつ付属によって、親快は親玄への師資相承とともに地蔵院流という法流の存続を図ったわけである。

以上の親快から親玄への付属と、前述した親玄からの付法により聖雲の座主職補任が実現した事実を考え併せるならば、法流相承を意図した付法と付属という行為は、当然のことながら表裏一体の関係にあるわけで、付法を前提として付属が実現し、付属によって付法が実体をもつことになる。(33) それゆえに師僧は嫡弟・庶弟に対して、いかに付法・付属をなすかに腐心し、また師僧の付法・付属をめぐって門下の対立も繰り返されたのである。

師資相承とは単なる教相・事相の伝授にとどまらず、付法を契機として生まれる小社会を維持するための、宗教活動の要具、宗教活動と生活の施設、それらを維持するための空間と財源を師資間で授受する行為にほかならない。そして「出世」・「世間」にわたる師資相承によって、仏法伝持と寺院社会それ自体が時代を超えて存続することも首肯できよう。

第四節　寺務・所務

一　寺務と所司

古代・中世の諸大寺における寺務（寺家経営）は、堂塔修造、諸法会勤修、寺僧統括、財務管理、寺外交渉にわたり、寺務組織としての政所（公文所・執行所・年預所等）がその実務にあたった。とくに政所は長官（別当・座主・検校等）を頂点に、そのもとで三綱（上座、寺主、都維那）を中心とする所司層によって構成されていた。東大寺・醍醐寺など諸大寺において寺家経営の多様な実務を担った所司（実質的に三綱）は、寺僧でありながら教学活動や法会出仕に携わることなく実務に専念し、さらに平安院政期には所司を住持として代々その職務を相承する院家が生まれることになった。[34]

たとえば、醍醐寺の「員外寺主前従儀師」の立場にあった慶延は、平安院政期に撰述した「醍醐雑事記」の序において、

舒曰、吾寺素無流記、向後又以可無焉、予仕八代之長吏、知一寺之巨細、兼亦聞往事訪故老、有要記之、号醍醐雑事記、但莫及他見、予門徒独伝矣、此記中若有要而人尋問者、開示其事、不借巻軸、齢至眉、徒惜黙止焉、是故集雑事等、勒六十三巻、云爾、

と述べている。すなわち「流記」が存在しなかった同寺にあって、「八代之長吏」に仕えた経験を踏まえ寺務に関わる「一寺之巨細」を記した本書を撰述し、これを「予門徒」のみに伝えることを記し置いているのである。[35]　醍醐寺座

主が交代しても、そのもとで実務にあたる慶延は所司の立場に留任し、その「門徒」は所司の立場を相承することになっており、慶延が撰述した「醍醐雑事記」もその法流が継承すべきものとされた。つまり醍醐寺の寺誌と評価されてきた「醍醐雑事記」であるが、実のところ所司慶延の手で実務上の手引きとして撰述され、その門徒に相承されたものであることを確認しておきたい。

そこで「醍醐雑事記」を一覧するならば、巻一・二には「准胝堂」「薬師堂」以下の上醍醐の堂塔、巻四・五・六には下醍醐の堂塔について、各々の規模・本尊・由緒・所領・相折や院務が記され、また巻三には「四面築垣」「十禅師事」(定額僧)「醍醐天皇崩御事」「醍醐寺在家帳」「醍醐寺一年寺用相折事」「寺用御明油一年相折事」「醍醐寺年中行事」、巻五には「醍醐寺四至」など、寺家経営に関わり深い文書等が引用されている。つまり巻一から巻五までは、上・下醍醐寺内の諸堂宇と諸院家の規模・由緒・所領、寺家全体の財務に関わる記事で占められている。

巻六には「下醍醐大僧供頭支度事」「八講頭次第」をはじめ、頭役支度・下行や所役配分のための頭役勤仕次第が、巻七から巻十までは、「大尊勝法事」「清瀧宮造立事」など寺内法会・行事に関わる記事、「醍醐寺座主御拝堂日記」「醍醐寺座主御拝堂式」「円光院別当御拝堂日記」など拝堂儀式に関わる記録類、「延暦寺千僧御読経行事」「法勝寺千僧御読経行事」「東大寺万僧御読経」「祈雨事」など他寺法会の勤修記事、さらに編年で座主・院家や檀越に関わる事績が列記されている。つまり巻六から巻十までには、寺内外の法会・行事に関して、それらの規模や寺僧の関わりが詳記されている。

巻十一には「座主房雑事日記久安五年」「寺家宿直兵士事」「定寺家雑役車力紀法事」「寺家庄々斗升様事」「納所紀法」「注進御房中一日御相折米事」「醍醐寺一年寺用相折事」など、所司の職務に最も関わりの深い文書等が引用されている。

さらに巻十二・十三には「免除證文」として寺領の立庄券契などの文書が、また巻十四・十五には庄園毎に公験類を掲げた「醍醐寺宝蔵文書櫃目録」が引用されている。ただし「如旧記者、十二・三・四・五巻者、非慶延記、他人記云々」(「慶延記目録」)とあるように、慶延が撰述した「醍醐雑事記」には、これら四巻分は含まれていないとの説もある。「證文」・「文書櫃目録」を引用した四巻分を除く、至って実務的な内容の十一巻分を慶延の撰述した「醍醐雑事記」とすることは十分に首肯できよう。

このように座主房の運営を始め、寺内法会・行事の開催、寺職の補任、寺領経営・供料下行にわたる寺家経営、さらに寺内堂塔・院家の維持、これらの実務こそが所司慶延が関与した「一寺之巨細」にほかならない。そして「醍醐雑事記」に記された多彩な先例に依って、所司は恒例・臨時の法会や行事に対応したわけで、ここに本書が寺家経営の実務を支える手引としての具体的な役割を再確認することができよう。この「醍醐雑事記」のように、所司が実務にあたり参照すべき手引書は少なからず撰述されたわけで、次項で取り上げる醍醐寺執行覚延撰述の「寺家雑筆至要抄」もまたその一書である。

また東大寺においては、おおむね平安院政期に特定の寺僧一族が所司(三綱)を相承し、その法流がのちに薬師院・正法院との院号を掲げる所司院家として、三綱筆頭の上座により兼務される執行職を争うことになった(「薬師院文庫」ヤ1/86)。この薬師院・正法院はいずれも平安中期に創建された院家であるが(『大古』東大寺文書一―三四、「東大寺要録」雑事章)、当初は三綱が止住することはなかった。ところが、「一寛治年中、白河院南都御幸之時、以東南院被定南都之御所、其時後見薬師院上座実英・正法院寺主実維以坊官被成下、薬師院・正法院家之事、坊官之始如此、旧記有之」(「醍醐」九六函四七〇号「真言天台御門跡方御支配末寺帳」)として、平安院政期に薬師院・正法院が東南院の坊官となったと伝えられる。その傍証は見出しがたいが、少なくとも薬師院では実英を始祖として、鎌倉中期より室町中期までの間に、慶舜法眼・朝深上座・朝舜法眼・朝増法眼・実済法眼・慶実法眼・快実法眼・叡実法眼という歴代薬師院主が執行職に就任したとされる（「薬師院文庫」ヤ1/86、未整理10括）[36]。そして室町中期には、

一執行三綱家者、薬師院・正法院両家限也、初発伝燈法師位准擬講而都維那職分司之、准中臈、廿歳ヨリ伝燈大法師位而寺主職也、上座職三十歳而司之、位者大法師也、准已講、僧綱位階者、口宣頂戴後叙之、近来宣案有之、其砌時、年預寺門会合而披露之、

として、都維那・寺主・上座の昇進と口宣案による僧綱位叙任の階梯が定められており（「東大寺雑集録」巻七）、寺内における「執行三綱家」の位置づけと執行・三綱の昇進階梯が確立していたことが確認される。

このように執行・三綱を輩出した所司院家の薬師院でも、先の「醍醐雑事記」と類似した寺務の手引書が作成されており、その二例を示すことにしたい。

その第一は、「東大寺年中行事」（「薬師院文庫」ヤ2/250）である。その奥書に、

本表書云、
東大寺年中行事年来所持本、両寺合戦之時、紛失之間、重書之、
正安元年十一月　日　　執行上座法眼判

とあるように、「東大寺年中行事」は執行上座慶舜が所持していた元本が興福寺と東大寺との合戦の渦中に紛失したため、改めて慶舜が書写したものである。そして「薬師院記録」に現存する本書は、慶舜書写本が南北朝時代に再写されたもので、貞享元年に執行法眼実宣により修復が施されており、成立時より薬師院で伝来されたことが知られる。

この「東大寺年中行事」には、

東大寺

年中行事近来省略用途等所下事
合
正月　自元日政所長講三箇日、八幡・大宮・若宮講問在之、請僧々綱・已講・成業等請之、執行之沙汰、別当方人々請之、僧膳寺領沙汰、
一日　政所朝拝
大仏殿修正七箇夜楽人毎夜参勤之、壇供鞆田庄役、所下跡文在之、
講堂修正七ヶ夜自一日被始行之、
乃米一斗一升即時所下、　御仏供料　同堂童子請之、
九斗　　楽人饗料　饗頭請之、

との形式で、正月一日の政所長講・朝拝や大仏殿・講堂修正会から十二月晦日の上司・下司疫神供等まで、年中行事として催される法会（神事）名を月日にかけ、その各々について式日・会場・請僧・供料・料所という勤修の要件を記したものである。また年中行事の後に、月次法会や式日不定の法会勤修の要件と、「所下存知事」として国升・寺升・二月堂本供升の換算数値の一覧、さらに「執行職之間、可存知事」が追記されている。

鎌倉前期に寺内に登場する東大寺執行は、鎌倉後期には執行所を構成し、寺家経営のなかでとくに寺内法会の勤修を支える重要な機能を担った。そして寺内法会の全貌とその規模を列記した「東大寺年中行事」が、この執行・執行所の機能を支える実務台帳の役割を果したことはいうまでもない。このような役割をもつがゆえに、両寺合戦のなかで紛失した本書は執行慶舜によりただちに書写され、さらに再写・補修されて薬師院に伝来したことも肯けよう。

また第二には、法会開催をになう執行所の実務について詳細を記した「東大寺執行所日記」（「薬師院文庫」ヤ2／107）をあげたい。その奥書に、

抑此記者、応永十二年之比、実済法眼為当職数ヶ年致沙汰日記也、其ト者、先祖朝舜法眼、同息朝増、舎弟之実舜〔済〕法眼等、代々為当職致沙汰先跡也、然又近日居彼職之間、為相学応永之跡所写之也、自然不審在之者、以古本可有校合矣、

永享拾一年己未卯月十三日　（慶実）（花押）

とあるように、応永十二年（一四〇五）ごろに執行実済が記した本「日記」を、永享十一年（一四三九）に息慶実が書写したことが知られる。慶実の祖父朝舜とその息朝増・実済が「為当職致沙汰先跡」、つまり執行職として実務を担った痕跡が本書であり、「日記」とはいえ単なる日次記ではない。そして執行に就任した慶実は、自らの職務の拠りどころとして父実済の手になる「応永之跡」を改めて書写したのである。

さて慶実書写の「東大寺執行所日記」は「東大寺十二大会」を記す本文に先立ち、原表紙に続いて慶実の手になる追記で始まる。(37)

一庄々寺瓜事

櫟庄三駄　清澄庄二駄　薬薗庄三駄

長屋庄二駄　雑役庄三駄　飛駄庄二駄

以上十五駄、一駄者数廿、大瓜十四、小瓜六、此外児瓜ト号テ、一駄別瓜十在之、此十内五者執行所分、五者其庄ノ給主分云々、

此寺瓜到来之時、所々へ出分、

八幡宮一駄　両堂三駄ツヽ、　油倉一駄　但随時、

執行分一駄　相残分者御寺務へ進云々、

以上先例定、

近年者、惣而五六駄之外者不到来也、以此内先八幡宮へ一駄入之、其外者両堂へ、或年者二駄ツヽ、或年者一駄ツヽ、所詮随到来所出不同ナルヘシ、諸庄役、不限瓜、無沙汰言語同断也、

永享拾年六月日注之、　（慶実）（花押）

まず実済の「日記」に記される、諸庄寺納の「寺瓜」を配分した「先例」を掲げ、その後に永享年中の実態を踏まえた処置を追記している。いかなる由緒により執行所が「寺瓜」の配分に関与したのか明らかではないが、「諸庄役、不限瓜、無沙汰言語同断也」との付記に明らかなように、執行所は諸庄給主とやりとりを通して法会開催の職務を遂行したわけである。なお櫟庄以下の寺領は、日常的な法会勤修等の料所とされた近隣庄園である。

このような寺納物の配分・下行や十二大会に続いて、

○請定　小綱触之、大宮殿政所長講事

一日　黒田庄

弁法印　大進擬講

二日　薬薗庄

伊与法印　但馬擬講

三日　櫟庄

卿法印　越後得業

右、請定如件、

応永十二年正月一日

（中略）

私云、大宮殿者、雖為三人宛、近年如若宮殿二人ツヽ也、此外奉取トテ一庄ニ一分ツヽ、小綱之下行在之、一斗ツヽ分、正月十日余之比下行之、於有辞退之躰者、又可有闕請云々、

とあるように、大宮殿における「政所長講」の請定が掲げられる。大宮殿政所長講職衆請定には、三日にわたる「講問」を勤仕する職衆の招請と、僧膳料・小綱得分を分担する諸庄が記され、さらに袖に請定を職衆のもとに回覧する「奉取」（出仕の確認）役は小綱であることが付記される。また請定の末尾には、「近年」の「講問」に出仕する職衆の口数と、一庄に一斗ずつの小綱の得分の注記が見られる。(38) そして執行所が諸法会を開催するにあたり、この請定は拠るべき書様として参照されたことであろう。

また法会の開催にあたっては、

木守触之、
法華会　掃除事

合

櫟庄　五丈一尺　　清澄庄　四丈一尺
薬薗庄　六丈六尺　　長屋庄　一丈五尺
賀茂庄　一丈五尺　　雑役庄　六丈八尺

右、今月廿三日以前、悉可有其沙汰之状、如件、

応永十三年二月十日

此掃除者、講堂ノ正面之間ノ真中ヨリ東ヲ沙汰ス、東ノ軒廊ノ南北也、東ノ端ヨリ櫟庄始テ、西端雑役也、札ヲ出ス事、祭礼之時馬場之掃除ノ如シ、

として、会場周辺の掃除を諸庄に配分する法華会掃除庄々支配状を木守に持ち回らせ、あらかじめ掃除の個所に札を

立てて諸庄給主の分担を示している。つまり寺内法会の財源となる諸庄の負担を確実に掌握し、また配分・徴発した米銭・人夫を確実に下行・用役するためには、右の支配状に記された先例の確認は必須といえよう。

　このように執行所はその職務遂行のなかで請定・支配状という文書を発給したが、これらの文書を宛所のもとに持参し、さらに職衆招請や供料の徴収・下行の実務にあたったのは執行所配下の諸役であった。その諸役とは、

一諸職補任事
両勾当各三貫文使二百文、或三石、　小綱七百文　公人百文　主典三百文　出納一貫文　大仏堂司三石近年一石余云々、
講堂五石使百文、　六堂十石使二百文、　大炊五石使百文、又五百文、　戒壇五貫文使百文、　七堂一貫文
塔一貫文

として、執行所から補任され任料を納める、勾当・小綱・公人・主典・出納と大仏殿・講堂・六堂の堂司、大炊、戒壇院・七堂の堂童子である。これら諸役は執行所の指示を受け、

○下乃米　八斗
応永十二年十二月二十七日　六堂童子請之、
右、大仏殿御仏供料、可有下行、
公文所

○下乃米　八斗
応永十二年十二月二十七日　堂童子請之、
右、講堂御仏供料、可有下行、
公文所

との二通の公文所（執行所）切符に見られるように、「公文所」（執行所）が「大仏殿御仏供料」・「講堂御仏供料」の下行を各々の給主に指示し、「六堂童子」・講堂「堂童子」が切符を持参して「請」け取りに赴くことになっていた。しかも「仏供料」は、「請」取られ本尊の宝前に捧げられた後に堂童子の得分となった（「東大寺年中行事」）。また先の請定を職衆のもとに持ち回った小綱、諸役補任にあたり補任状を届けた「使」には、必ず得分が保証されたのである。このように執行所は法会料所となる諸庄に供料等を割り当てて法会開催の実務を果たすとともに、供料の徴収・下行には配下の諸役を使役し、その給付には諸庄の寺納分のなかに一定の得分を認めたのである。

なお先の支配状に掲げられた法会料所の諸庄と並び、執行所が貴重な財源としたのが鎮西米であった。この鎮西米について、「東大寺執行所日記」には興味深い記事が見られる。

○鎮西米納所之事

朝増法眼執行之時マテハ、三百廿石納畢、最下之所納分也、

国之一石ハ寺之斗一石八斗ニ延也、斗升等納所執行所々、于今在之云々、送文請取等之事、如大井庄両会料、

納所得分事

国之斗一石ニハ寺之斗之四斗宛也、然者一石八斗ニ延テ、四斗取之時者、九分二ニ当ト云々、

以上

すなわち平安院政期に観世音寺は東大寺末寺となり、その御封・庄から本寺に送られた年貢米は、「鎮西米」としてとくに法会勤修の重要な財源となったことは「東大寺年中行事」からも確認される。そして鎌倉後期には「鎮西米年貢惣数事、合三百五十石、国斗定、」（薬師院文庫「東大寺年中行事」）とされた鎮西米の規模であるが、朝増法眼が執行としてあった南北朝時代の後半においても、三百二十石が寺納されていたことが知られる。そして執行所は、寺納さ

れた鎮西米を国升から寺升に換算し、寺内諸会の勤修に下行したわけで、その業務を示すのが「東大寺年中行事」の換算数値一覧であり、また右の記事であった。

このように東大寺執行所は、主務たる法会勤修を実現する多様な業務を負担しており、その繁多な職務を遂行するためにも、「東大寺執行所日記」等が必要とされたことは首肯できよう。執行・三綱などの所司が、寺務の財源となる寺領経営に直接関わる場合もあるが、その主たる職務はあくまで寺納された年貢・公事の配分・下行に基づく、寺家経営の実務にあったと考えられる。そこで所司院家において作成された「醍醐雑事記」・「東大寺年中行事」・「東大寺執行所日記」を、寺務の手引書として改めて見直すならば、そこには寺家経営に関わる多彩な実務の存在と、それらを支えるための寺内諸役の関与、そして実務への関与を自らの生活維持の拠りどころとする寺内諸役のあり方が明らかとなろう。さらに寺院史料中に散見される請定・支配状・切符という文書形式が、相互に連携をもちながら寺院経営のなかで一体として具体的な役割を果たした実相を見ることができるのである。

二　所司と書様――醍醐寺所蔵「寺家雑筆至要抄」を通して

中世寺院ではその経営のなかで多様な形式の文書が発給された。寺院社会から世俗権力に意思を伝達するさいには、公家・武家社会における文書形式が用いられるのが通例であるが、寺内や寺領荘園に対しては、個々の寺院に特有の形式の文書が発給されることが少なくない。そして古代・中世の古文書学が体系化される過程で、公家・武家文書がその主要な素材として検討対象とされたのとは対照的に、寺院文書とりわけ寺院社会の内部で発給された一群の文書群は、その個性ゆえに等閑視されてきた。近年、京都府立総合資料館編『東寺百合文書目録』、奈良国立文化財研究所編『東大寺文書目録』、醍醐寺編『醍醐寺文書聖教目録』等が刊行され、史料群を全貌することが可能となり、特定寺院の史料群に関する詳細な検討を踏まえた、本格的な寺院史料の研究が進みつつある。

さて醍醐寺に「寺家雑筆至要抄」という冊子が伝来し、明治二十七年に東京大学史料編纂所で影写本が作成された。この「寺家雑筆至要抄」は、醍醐寺内で発給された文書を類聚した「書様」集であり、守覚法親王撰にかかる「釈氏往来」（『群書類従』所収）や、実厳僧正撰の「山密往来」（同前）と同類のいわゆる「往来物」に属する。しかし他の往来物に比して本書が備える際立った特徴として、収載する文書に分類を施し、各々の文書群に総括的な文書形式名を与えている点が挙げられる。寺院文書を分類して文書名を付与することは古文書研究の重要な課題でありながら、寺院組織の解明が不可欠であることから決して容易な作業とはいえない。ところが本書は寺内で起草された古文書に具体的な分類を施し、文書形式名を付与しているわけで、醍醐寺という限定のもとではあれ、寺院文書研究に一つの貴重な素材を提供するものと思われる(39)。

まず冊子末尾に記される、「右一冊者、金剛王院方之記也、為自然之才学写留了、座主准后義演」との書写奥書から、本書は醍醐寺座主義演が金剛王院の伝本を書写したものであることが知られる。そして本書に収載される古文書の年紀が、元暦二年（一一八五）を上限、建長五年（一二五三）を下限に、おおむね十三世紀前半期に限定されることから、本書の元本は少なくとも鎌倉中期には成立したもので、本書が書写された「金剛王院方之記」は、その元本もしくは書写本と推測される。

また本書に引用される古文書の多くには、その末尾に本書の編者の手になる註記が加えられている。そして醍醐寺座主賢海挙状案に付された「雖不知寺家之書様、依仰始書出之、定令違先例事等多之歟」のような註記から、この挙状はすでに発給された文書が「先規」として転写されたものではなく、編者自身の起草にかかることは明らかで、本書の編者が座主賢海の「仰」を承け文書を起草する立場、つまり醍醐寺所司であると推測される。さらに「御陵鳴動

事　奏聞、為先例書様定在之歟、而彼状不尋出之間、如此被注進遣　官・長者許了、定令違先例歟」との註記が付された文暦元年（一二三四）醍醐寺所司等注進状案（醍醐寺奏状案）は、上座寛延等の連署により発給され、また「此書様、又以非無不審、然而如此被書下了、自余可准之歟」との註記のある宝治元年（一二四七）醍醐寺座主御教書案（醍醐寺執行書下案）も、執行寛延により起草されたものである。そこで両者に共通する発給者の寛延こそが註記を加えた人物、取りも直さず本書の編者ということになろう。

さらに「金剛王院方之記」との表現から、所司寛延は醍醐寺座主に就いた歴代の金剛王院院主である賢海・実賢・勝尊のもとで坊官を兼ねたのではなかろうか。すなわち本書は、醍醐寺座主のもとで寺務に関わる所司寛延が、文書発給の実務の手引として編集した、多様な文書の「書様」集であり、寛延が坊官をつとめた金剛王院に伝存することになったと考えられる。なお「金剛王院方之記」を書写した義演は、「醍醐寺新要録」のなかで、「至要抄云」として本書をしばしば引用しており、近世初頭において「寺家雑筆至要抄」は寺誌編纂に貴重な素材を提供したわけである。

さて本書全体の構成は、表紙裏に記される、

挙状事譲状事、座主事、定額僧事、三綱事、　　奏状事庄園訴事、成功事、
有職放解文事一身阿闍梨事、被置阿闍梨事、　　請書請文事
辞状事　　衾宣旨・綱牒請文事
返牒事　　被仰勧賞請文事法験叡感事、
供神物請取事　　吉書事
諷誦文事　　任符事幷金堂幷円光院・西御堂・大宮事、一乗院事、如意輪堂事、無量光院事、
下文事庄々預所事、給田事、　　庄園濫觴事

寺家起請事神人事、

との目次からも概略は窺われる。さらに「挙状事」から「下文事」までの文書類型を掲げた後に、伊勢国曾禰庄以下の寺領十庄の由来を記した「庄園濫觴事」と、天福二年・建長四年の寺内置文を抄記した「寺家起請事」が追記される。すなわち本書には寺家経営に関わる「挙状」から「下文」まで十三類型のもとで、発給目的・発給主体により細分化された古文書六十一通が、「書様」として収載されているわけである。[40]

これら発給文書の類型は、発給者と受給者との関係から、上申文書・寺間文書・寺内文書・下達文書に大別される。上申文書には、「挙状」・「奏状」・「有職放解文」・「請書請文」・「辞状」・「衾宣旨・綱牒請文」・「被仰勧賞請文」・「供神物請取」状が属するが、これらは形式から解と請文に二分される。さらに寺間文書には「返牒」、寺内文書には、「吉書」・「諷誦文」、下達文書には「任符」・「下文」が属することになる。またこれらの文書の発給主体は、寺務組織（座主、所司）・寺内院家・醍醐寺衆徒・寺僧個人にわたり、寺務組織は「挙状」・「奏状」・「有職放解文」・「請書請文」・「辞状」・「衾宣旨・綱牒請文」・「供神物請取」状・「吉書」・「任符」・「下文」を、寺内院家は「任符」・「下文」を、醍醐寺衆徒は「奏状」・「返牒」を、寺僧個人は「辞状」・「被仰勧賞請文」・「諷誦文」を発給することになる。すなわち本書に収載される「書様」は、そのすべてが寺務組織の発給する文書というわけではないが、寺家所司と院家坊官を兼ねる寛延としては、いずれも掲げる意味のある文書形式であったと考えられる。そこで本書に収載される六十一通の文書のうち、注目される五通を、以下に引用することにしたい。

①醍醐寺所司等解〔「奏状事」項〕

醍醐寺所司等解　申請　天裁事

請被特蒙　天裁、早任度々　宣旨并代々国判旨、停止寺領四至内上寺・下寺及末寺清住寺・定水寺・成覚寺・

観音堂号笠取、・東安寺・東院・岳西院・念学院・前瀧・深草等両社　行幸役愁状

副進　国役免除　院宣案一通、

右、謹検案内、当寺者、、、望請　天裁、、、、将休一寺之愁訴、弥祈万歳之宝祚矣、仍勒状以解、

嘉禄元年十一月　日　都維那法師在判　或実名也、

寺主大法師在判

上座法橋上人位在判

今案、或　院庁裁事、請殊蒙　庁裁云々、或殿下政所裁事、請殊蒙　恩裁云々、可依事也、被進関東状者、醍醐寺所司等言上、欲早任道理、、、此躰歟、

本文書は、寺域・末寺等に対する臨時行幸役の免除を公家に請う奏状の「書様」であるが、院庁・摂関家政所・幕府に対して同じく申請を行う場合には、公家への奏状とは異なる文言・形式で上申文書が作成されたことが、註記から知られる。

②醍醐寺座主挙状〔「有職放解文事」項〕

醍醐寺

請被補金堂阿闍梨賢海闕替状

法印大和尚位勝尊年﨟　東大寺　真言宗

右、謹考案内、当寺金堂定置阿闍梨五口、永令勤仕御願、敢莫偏党者、今件賢海入滅已畢、爰勝尊受学両部大法、練行諸尊瑜伽、尤足為阿闍梨位矣、望請　天恩、早以件勝尊被補其闕、永使勤御願、久奉祈　宝祚、仍勒状

謹請　處分、

嘉禎四年九月十日座主権僧正法印大和尚位実賢

仁和寺放解文書様、大略如此、□□□歟、

座主・三綱・定額僧等、寺内諸職の撰任を公家に申請する場合、座主単署もしくは所司との連署による挙状が発給されるが、「有職」（醍醐寺では諸堂の定額僧・阿闍梨職）の補任を求め、座主が適任者を推挙する挙状に限って、とくに「有職解文」と称され、この文書形式は小野・広沢両流に共通していた。(41)

③醍醐寺座主御教書（同前）

書下事

去年祈雨勧賞所被寄置清瀧宮之阿闍梨二口内、一口被補之者、可有御存知之由、可申之□□□□、仍執達如件、

宝治元年五月廿三日　　法眼覚延奉　于時執行也、

謹上　大輔新阿闍梨御房

此書様又以非無不審、然而如此被書下了、自余可准之歟、

末尾の註記から知られるように、本文書が覚延により新たに起草されたことは先にも触れたところである。本文書は「有職放解文」項に掲げられているものの、「解文」による補任を承けて、執行覚延から「大輔新阿闍梨」に清瀧宮阿闍梨位撰任を伝えたものであり、とくに「書下」との文書形式名が付されている。ところで古文書学で「書下」は直状形式と理解されているが、(42)本文書は明らかに座主の意を奉じて執行が起草した御教書で、直状形式の対極にある奉書形式である。すなわち「書下」との文書形式名は、少なくとも醍醐寺内では下達文書の呼称として通用していたことが確認される。

④醍醐寺返抄（醍醐寺吉書）〔「吉書事」項〕

吉書事正月八日大仁王会次被行之、
醍醐寺返抄　近江・播磨・丹波国

検納

米万斛

絹万疋

布万段

右、任例所進者、検納如件、

暦仁二年正月八日　　　公文都維那法師慶真

座主（実賢）権僧正法印大和尚位

執行（覚延）修理別当法眼和尚位

自執行所令書進之、然而状中頗背普通之儀歟、今案如此可書歟、

「吉書」とは、座主初任や年初にあたり座主・所司が文書に加判して寺務始めを示す儀式であり、またその儀式において加判される文書それ自体を指す。本文書は、とくに正月八日の大仁王会に併せて行われた、年初の「吉書」儀式のための「書様」である。奥上に署判を加える執行修理別当は、本書の編者である寛延自身であり、彼が主座を占める執行所において、この「吉書」は起草されることになっていた。なお右の「書様」が「背普通之儀」くと註記されるが、本文書のほかに醍醐寺政所返抄は見出しがたく、「普通之儀」がいかなる形式かは明らかではない。

⑤醍醐寺政所下文〔「下文事」項〕

醍醐寺政所下

補任預所職事

某

右人補任彼職之状如件、庄官百姓等宜承知、不可違失、故下、

年　月　日

座主、、、、、

河内五ヶ庄又如此、寺家領・院家領各別之間、座主・別当之御位所、又以所有差別也、

「寺家領」である「河内五ヶ庄」における預所職の補任には、座主が奥上に署判を加えた醍醐寺政所下文が発給された。「寺家領」や座主が別当を兼ねる円光院等の「院家領」における所務（寺領経営）には、その所職補任を通して寺家政所の所司が関わりをもったわけである。なお末尾の「寺家領・院家領各別」との注記から、所領ごとに所有関係や経営構造が異なる以上、補任状の文言にも異同があり、所務にあたり先例に基づく形式・文言の文書発給が所司に求められたわけで、ここにも書様が類聚される理由が見出される。

以上、本書に収載された文書のうちの五例を掲げるにとどめるが、文書発給の実務を負う所司が編集した「書様」集たる本書は、寺務・所務の実務と併せて寺院文書の成立・発給形態を明らかにする貴重な素材を提供している。右に掲げた事例からも窺われるように、醍醐寺内で発給される文書群は、原則的には寺内の「先例」・「先規」・「故実」に拠り、一定の形式を踏襲することになっていた。ところがその一方で、「依事」・「依時有相違」のごとく、「普通之儀」とは異なる異例の形式で起草される場合も少なからずあり、発給文書の形式は発給する主体と対象により多岐にわたることになる。そこで定型と異例が交錯する多彩な寺院文書群を分類するためには、寺内における発給主体の位置とその機能を明らかにするとともに、文書形式を類聚するための類型の柱をたてることが必須となろう。そして文

書起草に関わる所司の立場から、寺院文書の類型と異例が出現する過程を示した本書のような実務書が、寺院古文書を検討するための貴重な素材であることはいうまでもない。

第五節　信　心

聖・俗両界から仏・菩薩に寄せられる信心は、仏法結縁の意図により寺院社会に対する具体的な行動として表現される。この信心を表現する行動は、信心をいだく当事者に宗教的な果実（功徳・利益）をもたらすとともに、信心を受け容れる寺院社会にも世俗的な利益をもたらすことになる。信心は聖・俗両界をつなぎ止める精神的媒体であり、寺院社会にとっては自らが存続するための前提条件ともいえよう。そこで信心を起点に、達成すべき具体的な対象を欣求する思惟を「願念」、また願念を託した財物を寺院社会に譲与する行為を「喜捨」と呼び、各々が史料上にいかに実体化されるかについて考えたい。

一　願　念――胎内文書

個人的な心情をあからさまに記した史料が伝来することは稀であり、これは願念についても同様である。僧・俗の信心を語る史料は容易には得がたいが、個人が自らの心情を仏・菩薩にさらす場では、折々に率直な願念を記した史料も生まれるわけで、そのような素材のいくつかを掲げることにしたい。

まず天文年中に東大寺上院新造屋本尊について記した「新造屋阿弥陀安置由来」をあげる（東図113/379/1）。本書には阿弥陀如来像の由緒が記され、その後にその供養の様を示す「奉加等日記」「道場料理等所下日記」が書き継がれており、以下に冒頭の由緒を引用する。

新造屋阿弥陀安置由来

三尺阿弥陀金泥仏

建仁二年造始、同三年仏舎利・心経・仏菩薩種子真言等奉籠于仏身云々、俊乗上人(重源)為縁投所有珍財、法眼安(快慶)
阿弥陀仏令造之、　　施主法橋上人位寛顕

供養導師解脱上人(貞慶)

建保四年二月天、寛顕臨終之時、彼阿弥陀仏五色糸取手、念仏数十遍唱之、正念閉眼云々、自建仁二年至建保四年合十四年也、

此本尊、先師律師(勝寛)可安置高野山道場由、雖令遺言、彼道場焼(焼)失之間、暫奉渡中門堂畢、

仁治四年正月廿八日　　当寺修理目代兼観世音寺別当大法師瞻寛

二月十六日改元寛元、

自建保四年至仁治四年合廿八年、瞻寛者寛顕之孫云々、

寛顕在生間、善根注文幷臨終之躰、弟子勝寛注置一巻在之、

奉籠御仏中仏舎利等目録一巻在之、

享禄二年丑初秋之比、為学侶中対中門堂衆種々被申談被乞請、八月十二日安置新造屋訖、自仁治四年享禄二、合二百八十七年、

享禄二年（一五二九）新造屋に安置された阿弥陀仏像は、遡る建仁二年（一二〇二）に、臨終正念を願う寛顕を施主として、俊乗房重源の喜捨をうけ快慶の手で造像され、その開眼供養の導師は解脱上人貞慶がつとめたという。そして願念に違わず、建保四年（一二一六）施主寛顕は正念のもとに臨終を迎えた。のち寛顕の弟子勝寛の遺言により「高野山道場」に安置されるはずの本像であるが、「道場」の焼失でかなわず東大寺中門堂に安置され、さらに享禄二

年（一五二九）に学侶の意向により法華堂衆が住持する新造屋に移され、以後も手厚い供養を受けたのである。

この阿弥陀如来像の胎内には、造像時に「仏舎利・心経・仏菩薩種子真言等」が奉籠され、さらに寛顕の寂後に、弟子勝寛が「善根注文幷臨終之躰」を記した一巻と、「仏舎利等目録」一巻が追って奉籠された。ここで注目されるのは、臨終正念を願っての阿弥陀如来像の造立、阿弥陀仏と五色の糸で結ばれ念仏を唱えながら迎えた臨終、そして作善を数々を書き連ねた「善根注文」と往生の証拠となる「臨終之躰」を胎内に納めたという行為である。施主の寛顕は東大寺学侶であり、その弟子勝寛は修理目代・黒田荘預所（『鎌』八―五七三二）、さらに勝寛弟子で寛顕孫の瞻寛も「修理目代兼観世音寺別当」をつとめた学侶であった。この阿弥陀如来像が造立された同年に、寛顕は「為過去先□各出離生死、兼自身滅罪生善・往生浄土」を目的として、「毎年八月以彼岸初日一日」の湯興行のための料田を寄進している（『鎌』三―一三八〇）。すなわち衆生済度を図るべき寺僧寛顕が、造像と料田寄進の功徳による自らの臨終正念と極楽往生を願ったわけで、寺僧がいだく信心の一端が窺われよう。

また仏舎利等を胎内に奉籠する意味についてはすでに触れたところであるが[43]、仏像胎内に経巻・文書類を奉籠する事例は少なくない。たとえば、伊勢国善教寺阿弥陀如来立像（『四日市市史』十六巻別冊）、武蔵国宝樹院阿弥陀三尊像（金沢文庫編『阿弥陀三尊像と像内納入品』）、武蔵国金剛寺不動明王像（『日野市史史料集（高幡不動胎内文書編）』）、そして下野国荘厳寺不動明王像などから胎内納入品が確認されている。これら仏像内の納入品のなかには、善教寺阿弥陀如来像内に納められた藤原実重の作善日記（元仁二年から仁治二年に至る作善の記録）・願文と摺仏、宝樹院阿弥陀三尊像に納められた舎利・細字法華経・版本尊勝陀羅尼・願文[44]、そして荘厳寺不動明王には納められる多数の摺仏などが注目される。

そこで荘厳寺不動明王像納入品を素材として、奉籠の意味について少々の検討を試みることにしたい。まず下野国芳賀郡（現栃木県真岡市）に所在する荘厳寺は、旧寺号を「妙法寺」とし、「慈覚《(円仁)》大師創建之霊区、弥陀善逝影向之勝地也、是故自追往昔台密修学之梵刹、暦代碩徳之芳躅也、中興者英尊阿闍梨也」とあるように、円仁が創建し英尊が中興した「台密修学之梵刹」であり、その由緒により、永承五年（一〇五〇）には安倍頼時・貞任追討の途上にあった源頼義が願文を捧げ、報賽として本堂を再建し、建久八年（一一九七）には源頼朝が寺領三十町を寄進したと伝えられる（荘厳寺蔵「野之下州芳賀郡中村庄大御堂荘厳寺東福院別当坊之縁起」）。

荘厳寺には本堂本尊の阿弥陀三尊のほかに、不動堂に不動明王像が安置されている。この不動明王像は、「此不動尊者、昔従奥州化人賚持之来、令一宿此妙法寺、翌日欲持行之、俄如大石、将擡挙不発揚、空手捨之去、是誠奇異之至也」（同前）として、「化人」により奥州から当寺にもたらされ、のこされた由緒から「居貫不動」と俗称された。さてこの不動明王像は鎌倉前期の造立とされ、以後に幾度か修理・改造を経て今日に至っている。そして近年の解体修理の折に改めて調査がなされ、胎内に確認された納入品の過半を占める印仏についても検討がなされている。(45)

さて納入品であるが、版本般若心経、版本梵字宝篋印塔、版本十一面・千手・如意輪観音真言のほかは、地蔵・如意輪・薬師印仏で占められる。また多数に及ぶ印仏の形式は、すでに指摘されているように、〔印仏・願文〕型（一紙に印仏と願文を併記）と、〔印仏〕型（列行に印仏）に大別される。(46) これらのなかで願念の記されている〔印仏・願文〕型は、その記主によりその形式を少々異にする。

まず如意輪観音印仏を押した以下の兼阿月忌願文（二二括一号）は、

（如意輪印仏）　（如意輪印仏）

（如意輪印仏）　（如意輪印仏）

右、志趣者、為二親幷一切衆生平等利益也、仍如件、

己丑六月十八日　　　　　　　　　願主（花押）

兼阿弥陀仏

との形式をとり、貞和五年（一三四九）閏六月十八日に作成されたものである。この願文を含む一括十束三百八十紙中には、貞治五年正月から同六年十一月に至る毎月一日・十八日に作成された印仏が確認され、毎月両日に兼阿弥陀仏（「願主」）は、両親の追善と一切衆生の平等利益を祈念し、一紙に四顆の如意輪観音印仏を押し奥に願文の文言を記した。

次に薬師如来印物を押した房俊日課印仏願文（二六括四号）は、

（薬師如来印仏）

右、為仏子滅罪、心中所願皆々満足、乃至法界平等利益、所修如件、

貞和五年十月三日　　　　　　房俊敬白

との形式であり、本願文を含む一括四束百十紙中には、貞和五年八月から十月までに房俊の手になる日課印仏が見出される。房俊は日々に自らの滅罪、所願成就、法界平等利益を祈念して、一紙に薬師如来印仏一顆を印仏し、その奥に願文を記したわけである。

さらに観応元年（一三五〇）正月から十二月にわたり地蔵印仏を押した教円日課印仏願文（一・四括）は、前掲の兼阿・房俊印仏願文とは異なり、

（地蔵印仏）　（地蔵印仏）　（地蔵印仏）　右、為志者二親并自他法界衆生也、

（地蔵印仏）　（地蔵印仏）　（地蔵印仏）　貞和六年三月廿日　教円敬白

（地蔵印仏）　（地蔵印仏）　（地蔵印仏）　右、為志者二親并自他法界衆生也、

（地蔵印仏）　（地蔵印仏）　（地蔵印仏）　貞和六年三月廿一日　教円敬白

（地蔵印仏）　（地蔵印仏）　（地蔵印仏）　右、為志者二親幷自他法界衆生也、

（地蔵印仏）　（地蔵印仏）　（地蔵印仏）　貞和六年三月廿一日　教円敬白

（地蔵印仏）　（地蔵印仏）　（地蔵印仏）　右、為志者二親幷自他法界衆生也、

（地蔵印仏）　（地蔵印仏）　（地蔵印仏）　貞和六年三月廿二日　教円敬白

（地蔵印仏）　（地蔵印仏）　（地蔵印仏）　右、為志者二親幷自他法界衆生也、

（地蔵印仏）　（地蔵印仏）　（地蔵印仏）　貞和六年三月廿三日　教円敬白

（地蔵印仏）　（地蔵印仏）　（地蔵印仏）　右、為志者二親幷自他法界衆生也、

（地蔵印仏）　（地蔵印仏）　（地蔵印仏）　貞和六年三月廿三日　教円敬白

（地蔵印仏）　（地蔵印仏）　（地蔵印仏）　右、為志者二親幷自他法界衆生也、

（地蔵印仏）　（地蔵印仏）　（地蔵印仏）　貞和六年三月廿四日　教円敬白

とあるように、地蔵菩薩印仏を六顆押しその足下に願文を記して一日分とし、右のように七日分を料紙一紙に追い込みで印仏している。ただし同日中に複数日分の印仏願文を作成することも折々に見られる。また父母・子息の命日には、とくに「悲母蓮覚御聖霊幷一切衆生平等利益」、「親父教阿御聖霊幷一切衆生平等利益」、「子息円道聖霊幷一切衆生平等利益」との文言を掲げた印仏願文を作成している。

これら兼阿弥陀仏・房俊・教円の作成した印仏願文は、各々一括して束ねられ不動明王像の胎内に納められた。なお教円は、作善としての日課印仏願文と、自らの縁者に勧めその書状を料紙とした印仏を不動明王像に奉籠した、いわば勧進僧の役割を果たしたとの説もある。(47)

さて不動明王像に奉籠された印仏願文の文言を見直してみると、第一に「二親」・「悲母蓮覚御聖霊」・「親父教阿御聖霊」・「子息円道聖霊」という亡者となった父母・子息の追善、第二に「心中所願皆々満足」という現世利益、第三に「仏子滅罪」による自らの極楽往生、そして第四として、前三者に共通する「一切衆生平等利益」・「自他法界衆生」という衆生済度が掲げられている。このなかで第一から三までは、自らとその縁者の利益を願う自利のための、第四は広く衆生にわたる利他のための願念ということになろう。このように自利・利他を併せて願う文言は、右の願文のみならず広く願念を書き副えた文書にしばしば見られる。この現象についての評価は容易ではないが、単なる形式的な定型句と断定することはできない。日課印仏を重ねて不動明王像に納入する行為は相応の信心に基づくものであり、日々の印仏に副えて一様に衆生済度の一文を記した心底には、やはり自利と利他は表裏一体との認識が定着していたと考えるべきではなかろうか。

自らの済度は衆生の済度があって初めて実現するという大乗仏教の真髄ともいえる認識は、決して教学をわきまえた寺僧のみならず、その教化の対象となる幅広い階層の俗人に共有されていたと考える。自利・利他の相互関係をめぐる認識は、その簡素な構造と理解しやすさゆえに広い社会階層に浸透し、この定着した認識が自ずから願文上の文言に表現されたと理解したい。

自利・利他の願念をいだく僧俗は、造仏をはじめとする作善に関わりをもった。そして不動明王像の修理という機会に印仏願文の奉籠が行われており、教円やその縁者は修理勧進に関わり、その功徳に加えて自らの作善を証する痕跡を胎内に納入したのであろう。このように教円を一つの核として進められたと思われる不動明王像の修理勧進は、広く僧俗に仏法結縁の機会を提供する宗教活動であり、また勧進に応じる人々にとっては作善につながる仏法結縁の契機でもあった。そして多彩な胎内納入品から、勧進に自らの済度を託する中世の人々の信心の有様を見ることができよう。

二　喜　捨

僧俗が願念を託した財物を寺院に寄せる行為こそが喜捨であり、その行為の主体である僧俗にとって財物はまさに自らの願念の表現であった。たとえば、寛元四年（一二四六）に東大寺僧実俊と大石氏女は連署して、

奉寄進　燈油料田事

合壱段者、字門屋田、所当一石一斗、本斗定、

在大和国十市郡東郷廿三条四里四坪内自東五段目、

四至限東大道、限南畔、限西際目、限北畔、

右、為慈父悲母出離生死往生浄刹、兼弟子等面々現世安穏後生善所、法界衆生平等利益、奉寄進状如件、

寛元四年八月廿八日　　大石氏女（花押）

僧実俊（花押）

との寄進状を草し、燈油料田として田地一段を東大寺大仏殿に喜捨した（『鎌』九―六七三〇）。姉弟と思われる大石氏女と僧実俊は、亡父母の追善、のこされた弟子等の現世利益と極楽往生、そして「法界衆生平等利益」を願ってこの喜捨を行ったわけである。自利・利他にわたる願念のあり方については前述の通りであるが、この願念を託された料田寄進をはじめとする喜捨という行為は、寺院社会にとって自らの存続の条件と認識されたはずである。そこで喜捨が聖俗両界にとっていかなる役割を果たしえたのか、改めて検討を加えることにしたい。

1 「喜捨」行為の意味

古代より現代まで祈願・供養などの意図から仏神・寺社・寺僧にさまざまな財物を贈与する行為を喜捨（寄進、施入）と称した。寺院社会に対する、また寺院社会内部で行われた喜捨行為は、世俗社会における贈与行為とは性格を異にしている。すなわち寺院社会を構成する寺僧は、拠るべき戒律の受持により俗人と一線を画されていた。初期印度仏教や中国仏教で生まれた種々の戒律には、寺僧個人と僧団（僧伽）が遵守すべき細々にわたる規制が掲げられている。これらすべてが寺僧や僧団により遵守されることはなかったとしても、僧団加入の儀式である受戒の場での戒律受持の誓約や、僧団内で日常的に催される説戒による持戒の確認を通して、戒律は時代を越えて寺院社会と寺僧を強く拘束し、儀礼・組織・規則やその意識を制約することになったと考える。(48)

さて戒律中には「尼薩耆波逸提」と呼ばれる財物に関する三十ヵ条の禁戒があり、ここに掲げられる受蓄金銀銭戒・貿宝戒・販売戒・長鉢戒などによって、比丘は三衣一鉢を除くあらゆる財物を保有すること、自らの手で蓄財し財物を交換することが厳禁されていた。ただし三衣一鉢以外の余財を手にした比丘は、いったん僧伽（僧団）に向かい懺悔し放棄するならば、改めて余財を還付される規定もあり、また施主に格別の願いがあった場合、比丘が余分な財物を保有することは条件付きながら許容されていた。このように施主の意思という条件のもとでは、比丘が私財をもつことが破戒行為となりえなかったことは注目される（「四分律僧戒本」）。

財物をめぐる戒律の規定は、「凡僧尼、不得私畜園宅財物及興販出息」（「僧尼令」不得私蓄条）という一項にも窺われるように律令法にも取り込まれ、日本の寺院社会でも禁戒と意識されていたことは確かである。これらの戒律・世俗法により、寺僧は修行・生活の資を、自らの生産・経済活動により確保することは厳禁され、これらはもっぱら頭陀行に応える施主に求められた。そこで寺僧により構成される寺院社会も、施主からの施物に依拠して存続を図ることから、喜捨行為は寺院社会が存続する前提的な条件ということになる。このような施主へ全面的に依存する基本的な体質は、寺院仕会が自らを律する意識と、世俗仕会への姿勢を方向づけることになった。

一方、寺院社会の存続を支える施主（檀越）は、様々な願いをいだき仏法に結縁を図るため寺院社会への接触を図った。そして檀越が仏法に結縁するひとつの形が、寄進物を寺院社会や寺僧に贈与する行為である。前掲の大石氏女寄進状を始め多くの寄進状には、物権内容とあわせて喜捨の意図が記される。喜捨行為の根底にある願念にはさまざまあろうが、おおむね「現世安穏」・「除病」といった現世における功徳や、「後生菩提」・「離苦得楽」・「滅罪生善」といった来世につながる功徳を求めるものが過半を占める。施主は現世利益や極楽往生という見返りを期待して仏法結縁を図り、その具体的な手段として財物を喜捨した。このように寺院社会へ財物を贈与する喜捨行為は、世俗社会にある檀越が仏法に結縁するためには不可欠な手段であり、また寺院社会が存続するための前提的条件でもあった。すなわち同一の時代・空間に併存する聖・俗両界の双方にとって、財物の贈与は決定的な意味をもつわけで、信心に基づく喜捨行為は両界をつなぎとめる紐帯であるとすることができよう。

2　「無　尽　財」

寺院社会が保有するあらゆる財物（寺財）の根源をたどるならば、原則的には施主からの喜捨を唯一の手続きとして寺院社会に帰したといえる。そこで寺院社会は自らの存続の大前提となる施主の願念をなににも増して尊重し、寄進物は単なる財ではなく施主の願念そのものとして取り扱われた。

さらに天平宝字八歳（七六四）の太政官符における「毎年奉施三宝物等、必依内教充用」（『類聚三代格』巻三）との一文に明らかなように、いったん喜捨された財物は寺院社会が独自にその使途を定めることを世俗権力から容認されていた。つまり俗界から境を越えて聖界にもたらされた寄進物は、寺院社会の原則に従い自律的に運用・配分されることになる。

また施主の願念が込められた寄進物は、寺院社会では「無尽財」であると理解されていた。すなわち「寺院長生銭、律云無尽財、蓋子・母展転無尽故」(『釈氏要覧』巻下)とあるように、寺院に喜捨された「銭」は、「無尽財」として欠損なく永遠に維持されることになっていた。寄進物の欠損は施主の願念が消滅することにほかならず、これを容認すれば寺院社会が存続する前提を自ら否定することになる。そこで寄進物は「無尽財」であるとの認識を踏まえ、寄進物の永続的な維持を目的に、「互用」・「盗用」の禁戒、「利」の容認を始め多くの経済的原則が寺院社会のなかに生み出されていったのである。

さて檀越の喜捨により寺院や寺僧に贈与された財物は、すべて三宝物(仏物・法物・僧物)という寺財に帰属する。施主の願念に従い仏物・法物・僧物のいずれかに配当された寄進物は、寺院社会を構成する三位一体の三宝(仏・法・僧)の各々を、偏ることなく存続させる経済的な基盤となる。古代寺院で作成された資財帳は、仏物・法物・僧物という柱のもとにあらゆる寺財を配列したものである。これらの各々は、「其仏分、用造仏殿・塔殿、其法分、用造経典・法門、其僧分、諷誦料物」(「延暦寺禁制式」)として用途が限定され管理の便宜とされた。そして仏物・法物・僧物という枠内に配分された寺財をその枠を越えて相互に流用すること、また三宝物にふさわしくない用途に転用することは各々「互用」・「盗用」と呼ばれ、戒律で厳しく禁じられていた(『四分律刪繁補闕行事鈔』巻中一)。この禁戒が定められたのは、寺内の三宝(本尊・堂宇、経巻・法儀、寺僧・僧団)を均衡をもって維持するためであり、しかも三宝物の各々が永続すべき施主の願念を託された「無尽財」と認識されていたからであろう。

「無尽財」にふさわしい寄進物は封戸・出挙稲・田畠・銭等である。これらのうちで封戸・田地は円滑に経営される限り年ごとに封物や年貢を生み出し、時間が経過してもそれ自体が消滅することはない。ところが出挙稲や銭は、いったん消費財に交換されるとただちに消滅してしまう。出挙稲や銭が「無尽財」として欠損することなく維持されるには、それらが新たな剰余を生み出さねばならない。たとえば応和元年（九六一）に東大寺別当光智により創建された尊勝院は、檀越から「常燈仏供料稲伍仟束」の穎を喜捨されていた。光智はこの穎が「不経幾程尽失」せることを恐れ、「混合正税加挙之、雖云経永代不朽不滅」として、国衙の正税に混合して出挙され、「毎年之利」が得られるよう朝廷に申請し、これを許されている（「東大寺続要録」諸院篇）。「稲伍仟束」は出挙稲として運用される限り、それ自体は欠損することなく継続的に「毎年之利」を生み、この「利」分が「常燈仏供料」に宛てられる。このように「子母展転無尽」く財を生み出し続ける「無尽財」は、永遠に消滅することのない施主の願念の象徴でもあった。そして寄進物が「無尽財」として認識されたならば、寺院社会では必然的に剰余としての「利」が容認されることになるのである。

寄進物に込められた施主の願念は、それが寺院社会で最も尊重されたために、戒律で禁じられた蓄財と財物交換を事実上は容認させるという結果をもたらした。そして寺院社会は、施主の喜捨を拠りどころとして多彩な経済活動に手を染めるようになったと考えられる。

3　「互用」「盗用」

戒律における三宝物の「互用」・「盗用」の禁戒は、三宝物を一定の均衡のもとに維持するために、また「違施心得互用罪」（「四分律刪繁補闕行事鈔」巻中一）として、施主の願念への尊重から設けられたことは先述の通りである。そして「互用」・「盗用」の禁戒は、「夫三宝物者、互用之過惟深、故宝印経云、仏・法二物不得互用」(「安祥寺伽藍縁起資財帳」)との一文からも明らかなように古代の寺院社会に受け容れられ、しかも中世を通してさまざまな局面で取り上げられた。なお戒律の規定による限り、三宝物を相互に流用する「互用」と、三宝物外へ転用する「盗用」とは内容を異にするが、実際に三宝物への侵害を取りざたする史料では、「盗用」を含めた意味で「互用」が用いられている。

さて三宝物が併存して維持されることは、寺院社会の存続にとって必須の条件であるが、仏物・法物は「無主」であり、三宝物の管理はもっぱら寺僧の手に委ねられる。しかし三宝物の管理が「心不平等」る比丘に委ねられることははなはだ危険であると考えられ、その任にあたる比丘には「阿羅漢」等の条件が付けられていた(「四分律删繁補闕行事鈔」巻中一)。「互用」・「盗用」の禁に加え、このような規定が見出されるのは、僧尼による恣意的な三宝物の運用が当初から危惧されていたということである。そしてこの危惧に違わず、施主の願念を無視した仏物・法物の僧物への流用、さらに三宝物が聖・俗界の境を越えて「人用」に供させられるという現実がしばしば見出された(49)。

南都の寺院社会では、三宝物に属するはずの寺域内で、少なくとも平安中期から僧団(衆徒)による「避出」(権利放棄)という手続きを経て、寺家の介入を排除し経営・相伝される院家・院房が相次いで生まれた(「東大寺続要録」諸院篇)。また平安後期には、本来僧物として僧伽に帰属するはずの僧房・房地が、そこに止住する寺僧の意思によって相承され、ときには俗人に売却されたのである。この結果として鎌倉時代の東大寺の寺域は、大垣の結界内に俗人の住居・敷地が混在することになった。これは単に仏・法物の僧物化という段階にとどまらず、三宝物の「人用」つまり「人物」化という段階に進んでいたわけで、僧団の合意と師資相承の原理に基づくとはいえ、公然と「互用」・「盗用」がまかり通っていたことも確かである。

ところで三宝物の「人用」が寺院社会の存立を揺がす事態に及ぶと、僧団は「互用」・「盗用」の禁戒を掲げて三宝物の存続を図ることになる。たとえば、鎌倉後期の東大寺にあって、諸堂塔の修造責任者である大勧進職が、「伽藍料物」を私して「酒肉之縁」・「悪業之因」に充てるという事件がおこった。そこで東大寺の寺僧集団は仏物の「犯用」という事態に対処するために、「戒行清潔之僧」とされる「禅律僧」であることを大勧進職の基本資格として定めた（東大寺文書5―29）。つまり寺内における三宝物の「互用」・「盗用」を防止するため、あらためて戒律遵守の資質を三宝物の管理者の条件としたわけである。(50)

また東大寺は寺領荘園の経営をめぐり、「収公寺院庄田、徴責官物租税、充負臨時雑役、虚用〔互〕仏物・僧物」（『平』三―七〇二）として、国司による不当な官物雑事の賦課を、俗人による三宝物の「虚用」（「互用」）として、その不法を公家に訴えた。このような世俗権力による三宝物の侵害に対し、寺院社会は時代に応じた新たな論理を創出することになる。たとえば、いったん喜捨された三宝物が「人物」に戻される動きを阻止するため、「仏陀施入地不可悔返」等の法理が生み出され、寺領回復を図る訴訟にこれらの法理が持ち出された。また俗人から寺院社会への喜捨は、血縁者以外への贈与行為である他人和与にあたるが、いったん他人和与された財物の悔返は許されないという法理が世俗社会にはあった。しかしこの法理は実質的な力を失いつつあり、これを補完するために生まれたのが「仏陀施入地不可悔返」との法理であったと理解されている。(51)すなわち世俗社会における「他人和与物不可悔返」という法理と、寺院社会における「仏陀施入地不可悔返」という法理によって、いったん寺院社会に喜捨された財物の世俗への回帰は阻止され、あわせて三宝物（寺財）全体の保全が図られたわけである。

一方、施主の側も三宝物の喜捨にあたり、寄進状の内容を本堂柱に刻みこんだ上で、「且為防後日之非論、東本券・新券、彼一和尚縁者幷三堂衆徒等、相共焼失已畢」（『鎌』四―一八八九）として、正当な相伝を証拠づける「本券」と寄進状の両者を焼却するという事例や[52]、また「雖須相副本券、恐人用而令焼失畢」（同前一一―七八一七）のように、寄進状をのこして「本券」を焼き捨てるという事例が見出される。つまり施主は自らの願念が込められた財物を、三宝物として永続的に寺院社会にとどめるため、「人用」に戻る道を自らの手で塞いだのである。

以上のように喜捨は、世俗社会にある財物（「人物」）が、聖俗両界の境を越えて聖界の財物（三宝物）に移行するための契機であり、この行為によって寺院社会を支える寺財が生まれ、世俗からのさまざまな脅威から守られたと考える。そして喜捨行為によって、施主・檀越は自らの願念の実現を図り、寺院社会は自らの存続を支える寺財の獲得が可能となる。この聖俗両界に利をもたらす喜捨を起点として、多様な願念と功徳・利益を結びつける信心のあり方、そして寺院社会における経済意識が生まれたわけで、ここに両者にとっての喜捨の存在意義が見出されるのである。

注

（1）現在、高輪美術館は閉鎖され、収蔵品は西武美術館に移されたと聞くが、残念ながら本像の所在はいまだ確認できていない。

（2）勧進所と油倉の関係については、拙稿「東大寺油倉の成立とその経済諸活動」（『中世東大寺の組織と経営』第四章）参照。

（3）「快慶作弥勒菩薩像納入宝篋印陀羅尼奥書」の原本を実見する機会は得られないため、毛利久氏『仏師快慶論』七五頁に掲載された写真により本文を確認した。

（4）仏像胎内文書については、本章第五節二参照。また副島弘道氏「真岡市荘厳寺木造不動明王像と納入品」（地方史研究協議会編『宗教・民衆・伝統―社会の歴史的構造と変容―』平成七年）、本谷麻子氏「像内納入品にみる信仰の実相」（同前）参照。

（5）国宝南大門仁王尊像修理記念『東大寺展』五五頁図版。

（6）松島健氏「東大寺金剛力士（吽形）像内資料」（『南都仏教』六四号）一四二頁掲載の同経写真版による。

(7)『阿弥陀三尊像と像内納入品』（金沢文庫、平成六年）参照。
(8)興福寺維摩会における講問論義・竪義論義については、本書Ⅱ第一章「法会と文書―興福寺維摩会を通して―」参照。
(9)阿部泰朗・山崎誠氏編『守覚法親王の儀礼世界』所収。
(10)講師・問者により唱えられる表白については、本書Ⅱ第二章第二節「表白・自謙句・番句」参照。
(11)拙稿「真言宗と東大寺―鎌倉後期の本末相論を通して―」（『中世寺院史の研究』所収）、同「鎌倉時代の東大寺三論宗―三論聖教「春花略鈔」を通して―」（『史艸』四〇号）参照。
(12)尾上寛仲氏『法華大会広学竪義』参照。
(13)本書Ⅰ第三章「寺院聖教論―東大寺実弘撰述聖教を素材として」参照。
(14)二月堂修二会の勤修については、拙稿「平安前期東大寺諸法会の勤修と二月堂修二会」（『中世東大寺の組織と経営』第一章第四節）参照。
(15)「二月堂修中練行衆日記」の全文を掲載する『東大寺二月堂修二会の研究（史料編）』（昭和五十四年、中央公論美術出版）の解題には、焼損により解読困難となっている第一から第三までを合綴した第一冊目を「大双紙」とするが、「大双紙第五文保三、享保八癸卯年迄、凡ソ四百五年ニ当ル」、「大双紙云、慶長十八癸丑、新堂司訓秀、任板双紙、走ニ呪師ノ次ニ落テ、座次第ニヲチズ」（鷲尾家蔵「修二会故実記」）との表現から、第一から第廿九まで書き継がれた「二月堂修中練行衆日記」が「大双紙」と呼称されたと考える。なお本日記の第一冊目は焼損のため丁を開くことができないが、東京大学史料編纂所架蔵の影写本は、未校訂ながらその内容の確認が可能であり、本書により刊本に校正を加えた。
(16)「大双紙」とは別に、「二月堂修中日記」（東大寺図書館蔵142/295/1〜142/406/1）が書き継がれ今日に至っている。
(17)東大寺における寺内階層のあり方については、拙稿「寺内階層の形成」（『中世東大寺の組織と経営』第三章第一節）参照。
(18)延清による「二月堂修中日記」の一部は、前掲『東大寺二月堂修二会の研究』に翻刻されている。
(19)東京国立文化財研究所において佐藤道子氏のご厚意により本史料の写真版を閲覧させていただいた。
(20)「二月堂修中練行衆日記」に、英訓は永正七年まで「英薫」と表記されている。
(21)注(6)参照。
(22)本書の内容については横道萬里雄氏により詳細な注解がなされている（「二月堂処世界日記注解―長禄本処世界日記―」

『芸能の科学』二号参照)。
(23) 本書は東京国立文化財研究所において佐藤道子氏より複写版を閲覧させていただいた。なお本書と同文の写本が今日の練行衆によっても参照されている。
(24) 堂童子が作成した手引書として、
右修二会略要記一冊者、文化元甲子年六月、古録ヲ考、改書写之畢、
筆者堂童子当職延清(方形朱印「延清／之印」)
堂童子本職存清
との奥書をもつ「修二会略要記」が知られる。
(25) 僧団については、拙稿「寺内僧団の形成と年預五師」(『中世東大寺の組織と経営』第一章第五節)参照。
(26) 僧団の発給文書については、拙稿「僧団の発給文書」・「東大寺年預所の機能と発給文書」(『中世東大寺の組織と経営』第一章第五節)参照。
(27) 寺法については、拙稿「中世寺院と『寺法』」(永原慶二氏編『中世の発見』所収)参照。
(28) 「集会事書」の多くは、「東大寺衆徒事書」「東大寺衆徒僉議事書」「東大寺衆徒群議事書」などの書出文言のほか、「東大寺衆徒群議曰」「被衆徒僉議偁」という表現を取るものも少なくない。
(29) 東大寺牒については、拙稿「寺家発給文書の変遷」(『中世東大寺の組織と経営』第一章第二節七)参照。
(30) 付法については、拙稿「『院家』と『法流』—おもに醍醐寺報恩院を通して—」(『醍醐寺の密教と社会』所収)参照。
(31) 「密教には特に事相上の次第重書等を聖教と名く。事相流派によりて聖教の種類一様ならず。又一流伝授の時一定の法則によりて相承する印信・次第等を特に表聖教と云ひ、其口決聞書等の末書を裏聖教と名く」(『密教大辞典』「聖教」項)と解説されるように、事相作法に関わる次第・重書、とりわけ伝授にあたり授受される印信・口決などを「聖教」と呼び尊重したとされる。ただし本書においてしばしば用いる聖教は、密教における「聖教」を含めて、寺僧の修学活動のなかで成立した教学・所作に関わる史料という意味で用いている(本書I第三章参照)。
(32) 印信の成立・機能については、拙稿「印信試論—主に三宝院流印信を素材として」(本書II第六章)参照。なお印信は、阿闍梨位を得るための伝法灌頂のほかに、弟子位を許す許可灌頂(受明灌頂)においても発給された。この許可灌頂は伝法

灌頂の前段階ではなく、すでに伝法灌頂をうけた真言行者が他流伝授をうけるさいに大阿闍梨から与えられており、許可灌頂印信の形式は諸流により一定しないが、一流伝授の盛行を背景に少なからず伝来している。たとえば、文永八年（一二七一）親快は賢俊に許可灌頂を与え、

伝法許可灌頂印信

昔大日如来開大悲胎蔵・金剛秘密両部界会、授金剛薩埵、数百歳之後、受龍猛菩薩、如是金剛秘密之道、迄吾祖師根本阿闍梨弘法大師既八葉、今至愚身第廿五代、伝授次第師資血脈相承明鏡也、小僧数年之間、尽求法之誠、幸随先師法印権大僧都、蒙灌頂印可、爰大法師賢俊深信三密奥旨、久学両部大法、今機縁相催、所授許可灌頂之密印也、能洗五塵之染、可期八葉之蓮、是則酬仏恩、答師徳、吾願如此、不可余念耳、

文永八年歳次辛未十二月十二日鬼宿金曜

伝授大阿闍梨法印大和尚位前権大僧都親快

との親快授賢俊許可灌頂印信紹文（同前、「正嫡相承秘書」）を発給している。三宝院流における許可灌頂印信の文言はおおむね掲出した伝法灌頂印信紹文と類似するが、伝法灌頂印信と許可灌頂印信とを比較すると、「所授伝法灌頂之密印也」と「所授許可灌頂之密印也」、日下に受者名の有無に形式上の違いが見られる（本書Ⅱ第六章参照）。

(33)　ここで検討した付法・付属は、あくまで院家を基盤として法流相承を意図した師僧と正嫡・庶弟との間での師資相承である。しかし真言行者が自らの法流とは別に、多くの法流の伝授を意図して付法を受けることは多々あり、この場合には付属を伴わぬ付法となるが、ここで検討する場合とは異なることはいうまでもない。

(34)　東大寺における寺家経営と所司院家の成立については、拙稿『中世東大寺の組織と経営』第一章第一節参照。

(35)　「醍醐雑事記」については、醍醐寺所蔵慶延手稿本（巻七・八）、大通寺本（巻九・十）、宮内庁書陵部本（巻十三）、醍醐寺所蔵義演書写十五巻本を併せた中島俊司氏編『醍醐雑事記』を用いた。なお義演書写の「醍醐雑事記」巻一は、その奥書に「但第一欠巻了、仍以報恩院僧正憲｜（淳）略抄御自筆写之、所々令略之給、尋求彼根本之正本、可書加之耳」とあるように、慶延自筆本ではなく憲淳書写抄本であり、慶延自筆本の鎌倉前期における書写本は田中穣氏旧蔵広本として国立歴史民俗博物館に所蔵される。本書については、安達直哉氏「『醍醐雑事記』について」（稲垣栄三氏編『醍醐寺の密教と社会』所収）参照。

（36）　大夫上座叡実申状案（「薬師院文書」ヤ1―86）には、薬師院院主系譜の冒頭に「実舜」を記しているが、鎌倉中期から後期にかけて執行として史料上に登場するのは慶舜であり、誤記と判断した。

（37）　本書に引用された文書などは以下の通りである。「庄々寺瓜事」、「東大寺十二大会」、大宮殿政所長講職衆請定（応永十一年十二月廿七日）、八幡宮大般若供養楽所酒肴庄々支配状（応永十二年三月十五日）、大湯屋粥漬差莚庄々支配状（応永十二年五月廿八日）、供御瓜庄々支配状（応永十二年六月十日）、龍池祈雨差莚庄々支配状（応永十二年七月日）、龍池祈雨巫女神人中酒肴庄々支配状（応永十二年七月十八日）、転害会田楽南中門菓子酒肴等庄々支配状（応永十二年八月廿日）、大衆宿坊酒肴庄々支配状（応永十二年八月十日）、手掻会神馬料庄々支配状（応永十二年八月十五日）、手掻会畳庄々支配状（応永十二年八月廿五日）、手掻会仮屋三輪板支配状（応永十二年八月廿日）、手掻会仮屋莚庄々支配状（応永十二年八月廿五日）、八幡宮馬場掃除庄々支配状（応永十二年八月十五日）、転害会競馬単衣庄々支配状（応永十二年八月廿五日）、転害会駕輿丁庄々支配状（応永十二年八月廿五日）、法華会綱所日供垸飯庄々支配状（応永十三年二月日）、法華会掃除庄々支配状（応永十三年二月十日）、法華会無官布代支配状、法華会講師坊料理注文、大湯屋正月畳庄々支配状（応永十二年十二月廿日）、神輿動座莚簾庄々支配状（明徳元年十月廿日）、神輿動座菓子庄々支配状（永和五年正月）、若宮殿動座菓子庄々支配状（永和四年十二月廿七日）、八幡宮遷宮楽屋畳庄々支配状（永和四年十一月十二日）、八幡宮宿直人庄々支配状（永和四年十一月日）、長官瓜庄々支配状（永徳三年六月十八日）、維摩会第三日竪者威儀供庄々支配状（永徳三年十月一日）、維摩会第四日竪者三方院家威儀供庄々支配状（永徳三年十月一日）、衆会所簾庄々支配状（応永二年八月日）、正倉院宝物運渡人夫庄々支配状（至徳二年八月日）、法華会第四夜竪者威儀供庄々支配状（嘉慶元年十一月六日）、祇園社神子神人酒肴庄々支配状（建武五年六月八日）、「御倉祭式事」（切符　応永十二年十二月廿七日）、「鎮西米納所之事」、「執行初任公人・小綱一献事」、「諸職補任事」、「大井庄職人」、「公文所菖蒲事」、「法華会仏供事」、「法華会・花厳会料催促」、「十二月切符之事」（応永十二年十二月）。

（38）　末尾の「私云」であるが、応永十二年における大宮殿・若宮殿の「講問」は三人ではなく二人で行われていることから、実済の注記ということになろう。

（39）　本書は現在、醍醐寺霊宝館新収蔵庫に別置分として保管されている。また東京大学史料編纂所には本書の影写本（架番号2015/432）が架蔵されている。

(40)　この六十一通の文書には、たとえば請文を発給する契機となる院宣など、醍醐寺側が受給した文書六通も含まれている。その概要は以下の通りである。1醍醐寺政所挙状(「座主事」、寛元三年十二月日)、2醍醐寺座主某挙状(同、年月日)、3醍醐寺政所挙状(「定額僧事」、嘉禎二年十二月日)、4醍醐寺座主挙状(「三綱事」、寛喜二年七月日)、5醍醐寺政所挙状(同、嘉禎二年十二月日)、6醍醐寺奏状(元暦二年五月日)、7醍醐寺衆徒奏状(年月日)、8醍醐寺所司等奏状(嘉禄元年十一月日)、9醍醐寺所司等奏状(貞永元年五月日)、10太政官符(嘉禄二年三月六日)、11醍醐寺政所奏状(嘉禎二年五月日)、12醍醐寺所司注進状(文暦元年十二月日)、13醍醐寺座主挙状(「有職」、年月日)、14醍醐寺座主挙状(同、嘉禎四年九月十日)、15醍醐寺座主挙状(同、仁治三年九月日)、16醍醐寺座主挙状(「一身阿闍梨」、寛元元年十二月十三日)、17醍醐寺座主御教書(執行覚延書下、宝治元年五月廿三日)、18醍醐寺座主綸旨請文(寛元四年六月十四日)、19後堀川上皇院宣(六月二日)、20醍醐寺座主勝尊清瀧読経請文(六月三日)、21醍醐寺座主実賢請雨経法請文(五月廿八日)、22後堀川上皇院宣(五月廿六日)、23醍醐寺座主実賢請雨経法請文(五月廿七日)、24醍醐寺座主勝尊清瀧読経請文(五月廿二日)、25法印大僧都某仁王会講師辞状(嘉禎四年七月十九日)、26太政官符(衾宣旨、嘉禎三年六月卅日)、27醍醐寺所司宣旨請文(嘉禎三年七月三日)、28醍醐寺所司綱牒請文(嘉禎四年七月十九日)、29醍醐寺返牒(嘉禎元年十二月廿五日)、30醍醐寺返牒(仁治元年十月十七日)、31後嵯峨天皇綸旨(寛元四年正月二日)、32醍醐寺座主綸旨請文(正月三日)、33後嵯峨天皇綸旨(寛元三年七月三日)、34醍醐寺座主実賢綸旨請文(七月四日)、35某天皇綸旨、36醍醐寺座主綸旨請文(月日)、37執行覚延供神物請文(寛元二年三月十日)、38醍醐寺返抄(醍醐寺吉書、暦仁二年正月八日)、39醍醐寺返抄(年月日)、40醍醐寺政所補任状(勾当職、年月日)、41某諷誦文(年月日)、42醍醐寺政所補任状(執行職、文暦二年五月十七日)、43醍醐寺政所補任状(権上座職、年月日)、44醍醐寺政所補任状(知事職、嘉禎四年正月十六日)、45醍醐寺政所補任状(大導師職、年月日)、46醍醐寺座主坊政所補任状(小舎人所長職、建永二年六月廿一日)、47円光院政所補任状(供僧職、貞永元年九月廿六日)、48円光院政所補任状(西御堂供僧職、承元四年四月日)、49円光院政所補任状(西御堂承仕職、貞永二年二月日)、50円光院政所補任状(大宮供僧職、貞永元年九月廿六日)、51円光院政所立往来状(供僧、年月日)、52円光院政所立往来状(預職、承元元年十二月十日)、53一乗院補任状(供僧職、貞永元年十二月日)、54醍醐寺座主補任状(如意輪堂預職、貞永元年十二月十三日)、55無量光院政所補任状(供僧職、年月日)、56無量光院政所補任状(下部職、寛元四年二月五日)、57円光院政所下文(補任預所職、年月日)、58醍醐寺政所下文(補任預所職、年月日)、59醍醐寺政所下文(補任定使職、貞永元年七月十三日)、60円光院政所下文（宛行給田、年月日)、61円光院政所下文（宛行給田、建長五年十一月二日)。

(41) 法印勝尊の本寺・本宗が「東大寺・真言宗」と表記されることに関しては、拙稿「「真言宗」と東大寺─鎌倉後期の本末相論を通して─」（『中世寺院史の研究』所収）参照。

(42) 相田二郎氏『日本の古文書』上、佐藤進一氏『古文書学入門』参照。

(43) 本書I第一章第一節二参照。

(44) 宝珠院の静観願文には、

願当来持戒清浄万徳ソナヘ、一切ノ衆生ヲ度シ、長生死ノ道ヲタヽシメン、又ハ大悲ヲクセシメン、又ハ我ヲステ給事ナカレ、返々大クチヤウタい南阿弥陀仏々々々々、又学文物ウキ事ナク、、セさせ給へ、　静観

とあり、「学文」（学問）に携わる学問僧の静観が、自ら修学に厭きることなく、また自分への救済の手がさしのべられるよう阿弥陀如来に祈願しており、これまた「学文」を作善の術とする寺僧の信心の様を示している。

(45) 彫刻史上における荘厳寺不動明王像の位置については副島弘道氏注(4)論文、納入品の過半を占める摺仏については本谷麻子氏注(4)論文参照。なお筆者自身も不動明王像胎内納入品を実見する機会を得て、その成果の一端は「荘厳寺不動明王胎内納入文書を読む」（真岡市教育委員会主催第二回「歴史教室」）で報告した。また納入品の確認にあたっては、副島氏より撮影写真の提供をえた。

(46) 納入品の概要については注(4)副島論文、印仏の分類とその社会的な考察については同じく本谷論文参照。

(47) 注(4)本谷論文参照。

(48) 寺院社会において戒律に基づき形づくられた意識のなかで、とくに経済意識とその根幹については、拙稿「寺領」（『講座日本荘園史』2所収)、同「寺院社会における財と『利』意識─その原理的な側面から─」（『史艸』三六号）参照。

(49) 笠松宏至氏「仏物・僧物・人物」（『法と言葉の中世史』所収)

(50) 拙稿「東大寺大勧進職の機能と性格」（『中世東大寺の組織と経営』第二章第一節）参照。

(51) 笠松宏至氏「仏陀施入之地不可悔返」（『日本中世法史論』所収）参照。

(52) 田中稔氏「本券文を焼くこと」（『中世史料論考』所収）参照。

〔補注〕　本書における聖教の取り扱いとは全く異なった視点からその存在に着目し、中世史研究とりわけ政治・社会史研究に諸寺に伝来する聖教を積極的に活用すべきであると提言された、上川通夫氏の「中世聖教史料論の試み」（『史林』七九巻三号）、「東寺文書の史料的性質について」（『愛知県立大学文学部論集』四八号）をはじめとする諸論考がある。上川氏は中世史の空間における中世仏教と寺院社会の機能を、政治権力との関わりのなかでいかに構造的に捉えるべきかという基本的視点のもとに（「顕密主義仏教への基本視角」『歴史の理論と教育』九七号参照）、寺院に伝来する聖教とりわけ真言聖教を素材に、その積極的な活用によってより新たな史実の解明が可能であることを具体的に示されてきた。とくに史実解明における聖教史料の有効性、寺院史料の調査を踏まえた真言聖教の分類体系などの所説は傾聴すべきであり、その主張には賛意を表したい。しかし本書ではその冒頭に示したように、寺院社会のもつ本質的な機能と組織構造を踏まえて寺院史料を注視し、とくに聖教史料の性格と活用に検討を試みるものであり、聖教を見据える視座は上川氏と自ずから異なると判断し、上川氏とは異次元で検討作業を進めることとした。

第二章　寺院文書論――「根来要書」を素材として

はじめに

宗教的機能を媒介として世俗社会と密接な関わりをもつ寺院社会は、その存続の過程で多彩かつ膨大な寺院史料を生成し伝来させてきた。そして生成の場と性格という視点からあえて寺院史料を大別するならば、寺院社会と世俗社会との接点に生まれる宗教的色彩の稀薄な史料と、寺院社会の内部において生まれる宗教的色彩の濃厚な史料ということになろう。たとえば、寺院社会が世俗政権や寺領荘園などと交わす文書、寺家や財源の経営のために作成される日記・帳簿類などは前者であり、法会開催にあたり発給される文書、教学活動のなかで寺僧により作成される経巻・聖教類は後者ということになる。もちろん寺院史料がすべて両者に画然と分類されるわけではないが、宗教的色彩の濃淡により史料を大別する意味はあろう。つまり聖俗にわたる中世史料のなかで寺院史料の特性は、いうまでもなく宗教的色彩の濃厚な部分に顕著に見られ、教学活動のなかで撰述された聖教類は特徴的な史料の好例ともいえる。その一方で世俗社会との接点に生まれた寺院史料とりわけ文書には、世俗史料との共通性と差異性の両面が見出され、この両面のなかにも寺院文書の特性を見出すことは可能と考える。

そこで本章では寺院文書を類聚した「根来要書」を取り上げ、収載された文書群における世俗性（もしくは宗教性）・共通性（もしくは差異性）の濃から淡にたどるなかで、寺院文書の特質を窺うことにしたい。なおここでいう「文書」とは、意思伝達を必要とする社会的関係のもとで、意思伝達を意図する差出、意思伝達の対象となる宛所、そして意思伝達の内容、これらの条件を具備して成立する伝達の媒体と規定する。そして「寺院文書」とは、基本的には寺院社会の存続に関わってその内外で生成し機能する寺院史料のなかで、とくに「文書」形式をとるものをいい、寺院社会で機能し伝来した個別文書と文書群の意味で用いることにする。[1]

さて醍醐寺に現存する「根来要書」（一〇三函六四号）は、新義真言宗の開祖とされる覚鑁（興教大師）による高野山大伝法院の創建と同院領の形成、覚鑁を仰ぐ大伝法院衆徒と対立する金剛峰寺衆徒との抗争、さらに覚鑁示寂後における院領荘園の経営をめぐり、聖俗両界において発給された文書百八十一通を三冊に分けて収めたものである。[2]ただし本書中に編集の意図や目的は明記されず、また文書の配列や冊分けに統一的な編集方針を見出すことも困難であり、本書の成立と構成については推測に拠る部分も多い。[3]ところで醍醐寺本「根来要書」の奥書（影印本『根来要書』巻三第二〇一丁表、以下3―201オと略す。裏は「ウ」、丁数は巻一からの通番とする）には、

于時応永卅四年丁未卯月十九日、為寺家大訴在京之刻、於春日東洞院之宿所、依聖天院景範法印之誂、三巻之要書三六日之中仁馳筆畢、　　　頼胤

として、応永三十四年（一四二七）「寺家大訴」のために在京中の根来寺頼胤が、同寺聖天院景範法印の求めにより本書三巻を書写したと記されている。ただしこのときに書写された親本がどこに所在したのかは明らかでないが、少なくとも奥書と筆跡から推して、醍醐寺本が応永三十四年の書写本もしくはさほど時代を下らぬ時点での清書本であることは確かであろう。なお「寺家大訴」とは、猿楽の桟敷をめぐり「寺務代職」（「根来預」）の頼胤と対立した「行人

等二千人」が離寺して頼胤を訴えたものであるが、実はその底辺には頼胤を支持する「衆徒」とこれに反発する「行人」という寺内階層の対立関係が内在していた（「満済准后日記」同年二月一・四日・八月廿二日条）。この訴訟に対処するために在京していた頼胤が「根来要書」を書写させた意図は明らかではないが、かつて繰り返された大伝法院衆徒と金剛峰寺衆徒との対立、その決着の実態を知るためとも推測される。また本書の文中に、本書の親本を示唆する奥書として、

本云、于時元応元年六月一日、為帰住大訴在京之刻、依都維那仏寂院定俊房之誂、於洛陽四条坊門万里小路之宿所、拭老眼而馳筆畢、　禎紹

と記されている（3―195ウ）。つまり醍醐寺本の親本は、元応元年（一三一九）「帰住大訴」のため在京した禎紹が、都維那定俊房の依頼をうけて書写したものである。この禎紹と定俊房のいずれもその本寺は記されないが、本書へのこだわりを注視するならば、両人が根来寺住僧である可能性は高く、「帰住大訴」も金剛峰寺衆徒と対立した根来寺衆徒の離山と帰住をめぐる訴訟と考えられる。この仮定に基づくならば、正応元年（一二八八）に大伝法院が高野山から根来に移されて以降にも、離山を生む直接的な衝突が存在したことになろう[4]。

このように元応元年と応永三十四年における書写の時点で、大伝法院とその本寺としての金剛峰寺との対立が強く意識されていたとするならば、やはり「根来要書」は両者の対立関係のなかから生まれ、とりわけ大伝法院側において自らの由緒と優位を証する拠りどころを求めて編集された、いわゆる具書集であるという至って当たり前の見解に至るのである。

ところで本書に収載される文書群は、長久二年（一〇四一）から宝治元年（一二四七）に至る間に分布し、その七割近くは覚鑁が大伝法院を創建してから示寂する、一一三〇年代から四〇年代に集中している。このことは鳥羽法皇の

外護のもとに創建された大伝法院の由緒と院領をめぐり、その権利関係を再確認しようとの本書編集の目的を裏付けることになろう。さらに収載文書の時代的な下限が宝治元年の六波羅御教書であることは、「宝治二年二月、本寺《（金剛峰寺）》・末院《（大伝法院）》又合戦」（『本寺与伝法院相論文書写』）、「自宝治二年寺・院戦始、已来四十有一年離別根山」（『高野春秋編年輯録』巻九）として、宝治二年以降に幕府を巻き込んで繰り返された「寺・院」間の抗争が、本書編集の直接的な契機となったことを物語っている。

すなわち「根来要書」は、宝治二年から元応元年までの間に、金剛峰寺との訴訟の論拠となる文書を大伝法院側が類聚・配列した具書集と考える。ただし元応元年に書写され、これに文書が追補されて応永三十四年に再写されて生まれた本書であるが、同一の文書が異なる冊に併存しており（1—69オ・3—177オ、1—78オ・3—192オ）、また同質の文書が異なる冊に分けられ、配列が必ずしも規則的ではないことを考え併せると、未だ編集途上にあり一定の編集方針のもとに整序された完成度の高いものとは言いがたいことになる。

そこで本章では、このような成立の経緯と性格を踏まえ、「根来要書」に収められた文書の個々と群を素材として、寺院文書の特質の抽出を試みることにしたい。

第一節　文書と文書名

様式という側面から古文書を捉えるとき、その類似性・区別性を表現するために、古文書学の様式論を拠りどころとして文書名を付与するのが通例である。もちろん一文書に唯一の文書名というわけではなく、形式・内容・機能など視点の置き方により複数の文書名の付与が可能となることはいうまでもない。ところで文書名は決して近代的な古文書学の所産ではなく、各時代ごとに発給文書は相応の名称で呼ばれており、これらは伝来する文書目録や書様の類からも確認することができる。

古代の公文書における様式と文書名との関係は「公式令」によって規定されており、いわゆる公式様文書の文書名は中世以降も用いられ、古文書学にも継承されている。しかし奈良時代より寺院社会が発給する文書のなかに、また平安時代以降に相次いで登場する公家様文書・武家様文書には、様式と文書名との明確な規定をもたず、発給・受給者により固有の文書名が付与されるものも散見される。(5) たとえば、天仁二年（一一〇九）に伊賀国黒田荘加納田をめぐる訴訟の中で作成された官勘状案（『平』四―一七一〇）には、

国司所進
　承暦二年六月十日官符案
　　応寛徳二年以後新立庄園、且注進年紀幷本数加納田畠等、且任先符旨従停止事、
　寛治三年十一月廿一日　宣旨案陸箇条内、
　　一応停止管名張郡簗瀬村田畠八十余町稱東大寺領不済官物、不随国務事、
（中略）
寺家所進
　応徳三年源秀名出作官物結解幷返抄案等
　寛治三四五六嘉保元長治元嘉承二幷七箇年名名同返抄案等

として、伊賀国司と東大寺が太政官に提出した具書が掲げられており、そのなかには公式令に基づく「官符」、公家様文書としての「宣旨」、東大寺の呼称による「出作官物結解」・「返抄」という文書名が列記されている。このうち、

発給主体・形式と文書名が固定化されている「官符」・「宣旨」に対し、「結解」・「返抄」については、文書名そのものは一般的であれ、発給主体や形式は決して一定したものではない。また「対問理非日記」（同前四―一七五六）・「最勝会例文」・「相折帳」・「寺辺在家注文双紙」（同前六―二七八三）等々、形式のみならず呼称も個性的な文書の存在は枚挙に遑ない。さらに類似した呼称をもちながら、時代を隔て全く異なる社会的機能を果たした文書の一例として、「牒」から派生した「興福寺牒」（同前四―一七二七）と「興福寺牒状」（『鎌』二三―一七八二九）があげられる。つまり前者は寺家から国衙へ発給されるごく一般的な「牒」であるが、後者は興福寺衆徒から東大寺衆徒への牒送、つまり僧団間での意思伝達を行うために用いられた寺院社会に特有の「牒」状（寺牒）である。[6]

　このように古代から文書には文書名が付与されていたという事実、文書の発給主体と機能に規定される文書名は一般的なものから個性的なものまで幅広く分布したという事実、そして類似した文書名をもちながら時代・社会により異なった機能をもつ文書が併存したという事実を改めて確認しておきたい。そして文書目録に列記される文書名や引き付けられた文書に付加された幅広い表現の文書名を手がかりとすることにより、寺院文書における発給主体・発給手続・機能の特質についての検討が可能となろう。

　そこで「根来要書」の文書群に目を移すならば、本書に収載される百八十一通の文書の過半は、

　　　菩提心院供養請定
　　　　　剋限巳一点
　西谷御堂供養請僧事
　　崛（嘱）請
阿闍梨大法師基順呪願　　　大法師兼秀

大法師禅印唄　　大法師円定讃頭
大法師禅寛　　大法師縁理
大法師頼瑜経頭　　大法師玄助
大法師隆応散花　　大法師俊照

右、以来月四日著束帯持香呂可被参勤之状、如件、

保元三年十一月廿九日

というように、冒頭に「菩提心院供養請定」という文書名が掲げられ、その後に文書本文が引き付けられる（3―157ウ）。この「請定」は法会に職衆を招請するため発給される寺院社会に特有の文書形式である。なお前欠の巻一は別として、巻二・三の本紙第一紙には本文と同筆で文書名が列記されており、本文書は「同院供養請文」となっている。[7]これら文書冒頭と冊頭の文書名は、いうまでもなく本書が編集された時点で付加されたもので、少なくとも鎌倉中期から後期において個々の文書がいかに呼称されていたかを知る好素材となろう。従来の古文書学は主に公家・武家文書を対象としており、寺社文書を真正面から取り扱うことは少なく、文書名付与の規則化を含め寺院文書の体系的理解は著しく遅れている。そのような現状を克服するためにも、「請定」など個々の寺院文書がもつ歴史的な文書名と、対応する文書の形式・機能との関係を検討する作業が必須となる。

また本書には、「伝法院・密厳院公験等注文」（2―122ウ、以下「公験等注文」と略す）として、

御願文二通大伝法院供養願文一通、密厳院供養願文一通、
官符四通両御願寺之二通、五箇御庄之二通、相賀一通、
宣旨三通相賀公験可進之由一通、相賀之官符可被下之由一通、相賀之牓示可打之由一通、

石手御庄立券牓示院宣一通

（中略）

国司庁宣

任現在牓示可免除石手四至之由庁宣一通

石手立券牓示庁宣一通　大蔵省使補事

（中略）

御庄々立券

石手御庄立券二通加織部正奉行書幷在庁官人請文、

山崎立券一通

（中略）

請文

成就院大僧都請文一通相賀四至沙汰、

右衛門督請文一通今右大将、御庄々重庁宣事、

（中略）

留守

大伝法院御庄々留守符一通牓示事依院宣、山崎・岡田・弘田・山東、

両御願寺御庄々留守符一通依重院宣・庁宣、

（中略）

雑々
在庁官人勘状一通妻谷事、
明法勘状一通相賀公験事、

との文書目録が収められている。この文書目録は、第一群として勅願に基づく大伝法院・密厳院の創建にあたっての「御願文」を始め「官符」「宣旨」「院宣」「御教書」など公家発給文書、第二群に「国司庁宣」、第三群に「御庄々立券」、第四群に官符・院宣等の「請文」、第五群に紀伊国留守所発給の「留守」符、第六群に「雑々」と六区分された全八十三通の「公験等」を列記した「注文」である。ここで「公験等注文」の六区分に注目するならば、公家・国司・留守所という発給主体と、「立券」文・「請文」という機能が併列して区分の指標とされ、それらに収まらぬ文書が「雑々」に一括されている。すなわち公家の御願による院領の立荘と、国司・在庁官人の立荘手続きの過程で発給された文書、さらに院領への賦課をめぐる文書が過半を占め、これに大伝法院衆徒と金剛峰寺衆徒との抗争停止を命じる院宣などが少数ながら加わる。つまり「公験等注文」は、列記された文書から推して、長承年中における大伝法院領の立荘と課役をめぐる国司との摩擦、さらに大伝法院衆徒と金剛峰寺衆徒との紛争において、公家への訴訟を進めるなかで作成されたものと考えられる。ただしこの目録に掲げられる「公験等」八十三通のうち、確実に「根来要書」に引き付られた文書は四割弱であり、前者を中核として後者が成立したとは考えがたい。(8)

さて「公験等注文」と「根来要書」とを対比し、前者の表記と後者の文書内容とを比較することにより、文書名に関わる指摘が可能となる。たとえば、

院庁牒状弘田事
院庁牒　紀伊国衙

可早任聖人覚鑁寄文、使者・国使相共検注四至内田畠荒熟即打牓示、為高野大伝法院領字弘田庄一処事

在那珂郡

四至限東石手庄堺、限南同庄堺、限西市保堺、限北横峯、

副下坪付一通、

右、件庄覚－聖人（鑁）之所領也、而奉寄大伝法院畢者、（中略）牒送如件、乞衙察状、牒到准状、故牒、

長承元年十二月日　　主典代主計助兼隠岐守大江

別当大納言兼治部卿中宮大夫源朝臣　　次々別当官人略之、

との長承元年（一一三二）の「院庁牒状」がある（3―183オ）。これは鳥羽上皇の院庁から紀伊国衙に対する「牒」であり、院司が連署する「牒」が立荘・課役免除にあたり少なからず発給されている。ところがこの「牒」に対応する「公験等注文」の表現は「弘田立券牓示院宣一通」となっており、「院庁牒状」は「院宣」とも呼ばれていたことになる。また保延五年（一一三九）に発給された、

保延院宣

院庁下　金剛峯寺幷大伝法院所司等

仰下　八箇条状

使公文太政官史生紀為貞

（下略）

との「保延院宣」は（1―15ウ）、「公験等注文」にも「八箇条院宣一通」とあり、いわゆる「院宣」と呼ばれているが、「院庁下」で書き出し「故下」で書き止める形式の文書は、古文書学による限り院庁下文となる。さらに「公験

等注文」に掲げられた「伝法院庄庁宣召於国司遣之由御教書一通」は、

院宣

伝法院事、国司庁宣召進之候、恐々謹言、

八月九日　　大蔵卿在判

とある「院宣」と対応する（1―63ウ）。この文書は明らかに直状としての大蔵卿某書状であり、また発給状況から院宣副状とも考えられるが、これが「院宣」とも「御教書」とも表記されている点は注目されよう。

これらの事例から「院宣」には、古文書学で定義された「依院宣執啓如件」で書き止める奉書形式の院宣のみならず、院庁から下達される直状形式の「牒」や「下」文、さらには書札までも含み込むわけで、このような多様な形式の「院宣」が「根来要書」のなかに見出されるのである。

以上のように、発給主体ごとに固有の文書形式や文書名が広範に存在しており、寺院文書の体系化を試みるためにはこれらの確認作業が不可欠であることを再確認したい。また院宣と「院宣」のように、古文書学に基づき文書の様式・機能を端的に表現するため付与する文書名と、史料上に記される歴史的な文書名との間には懸隔があることに留意せねばならない。そしてこの懸隔を意識して歴史的な文書名の存在とその内実を明らかにすることによって、歴史的な文書体系への認識を踏まえた文書の様式・機能に対する再評価に一歩近づくことができよう。

第二節　世俗の文書、寺院の文書

「根来要書」に収載された百八十一通の文書を、発給者と受給者の組み合わせによって分類するならば、(A)〔寺外

↓寺外〕、(B)〔寺外↓寺内〕、(C)〔寺内↓寺外〕、(D)〔寺内↓寺内〕となる。(A)は四十九通を数え、おもに院領の立荘・経営に関わる官符・院宣（院庁牒）・院庁下文・下文・下知状・国宣・庁宣・留守所符など公家等の下達文書と、申状（言上状、陳状）・請文・立券文・検注状等の上申文書に書状（消息）が加わる。(B)は五十六通で、院領と山内衆徒の確執をめぐる公家・院・武家等発給の官符・官牒・院宣・院庁下文・令旨・下文・下知状・御教書や、これに伴い寺家に上申された申状・相伝次第・四至注文、覚鑁への崇敬を込めた寄進状・二字・書状、さらに覚鑁創建の大伝法院・覚皇院・円明寺の創建・落慶にあたっての諷誦文・願文・書状（消息）が見られる。(C)は二十四通で、やはり衆徒確執と院領経営にあたり、寺内から公家や院領に上申・下達された解状（申状、奏状、陳状）・注進状・請文や宛文・下文がある。(D)には五十二通が属し、寺内法会や衆徒確執をめぐり寺内で授受された申状（申文）・譲状・起請文（誓状、無実状）・怠状・二字・置文など世俗にも流通する文書のほかに、願文・供養記・請定・布施注文・布施日記・諷誦文・廻向頌など世俗には見出しがたい形式の文書が含まれる。

この四類の文書群は、いずれも大伝法院・密厳院と覚鑁をめぐって発給されたもので、相対的には見れば、(A)・(C)には世俗社会で流通した文書形式が並び、寺院に宛てられた(B)・(D)には世俗・寺院社会の文書形式が交々という傾向が見られる。では聖俗両界の接面において生まれた世俗の文書と寺院の文書は同質とすることができようか。この素朴な疑問を端緒として、本節では世俗的色彩をもつ(A)・(C)の文書を媒介とした聖俗両界の接触について、次節においては宗教的色彩の濃厚な(B)・(D)の文書を通して、寺院文書の特性について検討を行うことにする。

まず(A)に属する世俗性の強い文書が、世俗的世界の内部で授受されることにより、いかに宗教社会に具体的な効果を及ぼしたのか考えてみたい。

大伝法院領として大治元年（一一二六）に立券された紀伊国石手荘は、覚鑁に「随喜」した平為里が「伝法院会供料」として寄進した私領から生まれた（1―78オ、3―192オ、3―180オ）。為里の寄進をうけた覚鑁は、ただちに紀伊国司に「伝法二会庄」として「申請開発荒野壱所」う「解状」を呈し、これをうけた国司藤原顕長もまた「随喜」して「表愚吏之精誠」さんがため開発を認める国司庁宣を那珂郡司に下し、この時点で石手荘は国免として立券されたわけである（2―175オ）。この庁宣を承けて同三年に郡司秦某と国使中原朝臣某は、大伝法院三綱とともに在地に臨んで「田畠員数并四至」を確定し、これを国司に報じている（2―176オ）。さらに翌大治四年には、覚鑁の申請によるものであろうか、鳥羽院庁から紀伊国司に「御使・国使相共、且立券言上且堺四至打牓示」ち「免除官物雑事」するよう求める院庁牒（「大治院宣」）が下された（1―69オ、3―177オ）。この「大治院宣」は「石手庄立券」とも呼ばれたことから、大治元年の国司による「立券」に次いで、同四年には鳥羽院による「立券」が重ねてなされたことになる。さて「大治院宣」を承けた紀伊国司は留守所にその旨を記した国司庁宣を下し、これを承けた国衙は院使に副えて再び国使・郡司を在地に派遣し、ここに改めて石手荘の「検注状」が作成された（3―177ウ）。国使・郡司と三綱による検注の翌年に、重ねて院使・国使・郡司による検注がなされた理由は明らかではないが、大治三年の検注における同荘の「見作十二丁一反六十歩」が、翌年には「見作二十九丁五反三百八歩」となっており、鳥羽院の権威を頼む覚鑁による実質的な院領拡大の企てとも解釈できる。[9]

　このように平為里の寄進を前提として、国司による「立券」と国使・郡司による検注、さらに鳥羽院による重ねての「立券」と検注という手順を経て石手荘は成立した。しかし立荘に関わる一連の手続きの進行は、覚鑁の「解状」による働きかけと、これに「随喜」し「伝法院二会供料所」の趣旨を容れた国司・鳥羽院の意向に支えられたと考えるべきである。寺院社会がいかに荘園という世俗的な利権にこだわるとしても、この利権を喜捨する世俗社会側にとって、その行為は功徳（宗教的恩恵）を期待しての宗教的行為にほかならない。そこで「随喜」という宗教的意識を底辺にもって発給される公式・公家様の文書が、聖俗両界の思惑を接合する具体的な機能を果したことは確かであろう。

次に(C)に属する寺院社会から世俗社会へ発給された文書に目を移す。長承二年（一一三三）覚鑁は鳥羽院に対して、

相賀庄奏状

高野山沙門覚鑁誠惶誠恐謹言

請殊蒙　天裁、以相賀御庄任　院宣幷公験等四至、偏為　太上天皇御願寺密厳院領、永可停止官物幷国役臨時雑事等由、被下　官符状

（中略）

望請　天裁、早以相賀御庄任此公験四至、偏為　太上天皇御願寺密厳院領、永免除官物幷国役、雖天下一同公役国内平均所課、永可停止一切他処役之由、被下官符、天子大孝徳華更添法界道場之餝、上皇広化恩沢弥増秘密荘厳之栄、沙門覚鑁誠惶誠恐謹言、

長承二年十一月　日　　高野山沙門覚鑁

との奏状（申状）を呈して、紀伊国相賀荘への官物・雑事の免除を求めた（1―5オ）。これは覚鑁が院領への賦課免除を鳥羽院に求めた奏状であるが、寺院社会から公家へ請願を行う上申文書の通例として、「上皇広化恩沢弥増秘密荘厳之栄」という宗教的な尺度で上皇の徳を讃える文言や、「倍奉祈禅定　仙院御宝算」（1―20ウ）との利益を期待させる文言が盛り込まれている。なお前述した石手荘「立券」の契機となった紀伊国司への覚鑁の「解状」にも、同じく「愚吏之精誠」の念を引き出すため、「可奉祈聖朝万歳之宝祚、国吏一家之繁花也、」として公家の宝祚延長に加えて国司一家の繁栄を祈願する表現が加えられている（3―175ウ）。自らに有利な決裁を求める上申文書に、「朝凝三

密行法奉倍千秋之宝算、夕算五仏智印奉祈一天之太平」（3—139ウ）、「専仰憲法有道之旨、倍奉祈　法皇億載之仙算矣」（1—62ウ）という宗教的な装飾を施した表現が付記されることは至極当然のことといえる。そして先述した「随喜」など世俗社会の宗教的意識を誘引するのは、このような表現によって寺院社会が示唆する宗教的恩恵にほかならない。

さて覚鑁個人の奏状とは別に、仁安三年（一一六八）大伝法院の僧徒が集団として「申文」を公家に呈し、

　　申文兵具事

大伝法院僧徒謹解　申請恩裁事

　請殊蒙　鴻恩、任先日　宣下、召出高野山兵杖被焼捨状

副進

　可被召兵具注文一通、

右、謹検案内、当山者大師入定之地、衆聖幽棲之砌也、弓箭永削其名、兵杖専有其制、（中略）望請　鴻恩、早任先日　宣下、付所進之交名召彼等兵具、為懲将来為誡傍輩致禁断被焼捨者、山上複祖師之本懐、海内誇我君之淳化、謹解、

　　仁安三年八月二日　　　　　　　　大伝法院僧徒等

として、高野山内における「一類悪僧等」の兵杖没収を訴えた（1—58オ）。古代以来の寺院社会においては、寺僧集団が集会を催して集団的意思を固め寺内外に表明することを常としていた。[10]このような集団的意思をもつ寺僧集団は「衆徒」（僧団）と呼ばれ、しばしば公家に対して寺家経営に関わるさまざまな要求を突きつけていた。「根来要書」中には右の大伝法院僧徒申文（申状）のほかに、長承三年（一一三四）金剛峰寺奏状（3—137オ）、保延二年（一一三六）

金剛峰寺奏状（2—83オ）、康治元年（一一四二）大伝法院奏状（3—144ウ）、天養二年（一一四五）大伝法院陳状（1—23オ）、仁平元年（一一五一）大伝法院住僧陳状（1—48ウ）、応保二年（一一六二）高野山密厳院陳状（1—45オ）、同年大伝法院僧徒等重奏状（1—32オ）、仁安三年（一一六八）大伝法院僧徒等奏状（1—54オ）、嘉応元年（一一六九）大伝法院衆徒等申状（1—60オ）、治承二年（一一七八）大伝法院衆徒等申状（1—36オ）等々の、衆徒の合議に基づいた公家への上申文書が見出される。このように衆徒自らが、または衆徒の集団的意思をうけた座主・三綱が天皇・院・太政官などに上呈する奏状・申状（申文、解状）・陳状は、「寺解」（1—60オ）とも呼ばれ、衆徒の集団的意思を重視する寺院社会に特有の文書形式である。

ところで鳥羽院・国司の承認のもとに成立した院領荘園には、覚鑁によって荘官が補任されその経営が委ねられた。長承元年（一一三二）に覚鑁は相賀荘に対して、

本願上人御宛文案

下　相賀御庄田堵等所

可早以坂上豊澄用下司事

右、件所者、弊身自故陸奥守女子藤原氏之手、相具本公験幷調度文書等所伝得之領地也、仍奉寄御願寺密厳院之處、既立券御庄領、被堺四至打牓示畢、而豊澄先祖相伝依為彼本主之田堵、家人多開発、件本公験四至内之田畠領作年尚矣、仍豊澄以件所領相副調度文書等、限永代譲与弊身畢者、所令補下司職也、但於件本公験等者、至于豊澄子々孫々為全下司職、無相違返豊澄訖、住人等宜承知、依件用之、不可違失、故下、

長承元年十二月　日

大法師在御判

との下文を発給し、「故陸奥守女子藤原氏」から譲られた相賀荘の経営を円滑に進めるために、豊澄を同荘の下司職にすえた（1—79オ）。これは本主藤原氏女の「田堵家人」である豊澄が、「田畠領作」に関わる所職を覚鑁に譲与した功によるものであろう。

また翌長承二年に覚鑁は、大伝法院領となった紀伊国山東荘内の田地十五町を持明房阿闍梨真誉に宛てるために、「本願上人御宛文」を下している（1—79ウ）。この真誉は覚鑁に師事して自らが創建した持明院を大伝法院の末寺とし（1—19ウ）、のちには覚鑁から大伝法院座主職を譲られている（3—142ウ）。ところで「本願上人御宛文」であるが、その書出が「大伝法院政所下　山東御庄下司并田堵等所」、差出は奥上に「伝燈大法師在御判」となっており、覚鑁自身が座主としてある大伝法院政所の下文という形式をとっている。大伝法院が創建されると、寺家の経営と止住する衆徒を統括するための寺務組織として政所が設けられ、覚鑁自身が座主としてその頂点を占めた。大伝法院をはじめその末寺である密厳院・菩提心院にも政所が設けられ、永治二年（一一四二）には河内親正を相賀荘下司職に補任する密厳院政所下文（「河内親正下司任補案文」）が発給されている（2—122オ）。なおこの下文には、密厳院の「院主伝燈大法師」と並んで本寺である大伝法院の「座主伝燈大法師」が連署を加えている点には興味を引かれる。

寺院社会は僧団と寺務組織により実質的に支えられ存続した。そして覚鑁により創建された大伝法院もまた、覚鑁を師と仰ぎ同院に止住する衆徒と、座主覚鑁と三綱により構成される大伝法院政所の活動によって維持されたといえる。寺務組織である政所は公卿家の家政機関と同呼称をもつが、その組織構成が寺院独自のものであることはいうまでもない。そして寺院社会特有の構成要素である僧団と寺務組織は、各々が世俗社会との交渉の媒体として、世俗の文書と類似した形式を用いたわけである。ただし寺院社会が世俗社会と類似した文書形式を用いたことについて、その類似性はあくまで現象にすぎず、この点のみを凝視するならば、寺院文書が生まれ役割を果たした環境を軽視することになろう。やはり寺院社会という固有の組織により発給される寺院文書の機能を評価するためには、聖俗両界の媒介として文書に託された宗教的意識を踏まえ、発給主体のもつ特異性を注視すべきであろう。

以上のように、寺院社会に関わって発給される聖・俗の文書において、その類似した文書形式の根底には、「随喜」に象徴される宗教的意識と寺院社会に固有の組織があるわけで、これらこそが寺院文書の特質を形づくる要因といえるのである。

第三節　僧団の文書、法会の文書

前節では(A)・(C)の文書によって、院領立荘や寺家経営という局面で、寺院社会と世俗社会が共通・類似した文書形式を用いた根底に目を向けた。ところで世俗社会から寺院社会に向かって発給された(B)の文書群のなかにも、(A)と同様に崇敬の念を底辺にもち、世俗で流通した形式をとる文書が少なからず見出される。しかしその一方で、世俗から寺院に向かって寺院社会に特有の形式をとる文書が発給される事例も少なくない。そこで(B)のなかに見出される両様の文書を取り上げることにしたい。

まず保延年中に源為義が覚鑁に送った数通の文書を掲げる（2―119オ）。

　　六条判官進本願上人二字

正六位上源朝臣為義

　　保延五年六月十日

同誓状

敬誓状

伝法院仏法衛護事

右、御寺者、聖人御房御興隆也、奉結師資儀、為義為伝法院作外護者、至于子々孫々必可守護専寺仏法也、仍誓状如件、

保延六年庚申十一月廿六日　　　　正六位上源朝臣在判

同書状

そのゝちなに事か候覧、ひさしくこそ申候はね、よろつひとへにたのみまいらせて候なり、よくゝゝいのらせ給へく候、女院御前に御心にいり御恩候へきよし、又今年除目にかならすよろこひつかまつり候へき由、能々祈念せさせ給へく候、さてハ神宮の沙汰のれうに、侍近正まいらせ候、これにおほせつけてさたせさせ給へく候、返々よくゝゝいのりしてたふへく候、あなかしく、よろつ又々申候へく候、

八月廿二日　　　　在判

高野聖人御房

右の三通のうち、一通目は保延五年（一一三九）に源為義が覚鑁に帰依して「師資」関係を結ぶ意思を表明したと思われる「二字」であり、二通目は翌六年に覚鑁が創建した伝法院の「外護者」として、子々孫々まで「専寺仏法」の守護を誓った「誓状」である。さらに三通目は、為義が「女院御前」（美福門院）の気に入られ、「今年除目にかならすよろこひつかまつ」る結果が得られるよう、重ね重ね覚鑁に祈禱を依頼した書状で、その内容と表現から推して

師資関係が生まれる前、つまり保延四年以前のものと推測される。

さて俗人である源為義が覚鑁に帰依した心底には、第三通目の書状に記される至って俗的な意図が窺われる。つまり鳥羽上皇の皇后である美福門院の寵愛をうけ、その引きにより高い官位を得ようという為義の意図が、驚くほど直截の表現をとって述べられている。また仁平四年（一一五四）の「美福門院御文」に、「仏の御しるへにやあらん、かくおもひそむることハ、高野のてんほうゐんに、こころをかけまいらせて」（3―171オ）とあるように、美福門院自身も伝法院に帰依の心を寄せ、崩御後その遺骨は高野山に納められているが（『百錬抄』巻七）、保延年中にその信心がいかにあったか定かではない。少なくとも為義が鳥羽上皇の崇敬をうける覚鑁に祈禱を懇請し、「師資」関係を結ぶに至ったのは、美福門院・鳥羽上皇への接近という意図によるものであろう。

ここで為義が覚鑁に奉呈した実名と年月日のわずか二行からなる「二字」とは、本来は臣従の意を表明するための「名簿」として、世俗社会において用られる文書形式であった。ただしこの二字を、為義のように帰依の意を伝えるために用いることが一般的であったか否かは即断しがたい。また子々孫々に及ぶまで「伝法院仏法衛護」を覚鑁に向かって誓った「誓状」、そして「いのりしてたふへく候」とねんごろに祈禱を請うた仮名書状は、いうまでもなく世俗社会で流通する文書であった。しかし為義が覚鑁に向かって、いかに俗的な思いにより祈禱の勤修を求め、また真意は措くとしても帰依と外護を誓約している以上は、意思伝達のために世俗社会の文書形式が用いられたとしても、文書そのものは宗教的機能を果たす寺院文書となることはいうまでもない。

ところで源為義の発給した「二字」「誓状」に同類の文書が(D)のなかに見出される。すなわち「根来要書」成立の重要な契機となった大伝法院衆徒と金剛峰寺衆徒との確執のなかで発給された「二字」と「怠状」という二種類の文書である。この両衆徒の確執の一因には、覚鑁と大伝法院の隆盛に対する本寺金剛峰寺衆徒の根強い反発があったようである。長承三年（一一三四）六月に「金剛峯寺山籠入寺三昧衆等」（「高野山住僧等」）は解状を東寺長者に送り、両寺対立の直接的な原因となっている「両寺交座」と「両寺兼官」の停止を求めた（2―99オ）。この訴えは鳥羽院のもとにも達し、一旦は金剛峰寺衆徒の意にいささかは配慮した院宣（「長承三年院宣座席相論事」）が覚鑁のもとに送られている（3―136オ）。ところが同八月に金剛峰寺の「常住僧」は奏状を公家に呈し、「停止覚鑁左道」し「令住僧等安堵」むるように訴え（3―137オ）、離山して天野社に集結した。このような金剛峰寺衆徒の行動に対して、鳥羽院は「凶徒治罰院宣」を下し、金剛峰寺衆徒の行動に対しては、「自今以後於凶徒者、慥壊住房可払山門、又尋所縁可行罪科」との厳しい態度で臨んだ（3―140オ）。この院宣をうけた金剛峰寺衆徒は一挙に結束を失い、覚鑁方へ従う衆徒も続出したが、覚鑁と大伝法院衆徒に対する反感は伏流としてのこり、両衆徒の確執は後にまで尾を引くことになった。

さて両衆徒の対立のなかで、一旦は覚鑁に抗した金剛峰寺衆徒が帰順するにあたり、覚鑁に呈したのが「二字」・「怠状」である。前掲の源為義「二字」は帰依を表明するための、「怠状」は詫状として世俗で用いられた文書形式である。これらの文書形式が両衆徒の抗争のなかで登場し、「根来要書」巻二には「長承年中離山人々起請怠状」として類聚されることになる。このなかに「本寺悪行張本」（1―54オ）とされた宗賢が発給した、

宗賢智〔慶〕処房起請

謹請　起請事

右、起請之意趣者、於大伝法院興隆仏法事、殊致随喜所奉憑也、而誹謗嫉妬仕之由、有其風聞、是極無実也、若自今以後於大伝法院弘法利生事、致嫉妬誹謗者、可蒙大師・明神之罰、仍所請如件、

長承三年六月五日　　　　僧宗賢

同二字

大法師宗賢

長承三年七月　日

同怠状

宗賢謹言、

夫道自不弘、因行願之信解、教独不盛、尚待人法之紹隆、仏法之繁昌、只任住持之力者也、爰上人御房者、為釈門之石柱、志深利生、為禅林之花実、誓在興法、既建伝法之精舎、遂素懐於二会之法筵、更移密厳之道場、顕成仏於八葉之花台、以之思之、青龍和尚再凝入於室中、高祖大師重思交於門跡、依之一言不背命、万事随意、兼又尋求真言秘書・大師御作、可令進覧也、若背此旨者、可蒙大師・大明神罰、捧此誓札者、親受一言、欲無後悔、恐々謹言、

長承四年三月十日　　僧宗賢

との三通の文書がある（2―104オ）。この宗賢が発給した三通のうち、一通目は大伝法院に対して「誹謗・嫉妬」の意のないことを起請した「起請」文、二通目は覚鑁に対する師事を表明したと思われる「二字」(11)、三通目は「釈門之石柱」たる覚鑁の仏法興隆を尊重するとともに、「真言秘書・大師御作」を進覧することを起請した「怠状」である。この「怠状」は、「為懺悔所進怠状」（2―115オ）・「懺愧発露、深銘肝膽、仍所申怠状也」（2―112オ）との表現から明らかなように、「懺悔」のために呈する文書で、覚鑁に抗する行動を反省する趣旨を載せたものである。なお「怠状起請」との文書名が見られるが（2―112オ・113ウ・115オ）、その内容としては、「懺悔」に加えて覚鑁の「興法利生」に

同意することを起請したもので、怠状に神文を副えた右の宗賢怠状も「怠状起請」とすることができよう[12]。そして「起請」「二字」「怠状」（「怠状起請」）などが覚鑁に受理されることによって、初めて発給した宗賢はその罪を許されることになる[13]。

なお覚鑁に恭順の意を示すために提出された「怠状起請」であるが、金剛峰寺との相論の渦中にあった覚鑁が、同衆徒からいかに崇敬されているかを示す証拠として公家に提出され、「令達　叡覧」めている（3―142ウ）。これは「怠状起請」が、金剛峰寺衆徒の覚鑁に対する師事・崇敬を証するものとして機能し、加えて覚鑁側にとっては有利に訴訟を展開させる具書となったことを物語っている。

このように本来ならば「高野山住僧」として一体であるはずの金剛峰寺と大伝法院の衆徒による抗争のなかで、金剛峰寺住僧が覚鑁に帰順するさいに提出された「二字」・「怠状」（「怠状起請」）は、「興法利生」という宗教的意識を踏まえた悔悟・釈明の表明と恭順・帰依の誓約により、紛争の解決を図る手段として機能した文書形式ということになる。つまり僧団により生み出された文書のなかには、前述の「寺解」「寺牒」など集団的意思を僧団外に表明する文書と、僧団内の紛争を解決する手続きとしての「二字」・「怠状」という僧団内で授受される文書があり、これらはいずれも集団性と合議制を前提に置く僧団にとって不可欠の意思伝達の手段として機能したといえよう。

さて寺院は世俗から喜捨される布施（供料）によりその存続を支えるものである。すなわち世俗社会から追善などの願念を込めて法会に布施が喜捨され、この折に施主が読経などの勤修を求めて発給する文書が諷誦文である。康治二年（一一四三）院庁別当の藤原公能は、鳥羽院の意を承けて、

院庁

諷誦文案

請諷誦事

三宝衆僧布施麻布三十端、

右、所請如件、

康治二年閏二月八日　別当正三位行権中納言藤原朝臣公能

との諷誦文を草し布施に副えて覚鑁創建の円明寺に送った（3—196ウ）。この諷誦文は公能が草したものであるが、本尊の宝前で円明寺僧によって読み上げられることにより、初めて読経に布施した功徳が生まれる。経典の読誦を衆僧に請う形式をとる諷誦文は、俗人が発給する文書ではあるが、本尊宝前において初めてその機能を果たすという条件を考えるならば、寺院文書のなかで宗教性の濃厚な部類に属することはいうまでもない。つまり寺院文書は宗教性の濃と淡の間に分布しているが、その濃淡は単に発給者が俗人か僧侶かによるものではなく、機能する場における宗教性の濃・淡により決定される。そこで寺外の俗人が起草して寺内に託し、僧侶の関わりによりその機能を果たす文書が宗教性の濃厚な(B)に含まれることも首肯されよう。

また(B)・(D)のなかには、寺外からの働きかけによって成立し、寺内で機能する文書として願文が見出される。「根来要書」には、年未詳の大伝法院供養願文（1—4オ、参議顕業作）[14]、保延三年（一一三七）大伝法院阿弥陀堂供養願文（3—155ウ、参議俊憲作）、久安五年（一一四九）覚皇院供養願文（3—150オ）、仁平二年（一一五二）覚皇院供養願文（3—151オ、式部大輔永範作、定信清書）、保元三年（一一五八）菩提心院供養願文（3—154オ、参議俊憲作）が収められている。このなかで最も成立の早いと思われる大伝法院供養願文は、前掲の「公験等注文」（2—122ウ）冒頭に掲げられる「御願文二通大伝法院供養願文一通、密厳院供養願文一通、」に対応しており、公家発給文書に一括されることから、「御」願文の発給主体は鳥羽院と認識されていたことになる。

また久安五年に覚鑁弟子の兼海が創建した覚皇院において供養法会が勤修され、この供養に際しては「弟子兼海」自らが願主として供養願文を草している（3—150オ）。ところが仁平二年、同院において、

覚皇院供養願文　　　　式部大輔永範、清書定信

敬白

建立八角二階一間四面桧皮葺堂一宇、其柱幷梁奉図絵金剛界阿閦仏等三十六尊、胎蔵界宝幢仏等八葉八尊、仏眼仏母・金輪仏頂・金剛薩埵・般若菩薩・八大仏頂・八大菩薩・八大明王・十二天・四大天王幷仕者一百廿躰・阿字千躰、

奉安置金色一丈六尺大日如来像一体、

奉図絵九幅《ママ》胎蔵・金剛両部大曼荼羅各一鋪、

奉書写金剛頂経一部三巻、

（中略）

右、堂舎・仏経甄録如此、夫高野山者密教相応之地、（中略）凡厥六趣四生、飛沈端重、浴無遮平等之法雨、洗有漏煩悩之垢塵、敬白、

仁平二年十月廿四日　　　　弟子沙門　敬白

とあるように、兼海が創建した一間四面堂内の柱絵と写経の供養が催されている（3—151オ）。この折の供養願文は式部大輔藤原永範により草され、さらに定信により清書されたものであり、差出の「弟子沙門」は、文中の「弟子自霞居南面之昔、至遜位道俗之今、専運心棘於結界、深種善根於当山」（3—152オ）との文言を考え併せると鳥羽法皇ということになる。久安五年の供養は兼海により、仁平二年の供養は鳥羽法皇によって催されたもので、願主が願文を草

し読誦を衆僧に託すという手順は、諷誦文と異なるところはない。しかし衆僧に経典の読誦を請う形式の諷誦文と、願念を導師が本尊に語りかける形式の願文とでは、文書上における願主自身の現れ方に違いが見られ、前掲の諷誦文では院庁別当が差出に現れるが、右の願文では願主自身が差出となっている。いずれにしても願文と諷誦文は、基本的には願念をもち法会勤修を依頼する願主側で起草し、法会の場で職衆により読誦されるもので、必然的に俗人が文書の差出に登場することが多くなる。ただし時代が下るにつれて、願文・諷誦文はいずれも願念を託される寺僧側で起草・読誦されるという傾向が見られる。

　なお願文と諷誦文とは一体として願主から寺院に託されていた点には注目される。すなわち右の覚皇院供養願文には、同じ永範が起草し鳥羽院庁別当藤原公教を発給者とする同日付けの諷誦文が副えられており（3―153ウ）、また保元三年の菩提心院供養願文と保延三年の同院阿弥陀堂供養願文の末尾には「諷誦文可尋」との付記があり、両者が一体と考えられていたことが確認される。

　このように(B)・(D)には、聖俗にわたる願主の願念を伝達する諷誦文・願文が見られるが、これらを前掲として願念を宗教的に実現する儀礼が実現するわけで、その過程で生成された文書が(D)中に散見される。

　第一節で引用した保元三年（一一五八）十一月二十日の菩提心院供養請定（3―157オ）は、同院の「西谷御堂」（「大日御堂」）を供養する職衆招請のため発給されたものであるが、実は同院阿弥陀堂においても供養が催され、呪願・唄・散花・讃頭・経頭をつとめる職衆六口への請定が同日に発給されている（3―157ウ）。そして菩提心院（「西谷御堂」）の供養は、

　　供養日記

注進

菩提心院供養日記在理趣三昧、

御導師

證印上人

請僧十口

基順阿闍梨呪願　兼秀

禅印唄　円定讃頭

禅寛　縁理

頼瑜経頭　玄助

隆応散花　俊照

右、注進如件、

保元三年十二月三日

として、十二月四日の巳刻に、菩提心院供養請定によって招請された證印上人による大導師作法と請僧十口による「理趣三昧」として勤修された（3―158オ）。さらに同日の未刻には同院阿弥陀堂において、同じく證印上人の大導師作法と六口請僧による「理趣三昧」により堂供養が催されている（3―158ウ）。このように堂供養は大導師作法と理趣三昧との組み合わせという修法・読経形式によって勤修されており、法会にあたっては職衆ごとの所作を記した次第が作成されたはずであるが、「根来要書」にはその性格上このような次第は収められていない。そして請定により招請された職衆に対しては、「御布施日記」「御布施日記阿弥陀堂」（3―159オ）が法会の式日に先だって作成され、法会結願の折には布施が下行されたことであろう。

法会の進行に伴って、願文・諷誦文から請定・供養日記・布施日記という寺院社会に特有の文書が作成され、法会勤修の実現を支えた。この他にも康治二年（一一四三）覚鑁創建の円明院供養曼荼羅供について記した供養記（3―198オ）や、長承四年（一一三五）金剛峰寺僧の宗賢が「大仏頂護摩幷日々密行念誦等」の善根により「最初引接之益」に預からんことを祈念して草した「善根廻向頌」（2―105オ）など、宗教的儀礼にともなって生まれた文書が(D)のなかに見られる。このように寺院社会に特有ともいえる形式の文書が、寺院を寺院たらしめる象徴としての法会のなかに生まれることは至極当然のことといえよう。

以上のように寺院社会において、法会が特有の宗教活動であるとするならば、先述した衆徒（僧団）は特有の社会組織ということであり、この活動と組織の両面において寺院社会に特有の文書形式が生まれ発給されたことも納得できる。また寺院文書には世俗社会に流通した文書形式をとるものが少なくないが、この文書生成の原点にある宗教的意識や、生成・機能する場における宗教的機能によって、世俗の文書形式は寺院文書に変容することになる。そして世俗社会と不可避に接触をもちながらも、寺院社会における法会の勤修と僧団の存続のなかで発給された文書は、やはり宗教性の濃厚な寺院文書の中核をなすことになろう。

おわりに

最後に、本章における検討作業を総括しておきたい。まず各時代における文書名と様式との関係に注目し、近代的な古文書学による体系との懸隔のなかから、改めて古代・中世における文書体系をめぐる時代的な認識を踏まえて、文書の呼称・様式と機能を再検討すべき必要性を確認した。

次に世俗社会と寺院社会が類似・共通した文書形式を用いることに目を向けた。世俗社会は寺院社会に働きかけを行うときに、世俗に流通する文書形式を用いるのが通例である。しかし文書の底辺にある「随喜」というような宗教的意識を媒介として、初めて聖俗両界の思惑が接合される現実を看過することはできない。また寺院社会を存続させるに不可欠な要素としての寺務組織と僧団も、やはり世俗社会との交渉には世俗の文書形式を用いるが、その文書を生成する寺院社会の組織的な特異性を相応に評価すべきであろう。

さらに寺院社会の存続に関わって機能する文書の総称としての寺院文書のなかで、寺院社会に固有の宗教的儀礼としての法会勤修と、特有の社会組織である僧団の活動の場で生まれ機能する文書こそが、典型的な文書形式であると考える。つまり典型的な寺院文書とは、発給者が世俗か寺院かではなく、文書が機能する場における濃厚な宗教性を条件とすることを再確認しておきたい。

さて本章の結論として、寺院文書の特質とはいかにあるかについて言及せねばならない。本章では寺院文書を寺院社会で起草される特有の文書形式という枠ではなく、寺院社会が存続するなかで機能した文書という広い枠で捉えようとした。この前提には、文書の本質はその果たすべき機能と、機能を託す発給主体の意図にあり、形式や呼称は副次的要素にすぎないという基本的な姿勢がある。そして世俗社会には見られない形式・呼称のみを指標として寺院文書の特質を論じるのではなく、なにゆえに寺院社会において機能しえたのかにこだわった。その結果として、世俗文書との機能的な対照のなかから、寺院文書の特質を生み出す要因として、聖俗両界をつなぎ止める宗教的意識の存在に加えて、寺院社会に固有の宗教活動と社会組織を措定したのである。

すなわち帰依・崇敬・願念という世俗社会の宗教的意識、この意識を誘引する教学に裏打ちされた寺院社会の宗教的意識と個有の社会組織による活動、この両者により寺院社会が支えられたといっても過言ではない。このような宗教的意識を基底において発給される世俗形式の文書を媒介として、聖俗両界は各々の思惑を実現するわけであり、それゆえここに寺院文書の特質を見出すことが可能となろう。また寺院社会に特有の宗教的活動としての法会勤修と、特有の社会組織である僧団は、寺院社会の存続にとって不可欠の要素であり、この両者に内在する社会的な特異性こそが、濃厚な宗教性という寺院文書としての特質の成因となることはいうまでもあるまい。

本章では「根来要書」を素材として、寺院文書をいかなる枠で捉えるべきか、いかなる指標や要因によって寺院文書の特質を理解すべきかについて検討し、前述した至って常識的な結論に到達した。しかしこの作業仮説が個・群の寺院史料をめぐる評価や分類作業において果たす有効性については、今後の具体的な寺院史料との対峙のなかで検証することにしたい。

注

（1）寺院文書について基本的な規定を行ったが、文書としての要件を備えながら、いわゆる伝達機能ではなく、それ自体もしくは写が全く異なった機能を果たす場合がある。たとえば、仏法の伝授を証するため師資間で授受される文書のなかには、記される内容や伝達という機能とは異次元に、宗教的な権威を託されて相承され聖教として取り扱われる事例が見出される（たとえば印信の類）。しかし文書本来の機能を逸脱したところで意味をもつ場合、これは文書ではなくあくまで聖教と認識することにしたい。

（2）「根来要書」に収められた文書群は、『興教大師伝記史料全集』・『平安遺文』にその一部が活字化されていたが、全貌は東京大学史料編纂所架蔵影写本により知られるのみであった。しかしその影印本が平成六年に総本山醍醐寺から『根来要書―覚鑁基礎史料集成―』として公刊され、文書群の内実を確認することが可能となった。なお醍醐寺本「根来要書」の書誌学的要件については『根来要書』の解題に譲り、また「根来要書」に収載された文書群の目録についても紙幅の関係で割愛する。

（3）『根来要書―鑁基礎史料集成―』の書誌的な解題によれば、表紙に記された「中性院」を手がかりに、頼瑜を本書の編集主体としている。しかし応永三十四年に書写された本書の表紙に記される「中性院」をただちに親本の記述とし、「醍醐寺中性院」であると判断することは困難であり、むしろ書写時点での根来寺中性院と考えるのが自然である。頼瑜の本書への関わりという蓋然性は捨てきれないものの、表紙の「中性院」からこの仮説を導くことは難しい。

(4) 大伝法院衆徒と高野山衆徒との対立の経緯については、櫛田良洪氏『覚鑁の研究』参照。

(5) 「公式様文書」・「公家様文書」・「武家様文書」の呼称と語義については、佐藤進一氏『古文書学入門』（五九頁）に拠る。なお本章における古文書学の定義や成果は、多くを本書に依拠している。

(6) 本書Ⅰ第一章第三節一「僧団の文書」参照。

(7) 文書冒頭の「請定」が冊頭には「請文」となっているが、次に掲げられた「同阿弥陀堂供養請定」は冊頭には「請定」と記される。そこでこの「請文」が「請定」の誤記であるのか、また「請定」を「請文」と呼ぶことがあったのか即断しがたいが、「請」の「こう」と「うく」の二面性を考え併せ、後者と考えておきたい。

(8) 『根来要書―覚鑁基礎史料集成―』の解題には、「大伝法院・密厳院の供養文二通を筆頭に、約九〇通の重書を挙げている。ほとんどの文書が「要書」三分冊に所収されている。」と記されているが、「密厳院供養願文」をはじめ「宣旨三通」など「根来要書」中に見出しがたい「公験等」はその過半に及び、この解説がいかなる根拠に基づくものか疑問である。

(9) 覚鑁は「往古荒蕪之地」である石手村の「開発」を申請する「解状」を国司に呈し、これをうけた紀伊国司が下した庁宣には、「免除件常荒田畠」し「但見乍田畠・年荒者非此限」と記される。つまり国司が免除したのは「常荒田畠」であって「見作」と「年荒」は免除の範囲には含まれない。この表現をそのまま受け容れるならば、「見作」を少なく認定される方が覚鑁側にとっては有利ということになるが、実際には長承二年（一一三三）には荘内の官物・雑事の免除がなされていることから、「見作」の増加を、単なる大治三年と四年の相違としてではなく、定田畠部分を拡張して認定をうけようとの意図と理解した。

(10) 拙稿「寺内僧団の形成と年預五師」（『中世東大寺の組織と経営』所収）参照。

(11) 興福寺維摩会の竪義論義に出仕する竪義者は、論題を付与する立場にある探題に対して「義名付」という作法を行うが、この折に竪義者は探題に「二字」を提出する。この「二字」は探題の学識を崇敬しこれに従うとの意思の表明であると理解される（詳細については拙稿「『法会』と『文書』―興福寺維摩会を通して―」（『中世寺院と法会』所収）参照）。

（12）「怠状」と「起請」とは本来ならば別の文書形式として別個に発給されたはずであるが（2―117オ）、過去の行為への懺悔と将来への誓約を併せて「怠状起請」が生まれ発給されるようになったと考えておきたい。

（13）前掲の櫛田氏論著二九四頁に、「二字」・「怠状」・「起請」などの解釈が加えられており、基本的には賛同できる内容であるが、「怠状起請」について本章ではその理解を異にしている。

（14）大伝法院供養願文を記す「根来要書」巻一の四丁と五丁の間には欠丁があり、第五丁の「大治四年八月日　高野山沙門某」を含む三行は供養願文に接続する記述ではない。

第三章　寺院聖教論――東大寺実弘撰述聖教を素材として

はじめに

応永十年（一四〇三）、興福寺大乗院門徒である舜観房良英は、はからずも同寺法華会の精義役に請ぜられた。興福寺十二大会のなかでも、常楽会・維摩会と並び「三ケ大会」と称され由緒をほこる法華会への出仕は寺僧にとって名誉なことであり、しかも僧階昇進のための労績を積む場でもあった（東史「尋尊御記」）。また法華会における精義役とは、竪者との問者の間で交わされる因明・内明の問答をうけて、竪者の竪義に判定を下す役であるが、その判定にあたっての論拠や表現に、出仕する職衆や聴聞衆の視線が集まるわけで、単なる判定者というよりは自らもその学識を問われる立場にあったと考えられる。そこで精義役に応請した良英は、ただちに唯識・因明の問答草の蒐集に着手し、春日社一切経蔵や菩提山正願院経蔵に秘蔵された「重書」である貞慶撰「明本抄」・「明要抄」をはじめ、「法雲院聖教」や「菩提院脇坊法文」などの「諸家秘記」・「先賢遺草」を披見し書写することを得た。このような「重書・秘書之披見幷書写」は、一介の興福寺僧に容易に許されるものではなかったが、良英は大乗院門跡孝円に近侍する「御同学」であり、時の興福寺別当の座にあった孝円の助力によりこの好機が得られたもので、その感激を自ら「学業之冥加、当道之幸運」と記している。このような準備を遂げて法華会に精義役として出仕した良英は、「諸方之称美、万人之感歎」をうけて役を果たし、その功名を一紙に記し置いたが、これが「良英僧都重書伝授自談之詞」（『興福寺所蔵史料』九函十二号）として書写され伝来している。

ところで良英は「重書・秘書」の披見・書写のため法雲院を訪れ、「令披見於法雲院聖教、自三蔵院範憲僧正伝東北院覚円僧正、専英・縁円等之口伝・秘決等也」とあるように、鎌倉時代の法相碩学である専英らが書きのこし、代々相承されてきた「口伝・秘決」を目にしている。この法雲院に秘蔵された「聖教」とは、先学が記した法相教学に関わる「口伝・秘決」であり、菩提院脇坊に伝来していた「縁憲幷弁範之自筆面授口伝」などの「法文」と同一の性格をもつものである。これらの「聖教」（「法文」）は、法流にそって師資相承され院家に秘蔵されるのを通例とし、広く法流や院家の外に書写を許されるものでは決してなく、「重書・秘書」と呼ばれるにふさわしい。たとえば、良英が書写した「明本抄」十三巻は、「因明第一之秘書」とされており、撰者貞慶がその伝授・書写に条件を加えたために、貞慶の門弟の多くの目にも触れることなく、「法器心性」を備えた少数のみが伝得を許されたのである（東図「明本抄」巻一奥書）。

さて「聖教《しょうぎょう》」には、「釈尊の教え」「仏教の経典」（『日本国語大辞典』）、「聖人の所説」（『織田仏教大辞典』）という語義が付されている。しかし良英が触れた「聖教」は、広い意味での「仏教の経典」に含まれるが、具体的には法会における問答や所作に関わる「口伝・秘決」を記したものと考えられる。つまり「聖教」とは、経律論（印度で撰述され漢訳された仏典で、中国撰述の疑経を含む）それ自体を除いて、学侶が修学の過程で書写し撰述した、経律論や疏釈の抄出、法儀の次第、「口伝・秘決」に及ぶ冊子・巻子を称するものであり、本章ではこの意味で「聖教」を用いることにしたい(1)。これらの「聖教」は学侶の修学に不可欠なものであるだけに、「文机下ニ、聖教不可置之」・「聖教ノ上ヨリ、一切物不可取越之」（『鎌』六―四二六三）とあるように、丁重に扱うべき教誡が定められていた。そしてこのように学侶の手で作成・相承された多種・多量の「聖教」が、南都の東大寺・興福寺・薬師寺・法隆寺などに、今日まで伝来することになった[2]。

しかしこれらの「聖教」は、その内容が仏教教学に関わるだけに、寺院史料の採訪にあたって、世事に関わることの多い古文書・古記録とは異なる取り扱いをうけ、経巻・典籍類ともども歴史研究には疎遠な素材とされ、活用されることも稀であった。とはいえ良英の修学活動を引合いにだすまでもなく、寺院を寺院として存続させる前提条件ともいえる諸法会の勤修や、それらを支える寺僧の修学活動を跡づけるにあたり、「聖教」が不可欠の素材となることはいうまでもあるまい。そこで学侶の修学過程で作成された「聖教」をはじめとする史料群を、その個々の形状・内容という指標により分類することとは別に、史料が成立した場を重視し、成立の経緯を同じくする史料を類聚することにより、歴史研究には疎遠とされた「聖教」を、新たな素材として活用することが可能となるはずである[3]。

本章では、等閑視されてきた寺院史料である「聖教」について、とくに鎌倉時代の南都東大寺で作成され伝存したそれらを主要な素材として、成立の環境に目を向けながら内容・形式や役割についての考察を試みることにしたい。

第一節　学侶と修学

南都東大寺は「号八宗兼学梵場」していたが、鎌倉時代にあっては、「近来所弘顕宗大乗、唯学花厳・三論両宗而已、寺内学侶繫属両宗」とあるように、とくに「花厳・三論両宗」が隆盛を遂げ、寺内の学侶もこのいずれかの「本宗」に属していた（「東大寺円照上人行状」巻上）。そして鎌倉時代における「花厳・三論両宗」の隆盛を窺わせるように、この両宗は言うに及ばず、併せて修学された倶舎をはじめ法相・因明・律宗に関わる数多くの「聖教」が伝来し、現在も東大寺図書館に架蔵されている（「東大寺図書館所蔵経巻聖教記録類目録[4]」）。これらの「聖教」のなかで、とくに内容的にも量的にもきわだっているのは、華厳宗本所である尊勝院院主宗性の撰述にかかる一群であり、原本・写本を合わせて四百八十点を数える（『東大寺図書館宗性・凝然写本目録』）。宗性は鎌倉時代の東大寺を代表する碩学の随一であるが、その門下に次代を担う学侶を輩出させており、尊勝院を継いだ宗顕や、戒壇院再興二世の凝然もその一人である。そして「宗性・実弘両師図書目録」として、宗性と並ぶ「聖教」を残しながら、建長六年（一二五四）に三十四歳で入滅した実弘も、やはり宗性の弟子に列した一人であった。

実弘は、没年より逆算して承久三年（一二二一）に誕生しており、その出自は明らかではないが、少なくとも藤原隆兼の子息として尊勝院を相承した師宗性に比して、とるべき出自をもたなかったというべきであろう。しかし宗性は病弱であった実弘を「賢才」とし、その学識を高く評価していた。これは延応元年（一二三九）実弘の病が回復した折には、「是偏春日権現之冥助也、可悦可幸」（東図「纂要義断宝勝残義抄」奥書）の通り手放しで喜び、建長六年には、貞慶の弟子である光明院覚遍の自筆本から自ら書写した「秘書」の「明本抄」を、「誂実弘法師一交了」として、病床にあった実弘のために再度書写し（東図「明本抄」第五奥書）、その入滅にあたっては、「多年同法実弘法師所労責伏、忽以入滅、悲歎之思有余、追善之勤無隙」（同「明本抄」巻六奥書）と記して悲歎にくれた事々からも窺われよう。

これほどに師宗性の期待をうけていた実弘であるが、大法師のまま生涯を終え、寺内・寺外の大会に出仕して学識を顕示することはなかったが、多くの「聖教」を撰述し、そのうち四十二点が今日に伝来している（『東大寺図書館所蔵宗性・実弘両師図書』）。実弘の入滅後、宗性はその追善の思いを込めてか、実弘自筆の「聖教」を整理して各々に後補表紙を付け、「自宗学道疑問論義集第一　沙門釈実弘」というように外題を書き加えたのである。そこで本章では、この未完の碩学実弘の「聖教」をおもな素材としながら、検討を進めることにしたい。

ここで南都諸寺に止住する学侶の修学の有様について簡単に触れておく。唯識・因明の碩学であった解脱上人貞慶は、学侶が修学にあたり守るべき教誡をまとめ、「勧学記」と称した（『日本大蔵経』六四巻）。この書の冒頭で貞慶は、学侶としての毎日の生活を、

一不可空昼夜六時事

辰・巳学問、午勤行、未学問、申外典・世事等、酉勤行・念誦、戌・亥学問、子・丑休息・睡眠、寅・卯学問、

の通り、「学問」「勤行」を中心に無駄なく過ごすよう勧めるとともに、「一不可怠修学二門事」「一常親近修学仁、不可昵不用之輩事」「一不可好婬事酒宴事」「一不嗜修学而不可立威勢事」等々の教誡を掲げ、修学の妨げとなる行為を避け「学問」に励むべき条々を定めている。加えて「決択之庭、聴聞之砌、抛万事可差出、且為会資威儀、且為身成才芸、興隆也、得分也、必臨学場可聴聞也、恒例之大会、希代之珍事者、無故障者、可見物」として、恒例・臨時の法会には、職衆であれ聴聞衆であれ万難を排して出仕・見物することを、自らの「才芸」に資するとしている。つまり学侶が修学の成果を、他者との比較のなかで確認することに、法会出仕・聴聞の意義を求めているわけである。また「仏法之結縁者出離之勝因也、必以今生之学功、可為来世之資粮矣」と記し、「出離之勝因」として「学功」を位置づけていることは注目に値する。南都の学侶のいずれもが、このような規範に従い毎日を送っていたとは断定できないが、「学問」「勤行」を軸とする生活規範を掲げ、学侶にとっての法会の存在意義を明らかにするとともに、作善としての「学功」に言及しており、学侶のあるべき姿を提示したものとして「勧学記」を評価することができよう。学侶とは「学問」を事として修学に励み、修得した学識を法会の場で顕かにし、その学功により「出離」を期すべきものと認識されていたわけである。(5)

さて学侶の一人であった実弘が、その修学のなかで撰述した「聖教」を、東大寺図書館の架番号順に列挙するならば（括弧内は架蔵番号）、

①自他宗雑指示抄（103/80/1）
②法華経七喩三平等十無上抄（103/81/1）
③探玄記十二・十三巻抄（113/154/1・2）
④探玄記十五巻大慶抄（113/155/1）
⑤探玄記三十講為論義抄（113/156/1～3）
⑥華厳宗雑論義抄（113/157/1）
⑦尊勝院四季講問答記（113/158/1）
⑧尊勝院四季講論義抄（113/159/1・2）
⑨自宗学道疑問論義集（113/160/1・2）
⑩花厳経唯心義短冊（113/161/1）
⑪四十花厳経疏抄（113/162/1）
⑫離世間品疏演義鈔尋求抄（113/163/1）
⑬疏演義鈔略要文第二第四（113/164/1・2）
⑭合論抄（113/165/1）
⑮花厳宗大要抄（113/166/1）
⑯大方広抄（113/167/1）
⑰管見肝要抄（113/168/1）
⑱法華光宅疏抄（113/169/1・2）

⑲玄賛抄摂釈要文抄（113/170/1）
⑳法花大円抄（113/171/1）
㉑大疏上巻宝勝残義抄（113/172/1）
㉒大疏義断文集（113/173/1）
㉓纂要義断宝勝残義抄（113/174/1）
㉔円覚修證義要文（113/175/1）
㉕円覚経大疏抄要文（113/176/1〜3）
㉖円覚経心鏡要文（113/177/1）
㉗梵網経香象疏文集（113/178/1）
㉘梵網経古迹聞抄（113/179/1）
㉙見聞覚知抄華厳倶舎（113/180/1）
㉚倶舎論三十講聴聞集（113/181/1・2）
㉛八不深観抄（113/182/1）
㉜幽暗浄心鈔（113/183/1）
㉝大品般若経品目（113/184/1）
㉞金剛般若賛述要文（113/185/1）
㉟調伏意馬鈔（113/186/1）
㊱虚空蔵菩薩感応抄（113/187/1）

㊲心地観経疏要文抄（113-188-1）
㊳毘尼討要文集（113-189-1）
㊴銘肝落涙鈔（113-190-1）
㊵自宗学道日記（113-191-1）
㊶倶舎第十四五巻問答（113-200-1）
㊷花厳論義草（113-201-1）

ということになる。右のうちで、①②が巻子本、③から㊷までが冊子本の形態をもち、宗性・心海の筆跡の交じる⑥㉕㉖㉞を除くすべてが実弘の自筆であり、①②㊶㊷を除いて、先述の通り宗性が自筆の外題を記した後補表紙が付されている。

　また実弘が撰述した「聖教」について、その内容を概観するならば、第一には、やはり華厳教学に関わるものが多数を占め、「華厳経探玄記」「華厳経随疏演義鈔」などの疏釈の抄物や論義草であり（①③④⑤⑥⑨⑩⑪⑫⑬⑭⑮⑯⑰㉙㉟㊴㊷）、これに華厳経との関係から梵網経（㉗㉘）・円覚経（㉔㉕㉖）・金剛経（㉞）の談義聞書・抄物が加わる。第二には、華厳宗の基礎学として東大寺で盛んに修学された倶舎論についての論義草が（㉙㉚㉜㊶）、第三には、寺内・寺外の法会に必須とされる唯識・因明の論義草・抄物や談義聞書が（⑦⑧、㉑㉒㉓㉛）、第四には、法華経による論義草や抄物が（②⑱⑲⑳）、第五には、四分律に関する抄物が（㊳）、第六には、その他として経目録（㉝）や経疏の抄物（㊱㊲）、実弘自らの法会出仕覚書（㊵）が見出される。すなわち華厳宗を中心に倶舎・唯識・因明・法華・律等に関わる「聖教」の存在から、華厳宗を「本宗」とした実弘による、広範な諸宗修学の様を窺うことができよう。

　そして「自宗学道日記」に列記される実弘出仕の寺内法会と、これに実弘撰述の「聖教」とを、時代順に対応させたものが次掲の付表である。この対照表から、実弘が撰述した「聖教」には、先に触れた貞慶の「勧学記」の教誡を裏づけるように、法会出仕を契機として作成されたものと、諸宗の「学問」修得を目的として作成されたものがあることが確認されよう。これは「聖教」の奥書からも知られることであり、建長二年（一二五〇）成立の「探玄記第十五巻大慶抄」は、

建長二年正月八日夜、亥刻、於知足院別處燈下書写之了、抑探玄記第十五巻ハ去年之三十講当處也、而ニ院家旁有計会事、延行今年春季之内可被行之由議定已了、仍専涯（ママ）限為勤仕彼講、専依興隆仏法之思為先、不憚寒天於燭下書之、後覧之士可哀其志者也、

求法少僧実弘生年三十、戒臈十四、

同九日巳時一校了、

とあるように、建長二年に延行された前年度分の尊勝院探玄記三十講の講師として出仕するための準備つまり加行において書写されたものである。一方、寛元三年（一二四五）に成立した「花厳経唯心義短冊」は、

寛元三年七月廿六日、於東大寺南水門書写之了、

華厳末葉沙門実弘年歳廿五、

同日一校了、

願以此功徳、普及於一切、我等与衆生、皆共成仏道、

として、とくに法会出仕ということではなく、法華教学の「学問」のために書写され、その功徳の廻向を掲げたものである。現存する「聖教」の数からすれば、宗性は実弘より一桁多い「聖教」をのこしたが、その成立の契機を一覧するならば、法会出仕のために撰述したものが過半を占め、これに対して実弘のものは法会出仕を掲げぬ「聖教」が

付　表

〔自宗学道日記（113/191/1）〕				〔宗性・実弘両師図書目録〕
年　月　日	年齢	法会出仕		撰述聖教類
嘉禎3年(1237)	17	花厳講問者(1)	←	自宗学道疑問論義集(113/160/1)
4年(1238)	18	大師講注記(1)		
				倶舎三十講聴聞集(113/181/2―2)
延応元年(1239)	19	花厳講問者(2)	←	自宗学道疑問論義集(113/160/1)
		宗三十講講師(1)	←	自宗学道疑問論義集(113/160/1)
				大疏上巻宝勝残義抄(113/172/1)
				大疏義断文集(113/173/1)
				纂要義断宝勝残義抄(113/174/1)
仁冶元年(1240)	20	花厳講問者(3)	←	自宗学道疑問論義集(113/160/1)
		宗三十講講師(2)	←	自宗学道疑問論義集(113/160/1)
				梵網経古迹聴聞集(113/179/1)
2年(1241)	21	八講問者(1)	←	自宗学道疑問論義集(113/160/1)
		花厳講問者(4)	←	自宗学道疑問論義集(113/160/1)
		大師講竪義注記(2)		
3年(1242)	22	八講問者(2)	←	自宗学道疑問論義集(113/160/1)
		宗三十講講師(3)	←	自宗学道疑問論義集(113/160/2)
			←	探玄記三十講為論義抄(113/156/1―3)
				(宗三十講疑問論義　仁冶2年分)
		花厳講問者(5)	←	自宗学道疑問論義集(113/160/2)
		宗三十講講師(4)	←	自宗学道疑問論義集(113/160/2)
				見聞覚知抄〈花厳・倶舎〉(113/180/1)
				大品般若経品目(113/184/1)
				調伏意馬鈔(113/186/1)
				銘肝落涙鈔(113/190/1)
				花厳宗大要抄(113/166/1)
寛元元年(1243)	23	宗三十講講師(5)	←	自宗学道疑問論義集(113/160/2)
				梵網経香象疏文集(113/178/1)
				幽暗浄心鈔(113/189/1)
2年(1244)	24	宗三十講講師(6)		
				毘尼討要文集(113/183/1)
3年(1245)	25	宗三十講講師(7)		
				花厳経唯心義短冊(113/161/1)
				四十花厳経疏抄(113/162/1)
				金剛般若賛述要文(113/185/1)
4年(1246)	26	宗三十講講師(8)		
		宗三十講論匠(1)		
				八不深観抄(113/182/1)
				探玄記十二・十三巻抄(113/154/1・2)
				疏演義鈔略要文第二・四(113/164/1・2)
				合論妙(113/165/1)

寛文 5 年(1247)	27	花厳講問者(6)		
		宗三十講講師(9)		
宝治 2 年(1248)	28	花厳講問者(7)		
		宗三十講講師(10)		
				円覚経大疏抄要文(113/176/1—3)
				円覚修證義要文(113/175/1)
3 年(1249)	29	花厳講問者(8)		
		宗三十講講師(11)		
				管見肝要抄(113/168/1)
建長 2 年(1250)	30	花厳講問者(9)		
		宗三十講講師(12)	←	探玄記第十五巻大慶抄(113/155/1)
3 年(1251)	31	花厳講問者(10)		
		(尊勝院四季講)	←	尊勝院四季講問答記(113/158/1)
			←	尊勝院四季講談義抄(113/159/1・2)
				倶舎三十講聴聞集(113/181/2—1)
				円覚経心鏡要文(113/177/1)
				法華光宅疏抄(113/169/1・2)
4 年(1252)	32	宗竪義五問		
		宗三十講講師(13)		
		花厳講問者(11)		
5 年(1253)	33	花厳講問者(12)		
		(尊勝院四季講)	←	(新四季講勘文抄(113/12/13/—7))
6 年(1254)	34	宗三十講講師(14)		
		宗三十講論議書(1)		
		(尊勝院四季講)	←	(新四季講勘文抄(113/12/13/—8))
				法花大円抄(113/171/1)
				心地観経疏要文抄(113/188/1)
				自宗学道日記(113/191/1)
建長年中				倶舎第十四五巻問答(113/200/1)
(年月日未詳)				自他宗雑指示抄(103/80/1)
(年月日未詳)				法華経七喩三平等十無上抄(103/81/1)
(年月日未詳)				華厳宗雑論義抄(113/157/1)
(年月日未詳)				離世間品疏演義鈔尋求抄(113/163/1)
(年月日未詳)				大方広抄(113/167/1)
(年月日未詳)				玄賛幷摂釈要文抄(113/170/1)
(年月日未詳)				虚空蔵菩薩感応抄(113/187/1)
(年月日未詳)				華厳論義草(113/201/1)

(注)　法会出仕の数字は出仕回数。

大半を占める。これは宗性と実弘の出自の差によって、宗性は寺内外の法会に出仕する機会に恵まれ、実弘はその機会に乏しかったことによろう。いずれにしても実弘は、華厳教学をはじめ諸宗修学のために、「聖教」の撰述につとめたことは確かである。

なお「決択之庭」である論義出仕のため作成された「聖教」は、その多くが加行の過程で先徳の著述の抄物・聞書や論義草を書写したものも多く、広い意味で「学問」の場で作成された「聖教」であることはいうまでもない。そこで法会出仕と「聖教」との関わりについては次節で検討することにして、本節では実弘の「学問」修学の実態について、今少し考えてみることにしたい。

寛元五年（一二四七）正月に、実弘は止住していた知足院庵室において「華厳経随疏演義鈔」の「披読」を終え、その抄物である「疏演義鈔略要文第四」に、

　疏十下、鈔二十下、
　寛元五年正月八日、戌時、於知足院草庵奉読之畢、
抑自去寛元三年正月一日至于同五年正月八日、首尾三ケ年之間、疏演義鈔一部披読、其功既畢、雖不得其深義、
微功又不浅、（下略）

との奥書を記した。先に掲げた「探玄記第十五巻大慶抄」や「花厳経唯心義短冊」、さらには寛元元年（一二四三）に東大寺西塔院における「四十華厳経疏抄」の書写にも見られるように、その目的はさまざまあれ、先徳撰述の「聖教」類を「披読」して要目を抄出した抄物を作成することにより教義の理解を深めるという方法が、実弘にとって重要な修学形態の一つとしてあげられる。

このような「聖教」を媒介とする先徳からの習学とは別の方法もとられている。延応元年（一二三九）に成立した

「大疏上巻宝勝残義抄」は、

因明論大疏上巻、延応元年三月六日、酉刻、於勝願院奉対三位僧都（良遍）御房奉習読了、自去月廿二日至今月六日首尾十五ケ日、此間以仰趣如形記之、此中謬定多歟、雖然若又希有證正旨者、以之〇開後見不審矣、

沙門実弘生年一九、夏臈三廻、

願以此功徳、廻向兜率業、臨終住正念、往生弥勒国、

南無当来導師弥勒慈尊

とあるように、「因明大疏私鈔」などを著した唯識・因明の碩学である良遍より、勝願院において十五日にわたり「因明論大疏上巻」を「習読」したさいに、師匠の「仰」せに従って「如形記」したものであった。ここから難解な「因明入正理論」を修学するにあたっては、師匠と対座し読み方と解釈を口伝えで習学する「習読」という方法がとられ、その内容を逐一記録したいわゆる「聞書」が作成されたことが知られる。さらに同年の翌月に、実弘は「纂要義断宝勝残義抄」を撰述し、その奥書に、

延応元年卯月晦日、纂要義断談義了、自今月廿一日始之、首尾十ケ日也、惣大疏三巻・纂要・義断、六十一ケ日被談義了、思外早速也、此内大疏三巻幷義断就之了、於纂要者依所労不就之、

抑以此功徳併廻向内院上生業、仰願大聖慈尊広哀愍、陳那・天主等施加護、必令遂臨終正念、上生内院素懐、四十九重之内〇於因明習学院者、願望殊相応感応、何爰又以此善根、始今生父母親族縁至七世恩處知識、乃至三界六道受苦衆生、十方無尽無益群類、普作抜苦与楽、出離生死利益矣、

願以此功徳、普及於一切、我等与衆生、皆共成仏道、

南無十方法界一切三宝、自他法界平等利益、

欣求内院行者沙門実弘生年一九、夏臈三廻、

今度談義定衆

已講御房(宗性)　勤忍房賢恩　蓮円房訓芸

千永房専芸　禅覚房薬師寺　土佐公実弘

今日奉対上綱奉受入正理論、其衆除勤忍房以外皆以受之、

と記して、この「聖教」が生まれた経緯と、「談義」功徳の廻向が記されている。実は本書は先に掲げた「大疏上巻宝勝残義抄」や「大疏義断文集」とは一連の「談義」の場で作成されたものである。すなわち延応元年二月から六十一日間にわたり、興福寺勝願院において良遍を師匠に仰ぎ、宗性・実弘をはじめ六人の学侶が対座して、唐の慈恩窺基撰述にかかる「因明大疏」三巻と慧沼撰にかかる「因明入正理論義纂要」「因明入正理論義断」各一巻を用いて「談義」が催された。まず二月二十二日から四月一日まで三十九日間で、「奉対上綱読大疏三巻了」として、良遍に向かって「談義衆」が「因明大疏」を逐一読み上げて「談義」を重ねるかたわら、「申出大抄疏御抄出七帖奉書写之了」として良遍撰述「因明大疏私抄」の書写を果たしている（「因明大疏抄」奥書、『東大寺宗性上人之研究並史料』中）。そしてこのさいに実弘が抄記した「大疏上巻」分の「聞書」が、前掲の「大疏上巻宝勝残義抄」にあたる。さらに四月二日より中断を含め二十一日まで、「因明入正理論義纂要」についての「談義」が行われた。この分の「聞書」は実弘の手で作成されたが、病で中座したため残りは宗性の手で補記され、結願の日に、「今日奉対上綱読纂要了、仍處々不審所驚之也、後必可清書之」として良遍に向かい「聞書」の読み合わせがなされている。そして同日から十日間にわたり、「因明入正理論義断」をめぐる「談義」が行われ、右の「纂要義断宝勝残義抄」とともに「大疏義断文集」が、実弘の手で作成された。

実弘撰述の「聖教」を一覧すると、延応二年（一二四〇）五・六月にわたり東大寺中院における「梵網経古迹記」の「談義」、仁治四年（一二四三）正・二月にわたり西塔院における法蔵「梵網経菩薩戒本疏」の「談義」、同年八月の笠置寺般若院における「倶舎論」要文をめぐる「談義」と、西塔院における「毘尼討要」の「談義」、寛元三年（一二四五）の知足院別所における「金剛般若経賛述」の「談義」等々、たびたびの「談義」に実弘は参加し、対座した師匠から読み・解釈の細々を口伝えで伝授され、「談義衆」の討論により理解を深めるという形で修学を進めていたことが確認される(6)。

すなわち実弘は、「先賢遺草」を「披読」して要文を抄出し、また「談義」に参仕して師匠と同輩から要文を「習読」し聞書を作成して自らの修学を進め、「賢才」にふさわしい学識を得たものと考えられる。

本節では、主に実弘とその「聖教」に拠りながら、学侶の修学活動の具体的な内容と形態について考えてみた。そして実弘撰述の「聖教」とは学侶の修学活動の産物であり、その修学の内容と形態を反映した形式をもつ「聖教」が生まれたわけである。

第二節　修学と法会

嘉禎三年（一二三七）、実弘は十七歳で東大寺に入寺・得度し、尊勝院宗性の室において寺僧としての第一歩を踏み出した。「本寺」は東大寺、「本宗」は華厳宗ということになる。入寺の当初、実弘がどのような修学を課されたかは明らかではないが、前掲付表にも明らかなように、すでに同年のうちに花厳講において問者を勤仕している。入寺より時をおかぬ法会出仕は実弘の師宗性にも見られることで、十三歳で入寺した翌年の建保三年（一二一五）には、「所講者仁王般若之妙文、所談者円暉製作之頌疏」という勤修内容をもつ「頌疏講」に講師として出仕し、「倶舎論第十九巻頌疏講問答記」を草している（『東大寺宗性上人之研究並史料』上）。前掲の付表から確認されるように、実弘は入滅に至るまで間断なく花厳講・宗三十講と大師講に出仕し、問者・講師・論義書を勤仕している。つまり年ごとに定期的に催される「講」は、先述した「先賢遺草」の「披読」と書写、「談義」への参加などによる日常的な修学の成果を発揮する場であり、これもまた学侶の修学活動の一貫として位置づけられていたと考えられる。

当時の東大寺では、正月の大仏殿修正会をはじめとして、「会」・「講」と称される多彩な法会が勤修されており、これらの一覧は鎌倉後期に成立した「東大寺年中行事」（東図「薬師院記録」）に見ることができる。「会」と「講」に画然とした区別があるわけではないが、東大寺においては、「講」が論義法要を中核として勤修されるのに対して、「会」の中核となる法要は論義に限らず、読経・講説・悔過などさまざまであり、「会」よりも「講」に寺僧の自行的な性格が濃厚に見られる。しかも「会」には職衆による所作のほかに舞楽等の法楽が伴うこともあるが、「講」にはそのような要素が加わることはない。いずれにしても本章では、「会」と「講」とを習礼・加行を遂げた職衆による法要所作の場と理解し、先述の「談義」に両者を加えて「法会」と呼ぶことにする。(7)

さて嘉禎三年に実弘が初度として出仕した花厳講は、十一月十六日より五日間にわたり僧正堂を会場として催されるもので、すでに「東大寺要録」諸会章に「花厳講　於羂索院行之、但花厳宗、五ケ日」とあるように、平安院政期には勤修された由緒をもつ「講」である。また翌四年に注記として出仕した大師講は、その由緒は明らかではないが、三論宗が主催し、「花厳宗二人薦次請之」ずる三論大師講と思われる（「東大寺年中行事」）。これらの「講」は寺家の年中行事には列記されているものの、その供料等についての記載が見られぬところから、宗と院家の資縁により催されていたと考えられる。なお宗三十講の名称は年中行事には見出しがたく、尊勝院内で催される「講」ではなかろうか。

実弘が出仕した花厳講をはじめとする法会、とりわけ「講」は、平安院政期から鎌倉前期にかけて盛んに創始・勤修されることになった。「東大寺続要録」仏法篇による限りでも、保延二年（一一三六）に始行された「三論一宗之学徒」を請ずる大乗義章三十講、建久七年（一一九六）に始行された三論・華厳宗徒の「有志」による世親講、正治三年（一二〇一）に始行された三論宗徒による東南院問題講、貞永元年（一二三二）に始行された三論・華厳宗徒を請ずる三季講（三季世親講）、嘉禎三年（一二三七）に三季世親講の秋季をあてて始行された因明講、宝治三年（一二四九）に始行された三論宗徒を請ずる新院談義講、建長年中ころに始行された三論宗徒による三論三十講、正嘉元年（一二五七）始行された「三面僧坊衆」による四聖講、文永元年（一二六四）始行された同じく僧坊衆による三面僧坊法花義疏談義、文永二年に始行された世親講衆による倶舎十講、等々が確認される。これら諸「講」の創始と勤修は、鎌倉時代の東大寺における三論・華厳両宗の隆盛を窺わせるものであろう。

ではこのような諸「講」は、いかなる意図のもとに創始され、いかなる内実をもって勤修されたのか、「東大寺続要録」仏法篇に掲げられる、宝治三年に創始された新院談義講によって考えてみたい。

一新院談義事

当時別当法務定親、仁治三年六月之比、始被建立一院家号之新院、即自宝治三年正月廿二日、於彼院家撰一宗而崛廿人之学徒、點二季而始七十日之談義、偏歎三論一宗之衰微、令談中・百・十二之論疏、精談窮淵底、料簡涌才智、毎日講問一座、以当所大事為疑問、講問之後談義之前、以先日披講之所令複読、其間差定複読師・疑問者、問者一々挙疑、講師重々令答、加之諸衆同出不審、満座各散疑滞、仍冰水当恵日而解、朦霧迎覚月而晴、三論之法命依之可継、一宗之智燈為之可挑者歟、

談義間可有用意条々事

三論談義式

以舎利講鐘可集会、僧衆皆座之後、承仕可置香於火、次講師登礼盤、磬二打、
次唄・散華、（但開白・結願許可有之、於中間者、三礼・如来唄也、）金二丁、次講師表白、神分、三論品釈了、次問者論義二帖、（今日問者、可為次日講師也、）諸衆極玄底談了、金二丁、講師自礼盤降、次読師読宛文、諸衆彼文料簡尽玄底可談之、
以焼香尽為期、諸僧退散、

「三論一宗之衰微」を歎く別当定親により創始された新院談義講は、仁治三年（一二四二）創建の新院を談義道場として、一季三十五日間を年間に二季とし、二十口の三論宗徒を「談義衆」（講衆）に請じて、日毎に一座の「論義」（「講問」）と「談義」を催す論義会である。その次第は「三論談義式」に明らかなように、講衆が集会したのち、法会の進行を計る時香に火が置かれると、講衆が﨟次によりつとめる講師が礼盤に登り法会が始まる。講師は表白・神分ののち、「中・百・十二之論疏」より「宗大事」の「宛文」（論義題）を定めて経釈を行い、これに対して問者が二問の「疑問」を講師に投げかけ、この「論義」が終わると、講師は礼盤を下り所作を終える。講師の所作が終わると、読師（複読師）が前日に経釈・論義された「宛文」を読み上げ、問者（「疑問者」）が「挙疑」げ、講衆も「不審」を出し、これをうけて改めて講師が答えるという「談義」が、時香の尽きるまで続き、「宛文」の料簡が深められる。[8] このように「中・百・十二之論疏」をめぐる「論義」と「談義」を通して、「精談窮淵底」めることにより、「三論之法命」の継承が図られたわけである。また二十口の講衆のなかから、当座の講師・読師・問者が指名されるほか、三口を任期三年の奉行人とし、内一口が年預として、小綱六人を承仕に召しつかい二季の談義講の開催にあたった。さらに「論義」「談義」された「宗大事」は、日ごとに「雙紙二帖」に記され、これは「日記」と呼ばれた。談義講の「日記」は、「宗大事」の「宛文」をめぐり、「論義」「談義」で交わされた問答の内容が抄記されたもので、後学が披

読・書写することになる「聖教」の一つがこれである。なお談義講に出仕した講衆には、「院主已下堂供僧・談義衆合力」して経営される「水田」の得分から、布施として「供料」が下行されることになっていた。

さて新院談義講をはじめとする諸「講」が創始された契機を一見するならば、「為仏法住持、為鑽作稽古」と「紹隆倶舎宗」する目的を掲げた世親講、「依有仏法興隆之志」り始行された東南院問題講、「両宗之法将多以隠去、一寺之慧燈已欲消失」することを歎いた講衆が創始した三季講、「為継無相宗法命」に創始された三論三十講、「歎仏法之衰微」いた別当定済が創始した倶舎十講など、多彩な表現を見出すことができる。しかし表現にさまざまあれ、「講」創始の意図が「仏法興隆」に置かれていることは共通しており、鎌倉時代における東大寺の三論・華厳から倶舎・因明にわたる教学興隆は、このような意図により支えられたと想像される。

この「仏法興隆」の意図は、具体的には新院談義講の勤修に見られるように、講衆の二季七十日間にわたる「論義」・「談義」により「精談窮淵底」めることにより実現するものであった。つまり三論宗徒の「論義」・「談義」の成果として「中・百・十二之論疏」への理解が深化することこそ「三論之法命」の継承であり、取りも直さず「仏法興隆」に繋がるという意識が存在していたはずである。このような意識のもとで、「講」は学侶の修学にとって必須の場と認識されており、入寺早々の宗性や実弘が、早速に「講」出仕を果たしたことも首肯できる。すなわち世親講の創始にあたり定められた条々置文に記される、「儲此会、以備永代之仏事、専勤此業、欲積学道之労績」との文言が明言するように、「講」には、その勤修自体が「仏法興隆」であるという理念的な側面と、学侶にとっては「講」こそ「学道之労績」つまり学功を積む場であったという実質的な側面が確認される。この学功とは、教学の「窮淵底」めた学識のみならず、教学研鑽の場への出仕を重ねた実績という意味が込められており、学侶の修学過程の折々に問われることになるのである。

ところで世親講は、「応公請之人、勧大業之才、多以出三論之家、来於花厳之室」という三論・華厳両宗隆盛の復活を意図する「有志」の学侶により創始され、十口の先達と三十口の講衆により勤修されることになっていた。そして講衆を指導する立場として出仕する先達は、「満座之講衆之外、撰傑出之人、為会座之先達、即維摩会供奉之已講・成業也、彼大会参勤人之外更不用先達」とあるように、維摩会に出仕した已講・成業の学侶であることを撰任の条件としていた。つまり世親講を創始するにあたり、「公請」・「大業」が強く意識され、そのもとで維摩会出仕の学侶が先達として撰任されたということは、講衆の「講」に出仕する一つの目的が、維摩会出仕にあったということになる。維摩会に招請されることは、南都諸寺の学侶にとって大きな名誉であり、また僧綱昇進の条件でもあった。そこで世親講衆は「講」出仕により学功を積み、その実績を足掛かりとして、僧階昇進の階梯に配置された上位の「講」・「会」への出仕を目指したわけである。これは「依為去年倶舎三十講々師之所作殊勝、所預今年維摩竪義請也」(「倶舎論第九巻文義抄」奥書、『東大寺宗性上人之研究並史料』上)として、宗性がその倶舎三十講における講師の所作を評価され、維摩会竪者に招請されていることからも明らかなように、世親講に限らず他の諸「講」においても同様であったと考えられる(9)。

以上のように「東大寺続要録」仏法篇に拠りながら、諸「講」の創始と、学侶にとっての「講」出仕の意義について考えてきた。「仏法興隆」を標榜して始行された「講」は、出仕する学侶にとっては学功を積む場であり、この学功は、より上位の「講」・「会」に招請され僧階昇進を遂げるための前提であったわけである。そして寺僧にとっての「講」の存在意義は、論義・読経・講説・悔過などを軸に構成される「会」においても同様に確認されよう。

そこで実弘の修学活動や「講」における講衆の関わりを踏まえて、最後に学侶にとっての法会の存在意義について触れておきたい。

まず第一に、法会は修学の成果を顕示する場であるということである。前節で触れた通り、実弘撰述の「聖教」の一部が、法会（「講」）出仕を目的に作成されたことからも明らかなように、「修学功」が認められ法会に招請されると、出仕のための加行がなされ、その成果が法会の当座において顕示され、その出来によっては「諸方之称美、万人之感歎」という賞讃をうけることになる。

第二には、法会が学侶の修学の場それ自体であることがあげられる。新院談義講の一季三十五日にわたる「論義」・「談義」勤修はまさに修学そのものであろう。もちろん会日の長短にかかわらず、問答に参加しまた聴聞するなかで教学の理解が深められたわけで、これこそ貞慶が「勧学記」のなかで強調した「決択之庭、聴聞之砌」に参仕する「得分」ということになる。

第三には、法会は学功を積む場であることである。法会当座の所作を賞讃され、学侶としての学識の深さが周辺に認識されるばかりでなく、寺内で一定の位置を占める法会に出仕すること自体一つの実績であり、これが学侶の学功として積み上げられることになる。たとえば、嘉禄年中に宗性が、「且優修学功、且依公請労」り最勝講聴聞衆への勅請を請うた款状には、「依多年之労效、応去年之精撰畢、其後季御読経御論義等、亦以勤仕矣、凡十年之間、独累微功」として、十年にわたる「修学功」と季御読経出仕等の「公請労」を、自らの「学道労」つまり学功として掲げている（東図「婆沙論第一帙抄第一」紙背文書）。また寛元三年（一二四五）やはり宗性が、「依公請労、被転任権大僧都」ことを請うた款状にも、「勤仕最勝講々師・法勝寺御八講々師、倶五ケ度、乍積如此之労效、未浴一割之恩慈」として、最勝講出仕等の「労效」を積みながら、その「公請労」による「昇進之恩」に漏れたことを訴えている（『鎌』九―六四八六）。すなわち学侶は、永年の「修学功」を認められ法会に出仕して「公請労」を積むわけで、その折々に「修学功」「公請労」という学功が問われ、より上位の法会への招請や僧階昇進が許されることになるのである。そこで学侶にとっての法会は、自らの社会的立場の上昇を実現する条件と、学功を確保する場として認識されていたと考えられる。

第四には、法会は出仕した学侶に資縁を保証する場であることがあげられる。学侶の修学に主眼を置いた「講」の場合に、その出仕により下行される供料は決して潤沢ではない。たとえば、世親講では、饗膳が儲けられたほかに、先達・講衆は雑紙二束、講師・読師は各々三束・二束の加増を加え下行されており（「東大寺年中行事」）、また三論三十講では、「首尾五箇日、講衆十五人」に対して、能米五斗が下行され、とくに僧綱・已講には袈裟絹が加分として給されている（「東大寺続要録」仏法篇）。供料の多少はさておき、少なくとも法会出仕により下行される供料が、学侶の寺内止住を支える資縁となっていたことは確かであり、その下行を保証する条件として、法会は実質的な存在意義をもっていたわけである。

このようないくつかの存在意義をもつ法会は、学侶の修学と寺内止住に決定的な役割を果したということができる。すなわち寺内に居を占める学侶は、遁世により本寺を離脱せぬ限りは、修学活動の節目において、「労」「功」と表裏をなす法会と不可避的に接触することになる。これは寺家が存続することの証しが、物質的な堂宇・寺域よりも、「仏法」の伝持にあり、具体的には「仏法」を可視的に表現する法会の勤修にあると考えられるからである。寺内にある学侶は、寺家・院家の催す法会を避けて止住することはできず、このような立場に置かれた学侶が、定期的に勤修される法会を節目として自らの修学活動を進めたのも、当然の成り行きといえよう。そして「学問」と総称される学侶の修学活動は、「披読」「談義」と併せて「講」という場において進められ、それらの場ごとに多種にわたる「聖教」を生み出してきた。そして学侶により作成された多様・多量の「聖教」群こそ、法会を節目に進められる修学活動の痕跡そのものであるといえるのである。

第三節 「聖教」の撰述

実弘の撰述した「聖教」を手がかりとして、学侶による修学活動の具体的な方法、そして修学活動において法会が果たした教学的・社会的な意義という、「聖教」成立の背景について考えてみたわけである。そこで実弘撰述の「聖教」に今一度立ち戻り、学侶の修学活動との関わりから、「聖教」が撰述された目的、撰述方法とその形式分類について検討を加えることにする。

一 撰述の目的

「学問」と総称される修学活動のなかから、当面の法会出仕を契機に撰述される「聖教」と、教学修得を専一に撰述される「聖教」が生まれたことは先に確認したところであるが、その内容との関わりから、「聖教」撰述の目的について今一歩踏み込んで検討することにしたい。

まず第一に、もっぱら自らの教学修得（自学）を目的に撰述された「聖教」であるが、「倶舎論第十九巻三十講聴聞集」の奥書に記される、「願依此書写微功、漸解三科蘊界之性相、遂證五重唯識之奥旨焉」との文言から、書写の功徳として「五重唯識」の理解を得ることを願い、その基礎となる「倶舎論」の修得を目指すという意図が窺われる。このように具体的な目標を設けた修学により、その撰述・書写が行われていたことが知られよう。なお本書には倶舎三十講において行われる問答が列記されているが、これは実弘自身の「講」出仕を目的として書写されたものではなく、あくまで「五重唯識之奥旨」の證得を目的としたものであり、書写された「聖教」の内容と、その書写目的とは必ずしも一致しないことに留意したい。

第二に、法会出仕を目的に、その加行の過程で撰述された「聖教」として、建長二年（一二五〇）実弘が探玄記三十講々師として出仕のため、「華厳経探玄記第十五巻」より抄出した「探玄記第十五巻大慶抄」のように、自身の「答」の準備のための疏釈抄出があげられる。なお本書は、実弘が法会の事前に撰述した数少ない一冊である。また「拾明匠草案之詞、所注置之也」とあるように、先徳の手になる論義の「草」・「詞」や表白等を書写したものや（「内明因明雑論義抄」奥書、「春夏秋月抄」巻一、『東大寺宗性上人之研究並史料』上）、「凡此論義者、宗性之始所疑問也」（「倶舎論第十六七巻三十講疑問所得論義抄」奥書、同前）とあるように、疏釈の抄出により新たな論義題としたものもあり、職衆の所作や経験に応じてさまざまな内容と形式の「聖教」が撰述されたわけである。

第三に、法会出仕の延長上に位置するものであるが、自らの心覚えや後学への開示を目的として、出仕後に編集された「聖教」があげられる。たとえば、仁治三年（一二四二）、前年分の花厳宗三十講に講師として出仕した実弘は、「仁治二年分三十講、実弘問範承」として探玄記第七巻を「当處」とする講問論義の問答内容を記した「探玄記第七巻三十講為論義抄」（内題は「宗三十講疑問論義第七巻、仁治二年分、」）を作成している。これに類するものとして、嘉禎三年（一二三七）の花厳講から寛元元年（一二四三）の花厳宗三十講に及ぶ「講」に、問者・講師として出仕した際の問答（「短尺」）を記した「自宗学道疑問論義集」や、建長三年（一二五一）尊勝院四季講に問者として出仕した折の問答を記した「尊勝院四季講問答記」（内題は「四季講日記」）などが見出される。また宗性の撰述した「法勝寺御八講問答記」は、その奥書に「対面各々問者、乞置各々之論義之本調集之、少々之事所加潤色也、後覧之輩可哀其志而已」（『東大寺宗性上人之研究並史料』上）とあるように、法勝寺御八講における論義草を問者から入手し、これらを集記したもので、「後覧之輩」が強く意識されている。同じく宗性が弘長元年（一二六一）に尊勝院四季講の問者から「難答勘釈文」を取り集め撰述した「新四季講勘文抄」は、「是偏為開後学之恵解、所励当時之微功矣」という意図によるものである（東図（113/22/12））。つまり問答（「短尺」）を記す「聖教」には、単に撰述した学侶の忘備にとどまらず、重書として法流の後学に供するため撰述され相承されたものも存在したわけである。

このように「聖教」が撰述される目的として、自学・加行と教学継承という主要な柱があり、しかも撰述の目的と「聖教」の形式・内容とは必ずしも直接的に対応せぬこと、そして「聖教」が院家に「重書」として秘蔵される一因について確認することができた。

二　撰述の方法

「聖教」撰述の方法については、学侶の修学形態から、「披読」と抄出・書写によるものと、「談義」における「聞書」があることは、先に触れたところである。そこでやはり実弘撰述の「聖教」に拠りながら、その内容に対応して、いかなる方法により撰述が行われたのか考えてみることにする。

第一に、自学・加行等の目的を問わず、教学修得の過程において、経律論蔵やその疏釈、「明匠草案」や論義草を忠実に書写する方法があげられる。たとえば、「倶舎論第十四五巻三十講聴聞集」は、承久三年（一二二一）聖禅が書写した応保元年・建永元年分の「倶舎三十講日記」と、嘉禎三年（一二三七）良忠が作成した同年分の「倶舎三十講問答日記」を、実弘が建長三年（一二五一）に各々転写し合綴したものである。また仁治三年（一二四二）に書写された「大品般若経品目」は、品巻の経題名を列記したものである。このように先行の「聖教」の内容を尊重しながら、そのままに書写するわけで、当然のことながら作成者の個性が盛り込まれる余地は少ない。

第二に、経律論蔵やその疏釈等を「披読」する機会を得て、それらを一定の意図のもとに「至要之處少々抄出」し、

「抄物」として撰述する方法があげられる。寛元元年（一二四三）四月五日に、「於生馬文珠御前、自今日可披見此疏之由、愍敬白」した実弘は、同日のうちに東大寺西塔院において「四十華厳経疏」第一巻の「披見」・抄出に着手し、途中で笠置寺福城院等に移り第十巻までの抄出を続け、五月十四日に結願している。その間に撰述したのが「四十華厳経疏抄」（原表紙外題は「四十経疏一見日記」、内題は「四十経疏要文最略」）であり、その奥書に実弘は、「寛元々年五月十四日、申刻於笠置寺福城院結願之了、自去四月五日至今月今日、前後三十九ケ日也、此間或東大寺戒壇院、或笠置寺般若院幷福城院、於此両三處雖非不交余事、又無退掘《ママ》一部十巻一見已了、雖不得其義理、見読亦徳深、生涯思出何事如之」のごとく、三十九日間にわたる抄出の経緯と結願にあたっての感慨を書き加えている。実弘撰述の「聖教」のなかには、仁治三年（一二四二）に華厳教学の基本的な概念である「十身」「十仏」「六相」などを鈔記した「花厳大要鈔」、同年に「探玄記」などから実弘自身が感銘をうけた文言を引用した「銘肝落涙抄」、「建長元年六月廿八日、以東南院経蔵本抄写之了、右両ケ事、聊有所存急々馳筆了」として、「解脱禅師事」「海雲比丘住清涼山始事」の両条をめぐり「清涼伝」「広清涼伝」から要文を抄出した「管見肝心鈔」など、類似した聖教が少なからずみられる。[10]

第三に、編述というべき「聖教」作成の方法があげられる。たとえば、先にも触れた嘉禎三年に実弘が撰述した「自宗学道疑問論義集」は、自らが問者・講師として出仕した問答の「短尺」を、時代を遡って類聚したものであり、建長三年に撰述された「尊勝院四季講問答記」は、自ら問者として出仕した四季講における問答の内容について、出仕の後に編集したものである。このように法会出仕の後に、自らが唱えた問答の内容を編集するという「聖教」作成の方法がある。また嘉禄二年（一二二六）宗性は、「欲遂当年法城《ママ》寺竪義之間、局通対作二問、仍局通対抄物両三帖、借請定親已講之中、此書専可為亀鏡故、亦馳筆也」として、定親已講より「局通対抄物」を借用し、これを参考にしながら「法城《ママ》寺竪義」における論義題二問を作成している（「局通対抄」、『東大寺宗性上人之研究並史料』上）。このように論義会に出仕するに先立ち、自らの所作に用いるため作成される論義草には、単に先行する「明匠草案」等を書写したもののほかに、それらを基礎に個性の盛り込まれたものもあり、これも創意を加えた「聖教」作成の方法とすることができよう。

第四に、先学・師匠の教示や「談義」において交わされた問答の内容を、「聞書」として撰述する方法がある。これは実弘が撰述した「聖教」に散見されるもので、その修学に「談義」が重要な役割を果たしていたことを明示している。たとえば、仁治四年（一二四三）正月二十一日、実弘を含む九口の「結衆」により「梵網経疏文集」を用いて始行された「談義」は、「二月三日上巻奉読之了、同四日記之了」として、二月三日に終えた翌日にはその「談義」の内容が抄記され、同七日に中巻、同十一日に下巻を終えた後、「仁治四年二月十八日、申刻、於東大寺西塔院抄之了、未決事等是多、近日栂尾参籠之次、対舜林房必可散之者也」として、実弘の手により中・下巻分についての「談義」の内容が抄出されることにより「梵網経香象疏文集」が生まれた。この「談義」では、十重四十八軽戒について「梵網経疏文集」のなかから「文云」として要文を抜き出し、これを読師が読み上げた後に、講師役となる「上綱」による「答云」と、「結衆」による「尋云」「難云」という形で談義が進められる。実弘はこの「談義」で書記役として要文と談義の内容を抄記したわけであるが、文中には合点や削除の部分も混在し、いったん作成された「聞書」が「結衆」のなかで読み上げられ、内容の確認・訂正がなされたと考えられる。

以上にように、書写・抄出・編述・聞書という方法によって、学侶による修学活動の成果が、「聖教」という形に結実したことが確認されよう。

教学修得の依所として平安院政期以降に成立した「聖教」には、経律論や疏釈の本文を掲げ逐一注釈を加える形式のものと、本文中の科文による論義題をめぐり問答を列記する形式のものがあり、これらの抄出・書写による「聖教」もやはり同様の形式を踏むことになる。とくに因明では、「因明大疏」による注釈的研究と、「因明大疏」のなかの難問についての課題別研究があり、時代的には前者から後者に移行するといわれるが(11)、この傾向は因明にとどまらず、唯識や三論・華厳教学においても同様に確認される。そして実弘撰述の「聖教」にも見られるが、章疏釈の注釈形式と論義問答形式が併存し、しかも量的には後者が過半を占めることは、両様による修学形態の推移を反映したものであろうか。

三　「聖教」の形式

さて前述の目的と方法のもとで成立した「聖教」は、一見するならば「問」「答」の対応で記述される論義問答形式のものが大半を占める。確かに論義問答の集合体とも見える「聖教」であるが、それらが撰述される条件と、活用する学侶の意図が反映される全体の構成に目を向けるならば、いくつかに分類することが可能となる。そこで成立の条件を踏まえ、実弘撰述にかかる「聖教」によりながらその形式分類を試みることにする。

第一に、「疏釈」があげられる。経律論の注釈書としての「疏釈」は、経律論そのものよりも盛んに用いられていた。たとえば、延応元年に実弘が「纂要義断宝勝残義抄」を撰述した「談義」では、「因明大疏」(唐窺基撰述の「因明入正理論疏」三巻)が読み上げられており、この「聖教」が書写され「談義」の場に持参されていたことが知られる。

第二に、「論義草」(問答草、論義抄)があげられる。論義に出仕する講師・問者は、自らが唱える問答の「草案」をあらかじめ作成して会場に携えるが、この「草案」には問答の内容が、

問、当探玄記中、引涅槃経明与無明其性無二之文、爾者真妄相対明不二義歟、答、
両方、若非真妄相対之義者、明者是真理、無明者是妄法也、以之云無二、意非真妄相対之義哉、（下略）

という様な形式で「雙紙」に記されており（実弘撰述「華厳宗雑論義抄」）、これらは「短尺」（「短冊」）とも称されていた（同「自宗学道疑問論義集」第二）。[12] そして「雙紙」に記した「短尺」であれ、また実弘撰述の「探玄記第七巻三十講為論義抄」のように「短尺」を類聚・配列した「論義抄」であれ、いずれも「論義草」と呼ばれる。そして一対の問答を単位とする「短尺」を基本単位として、これらを類聚・配列し加筆して編集された論義草の集成（論義書）[13] など多様な「聖教」が作成されたのである。

第三に、「問答記」があげられる。この「問答記」と、「短尺」を類聚・配列した「論義抄」の相違は、前者が問答の記録を主眼とするのに対して、後者は問答内容のみならず会日や出仕した職衆名を記載しており、記録的な要素が濃厚であるということに見出される。たとえば、実弘撰述の「尊勝院四季講問答記」は、

（後補表紙）
「尊勝院四季講問答記
建長三年三月六日
沙門釈実弘」

四季講日記
客
講師頼尊得業　問者実弘法師
問、定境界色可通眼識所縁耶、答、不可通眼識所縁也、（下略）

とあるように、建長三年に尊勝院において勤修される四季講において、出仕した職衆と問答内容を記すもので、この

「講」の記録としての性格が確認できよう。ただし本書における問答を一見するならば、合点を付した要約や疑問点などが付記され、また文章には添削が加えられており、事後に編集され職衆の確認を経たものとも考えられる。なお論義に出仕して問答記を作成する職衆は「論義書」(14)と呼ばれた（「倶舎論第十四五巻三十講聴聞集」奥書）。

第四に、前述した撰述方法の第二に対応して作成される「抄物」があげられる。「抄物」は特定の「聖教」を「披読」して要文を抄出するもので、その形式は元本となる「聖教」の構成を踏襲することが多い。たとえば実弘は、「仏説虚空蔵菩薩神呪経」「虚空蔵菩薩経」「大集大虚空蔵菩薩所問経」と「観虚空蔵菩薩経」「虚空蔵菩薩念誦法」「求聞持儀軌」などを「披読」し、その内容を検討して、前三者から要文を抄出し「虚空蔵菩薩感応抄」を撰述している。その記述の形式は、

虚空蔵菩薩感応抄
仏説虚空蔵菩薩神呪経云、一巻経也、
爾時、世尊即挙右手告大衆言、虚空蔵菩薩爾従彼来而、此菩薩禅定如海、浄戒如山、智如虚空、精進如風、忍如金剛、慧如恒沙、（下略）

とあるように、引用される「経」等の文章を書き抜く形をとっている。また探玄記三十講への出仕のため撰述した「探玄記第十五巻大慶抄」では、

（原表紙）
「探玄記第十五巻抄出大慶　　建長二年書写之、
探玄記十五巻抄此巻九十二帖、　　沙門実弘」

問、付花厳経題目、晋経名十明品周経名十通品文、爾者通与明其義同可云耶、　答云、　左右不明、若云通与明同者、清冷〔涼〕大師就通与明経論皆異述、（下略）

として、問答の形式が踏襲されながら、一帖ごとの論義題について、「四十花厳」「六十経」「八十経」「長阿含」「玄記」「疏」「清涼疏」「五教章」「智論」「起信論」「孔目」など「華厳経」以下の経論とその疏釈からの抄出が書き列ねられている。このように経律論や疏釈、さらに多様な「聖教」から抄出されて生まれる「抄物」は、「論義草」と並び学侶の修学のなかで数多く作成され伝来することになった。

第五に、撰述方法の第四に対応して作成される「聞書」があげられる。「聞書」は先学・師匠から教示された内容を書き留めたものや、また前述の「談義」のなかで交わされた問答を引き付けたものなどがあり、当然のことながら形式が一定しているわけではない。たとえば、建長六年（一二五四）七月三日より翌月まで、東大寺知足院において「談義」が催され、「心地観経疏要文抄」が撰述された。本書において、「談義」がいかに記載されているかを見るならば、

七月十三日、第二巻談始之、
大比丘衆得名縁起等事大阿羅漢等、
菩提薩埵尺名事　歎菩薩徳意趣事　一生補処事
道場事
文云、言道場者、○出世道処名為道場、於中分別有真有応、菩提樹下得道之処、名為道場、是其応也、実行出世菩提功徳説為道場、是其真也、真中通局第十地中有一荘厳道場、三昧観生仏徳説為道場、是其局也、一切行徳出世菩提名為道、是其通也云々、

とあるように、「大乗本生心地観経」第二巻をめぐる「談義」は「大比丘衆得名縁起等事」より始められ、以下の科文は読み上げられるのみで、実際の「談義」は「道場事」をめぐって行われた。「道場事」について、まず「文云」として「疏」文が読み上げられた後に、その「疏」文をめぐる「談義」がなされた。本書では「疏」文そのものは省略され、「談義」の結論としての「疏」の抄出が中略部分（「○」）の後に記された。本書では、「談義衆」の応酬が細々に記されることはないが、先に触れた「梵網経疏文集」のように、「尋云」「難云」として記載されるものも見られる。なお先学・先師から伝授された内容を記す「口伝」も、その成立の経緯を考えるならば、この「聞書」に含まれるものであろう（東図「法差別口伝」（104-212-1）、「有法差別聞書」（104-214-1））。

このように撰述された「聖教」は、その成立条件を勘案して、疏釈・論義草（論義書）・問答記・抄物・聞書に大略分類することが可能となる。

以上、本節では「聖教」について、その成立条件を考えながら、撰述の目的、撰述の方法、そしてその分類について考察した。そして学侶の修学という場において、具体的な役割を果たした多彩で多量の「聖教」に対応するための枠組を、ここに設定したわけである。

おわりに

寺院社会を考察する上で疎遠な素材とされてきた「聖教」について、特に鎌倉時代の東大寺学侶実弘が撰述したそれらに注目しながら、学侶による修学活動の場を踏まえ、いかなる条件のもとにいかなる形式の「聖教」が撰述されたのかを考察したわけである。

南都・北嶺の諸寺には多種・多量の「聖教」が伝来しており、それらのうちには、鎌倉旧仏教と呼ばれる八宗の教学復興を象徴するものも少なくない。本章において再確認したように、多量の「聖教」は学侶による教学修得のなかで生まれたものであり、しかも修学の多様な形態を反映して多彩な形をとった。これら「聖教」が寺院社会において果たした機能を再確認し、成立の経緯を踏まえたそれらの性格・形式・内容、そして他種の寺院史料との関わりを明らかにすることにより、従来はもっぱら特定の僧侶の事績と著述に拠って評価されてきた鎌倉旧仏教の興隆を、広く寺院社会という平面のなかで層として具体的に捉えることが可能となるはずである。本章はその前提的な作業として、「聖教」を活用するための基本条件を明らかにすることを目指した。

鎌倉時代の東大寺において創始された多くの「講」は、それらを催す寺家・院家にとっては勤修自体が仏法興隆であり、しかも「学問」を事とする学侶にとっても修学の成果を顕示し、教学修得と学功・資縁を獲得する場であった。そして学侶は「講」への出仕を契機として数多くの「聖教」を撰述するわけで、教学復興の指標としての「講」の隆盛が、多種・多量の「聖教」の成立と表裏をなすことはいうまでもない。このような法会（「講」「会」「談義」）出仕を節目として進められる学侶の修学活動のなかから、自学・加行や教学継承を主要な撰述目的として、書写・抄出・編述や聞書作成という方法により、疏釈・論義草・問答記・抄物・聞書に大略分類される「聖教」が成立したことを確認することができた。そして「聖教」を撰述する目的・方法とその形式という要素が相互に組み合わされることにより、多様な「聖教」が生まれたのである。このような結論を出発点として、「聖教」へ接近を図るとともに、法会をはじめとする寺院社会のもつさまざまな側面に、寺院史料の有機的な活用が可能となろう。

ただし本章においては、実弘撰述の「聖教」を考察の主要な素材としており、その結論が、南都はいうに及ばず東大寺において生まれた「聖教」一般に即座に適用できるとはいいきれない。実弘とは異なる修学形態と修学対象のなかから、異質の「聖教」が生まれることは当然考えられる。しかし実弘撰述の「聖教」を通して明らかにした「聖教」活用の大枠を拡充し、生み出された場と活用された意図を共有する寺院史料との併用によって、より具体的な修学活動の有様と史的な意義を解明することが可能となるのではなかろうか。

注

(1) 真言密教においては、とくに事相に関わる次第や印信の類を総称して「聖教」と呼ぶが(たとえば、「勧修寺大経蔵聖教目録」、「勧修寺慈尊院聖教目録」など)、本書における「聖教」は、より広い意味での教学史料をさしている。

(2) 「学侶」の性格と寺内における位置については、拙稿『中世東大寺の組織と経営』第三章第一節「寺内諸階層の形成」参照。

(3) 拙稿「『法会』と『文書』―興福寺維摩会を通して―」本書Ⅱ第一章所収。

(4) 東大寺図書館に架蔵される史料は、古文書と経巻聖教記録類に大別され、各々に目録が作成されている。古文書目録は重要文化財指定にあたり奈良国立文化財研究所により『東大寺文書目録』全六巻として刊行されている。経巻聖教記録類目録は未刊であるが、蔵書をおおむね巻子・冊子とその他に三分し、巻子については古写経・古版経・巻子本(華厳・三論等に細分)と宗性・凝然両師図書目録に、冊子については古写本・古版本、法相・律・華厳・倶舎・起信論・三論・因明部、雑部、記録部と、宗性・実弘両師図書目録に、その他は地図・拓本・次第本・影写本・写真・薬師院文庫目録に細分類している。形状により大別し、内容により細分する分類方法は、管理上きわめて有効であり、内容により細分化する柱は、「八宗」の「聖教」を分類する上で、示唆に富むものである。しかし成立条件を共有する一件史料のまとまりが伝来の過程で崩され、管理・保存のため形状・内容にしたがい分類されて別個に配架され、その結果として史料としての活用が大きく制約されていることも事実である。このような理由から、管理・保存のための目録を基礎として、寺院社会の構造と存続の特質を踏まえた、二次的な史料分類が必須とされることになる。たとえば「法会」は、寺院社会の存続に不可欠な要素であるだけに、史料を再分類する柱として有効と考えられる。本章における「法会」と「聖教」の関係の検討は、ある共通の要素により史料を類聚し再評価を加えようという試みの一つである。

(5) 貞慶の「勧学記」に類した学侶の修学を律する規範として、南都以外であるが、「阿留辺幾夜宇和」との内題をもつ「高弁日課表」（『鎌』六―四二六三）、「或真言、或経巻、或御暗誦、或御思惟、学問之本懐、智行之根本也」とする「慈円日課注文」（同前五―三四一二）や、「俊芿夏中修学排文」（同前四―二五一〇）などが見出される。

（6）ここで触れた「談義」という修学形態は、興福寺において唯識論修得のため、その綱要について講師・問者を中心に訓読・問答がなされる「訓論」という修学形態と類似すると考えられる（「唯識訓論日記」『大正蔵』六六巻所収）。

（7）前節で触れた実弘が参加する「談義」と、「講」「会」との異同であるが、いずれも複数の学侶により教学研鑽が行われることには変わりはないが、前者が学侶の私的な修学の場であるのに対して、後者は寺家・院家の主催に関わりなく、寺内では年中行事に列記される公的な修学の場であり、出仕により学功が認められることになる。

（8）談義講において催される「談義」とは、講師・問者との間で交わされる「講問」という一定の形式をもった問答とは異なり、実弘が教学修得の場とした「談義」と同様に、「宛文」をめぐる「疑問」解明のための議論応酬であろう。

（9）世親講の創始と運営、そして学侶の法会出仕と僧階制については、前掲拙著第三章第二・三節参照。

（10）抄物を撰述するにあたって諸疏釈の選択等の方法については、拙稿「醍醐寺所蔵『局通対略文集』紙背文書」（『醍醐寺文化財研究所紀要』七号）参照。

（11）武邑尚邦氏『因明学―起原と変遷―』第二章参照。

（12）実際の論議における、「一問」「二重」・「三重」・「四重」・「精義重」という問答往復の内容を逐一記したものも「短尺」と呼ばれる（東大寺図書館所蔵「法差別短尺」（104/213/1）。なお維摩会において用いられた「木短尺」については、高山有紀氏『維摩会寺務方故実記（興福寺所蔵）」（『中世興福寺維摩会の研究』所収）参照。

（13）本書Ⅱ第三・四章参照。

（14）「論義書」は「ろんぎがき」と呼ばれたと思われ、論義会における問答の内容を記録する書記役である。なお注（13）で触れた論義草の集成としての論義書とは意味を異にする。

Ⅱ 法会の史料・修学の史料

第一章　法会と文書——興福寺維摩会を通して

はじめに

古代・中世の寺院社会が存続する過程で、多種多様かつ庬大な史料がつくりだされ、そのわずか一部が今日に伝来する。寺院社会は世俗勢力との密接な関係を保ちながら盛衰を遂げたわけで、その活動の所産ともいえる寺院史料も、寺院社会に固有の宗教活動から世俗社会における活動に及ぶ幅広い内容を伝えることになった。しかし従来の研究において、寺院社会に特徴的な組織・階層や多様な活動などに配慮しながら、寺院史料が体系的に活用されたとは言いがたい。つまり寺院社会を包含する世俗社会を考察するための素材として両者の接点に生まれた寺院史料が、また寺院社会の組織や活動を検討する素材として寺内の史料が、個別に抽出・活用されてきたにすぎない。

未整理の寺院史料を採訪するにあたり最初になすべきは、個々の史料にその性格を端的に示す史料名の付与を出発点に、いかに分類を施し配列するかということである。すなわち史料名を与えるということは、史料のもつ特徴的な性格の認識であり、史料の性格づけによって初めて分類が可能となろう。

さて寺院史料を分類する最も簡略な柱は、古文書・古記録・経巻・聖教・典籍である。寺院史料採訪の場では、伝来の現状を尊重しその枠内で、ときにはその枠を超えて、おおむね差出・宛所書をもち捲・続紙・巻子の形態をもつ古文書と、おおむね表紙・外題・内題・尾題と奥書をもち巻子・冊子の形態をもつ非古文書に大別する。寺院に伝来する古文書は、公式様・公家様・武家様のものから寺院社会固有の寺社様ともいうべき形式にわたり、その内容も世俗に関わるものから寺内固有の世事・法儀まで多彩であり、形式・内容により細分類が可能となる。また非古文書の一群も、その記載内容に従って、寺務から法会などにわたる寺内の世事を記した古記録、経・律・論蔵を記す経巻、仏菩薩・覚者・先徳所説の疏釈・抄出や法儀の次第・唱文・論義草を記す聖教、そして外典としての典籍に分類することができる。さらに古記録はその記主や内容によって寺務日記・衆議引付から法会日記まで、聖教類はその成立・役割・出典・宗により疏釈・論義草・問答記・抄物・聞書や儀軌・次第に細分化することが可能である。このような分類と配列の成果としての史料目録は、現存史料の保存・管理と、その伝来状態の形態・形式・内容の概観を容易にするはずである（1）。

しかし右のような史料個々のもつ個性を重視した分類方法による限り、史料が成立する過程はほとんど考慮されぬわけで、同一の場で生まれながら異なる形態・形式や記載内容をもつ史料は、全く別の分類のもとに置かれるという不都合がおきる。つまり形態・形式・内容を指標とすることは、たしかに最も現実的で有効な寺院史料の分類方法ではあるが、史料に固有の機能を付与する成立条件が考慮されていないことに留意すべきではなかろうか。もちろん史料採訪の場では、個々の史料についてその形態・形式・内容により分類を施し、調書・目録をとることが優先されるわけで、史料群全体の性格と史料成立の条件を踏まえた分類と史料個々の評価を行うことは事実上不可能である。とはいえ形態・形式・内容を指標とする分類方法を第一次的な分類とし、これを前提として、個々の成立条件からの再分類という第二次的な分類を試みることは、伝来した厖大な寺院史料の活用範囲を拡げ深める有効な手段となるはずである。

古文書・古記録・経巻・聖教・典籍という分類の柱をもつ寺院史料に、成立条件を重視した再分類を試みるとするならば、即述のとおり、はなはだ経験的で明確な史料的論拠が提示できるわけではないが、寺院社会が存続する要件としての造寺・造仏、教学・法会、僧団・師資、寺務・所務、信心を、分類の主要な柱に措定することができよう。

寺院社会は仏・法・僧という構成要素により成立し存続すると考える。そして寺院社会に特有の空間を象徴する建造物、この建造物を仏堂とするために安置される仏像・仏画、これ等を造立し維持するのが修造であり、寺院という場で師資という社会関係を媒介として継承される仏法の多彩な表現こそが教学、この教学の表出として寺院社会の宗教的機能を象徴するのが法会、法会と教学を実質的に修学・所作の両面から支えるのが寺僧集団（僧団）と寺僧の師資、寺院社会の宗教的機能を恒常的に支えるために不可欠な社会的・政治的・経済的な諸活動が寺務・所務、そして宗教活動を担う寺院社会が世俗社会のなかで存続する大前提としての信心ということになる。このような寺院社会の存続に不可欠な諸活動は、そのなかで史料が創出されたことから、必然的に寺院史料を分類する柱となるわけで、それらの柱のもとで多数の寺院史料が機能したといえる。そこで寺院史料が成立する経緯と機能を前提として、形態・形式・内容を考え併せながら史料個々に名称を与える作業こそ、寺院史料の第二次的分類の端緒ということになる。

そこで本章は、寺院史料の再分類の柱の一つとして掲げた法会を取り上げ、その勤修の過程でいかなる史料がいかなる機能を負って作成されたか、主に古文書に焦点をあてて考えてみることにする。なお南都の寺院社会と教学に重要な役割を果たした興福寺維摩会をめぐる鎌倉時代から室町時代に至る史料を具体的な素材として、その勤修の過程で発給された多様で特徴的な古文書を参照し、その呼称に注目しながら、個々の古文書と文書群が成立する経緯と機能について検討を試みることにしたい(2)。

第一節　法会と職衆

興福寺大乗院門跡の尋尊は寺務の手引を撰述し、これはのちに大乗院信雅等により書写され「尋尊御記」と称された（東史謄写本）。この尋尊御記には、南都七大寺の次第、興福寺創建の由緒と異称、興福寺・春日社の諸堂宇と年中行事、興福寺の寺職と別当補任の手続き、別当が管掌すべき寺領と寺職、寺内院家の階層や寺僧の僧階と昇進次第などのほかに、冊の大部分を割いて、寺内の主要法会の勤修にあたり別当が発給すべき文書の書様、法会の次第や由緒が記されており、興福寺内の儀礼・組織・制度について具体的な有様を知る上で注目すべき史料といえる。とりわけ維摩会について、勤修の前提となる職衆の構成や招請の手続をめぐる記述は詳細にわたり、本書を参考にしながら、維摩会の創始と次第を踏まえ、いかなる職衆が法会を支えたのか、そして法会勤修の過程でいかなる形式・名称の文書が発給されたのかを概観してみたい。

まず維摩会は、

一維摩会十二大会之内、始之、（十月）十日、七ケ日、於講堂修之、竪者六口、
　藤氏大祖大織冠御忌日也、四ケ本寺・七大寺参勤、日本第一法会也、延年在之、

とあるように、藤原氏祖鎌足の忌日供養として勤修された興福寺「十二大会」の一つであり、「四ケ本寺」（四箇大寺）をはじめ南都諸寺の寺僧が参仕し延年を伴う「日本第一法会」と認識され、十月十日より七ケ日を式日に講堂（維摩堂）を会場として開催されることになっていた。

「維摩経」の講説により治癒を得た鎌足が、斉明天皇三年（六五七）に創始したとされる維摩会は、「中臣鎌子（鎌足）、於山科陶原家屈請呉僧元興寺福亮師、後任僧正、為其講匠、甫維摩経奥旨、其後天下高才海内碩学相撰請用如此」（「扶桑略記」）とある通り、碩学が「維摩経」の奥旨を講演する講経会として勤修されたと伝えられる。

のちにいくどかの廃絶を経ながらも鎌足忌日の法会として再興された維摩会は、本願である藤原氏の発展を背景に、忌日供養という機能にとどまらず、律令国家による僧階制を支える法会として存続した。承和元年（八三四）の太政官符の、「応維摩会立義得第僧等、依旧請為諸寺安居講師事」（「類聚三代格」巻二）との文言から、これに先立って「竪者」による「立義」（竪義）が勤修されていたこと、そして「得第」した竪者（竪義者）を「諸寺安居講師」に任じた制度の存在が知られる。また「凡興福寺維摩会、（中略）其竪義者、探題試之」（「延喜式」巻二一）とあるように、竪者への課試は探題が行うことと規定されていた。すなわち維摩会における主要な所作と考えられる、講師による講経と竪者による竪義論義は、すでに平安前期には確立していたわけである。なおこのほかに、維摩会に下向する勅使への饗応として催される勅使坊番論義は、承平七年（九三七）に創始されたとされ（「尋尊御記」）、尋尊の時代に勤修されていた維摩会の骨格は、少なくとも平安中期には完成していたと考えられる。

平安時代の維摩会は僧階制を支える課試制度のなかに位置づけられ、承和元年（八三四）には、維摩会講師を翌年の宮中御斎会・薬師寺最勝会講師に順次請用することとされ（「続日本後紀」承和元年十二月十五日条）、これら南都三会の講師の「労」が僧綱昇進の条件として定められたのである（「釈家官班記」）。また斉衡二年（八五五）、諸国講・読師について、講師五階として〈試業―複講―維摩立義―夏講―供講〉、読師三階として〈試業―複講―維摩立義〉との課業次第が定められ、各々の階梯をとげたものから講・読師が補任されることになった（「類聚三代格」同年八月廿三日太政官符）。ここで維摩会竪義は五階・三階の第三に位置づけられ、諸国読師もしくは諸寺安居講師（夏講）の撰任条件とされたわけである。このように維摩会は、藤原氏祖の追善供養としての機能とは別に、南都・北嶺とりわけ南都の寺僧にとって、その僧階昇進のための課試という機能をもつ、南都では特別な法会として継修された。

以上のような由緒と機能をもつ維摩会は、必ずしも例年十月十日を開白とするわけではないが、「七ケ日」にわたり南曹弁等が任じられる勅使の下向をうけて、講師・竪者以下の職衆の出仕により勤修されていた。そこで維摩会の次第を、おもに鎌倉時代から室町時代の記録・聖教類（内閣文庫所蔵「興福寺年中行事」、広橋家所蔵「維摩会探題用意記」、興福寺所蔵一六函二九号「三会勘例」、同四号「維摩会類聚次第」、東図「維摩会竪義問答記」・「維摩会遂業日記」）に依りながら確認しておきたい。

まず法会に先立って、勅使坊において「闕請」が行われる。維摩会勅使は、あらかじめ興福寺が上進していた「先奏一通、十聴衆文一通、当年竪者間定文二通、年分度者文一通、宣旨聴衆幷当年竪者書下一通」を携えて下向する（「経光卿維摩会参向記」『東大寺宗性上人之研究幷史料』所収）。これらの文書と出仕職衆の交名を対校し、とくに職衆の欠員については、ただちにその補充をするための請定（「当日請書」）が発給される。この儀式が「闕請」と呼ばれた（興福寺所蔵一六函四号「維摩会類聚次第」）。

法会の開白は、集会鐘を合図に集会した興福寺別当以下の聴衆が、勅使ともども引列して会場の講堂に至り、聴衆は入堂し、勅使と氏長者使である有官別当等は堂前の座に着くことから始まる。聴衆は入堂作法を行い着座・惣礼し、別に入堂した講・読師が高座に登ると、唄師の発音、散華師と四床聴衆による散華、散華師を先導する衆僧の行道が続く。これらが終わると初日朝座の主要な法要である講経・論義が行われる(3)。この所作を終えた講・読師が退出すると、行香・呪願・三礼の後に聴衆も会場より退出し、朝座の次第を終える。さらに朝座より二刻を経て集会鐘により夕座（暮座）が催され、おおむね朝座と同様の次第が進むが、講・読師による講経・論義が終わると、探題が着座し、退出する講・読師に代わるように勅使が堂前から堂内の座に移り、竪者による初夜の竪義論義が始まる。探題が準備した短尺箱より因明・内明各五題の論義を記す短尺を取り出した竪者が、これを読み上げ高座に登り表白を読み上げた後に、問者との間に問答が行われ、各問ごとに精義者からの講評と探題からの合否を示す「得略」が下されて竪義論義の所作は終わり、勅使・聴衆が堂内を退出し、初日の次第をすべて終える。

第二日より第五日までは、初日と同じく、各日ごとの朝・夕座の講問論義と、第二夜から第五夜までの竪義論義が勤修される。

ところが第六日は例日といささか異なり、朝座が恒例の通り終了した後、時をおかず夕座が始められる。朝座を終えた勅使・講読師・聴衆は、いったん退出して講堂周辺を「徘徊」してただちに講堂に戻るが、この行動を「嘘帰」(「空帰」)と呼ぶ。夕座の所作が終わると、再び「嘘帰」が行われ、勅使・聴衆は金堂試経のために金堂に向かい、堂前に設けられた座に着する。すでに維摩会に先立って、維摩会において「所司労」「十僧労」「僧綱労」「五師労」「研学労」という労功を果たすことになる興福寺僧が、これに先んじて「沙弥先奏」を奉呈し年分度者を賜ることを申請している。これが承認されると、「沙弥先奏」に記された師僧が沙弥の名字を記した「試経度者送文」を注進する。そしてこの日に注進された五人の沙弥への課試が金堂において行われ、この儀式を金堂試経と称するのである。本来は職衆への勧賞という意味をもっていたと推測される金堂試経は、少なくとも平安院政期の維摩会にその存在を確認できる(『類聚世要抄』巻一七)。ただし度者の試経という機能を果たす金堂試経は、少なくとも鎌倉時代には、「度者送文」に沙弥名を「作名」(「作り名」)で記載するとの規定があることからも(内閣文庫所蔵『興福寺年中行事』)、実体を伴う得度儀式ではなく形式のみをとどめたと考えられる。しかし職衆への勧賞ともいうべき年分度者の付与が、なにゆえに次第として維摩会のなかにのこり後世まで存続したのか、その理由は明らかではない。(4)

また第六日の金堂試経の後に、いま一つ特別の行事として、すでに平安中期から勅使への饗応として維摩会に組み込まれていた勅使坊番論義が催される。金堂試経の後、「別当房非時供」として別当坊に饗膳が設けられ、ここに勅使等は座を移した後、番論義への出仕が案内される。「別当房非時供」と一体としての番論義は、興福寺別当が門跡である場合は別当坊を、凡人である場合は勅使坊を会場とし、勅使・有官別当をはじめ興福寺別当・僧綱・講師の出仕を得て、成業二人を含む十四人の論匠が勤仕するもので、まず勅使への献盃が行われ盃は別当・講師・論匠に廻り、この後に七双を限りとして番論義が行われ、これを最後に第六日の行事は終わる。

結日として第七日は、例日の通り勅使・聴衆と講・読師が着座すると、講師により講経として「後料簡」と「結願文」が読み上げられ、講問論義はないままに訓廻向（薫廻向）が行われた後に講・読師は退出し、勅使・衆僧による行香などと進む。結日は講問論義のない朝座のみであり、夕座もまた竪義論義も行われない。

さて結日には、例日と異なり法会結願のための作法が行われる。朝座における講師の所作と併行して、注記などの手で竪者の「得略奏」と法会への職衆出仕を上奏する「講師・聴衆後奏」、さらに次年の十聴衆撰任を求める「一床先奏」に、出仕した探題・僧綱の署判がとられる。また職衆のなかで先臈というべき一床聴衆が堂内で会合し、明年の講師を撰任する「講師之挙」を、「私語」（「ササヤキ」）によって密やかに行う。この後、別当と出仕僧綱は講堂の後戸において平袈裟を着すると、勅使ともども食堂細殿に向かい、この細殿において「取鉢」と称される布施取が行われる。細殿内に別当・聴衆が着座すると、勅使・有官別当と氏人は「飯鉢」と布施物を別当以下の座前に捧げる。またこの細殿において、興福寺別当は勅使に「私語」により選ばれた次年の講師を推挙するが、これは「細殿之挙」と称された。なお「講師之挙」のための一床聴衆による「私語」は、元来は細殿において行われていたようである（内閣文庫所蔵「興福寺年中行事」）。

以上が「七ケ日」にわたる次第の概略であるが、維摩会は、初日から結日まで講・読師によりつとめられる講経、初日から第六日まで朝夕両座で講師・問者によりつとめられる講問論義、初夜より第五夜まで竪者・問者により勤修される竪義論義という例時の法要と、第六日の金堂試経と勅使坊番論義という付加的な法要、これらに加えて結日の「講師之挙」「取鉢」など付帯の作法から構成されていたことが確認される。

そこでこれらの次第に出仕する職衆について、その果たす役割と撰任という側面から概観することにしたい。まず維摩会の勤仕全体に関与する職衆として、探題・聴衆・会始・注記をあげることができる。

専寺・他寺の両職が置かれる探題は、専寺・他寺にわたる竪者に因明・内明の問題を出し、問答に判定を下す職衆として平安前期に登場するが（「三会定一記」巻一）、平安中期からは事実上の法会主催者である興福寺別当が専寺探題に就くことが常例とされ、またしばしば他寺探題をも兼ねることにより、自ずから法会を統括・主導する役割を果たすようになった(5)。探題は長者宣により招請され、興福寺別当が専寺・他寺探題をつとめる場合はとくに撰任の手続きはないが、別当が専寺探題のみの場合、もしくは事情により両探題を勤めぬ場合には、あらかじめ別当が「理運」の人躰に「宣下」を求める款状を促し、自らは挙状を副えることになる（「尋尊御記」）。このように別当が探題をつとめることにより、おのずから探題が維摩会開催に関与する分野は広くなり、多様な文書が探題から発給されることになるが、これらが探題としてのものか別当としてのものか、にわかに区別しがたいことも多い。とはいえ探題が竪者の竪義論義に深く関与することは、中世においても変わることはない。

維摩会職衆の大勢を占めるのが聴衆である。聴衆は単なる聴聞衆ではなく講・読師を除くすべての出仕職衆であり、このうちから講問・竪義論義における問者・精義や番論義の論匠を勤めることになり、探題や後述する会始・「三口綱所」もこれに含まれる。聴衆は四十口を定員とし、「四十口丁衆之内、一床十口、各僧綱也、東大寺八口、薬師寺二口、法隆寺一口、綱所三口、散花師一口、合二十五口者定請僧也、残十五口、専寺丁衆也」(「尋尊御記」)という構成であり、堂内の一床から四床までに十人ずつ列座する。この聴衆のうち、堂内の一床に列座する十口の「一床聴衆」は「十聴衆」とも呼ばれ、「当会根本丁衆」として草創時からの定員という由緒をもち、両門跡・良家を含む僧綱のうちから、その交名が「聴衆先奏」として事前に奏上され招請された。先に述べた次年の講師を推挙するのは、この「一床聴衆」である。また東大寺・薬師寺・法隆寺から請ぜられる「他寺聴衆」に対し、興福寺僧の已講・擬講・成業が年﨟次第に請ぜられるのが「専寺聴衆」であり、前年に竪義を果たした遂業(已業・得業)は「還聴衆」(「帰聴衆」)として必ず招請され、連年にわたり請ぜられる聴衆を「古聴衆」と称した。もし「一床聴衆」の出仕口数が減る場合、その員数分だけ「専寺聴衆」の員数を増やし、その分が専寺の「古聴衆」から一床に補充されることになっていた。またこの補充された「東寺聴衆」は、所作を課されないことから「隠密聴衆」と呼ばれた。なお中世の維摩会において、聴衆は「十聴衆交名」・「専寺聴衆交名」・「他寺聴衆交名」に従い興福寺別当が招請するものであるが、形式的には惣在庁により僧綱発給の請定が作成され、聴衆の欠員補充のための儀式である「闕請」の場で請定が発給されていた(東史「維摩会注記之日記」)。ところが聴衆のうちに、三・四口を限り宣旨による招請されるものがおり、これを「宣旨聴衆」と称した。この「宣旨聴衆」には、東大寺の良家と興福寺の良家・住侶で、前年に竪義をつとめたものが請ぜられた(「尋尊御記」)。このように聴衆には、学功・僧階・役割・由緒によりいくつかの階層と呼称が設けられており、これは聴衆が維摩会においていかに不可欠な存在であるかを示唆している。このほかに、法会開白に関わる会始には、前年もしくはそれ以前に講師をつとめたものが探題により招請され、また探題のもとで所作・世俗にわたる文書を発給する注記をはじめ会奉行としての「三口綱所」や、俗役として雑務を負う行事小綱・算主・堂達等も探題から撰任され、とくに注記については長者宣が発給された(「尋尊御記」、広橋家所蔵「維摩会探題用意記」、興福寺所蔵九函一号「維摩会引付」）。

次に講経・講問論義・竪義論義・金堂試経・勅使坊番論義に関わる職衆について考えてみたい。

まず講経は、聴衆とは別に招請される講師・読師により勤修され、維摩会の起源となった維摩経について、読師が読み上げた経題名に従って、講師が維摩会表白（維摩会縁起）に記される経釈を読み上げるものである。講師は講経に引き続き講問論義をつとめるわけで、維摩会根本の職衆として所作の上では法会の中核的存在といえよう。しかし会中連日に所作を果たすべき講師は、教学と世俗の両面で大きな負担を強いられることになる。この講経を行う講師は、探題と同様に長者宣により撰任される。前年の「一床聴衆」の「私語」により、研学竪義を遂げ問者を勤仕した聴衆のなかから「理運」により推挙された人躰は、興福寺別当の挙状を副え、「宣下」を求める款状を呈し、講師に請ずる長者宣を受けるのである。この長者宣をうけた講師つまり擬講は、ただちに「心加行」「正加行」をはじめ、毎日講を勤めて論義に備え、また「社頭大廻弁入堂」を行い無為の勤仕を祈願する。この加行と併行して、講師の所役や講師坊の経営を支える数多くの奉行人を任じるための廻文や、講問論義において講師が手にする五師子如意を東大寺東南院から借用するための請文が、講師のもとから発給される（興福寺所蔵一六函二号「維摩会講師記」）。講師坊に拠り多くの奉行人に支えられた講師は、その所役を果たすと已講・遂講と呼ばれ、本来ならば御斎会・最勝会の講師に請ぜられ僧綱に昇進するわけであるが、中世においては他の二会の廃絶に伴い、ただちに僧綱を許す長者宣（已講宣）を受けることになる（「文明七年維摩会講師方条々」）。また講経に講師と対で出仕する読師は、興福寺権別当・供目代の沙汰として三綱所司もしくは東西両金堂衆のうちから撰任された(6)。

講問論義は、初日朝座より第六日夕座まで十二座にわたり、各座ごとに因明・内明各一問について、探題によりあらかじめ聴衆のなかから指名された問者十二人が、講師と問答を交わすもので、講師は問者への返答を行うさいに、聖宝以来の由緒をもつ五師子如意を手にする定めであった（興福寺所蔵一六函二号「維摩会講師記」）。この講問論義における講師名・問者名・問題は、「論義書」と呼ばれる二人の書記役の手で「維摩会日記」に記録され、後代の講師・問者により参照されることになる（東史「維摩会講師坊引付」）。なお講師は結日の所作を終え講師坊に戻ると、歴代書き継がれた「長帳」に、「文保元年丁巳十月十六日講師権少僧都法眼和尚位覚―《尊》法相宗、興福寺」との形式で自らの名字を記し（興福寺所蔵一六函五号「維摩会御講師引付」）、また同様に講師坊の南長押に掲げられる「講師札」（「遂講札」）にも同様に記した。この「長帳」と「講師札」に記された名字により、遂講という学功が後世まで伝えられることになるが、遂講を遂げた僧への制裁の一つとしての「遂業講次第札」を削るという行為は、遂講者にとっての名字を記す重大な意味を暗示しよう（「三会定一記」第二）。

次に初夜から第五夜まで五夜にわたり催される竪義論義は、竪者の申告に基づき探題が与えた因明・内明各一問計十問について、問者（「竪問」）五人が次々に竪者と二問ずつ問答を重ねるもので、この問答に講評を加える精義者が一人加わることはすでに触れた。鎌倉時代以降の竪者には、「研学」「寺分」「加任」の三様があり、各々、興福寺僧、薬師寺・元興寺僧、東大寺・法隆寺・大安寺僧に配分されることになっていたが、現実的には「寺分」も興福寺僧により、「加任」はほとんど東大寺僧によって占められており、竪義は実質的にはこの両寺僧によって勤修されていたといっても過言ではない（「維摩会講師研学竪義次第」）(7)。前掲の「尋尊御記」に「六口」と記される三様の竪者の員数は必ずしも一定しないが、初夜から第三夜までに「研学」「寺分」の竪者が、第四・第五夜に「加任」の竪者が出仕することになっていたようである。また竪者はその本寺に関わりなく、長者宣により招請され、併せて僧綱からの請定が発給されることになっていたが（興福寺所蔵一四函一号「維摩会引付」）、「研学二口」分の興福寺僧については、研学竪義が結願した時点で、別当の求めに応じて勅使が翌年の竪義招請の長者宣を発給している（興福寺所蔵九函一号「維摩会引付」紙背文書、「尋尊御記」)。なお興福寺僧が「研学」竪者に請ぜられる条件として、すでに平安後期には方広会・法華会・慈恩会の竪義を果たした「三得業」となっており、(8)この「三階業満足」という条件は室町時代まで変わることがなかったようである(「尋尊御記」)。竪者は指名されるとただちに加行に入り、潔斎して春日社・興福寺の諸堂をめぐる後夜入堂を行うとともに、探題のもとに参上し、僧階・実名を記した「二字」、自らの本宗に基づき問題の出題範囲を申告する「義名」、問答における問題内容を記す「論義題」(「十題」)を提出する。この「義名付」と呼ばれる作法において竪者が探題に捧げる「義名」等については後節で再び触れることになるが、提出にあたって、「二字・十題ヲハ竪者懐中而持之、二字ヲハ顕ニ取出渡之、十題ヲハ蜜ニ従袖下渡之」(東図「維摩会遂業日記」)という竪者の所作から、問題を事前に申告するという行為は、本来ありえなかったものと推測される。

さて研学竪義における問者と精義は、いずれも聴衆のうちから探題により撰任されるが、とくに精義には已講が請ぜられ、探題自身がこれをつとめる場合もあった。「義名付」により竪者申告の問題を確認した探題は、「用意廻請」と呼ばれる請定を、各夜ごとに一通ずつ草して五人の問者の許に回覧する。指名された問者は、竪者と同様にあらかじめ探題のもとに参上し、自らが問答すべき問題を密かに知らされるが、この儀式は「夢見」と呼ばれた(「東大寺雑集録」巻一二)。出世奉行は探題の命をうけて、竪者の提出した「論義題」の因明・内明各一問ずつ記した「夢文」(「夢状」)を、竪者が五人であれば二十五通作成し、公文所において「袖ニ引入テ給之、無一切言」との所作によりこの「夢文」を問者に手渡す(「尋尊御記」)。また精義も同様に「夢文」を渡される。この「夢見」という作法は、本来は竪義の場に臨み竪者が読み上げる「義」について、即興で問者は「問」を試み、精義は問答の内容に講評を副えて判定を下すべきところを、事前に問題について稽古を積むために、密かに「論義題」を耳打ちされたことを暗示している。さて初夜より第五夜までの各夜に五人の問者が出仕し、各々因明・内明各一問の問答を行い、精義の講評に基づいて探題が一問ごとに合格の「得」、保留の「未判」、不合格の「略」の判定を下す。初夜より第三夜までは、興福寺僧が竪義をつとめるため、問者はほとんど東大寺聴衆が占め、第四・五夜における東大寺僧の竪義には興福寺僧が問者とされた（「尋尊御記」）。このようにして勤修される竪義論義の結果は、結願の後に五夜分をまとめて僧綱から「得略奏」として上申され（興福寺所蔵九函一号「維摩会引付」紙背文書）、この時点から竪者は得業（已業）となり、聴衆・講師への道が開けることになる。

第六日に催される金堂試経は、「於金堂前、勅使・寺司共行之」（「類聚世要抄」巻一七）とあるように、勅使と職衆である興福寺別当・注記に、職衆には加わらないが證師を勤める別会五師と、試経をうける度者の沙汰五人によって勤修される。度者を賜る寺僧の交名は別当・三綱により起草される「沙弥先奏」によりあらかじめ進上され、これを携えて下向する勅使から度者を賜わる寺僧の交名を記した長者宣（「度者長者宣」）を受けた師僧は、沙弥名を記す「度者送文」を勅使に注進する。その次第は、沙弥が法華経・最勝王経の「揚経題」を行い、これに別会五師が勤める證師が「得不」の判定を下すという簡略なものである。試経に及第した沙弥については、その名字・出自・師主・課試経を記した維摩会課試及第学生交名注進状（「試経奏」）が金堂試経所から長者に上申されるという手順を踏む。ただし先にも触れたように、金堂試経における度者の課試は、あくまで定型化された儀式として勤修されたにすぎぬことは再確認しておきたい。

最後に勅使坊番論義には、十四口の論匠が出仕し、二人一組の論匠による七双の番論義が勤修される。番論義の職衆としての論匠は、まず長者宣により請ぜられ、これを承けて供目代から出仕を従慂する「学侶御請」が、さらに別当政所から「論匠廻請」が発給される（興福寺所蔵九函一〇号「維摩会勅使坊番論義条々」）。なお「論匠廻請」は会中に作成され、その出仕を確認する「奉取」も直前に行われるもので、勅使への饗応という役割を果たす番論義は、自ずから加行を伴う講問・竪義論義とは趣を異にするものであろう。

以上、本節では、維摩会の成立と機能、法会の次第と職衆の役割・擢任などを概観したわけである。そして維摩会の勤修にあたり、寺外の藤氏長者・勅使をはじめ、寺内では別当や職衆から多様な文書が発給されており、しかもそれらは法会固有の目的と特有の呼称をもつことが確認できた。そこで次節では、維摩会において作成された文書について今少し考えてみることにしたい。

第二節　職衆と文書

前節で触れたように、中世に催された維摩会では、さまざまなしかも数多くの職衆が出仕して多彩な所作を果たしており、その勤修にあたってはきわめて多様な史料とりわけ文書が作成・授受された（付図参照）。興福寺別当や職衆は、維摩会に関わるこれらの文書を起草するにあたり、先立って発給された文書もしくは書様を参照することになる。たとえば治承四年（一一八〇）の平家による南都焼討の後、半作の食堂を会場としてかろうじて維摩会は勤修されたが、勅使坊番論義は寿永二年（一一八三）に復活した。その折に発給された番論義論匠廻請案に、「寺家焼失之後、依無跡文、被尋旧供目代、雖成此定、於廻請被尋出旧跡文被直畢」との文言が付記されており、「跡文」という先例がいかに重視されていたかが窺われよう（興福寺所蔵一四函一号「維摩会引付」）。このために探題を兼ねる興福寺別当は維摩会全体にわたり、職衆は各々の所作に関わる限りで、発給文書の正文・案文を類聚し、またそれらを引き付けて保存し自らの院家や法流の後進の便宜に供した。

このようにして伝来した「維摩会引付」（興福寺所蔵九函一号）の、破損激しい表紙裏に、収録した文書の一覧が記される。

□〔当カ〕講宣	同綱所請	研学竪義請□
□〔綱〕所請	義名案	同竪義問者□□
□〔同カ〕請書他	同竪義長者宣案	准業長者宣□
□〔探〕題長者宣案	同請文案	注記長者宣案
□□〔勅使〕房番論匠請案	勅使書下度者案	沙汰先奏
□〔聴〕衆先奏案	不足米奏案	不足米奏
□□〔寺解〕文案	聴衆先奏	聴衆請書領状、辞状、
□〔聴〕衆後奏	得略奏	試経奏
□□□〔試経度〕者送文案	又試経奏	他寺□〔探〕題辞書両様、

右の一覧に列記される文書のうち、「義名案」から「□〔聴〕衆後奏」までは、丁の錯簡はあるものの引付中に案文が見出され、その前後は欠失しているが、これらから維摩会の勤修にあたり発給される文書の形式と固有の呼称を確認することができる。

この引付に収められる文書を、その機能という側面から見るならば、その大半が職衆の招請に関わるものであることが知られる。つまり職衆の推挙と招請、招請される側の意思表示、出仕の事後報告、これらはいずれも職衆招請をめぐり発給される文書といえる。例外としては、後に触れることになるが、職衆の所作に関わる「義名案」「得略奏」と、法会の世俗(9)に関わる「不足米奏」ということになろう。寺僧の出仕により実現する法会において生まれる文書の過半が、職衆招請に関わるものであることは確かに首肯できる。しかし職衆の所作に関わって作成される文書、法会

付図 維摩会における文書発給

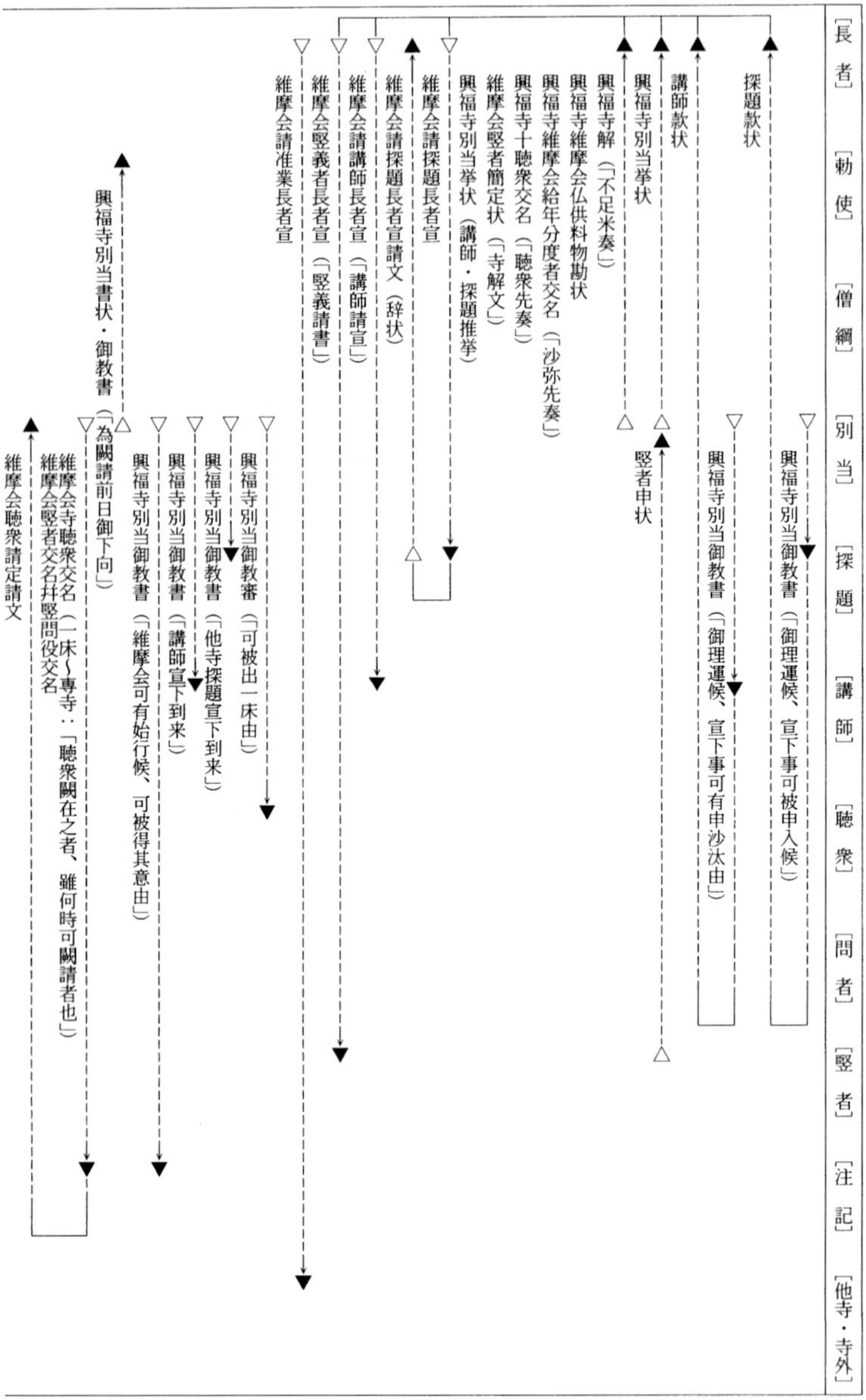

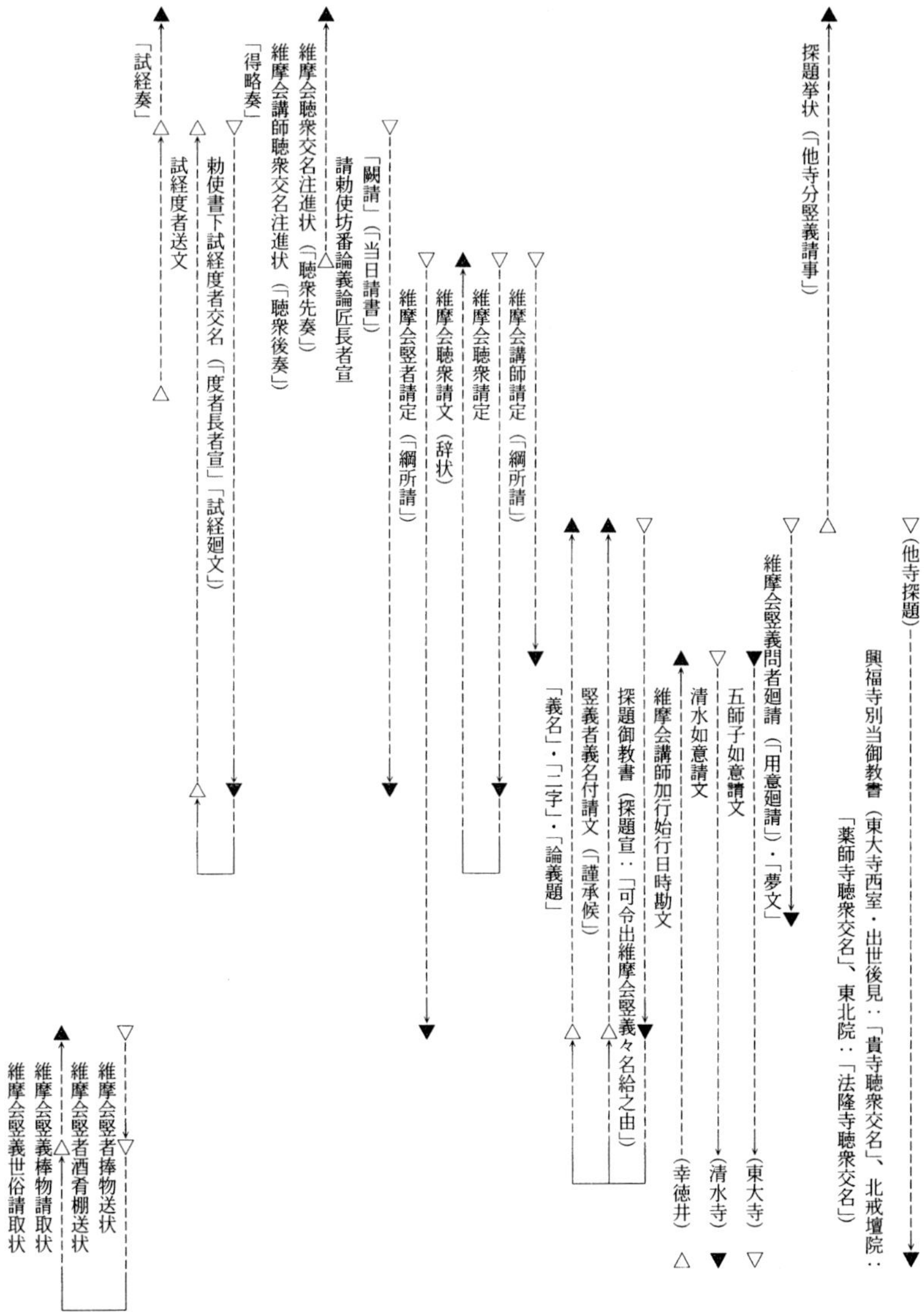
（他寺探題）
興福寺別当御教書（東大寺西室・出世後見：「貴寺聴衆交名」、北戒壇院：「薬師寺聴衆交名」、東北院：「法隆寺聴衆交名」）
探題挙状（「他寺分竪義請事」）
維摩会竪義問者廻請（「用意廻請」）・「夢文」
（東大寺）
五師子如意請文
（清水寺）
清水如意請文
（幸徳井）
維摩会講師加行始行日時勘文
探題御教書（探題宣：「可令出維摩会竪義々名給之由」）
竪義者義名付請文（「謹承候」）
「義名」・「二字」・「論義題」
維摩会講師請定（「綱所請」）
維摩会聴衆請定
維摩会聴衆請文（辞状）
維摩会竪者請定（「綱所請」）
「闕請」（「当日請書」）
請勅使坊番論義論匠長者宣
維摩会聴衆交名注進状（「聴衆先奏」）
維摩会講師聴衆交名注進状（「聴衆後奏」）
「得略奏」
勅使書下試経度者交名（「度者長者宣」「試経廻文」）
試経度者送文
「試経奏」
維摩会竪者捧物送状
維摩会竪者酒肴棚送状
維摩会竪義棒物請取状
維摩会竪義世俗請取状

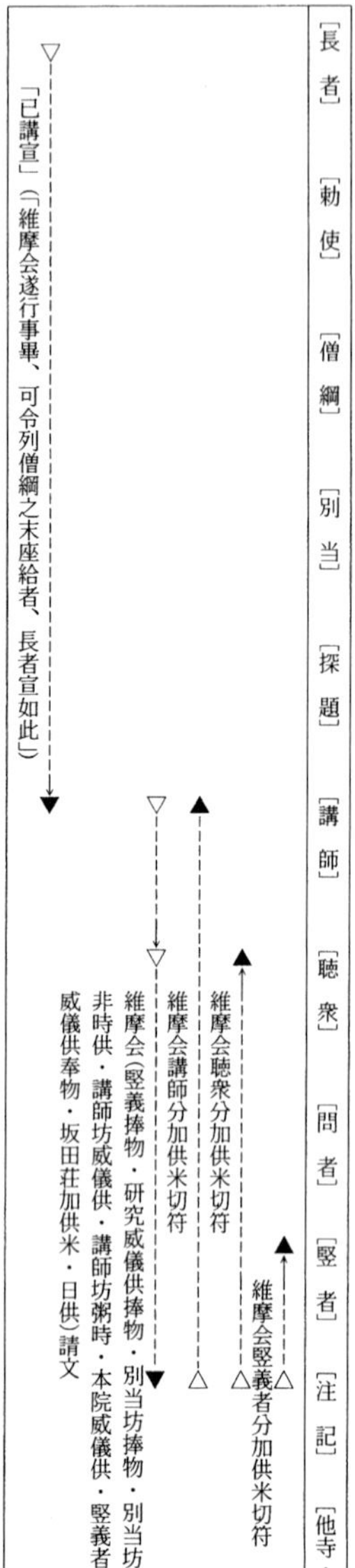

(注)付図の記載は、『尋尊御記』・『大乗院寺社雑事記』・『維摩会注記之日記』(東史)・『維摩会先奏引付』(内閣文庫所蔵)・『類聚世要抄』(成簣堂文庫)・『文明七年維摩会講師方条々』・『東大寺雑集録』・『維摩会方成敗条々書札等正文』(成簣堂文庫)・『維摩会講師記』(興福寺所蔵一六函二)などによる。

実現の経済的条件を整えるための世俗に関わり作成される文書が存在したことも見過ごすことはできない。本節ではこの一覧を参照しながら、職衆の授受する多様な文書を跡づけることにする。

「尋尊御記」の記主である大乗院門跡の尋尊は、享徳元年(一四五二)に歳二十二にして研学竪義を果たし、翌二年には第五夜の竪義問者をつとめ、その功により会中ながら権少僧都に昇り一床聴衆となり、翌三年には講師を、さらに康正二年(一四五六)には専・他兼帯の探題をつとめ、この時点で「別当大《ママ》僧正」に昇任していた(「三会定一記」巻四)。わずか四年間に竪者・聴衆(問者)・講師・探題をつとめることができたのは、尋尊が一条兼良息との出自をもつ貴種門跡であったからにほかならない。

尋尊の連年にわたる職衆出仕と速やかな昇進はさておき、竪者・講師・探題を果たすつどに、尋尊は職衆勤仕に関わる以下の文書引付などを作成していた。すなわち享徳元年の竪者遂業の折には、「維摩会研学竪義方正文」(興福寺所蔵一六函一号)を、同三年の講師遂講の折には「維摩会講師記」(同一六函二号)を、さらに康正二年の探題勤仕の折には「維摩会勅使坊番論義条々」(同九函一〇号)を作成したのである。さらに尋尊自身ではなく、大乗院の後継者である政覚が専・他寺探題を勤仕した文明十六年(一四八四)には、探題のもとに進められた文書を綴り、「維摩会方成敗条々書札等正文」(成簣堂文庫所蔵「大乗院文書」)を作成している。[10] そこでこれら尋尊の手になる引付・正文綴によりながら、竪者・講師・探題が授受する文書の内容について検討を加えることにしたい。

まず竪者を勤仕するにあたり作成された「維摩会研学竪義方正文」は、尋尊のもとに宛てられた文書、尋尊から発給され回覧の末に戻ってきた文書、計二十九通が綴じられ、これに尋尊自筆の外題の表紙が付されたものである。その第一紙に、やはり尋尊の筆で、

安位寺殿(経覚)御書　寺務(空俊)僧正状　諸山寺御文
師範(俊円)僧正状　加行廻請　後夜入堂廻請
初夜研学丁衆廻文

との見出しが記されている。この見出しを参考にしながら二十九通の文書に大略区分を試みるならば、第一に、竪義を目前にして加行などをめぐり先代門跡経覚・別当空俊・師範俊円等の先師から尋尊へ送られた私信、第二に、竪義加行に要する「松明」と竪義無為の祈禱について永久寺・長岳寺から大乗院奉行所に送られた書状、第三に、第二夜竪義出仕にあたり聴聞する門徒への廻請、第四に、加行としての後夜入堂に御供として結番する門徒への廻請とその時の世俗支配状、そして見出しには現れないが、第五に、竪義を支える諸々の奉行人を門徒に配分する支配状、第六に、「義名付」を指示する探題御教書と尋尊「義名」という集合に分かつことができる。[11] これらの史料を通覧する限り、探題から「義名付」を求める御教書と、これに応じて竪者から提出される「義名」を除き、収められた文書の大半は、大乗院尋尊が門跡にふさわしい威容を備えるためのものであり、必ずしも竪者一般に通用する文書形式とは言いがた

い。しかしこれらの文書から竪者勤仕の条件として、竪者の所作、加行と本行にわたる世俗、竪者の出仕を支える御共・奉行人の存在が知られ、その条件を整えるための文書が授受されていることが確認できる。なお本史料には竪者自身の招請に関わる文書は含まれておらず、これについては後節で検討することになるが、竪者である門跡から門徒への御供・奉行人の廻請は、第二次的な招請といえよう。

次に講師勤仕にあたり作成された「維摩会講師記」は、残念ながら後欠であるが、大乗院・一乗院門跡による遂講の先例を冒頭に置き、以下に享徳三年における尋尊自らの講師勤仕の過程を逐次たどりながら、その折々に文書二十二通を引き付けたものである。そこで本史料の記載に従って、講師尋尊が授受した文書を確認する。

享徳三年の四月二十七日、「伝授維摩会表白幷因明大疏于大僧正御房経―《覚》」との一行から記事は始まる。正式の招請としての長者宣が下付される前に、すでに講師所作の「伝授」が始まっているのは、その前年の維摩会で尋尊が「理運」とされていたからにほかならない。そして「講師之宣下」のために尋尊が次掲の書状（款状、申状）を作成したのは七月十六日のことであった。

当年維摩会講師事、理運之事候間、無相違之様、御　奏聞候者、可畏入候、此旨可令披露給候、恐惶謹言、

（享徳三年）
七月十六日　　尋尊

鷹司殿
人々御中

右の款状をうけて七月二十日付で、「宣下未到間、可令存知給」との長者宣が下されると、これをうけて尋尊の周囲は講師出仕の準備に動きだし、竪義勤仕のときと同じく、「御遂講篇々奉行人躰廻文」が作成されて諸奉行人が門徒に配分される。この奉行人を定めた廻文は、尋尊の住坊である禅定院中屋の長押に掲げられた。また講師の遂講を支える「当国反銭」を徴収するために、やはり門徒のなかから沙汰人が指名されている。

ついで九月二十六日に心加行、十一月七日には正加行が始行され、社参・入堂が行われたが、竪者勤仕の時と同様に、「維摩会御講師御加行御共」廻請、「後夜入堂御供結番」廻請が作成され、門徒に御供が割り当てられている。享徳三年の維摩会は十二月二十日を開白とするが、それに先立つ同十九日講師坊に入坊するにあたり、威儀を整えるため門徒である三綱寺の出仕を求める門跡御教書が発給される。

開白の当日、勅使が持参した次掲の「開白宣」により、僧綱からの請定が命じられ、これをもって実質的に維摩会が「開白」される。

大僧都（ママ）法眼和尚位尋尊年臈　法相宗専寺

開白　宣、件人宜仰綱所令請定去応永八年興福寺維摩会講師者、

享徳三年十二月十日　　大炊頭兼大外記博士〻〻清原真人宗賢奉

また同日に、東大寺東南院を創建した聖宝が用いた由緒から、講師の問答所作に必須の法具とされる「五師子如意」を同院から借用するために、次掲の請文が発給される。

謹請

五師子如意事

右、当年維摩会料所請如件、

享徳三年十二月廿日　　少僧都尋尊

こののち、法会始行とともに尋尊は講師としての所作を果たすわけであるが、第六日の勅使坊非時供と番論義への出仕に先立ち、大乗院門跡にふさわしい威容を示すために、再び門徒の三綱に随行が命じられる。また会中の十二月二十四日に、「開白宣」に応じた僧綱請定が、「維摩会講師御慶賀事」を記す「綱所賀札」とともに尋尊のもとに届け

られている。

そして結願の二十六日に、長者より禄物が、

関白家

奉送　維摩会御布施事

合

凡絹　拾疋

綿　参拾屯

手作布　拾段

已上、納朱漆辛櫃、在両面覆・鏁鎰・鼻栗・腹懸、

右、任例奉送如件、

享徳参年十二月廿六日　蔵人頭左中弁藤原資世

との布施物送状とともにもたらされる。

記事は結願の途中で終わるが、講師勤仕の過程で尋尊が授受した文書を再度通覧するならば、やはり第一には、尋尊自身の講師招請と、講師の加行・出仕を支える門徒の招請に関わる文書、第二に、布施物の送状や加行における世俗配分に関わる文書、第三に、講問の所作に関わる文書に大別することができるのである。

最後に、文明十六年に興福寺別当である大乗院政覚が探題をつとめた折に作成された「維摩会方成敗条々書札等正文」は、別当と専・他寺探題を兼ねる政覚が発給した文書の案文と、そのもとに宛てられた文書の正文、計七十二通を、その師僧である尋尊が自ら類聚したものである。また本書の表紙裏に尋尊の筆で、「一寺務方　一専寺・他寺探

題方竪者・竪問躰二字、除門跡幷薬師寺定、」と記されるが、文書の個々について、別当と探題のいずれの立場で授受したものかを区別することは容易ではない。

そこで本書に綴られた文書を内容により分類するならば、第一に、その過半を占めるものとして、以下に掲げた維摩会竪者英澄捧物送状と同酒肴棚送状など、世俗に関わる文書をあげることができる(12)。

進上　維摩会第四夜竪者捧物事
　合紙一積、上積十五帖、下積三十五束、結緒帯二筋、
右、進上如件、
　文明十六年十二月日　　竪者英澄

進上　維摩会第四夜竪者酒肴棚事
　合
　　棚二脚
　　大瓶一双
　　鷺一双
右、進上如件、
　文明十六年十二月日　　竪者英澄

竪者は、研学竪義勤仕ののち、探題（別当）と権別当に礼物としての「捧物」「酒肴棚」を捧げることになっており、これらの物と文書は注記を経由して探題に届けられたため、送状が尋尊の手許にのこされたわけである。このほ

かに、別当坊威儀供等の饗膳から燈油に及ぶ用脚をめぐり発給された書札が多数見出される。

第二には、次節で触れることになる竪者・問者が探題に呈した「二字」、竪義論義の問題を記した「夢文」、「夢文」を下付した問者交名など、所作に関わる文書が知られる。

第三には、勅使坊番論義論匠交名や東大寺分聴衆・竪者交名など、職衆の招請に関わる文書が数通見られる。このなかには、「秀恵・延忠、雖同戒候、延忠歳者一高候之段、勿論候、当寺本来之臈次、秀恵者上座、延忠者次座候」として、聴衆の座次を定める置文も含まれている。

維摩会勤修の全般に関わる探題が授受した文書は、当然のことながら法会の運営全体にわたるわけで、これはとくに世俗に関わる文書の存在から明らかであろう。また探題は自ら論義・講経等の所作に直接介在することはないが、職衆を統べその所作を有機的に結合する機能を果たしており、授受された所作と招請に関わる文書が探題の機能を如実に物語るものであろう。

ところで「維摩会方成敗条々書札等正文」を通覧する限り、探題の授受する文書のなかに、定型化した文書よりも、書札形式で意思伝達する文書が多数を占めることが知られる。これは職衆相互で取り交わされる定型化した文書が、先例を継承する法会には不可欠なものであったとしても、現実的に法会を勤修するためには、職衆相互とその周辺の緊密な意思疎通が必須であり、その折にはもっぱら書札が使用されたためであろう。ところで定型化した文書は類聚が容易であるだけに、それらのみで寺院文書の体系を措定することは、機能した多数の非定型文書を無視することになる。そこで定型化した文書はあくまで寺院文書の一部分にすぎず、その分類を試みるにあたり、文書の成立と機能を媒介とした、定型文書と非定型文書の統合的な活用が必要であることを確認しておきたい。

以上のように本章では、竪者・講師・探題の勤仕に際して作成された引付・正文綴を素材として、職衆の授受する文書の性格について検討を加えてきた。これらの素材は、個々の職衆に関する文書を余すことなく収載したものではなく、不可欠の文書が欠落していることもままあったが、職衆勤仕の手引きという目的が窺われる以上、法会を勤修するにあたって発給された文書の性格を大きく捉えることは可能であろう。そして尋尊の作成した引付などに、冒頭で掲げた「維摩会引付」の文書一覧を併せるならば、法会の文書は、その成立の経緯と内容から、招請の文書、所作の文書、世俗の文書、この三者を主要な柱として分類ができると結論したい。

第三節　維摩会の文書

前章の結論を踏まえ、法会勤修において作成される多様な文書を、招請・所作・世俗の三様に大別し、その各々について維摩会に特徴的と思われる形式と呼称をもつ文書のいくつかを引用しながら、その成立と機能について検討することにしたい。ただしここに掲げる文書の形式と呼称がすべて維摩会のみに特有のものとはいえず、他の興福寺法会のみならず、南都諸寺の法会に用いられたものもあることはいうまでもない。

一　招請の文書

まず先に掲げた「維摩会研学竪義方正文」に欠落している竪者招請をめぐる手続きと文書を取り上げることにする。研学竪義を望む寺僧は興福寺別当に申状を呈し、これをうけた別当は「宣下」を求める挙状を藤氏長者に上進する(『大乗院寺社雑事記』応仁二年十月二十日・文明二年十一月九日条)。この別当の承認により、事実上は竪者招請が決まるわけで、竪者は加行に入り出仕に備えることになる。なお他寺僧は他寺探題に申状を送り、他寺探題が挙状を作成することになっていた（広橋家所蔵「維摩会探題用意記」）。この興福寺別当（他寺探題）挙状とは、別に、以下に掲げる興福寺竪者簡定状（興福寺所蔵九函一号「維摩会引付」）が、勧学院別当・有官別当・僧綱・所司・五師・供別当・大学頭の連署により藤氏長者へ上進される。

寺解文案
興福寺大供言上
　伝燈法師位信円年臈　法相宗
右、法師経慈恩会竪義最足研学、仍当年維摩会竪義簡定言上如件、
　仁安三年正月八日　学頭伝燈法師位
　大学頭
　伝燈大法師位公慶
　（以下、連署省略）

竪者を簡定し上進するこの言上状は、中世を通してとくに「寺解文」と呼ばれた。通例ならば寺解は、寺家や大衆が公家へ訴訟を行うさいに用いる文書形式で、別当・所司や別会五師・大衆の連署により発給されるが、右の「寺解文」は、本願忌日法会における職衆を「興福寺大供」衆が、勧学院別当等の連署を得て簡定言上するという特別な意味をもっており、通常の寺解とは一線を画すべきであろう(13)。

さて別当挙状と「寺解文」を容れた藤氏長者は、次に掲げる請竪者長者宣を興福寺別当に下すが、これは「研学竪義請」（興福寺所蔵一四函一号「維摩会引付断簡」）・「竪義長者宣」（同九函一号「維摩会引付」）とも呼ばれた。この長者宣を別当坊において拝領した竪者は、「謹領　請書一紙」との請文（東図「維摩会遂行日記」）を提出する。

研学竪義請
伝燈法師位信円

右、被　長者宣偁、件法師宜令奉仕当年研学竪義者、

仁安三年十月十日　　別当修理左宮城使左中弁兼文章博士藤原朝臣俊経奉

ただしこの長者宣の下付はあくまで形式的なもので、先述の通り竪者招請はこれに先んじて決まっており、長者宣の日付をもって竪者招請の決定と考える必要はない。また興福寺僧が「法隆寺分」・「西大寺分」という「寺分」・「加任」の竪者に請ぜられる場合の長者宣は、とくに「准業長者宣」と呼ばれた。

長者宣とともに、僧綱からは「研学竪義綱所請」と呼ばれる次掲の僧綱請定（興福寺所蔵一四函一号「維摩会引付断簡」）が発給される。

同綱所請
僧綱

伝燈法師位信円年臈　法相宗　専寺

右、請定当年興福寺維摩会竪義者、如件、

仁安三年十月一日

従儀師有雅
大威儀師俊縁
威儀師覚俊

大僧正

僧正尋範

（以下、連署省略）

このように、申状から「僧綱請書」に至る文書を授受して竪者は招請されるが、講師・探題についても、款状（申状）の上進と別当挙状、招請の長者宣と請文という文書により撰任されることに大きな変わりはない。

さて竪義論義の場では、十題の論義題をめぐり問者と問答を交わした竪者への評価は探題が下し、出仕した竪者すべての評価は、僧綱・聴衆の連署により綱所から長者に上進される。この文書は「得略奏」（同前）と呼ばれるもの

で、これを以下に掲げる。

僧綱

　進当年興福寺維摩会竪義法師位等得略事

合

伝燈住位僧聖弘年臈　法相宗　専寺

所立唯識義一章・四種相違義并十帖九得一未判、

伝燈住位僧貞慶年臈　法相宗　専寺

所立唯識義一章・四種相違義并十帖九得一未判、

伝燈住位僧晴弁年臈　法相宗

所立唯識義一章・四種相違義并十帖九得一未判、

伝燈住位僧覚深年臈　花厳宗　東大寺

所立断惑義一章・四種相違義并十帖九得一略、

伝燈住位僧賢運年臈　三論宗　東大寺

所立声聞賢聖義・四種相違義并十帖七得二略、

以前、法師等得略如件、

寿永元年十月　日

聴衆

伝燈法師位

（以下、連署省略）

竪者による竪義論義の結果を奉ずる「得略奏」には、竪者名・年﨟・本宗・本寺・「義名」と結果としての得・略・未判数が列記されるが、合否についての記載は見られず、成果によらず出仕することが遂業の条件とされたとも解釈できる。なお「得略奏」を竪者招請の最後に掲げたが、内容的に見れば所作に関わる文書として分類も可能であろう。

一方、竪義論義において竪者と問答を交わす問者の廻請には、「用意廻請」と呼ばれる請定が用いられる。これは「凡諸竪者付義名後、可成用意廻請事」（広橋家所蔵「維摩会探題用意記」）とあるように、竪者から提出された「義名」に従って、探題が問者を請ずるために各夜一通ずつ発給する文書であり、以下に掲げる類似した記載の二様が見られる（興福寺所蔵九函一号「維摩会引付」）。

研学竪義問者廻請案　専寺
可被用意初日竪義問者事
　所立 唯識義、因明四種相違義、
寛勝得業　　蔵詮得業
行尹ミミ　　賢運ミミ
実宝ミミ
右、件問者役、可被用意之状如件、
　寿永二年十月一日
別当権僧正（信円）在判

同案　他寺
可被用意第四日竪義問者事
　東大寺三論宗　所立声聞賢聖義、因明四種相違義、
東院已講　　　　　融観得業
覚要〻〻　　　　　信憲〻〻
顕範〻〻
右、件問者役、可被用意之状如件、
　　治承四年十月一日
法印権大僧都(信円)在判

右の「研学竪義問者廻請」が「用意廻請」と呼ばれたのは(『類聚世要抄』巻十七)、問者の招請に加えて、「義名」に従い問答の「用意」が求められたからである。つまり「用意廻請」は、問者の招請とともに、問者に「義名」を伝達する目的で発給されたわけで、所作に関わる内容を含む招請の文書として、通常の職衆招請のための請定(廻請)とはいささか異なるものと考えるべきであろう。また右の二通のうち、前者は初日の専寺(興福寺)竪者の竪義に問者を請ずるためのもので、差出は別当が兼ねる専寺探題であり、後者は第四日の他寺(東大寺)竪者の問者を請ずるもので、差出は他寺探題ということになり、竪者の本寺・本宗に応じて微妙に表記を区別している。

維摩会の次第のなかでは付加的な次第である金堂試経の次第と職衆、そして発給される文書の意味については、すでに触れたところであるが、形式的には特異な職衆招請のための文書を、その手続きに従って掲げることにしたい。

まず維摩会で労功を果たす寺僧に試経度者を賜らんことを奏上する「沙弥先奏」が進上される(興福寺所蔵九函一号「維摩会引付」)。

沙弥先奏　寺家　公文目代沙汰、
興福寺
当年維摩会年分度者法師等交名事
権大僧都法眼和尚位、、
十僧労
法橋上人位相玄
僧綱労
権上座伝燈大法師俊慶
所司労
伝燈大法師弥義
五師労
伝燈大法師覚高
研学労
右、法師等交名、依例言上如件、
承安三年九月一日　都維那伝燈法師位
（中略）
別当前権僧正法印大和尚位

公文目代の沙汰として別当・三綱の連署により発給される「沙弥先奏」は、藤氏長者の決裁をうけた後、下向する勅使に手渡される。興福寺に下向した勅使は、「沙弥先奏」に類似した形式で、「可給金堂年分度者僧」の交名を記す

「勅使書下度者案」（同前）を作成し、年分度者を賜る寺僧に回覧してその旨を伝達する。これをうけた師僧は、ただちに試経に出仕する度者沙弥の名字を記した次掲の「試経度者送文」（興福寺所蔵一四函一号「維摩会引付」）を注進する。

（試経度者送文案）
注進　当年維摩会試経度者事

沙弥寛能

師主法印大和尚位権大僧都信ー（円）

法華経一二両巻、

最勝王経一二両巻、

右、注進如件、

養和元年十月十四日

ここに記される「度者名」は前述の通り「作リ名」であり、「度者出ス人」としての「師主」には「度者」を給う師僧の実名が記されるわけである（『多聞院日記』文明十六年十二月廿五日条）。なお右の引用文書には差出書が欠けている。「作リ名」により請ぜられた沙弥が出仕して行われる金堂試経の結果は、次掲の勅使・別当らが連署する「試経奏」（興福寺所蔵一四函一号「維摩会引付」）により長者に報じられる。

興福寺　金堂試経所

進当年課試及第学生沙弥等交名事

合

沙弥幸満年臈

左京二条三坊戸主正六位上藤原朝臣　　戸口同姓

師主法眼和尚位尋忠

法華経第一二、

最勝王経第一二、

（中略）

沙弥願足年﨟　法華経第七巻、最勝王経第七八巻、

左京二条三坊戸主正六位上藤原朝臣　戸口同姓

師主伝燈大法師位尋暁

法華経第八巻、

最勝王経第九十巻、

以前、課試及第学生等交名如件、

寿永元年十月十五日

従儀師伝燈法師位

證師伝燈大法師位

別当法印大和尚位権大僧都

勅使

試経に及第した「幸満」以下五人の沙弥について、その出自・師僧名と試経名を列記した「試経奏」は、「得略奏」や「用意廻請」と同様に、所作の文書としての性格を併せもつ招請の文書とすることができよう。ところで右の「試経奏」に記される沙弥の出自であるが、いずれも「左京二条三坊戸主正六位上藤原朝臣　戸口同姓」とされており、しかも全く同様の記載が久安六年（一一五〇）の「試経奏」（『類聚世要抄』巻十七）にも見え、実体が伴う表記とはと

うてい考えがたい。つまり平安院政期における金堂試経の度者課試は、その実質的な機能を完全に喪失しており、儀式としてのみ維摩会のなかに存在していたことが再確認できる。また書出の「興福寺　金堂試経所」とは、金堂試経を実施する主体としての呼称のみの組織名であり、その実体が勅使・別当・五師などであることはいうまでもない。(14)

以上、おもに竪者と金堂試経における具体的な手続きをたどりながら、用いられる文書の形式と呼称について考えてみた。職衆の招請には多様な文書が発給され、それらの形式がすべて維摩会独自のものとはいいきれないが、特有の呼称により職衆固有の立場や所作を表現しているのではなかろうか。

二　所作の文書

次に法会における職衆の所作に関わる文書として、先にも触れた竪者の発給する文書である「二字」「義名」「論義題」を取り上げることにする。ところで史料採訪の場で史料群のなかにこの種の文書を見出したときに、ただちに史料名を与えることが困難なことがしばしばあるが、法会のなかで生まれた文書は、次第と職衆の関わりを踏まえて、初めてその役割や史料名を確定することが可能となるはずである。

まず「義名付」のために探題のもとに参上した竪者の作法をたどることにする。永正十五年（一五一八）に東大寺分の竪者をつとめた英憲の記す「維摩会遂業日記」（東図142／467／1）によれば、十二月十四日に「明日維摩会竪義々名、可令出給之由」との内容の、出世奉行尊俊が奉ずる他寺探題御教書を受けた英憲は、その翌日に同じく竪者として請ぜられた春芸とともに他寺探題の住坊を訪れ、

当日両竪者同道、重衣・白五帖、蘿箱蓋令持之、於中門出世奉行出合、先二字渡之、次蘿箱蓋ニ義名入之、直持之内江入著座、次探題出給御著座之砌、礼節可為之、次彼蓋不〔義〕名入之、竪者直持参、探題御前ニ蹲踞シテ、以左

右手捧蘿箱蓋進之、探題義名ヲ御請取後、本座ニ著座、此時彼蓋大床江差出之、次探題義名ヲ披見後、聊礼節在之、内江入御後、竪者座敷罷出、於中門十題ヲ出世奉行江渡之退出了、

との作法で、「二字」「論義題」（「十題」）は出世奉行を介して、「義名」は直接に探題に奉呈した。この作法は、時代を遡ってもおおむね変わるところはなかったようである。

ここで竪者が最初に探題に呈した「二字」とは、

二字書様

旧記云、杉原二枚重而書之、其上ニ礼紙ヲ巻之、不用立紙也、名字与年号其間六七行可隔之、名字時墨ヲ取リ《磨ス》、墨《ル歟》黒ニ書之云々、

伝燈大法師英憲

永正十五年十二月　日

との書様で、「名字」と「年号」を記した二行の文書であり、杉原紙二枚を竪紙のまま重ねて、その第一紙目に「伝燈」以下の二行を少々離して書き、重ねた二紙を一体として畳んだ上に「礼紙」をかけ、「立紙」（懸紙）を用いぬ形をとるもので、これは武士が臣従すべき主君に奉呈した「名簿」に類似した形式といえる。[15] つまり探題の御前での竪者の「礼節」を考え併せるならば、竪者が進めた「二字」には、単なる身許を明らかにすること以上に、探題への師事を表明するという意味があったのではなかろうか。前節で触れた尋尊が類聚した「維摩会方成敗条々書札等正文」（成簣堂文庫所蔵）には、竪紙の料紙を三分する位置に一行ずつ、実名と年月日を記した「二字」の正文十四通が綴じ込まれている。

次に竪者が探題に直接進めた「義名」とは、

義名書様

旧記云、杉原二枚重而書之、中ハ引巻テ不封、不用礼紙、立紙巻之、不捻押折也、書様ハ極信ニ一枚ニ広之書之云々、

注進　当年維摩会第四夜竪義所立義名事

声聞賢聖義章、若花厳宗ナラハ断惑義章、

因明四種相違義、

右、注進如件、

永正十五年十二月　日　　竪義者英憲

とある通り、杉原紙二枚を竪紙として重ね「注進」以下の文言を記し、「立紙」で巻いて折封とする。そして「義名」に記される「所立」とは、竪者が自らの本宗により問題の出典となる内明・因明の「義」を申告したものであり、因明は諸宗を問わず「因明四種相違義」であるが、内明は「定唯識論」から、法相宗の興福寺僧等の場合「唯識義一章」、三論宗の東大寺僧は「声聞賢聖義章」、花厳宗の東大寺僧は「断惑義章」を選択することになっていた。そして探題が問者を招請するために発給される「用意廻請」には、「義名」の「義」が転記された。なお平安院政期の「義名」は、右の形式と全く変わるところはないが、料紙のみは「杉原」ではなく「壇紙」を用いることになっていた（「類聚世要抄」巻十七）。

竪者が探題のもとから辞去する間際に出世奉行に渡した「論義題」（「十題」）とは、

十題書様

杉原一枚ニ書之、不用礼紙・立紙也、先内明五題、自一問至五問書之、次三行計隔テ、因明五題書之、問字無

之、別ノ紙ヲ細ク切テ中ヨリ巻出テ、表ヲ封シテ、封字書之、

章云、如地論説○文、此五種相者何等耶、

章云、問曰、何故○文、意何、

（中略）

此間三行計隔之、

有法差別相違作法如何、

何名比量相違耶、

（中略）

旧記云、維摩会因・内題取様事、内明五題内三ハ文短冊、二ハ義短冊也、因明同之、○文三義二也云々、

との形式と形態で、「義名」に記した出典のなかからの問題を、「章云」以下の十行に記した文書である。なお「有法差別相違差法如何」という形式の問題が「義短尺」（短冊）、「問曰、何故○文、意何」という形式の問題が「文短尺」であるが、竪者が問題を選択するにあたり、因明・内明いずれも五題のうち三題を文短尺、二題を義短尺の問題とする定めであり、これは問題の難易によるものと思われる。[16]（「東大寺雑集録」巻九）。またこの問題を竪者が申告するという手順は、本来竪者への課試という目的をもつ竪義論義としてはいささか理解に苦しむところであるが、先述の通り「袖下」から「論義題」を出世奉行に渡す所作から、問題の事前申告はやはり秘すべき行為と認識されていたのであろう。

以上の「二字」「義名」「論義題」のうち、「義名」は注進状としての形式を備えているが、残りの二者は記載形式のみから史料名を付けることが困難な文書といえる。そして、「論義題」に記された問題を因明・内明一問ずつ配分

したものが、次に掲げる「夢文」であるが、この文書も「二字」「論義題」と同様に、一見しただけではその機能を判断しがたい文書であろう。

「夢文」は、「先書内明、次二行置之、因明題書之」（同前）という形式の文書であり、「維摩会方成敗条々書札等正文」に綴られている、竪紙に行間をあけ、

章云、此唯加行善故、非生得摂云々、心何、

疏云、如空有声非空之外、別有能有云々、意何、

との二行が記された一通がこれにあたる。問者は探題のもとに参上し、「探題同右ノ袖ヨリ取出之、袖ヲ互寄セ重、自袖中令与之、袖ノ中ニ以手取之テ退場也」（『東大寺雑集録』巻九）との所作により、「夢文」をうけとるが、これが「夢見」と呼ばれる儀式である。この場で問題を密かに知らされた問者は、竪者論義に先立って問答の準備にかかることになる。なお「夢文」は問者のみならず精義にも与えられるが、「研学二人問題者、各精義十題一紙書之」（『東大寺雑集録』巻九）とあるように、精義が渡される「夢文」は、その実物はいまだ確認できないが、竪者一人につき十題の問題を一紙に記したものである以上、形式としては「論義題」と全く変わるところがなかったのではなかろうか。

以上、研学竪義の所作に関わる文書のいくつかについて、その機能と成立の経緯、そして呼称について検討したわけであるが、これらの文書の成立条件から、竪義論義における竪者と問者について少々推論を重ねたい。それは竪義論義において課試を受けるのは一体誰かということである。竪義論義は、問者・精義・探題による竪者に対する課試という図式で捉えるのが最も自然であろう。しかし探題が竪者から「論義題」の提出を受け、問者・精義へ「夢文」を付与したという事実は、どのように理解すればよいのであろうか。試されるべき竪者は、問題となる「義」を自分の側から指定して事前に準備を行い、一方試すべき問者・精義は内々に問題を知らされ、これまた問答と講評の準備

を重ねる。つまり別当をはじめ職衆の前で課試されるのは、竪者のみならず否竪者以上に、問者・精義ではなかろうか。少くとも平安院政期以降、職衆の所作が定式化し課試の機能が低下するなかで、講師を目指し学功を積む問者、また講師を果たした精義が、その学識を顕示する場こそ維摩会であると認識されていたと考えられる。発給される文書とその授受の手続きから、竪義論義における聴衆の目は、竪者ではなく問者・精義に向けられていたという解釈が可能であろう。

三　世俗の文書

維摩会勤仕の過程で作成される世俗の文書はきわめて多い（前掲付図参照）。法会開催の主体である藤氏長者、実質的な主催者である興福寺別当、そして所作を果たす職衆、これらは各々の立場から法会の経済的条件を整えるため米銭の確保に力を尽した。そして維摩会という場を中心において、流入・流出する米銭の流れに対応して文書が作成されるわけで、当然のことながら多様・多量の文書が発給された。ただし世俗の文書の過半は、寺家経営において汎用される徴符・送状・請文・切符・結解状・算用状などの形式を用いるもので、法会固有の文書形式が多用されたというわけではない。そこでここでは維摩会に特有といえる世俗の文書を取り上げてみることにしたい。

維摩会に先んじて興福寺別当・所司は四通の奏状（寺解）を公家に捧げ、これらは実際には藤氏長者のもとに留められた。この四通の奏状は「先奏」と呼ばれ、「此四通ハ有限リ、毎年八月十五日ノ日付ニテ公文目代成進者例也」（内閣文庫所蔵「維摩会先奏引付」）として、中世においても由緒ある文書として必ず寺家から上進されていた。前章冒頭に掲げた文書一覧によれば、この四通とは、「沙弥先奏」「十聴衆先奏」と二通の「不足米奏」を指す（興福寺所蔵九函一号「維摩会引付」）。このうちで前二者は明らかに招請の文書であるが、「不足米奏」は維摩会勤仕の経済的条件に関わる世俗の文書と考えられる。(17) そこで承安三年（一一七三）の二通の「不足米奏」（同前）を引用する。

不足米奏案　公文目代之沙汰、
興福寺言上

請被殊蒙　処分任例給　宣旨於当国、令運送当年維摩会不足米参佰肆拾斛伍斗五升事

二百十六石二斗五升　米不足

百二十四石三斗　銭不足

副進勘文、

右、大会例用米二百十六石二斗五升、銭百三十貫五百五十文也、当年会料庄庄多以不熟、僅所勘定米十石、銭陸貫二百五十文也、仍其不足料任例以当国寺家庄庄負田官米、可被裁下之状、勘文言上如件、望請蒙処分給　宣旨於当国、任例令運送矣、今勒事状謹蒙　処分、

承安三年八月十五日　都維那伝燈法師位

（中略）

別当前権僧正法印大和尚位

興福寺

勘申当年維摩会仏僧供料物事

合

銭百三十貫五百五十文

米二百十六石二斗五升

一沽田直
　銭八十貫文
　（中略）
右、沽田年来之間、依不用銭、春時定米価直早〔旱カ、以下同ジ〕損、仍不勘納矣、
一見物
　米十六石二斗伍升
　（中略）
右、沽田年来之間、依不用銭、以米勘納、至于地子田除早損・年荒・川成等僅勘納矣、
一荒廃田
　（中略）
以前、銭米庄田荒熟勘申如件、
　承安三年八月十五日
都維那伝燈法師位
（中略）
別当前権僧正法印大和尚位

前者は、大和国内寺領の不熟による雑事未納を理由に、維摩会例用の不足分三百四十石余の補塡を求めた寺解、後者は不足米銭を算用した不足米「勘文」で、両者は一体のものである。ところで鎌倉前期の成立と考えられている「類聚世要抄」巻十四には、「不足米奏状」と「勘文」の書様が記されているが、これが右の両通とほとんど同文であり、とりわけ米銭の数値は全く同じである。さらに「維摩会先奏引付」（内閣文庫所蔵）に引き付けられた貞治五年

（一二六六）の「先奏四通」もまた同様で、本文の文言にはいささかの省略は見られるものの、数値はやはり同じである。このように「先奏四通」のうちで、「沙弥先奏」「十徳衆先奏」には一応現実の職衆交名が記されるものの、「不足米奏」については、少なくとも平安院政期には実態の伴わぬ儀礼的文書として上進されていたことが知られる。この「不足米奏」（「勘文」）が形式的なものと判断するとしても、なにゆえに「先奏四通」として後まで発給され続けたのか、寺領経営に一定の機能を期待されたものなのか、単なる先例踏襲なのか、その具体的な役割をここで即断することができない。

以上、本節では維摩会に特徴的な招請・所作・世俗の文書を取り上げ、その成立と機能を概観したわけである。時代の推移のなかで、原則的には法会自体の形式が継承される以上、そこに生まれる文書についてもその形式が継承されることは当然である。しかし継承された形式の文書が、どれほどの実態を伴うものかは時代ごとに区々であり、これは文書のもつ実効性という視点からより詳細な検討が加えられねばならない。そして「試経奏」「沙弥先奏」「不足米奏」などのように、先例を踏襲して発給される儀式の文書の存在と、その実効性は峻別して考えるべきであることを再確認しておきたい。

おわりに

いささか冗漫な記述によって、第一章では維摩会の創始・役割・次第・職衆という基本的な条件を概観し、第二章で職衆が授受する文書から法会の文書を分類する柱を求め、第三章において招請・所作・世俗に関わる具体的な文書を掲げながら、その機能と呼称について検討を試みた。そして維摩会の次第・職衆・所作と密接な関わりをもちながら、多様な文書が発給されたことを確認した。ここで取り上げた文書は、法会のなかで生まれたもののわずか一部にすぎないが、少なくともその形式と文書名のなかに、公家・武家文書とは異なった法会の文書の個性を窺うことができよう。そして法会の文書のもつ個性がその成立条件に大きく規定されていることから、文書のもつ機能と呼称を確定するためには、文書が成立する経緯の確認が不可欠であることを痛感せざるをえない。

たしかに維摩会の文書を通覧するなかで、独特の文書名を多々見出すことができた。文書が成立する空間と時代のなかで与えられた文書名は、その成立条件と期待される機能・効力を如実に反映するはずである。たとえば、因明・内明の問題を五題ずつ列記した「論義題」(「十題」)は、厳格な書様に従うもので、竪者にとって規格により文書を記すこと自体が所作の一環と認識されたことであろう。文書の最低要件である差出・宛所・年月日すら備えぬこの文書は、「論義題」という文書名を付与されることにより、問題の列記という評価から脱け出し、固有の機能を顕示することになる。また同じく差出・宛所・年月日をもたず二行の問題を列記した「夢文」も、その文書名が与えられることによって、初めてその機能と併せて授受される場の独特の雰囲気を物語るはずである。

そこで各時代における文書固有の呼称を、その個性故に体系化を阻害するとの理由で無視することなく、歴史的な空間のなかにこれらを探し出し、改めて文書名として用いるならば、文書はそれが生まれた時代と空間における自らの機能を明快に語り始めよう。古文書学の形式至上による個性の捨象、とりわけ文書形式の統一と、分類形式外の文書の排除が、厖大な文書群の分類体系化の必要性を楯に進行しているが、これは文書の有機的な活用を阻むことになってはいないか再考の必要がある。

またこれは定型文書を重視する古文書学の基本的な姿勢にもいえる。すなわち非定型文書としての書札類を定型文書から分離することは、書札のもつ具体的な役割と史料的価値を軽視することになる。やはり書札のもつ実質的な役割を再評価し、たとえば法会というような成立の場を媒介として定型文書と関連づけることにより、より広く深い歴史的空間を描くことが可能となるはずである。

ところでもっぱら文書によりながら記述を重ねてきたわけであるが、実は法会勤修にあたり職衆が作成するものは文書のみでは決してない。数量的には文書よりもはるかに多い聖教類が生み出されている事実を看過できない(18)。定型文書と非定型文書の緊密な連係を図るべきであると同様に、法会勤修のなかで作成された文書と聖教類は、形態・形式による分類の壁を越えて、法会の次第・職衆・所作を媒介に結合して利用されるべき史料といえる。

以上、具体的な事例の提示と問題点の指摘に終始したが、寺院史料に二次的な分類を施し、その活用範囲と深度を深める一つの手がかりを求めたわけであり、これをもって寺院史料論を考える一歩としたい。

注

（1）『東大寺文書目録』（奈良国立文化財研究所編）・『興福寺典籍文書目録』（同前）・『石山寺の研究』（石山寺文化財総合調査団編）・『東寺観智院金剛蔵聖教目録』（京都府教育委員会編）等々、古文書学的・書誌学的な要件に注意深く配慮して作成された良質の目録類が近年相次いで公刊され、従来の管理機能を重視した棒目録から脱皮し、面目を新たにした目録の作成が試みられるようになった。また公刊されているものではないが、東大寺図書館で作成された『東大寺所蔵記録・経巻・聖教類目録』は、同寺に伝来する厖大な八宗教学に関わる史料の分類に、注意すべき枠組みを提示している。

（2）興福寺維摩会については、上田晃円氏「興福寺の維摩会の成立とその展開」（『日本上代における唯識の研究』所収）、堀池春峰氏「維摩会と閑道の昇進」（『中世寺院史の研究』下所収）、伊藤真徹氏「三宝絵詞の研究（その二）―特に南京三会について―」（『仏教大学人文学論集』五号）、土橋誠氏「維摩会に関する基礎的考察」（直木孝次郎先生古稀記念『古代史論集』下所収）、高山有紀氏『中世興福寺維摩会の研究』（勉誠社、平成九年）などが先行研究として挙げられる。このうち堀池氏の論考では、法会の構成や時代的推移、職衆招請や論義勤修について示唆に富む指摘がなされ、また高山氏の論著は、維摩会の専論として、法会の構成や職衆の機能の全般にわたり検討がなされており、本章は両氏の成果に大きく拠っている。

（3）「春日権現験記絵」巻十一に収められた、修南院恵暁法印の維摩会講師勤仕の絵は、堂前の座に著く勅使・有官別当、堂内の四列の床に列する聴衆、須弥壇前の高座に着く講・読師の有様を描きだしている。

（4）堀池春峰氏は、寿永元年に発給された維摩会課試及第学生交名注進状（「試経奏」）を、奈良時代における優婆塞貢進文の形式をとどめる文書として紹介され、併せてこの文書を「形式的」な文書と判断されているが（「優婆塞貢進と出家人試所」『南都仏教史の研究』上所収）、松尾剛次氏は堀池氏のこの見解に批判を加え、室町時代における同様の文書の存在と併せて、積極的に中世に存続した国家的な年分度者の試経制度の証左と評価すべきであると主張された（『鎌倉新仏教の成立』第一）。確かに維摩会の金堂試経において所作として度者試経が催され、そのための沙弥と文書も実在する。しかしこの事実を実体を伴う国家的な度者試経制度とするか、実体を失い形式化した所作と文書が法会儀式のなかで継承されてきたとするかは、史料それ自体がどのような意図のもとに作成されたかによって判断すべきであろう。つまり法会勤修にあたり作成される史料は、まず法会という枠のなかで歴史的な評価を与えるべきであり、時代ごとの制度と意識を前提にして、初めてその評価を枠外へ拡げることができるはずである。松尾氏自身が言及されている「法師」への得度という制度的な矛盾も、法会という枠内では一つの所作として理解できるはずである。また大永二年（一五二二）の維摩会金堂試経において、「一今夜試経法師吉善、先例十疋下行之處、乏少之間、不可随役之由申条、院仕教禅成之、十疋給之」（「経尋記」同年十二月廿一日条）のごとく、下行銭の乏少を理由に出仕を拒む試経度者の「法師吉善」は代々福智院に仕える力者であり、とうてい年分度者として試経に出仕した人物とは考えがたいのである。そこで本章では、広く儀式に作成される「吉書」をただちに実体をもつ文書とは評価せぬように、維摩会の金堂試経における所作と文書を、法会儀式のなかで存在意義をもつが、国家的な制度という意味では実体を伴わぬ形式のみと評価する。もちろん松尾氏はこのような批判を予想し、中世における「国家的得度制」の存在を主張する立場から、「法曹至要抄」の僧尼令解釈に見られる「僧尼」の優遇の実態を根拠として補強を図られているが（前掲書七八頁）、あまりにも議論が迂遠にすぎ、依然として「試経奏」などにおける「国家的得度制」の存続を説明するには至っていないと考える。

（5）高山氏前掲論著参照。

（6）林（神谷）文子氏「十五世紀後半の興福寺堂衆について」（『史論』三九号）参照。

（7）「研学竪義」とは、元来は興福寺分に配当された三口を称し、その他の竪者は「准研学」（「准業」）と称されていた（「尋尊御記」）。たとえば法隆寺竪者を請ずる長者宣は「准業長者宣」と称された（興福寺所蔵九函一号「維摩会引付」紙背文書）。しかし一般的には厳密に区別することなく、両者を「研学竪義」と称しており、本章もそれに従うことにする。

（8）堀池氏前掲論文参照。

（9）寺院社会では法会・寺務などを支える経済活動とその成果としてのたとえば布施物や饗膳を「世俗」と呼んでおり、本章でもその意味で世俗を用いる。

（10）文書の引付ではないが、政覚が講師を勤仕した折に尋尊が草した「文明七年維摩会講師方条々」（『大乗院寺社雑事記』所収）も所々に文書を引用している。また平安院政期に成立した「維摩会引付断簡」（興福寺所蔵一四函一号）と「維摩会引付」（同九函一号）、文保元年（一三一七）大乗院覚尊が遂講の折に作成された「維摩会講師引付」（興福寺所蔵一六函五号）、暦応元年（一三三八）大乗院孝尋の遂講の折に作成された「維摩会講師日記」（同九函五号）、明徳二年（一三九一）大乗院孝尋の探題勤仕の折に作成された「維摩会記」（同九函八号）などは、中世における維摩会職衆が授受する文書を検討する上で貴重な史料といえる。

（11）本引付には、維摩会とは関係のない大乗院大般若転読と講堂曼荼羅供に関わる文書が合綴されている。

（12）「捧物」は「宝物」とも表記されることから「ほうもつ」と読まれていたと思われ、「訪物」と同様の意味と考えられる。

（13）「大供」とは「孝謙天皇御願也、彼供仕等各言上也」（「尋尊御記」）とあるように、孝謙天皇の御願により興福寺にあてられた「供」料を本来の意味とし、その「供」料の下行に預かる寺僧（大僧）の意味に発展した。そこで「興福寺大供」とは、興福寺の大僧全体を指すものと考えられる。

（14）松尾氏前掲書六六頁参照。

（15）笠松宏至氏のご教示による。本書Ⅰ第二章第三節参照。

（16）因明・内明の問題を一題ずつ記したものが「短尺」であり、特に竪者が竪義論義にあたり聴衆の面前で読み上げる問題は、短冊型の薄木に二行で記されており、これは「木短尺」と呼ばれる。なお近世には論義問答草をそれ自体「短尺」と称する場合もある（興福寺所蔵一九函三八号「維摩会第五夜精義重短冊写」）。

（17）嘉禄二年（一二二六）の「先奏四通」とともに上進された興福寺別当実尊副状には、「維摩会先奏二通幷不足米寺解二通、例《任カ》例進覧候」と記されており、「沙弥先奏」・「十聴衆先奏」のみを「先奏」と呼ぶ場合もあったようである（「類聚世要抄」

巻一二）。

（18）「聖教」の成立については、本書Ⅱ第三章参照。

第二章　表白・自謙句・番句

はじめに

鎌倉時代の東大寺を代表する碩学として知られる尊勝院宗性は、いまだ年若い承久元年（一二一九）、寺内中院において書写した「維摩会表白抄」（東図103/42/1）に、

承久元年十月廿五日申時、於東大寺中院書写之了、先師法印弁暁維摩会供奉之時、講問幷精義表白也、自草、終澄憲法印之草少々有之、後代之重書、末代宝物也、尤可貴之、又可秘之矣、

との奥書を記した。宗性の先師である尊勝院弁暁が、興福寺維摩会の問者・精義に出仕のため自ら草した「表白」を収めたものが本書である。そして本書の末尾に安居院澄憲草の「表白」が少々書き加えられており、この両者の「表白」を書写した宗性は、「後代重書、末代之宝物也、尤可貴之、又可秘之矣」と、いささか高揚した表現をのこしている。ここで注目されるのは、若き日の宗性が維摩会などの講問論義・竪義論義の場で唱えられる「表白」に強い関心を示している点である。いうまでもなく澄憲は「能説名才」（『尊卑分脈』）として知られる安居院流唱導の祖であり、その草にかかる「表白」に宗性が注目したことは至極当然かもしれない。

ところで法会勤修にあたり、その主旨を聴聞衆や職衆に伝えるため「表白」が唱えられることが通例とされた。[1]論

義会においても、「有表白、問者表白之間持香呂、出疑之時置之」（東図「法勝寺御八講問答記」巻三、保元三年条）との問者の所作に見られるように、講問論義に出仕する講師・問者により、問・答の所作に先立って、各々の役割を顕示するため「表白」が読み上げられる。(2) 学侶である宗性が、論義において交わされる問・答の教学内容とは別に、付加的な「表白」に関心を寄せていたのは、「表白」するという所作自体が、問答内容と同様に聴聞衆の視線をひいたからにほかならない。そこで論義会に招請された学侶は、出仕に先立ち論義草（問答草）と併せて、注目される「表白」の作成を心懸けたのではあるまいか。これは宗性が「維摩会表白抄」を書写するほかに、自ら「秋華秋月抄草」等を撰述して論義会における多くの「表白」を引き付けていたことからも明らかであろう。このように論義会では、問・答を実質的に支える教学的な唱文と併せて、職衆が自らの所作と資質を語る「表白」が、きわめて重要な所作として認識されていたことになる。

さて維摩会の中軸をなすのは講師・問者の間で交わされる講問論義であるが、応永二十八年（一四二一）の「大会日記」（興福寺所蔵一九函六号）には、「講・読登礼盤、三礼之時諸僧惣礼、下礼盤、香呂於返給テ登高座、次勅使著座、次唄金二打之、（中略）表白始之、表白之間、従僧一人本院威儀触之、下記、次問者表白シテ論義在之、次講師自謙句アリ、取牒答之、聞鐘退出」との次第が記されている。講・読師の登高座、唄・散華を経て、高座にある講師の「表白」、問者の「表白」に次いで問者による「問」が投じられて「論義」に入り、講師の「自謙句」が唱えられた後に問者の「牒」（問）に対する「答」が返されて問答は終了する。(3) つまり講問論義は講師の「表白」により始まり、問者の「表白」と「問」、講師の「自謙句」と「答」により終わるわけで、「表白」「自謙句」は問・答を飾り立てる役割を果たしている。しかも論義（問答）における職衆の付帯作法は「表白」に限るものではない。そこで本章では、論義会における職衆のいくつかの付帯的作法に目を向け、いささかの検討を試みることにしたい。なお論義草（問答草）に加えて付帯的作法としての「表白」「自謙句」などを、本章では唱文と総称する。

第一節　「大会以下表白・自謙・番句等」

東大寺図書館に「大会以下表白・自謙・番句等」との外題をもつ一冊の聖教が伝来する（113/380/1）。本書はその表紙に、「大会以下表白・自謙・番句等極秘物也、不可有外見、　舜専　（後筆）『伝領実英』」とあり、「大会」つまり興福寺維摩会等において用いられた「表白」「自謙句」「番句」などが舜専により類聚され、のちに実英に伝領された秘書であることが知られる(4)。その内容を勘案するならば、類書としては続群書類従本「表白集」などがあげられよう。

ところで袋綴装四十一丁にわたる本書の記載内容であるが、諸法会における「表白」・「自謙句」・「番句」が過半を占めるほか、「法差別短尺喜光寺殿御草」（二二丁表）・證義「鑽仰」文（二三丁表）・「唯識比量記奥書」（二七丁表）・東北院覚円書状（三三丁表）等に加え、「以上、反旧之底見及之間、為自然存知留之、但事有憚、不可外見而已、明徳四年孟夏下旬比　舜専（花押）」との奥書をもつ「南都両門跡事」（三八丁表）が合綴され、さらに末尾に「祖師御入滅」・一乗院・大乗院両門跡相承系図・回禄勘例が付記されている。

本書の中核をなす「表白」・「自謙句」・「番句」は、引き付けられた出拠によって前半部分（原表紙裏より二八丁まで）と後半部分（二九丁より三七丁まで）に分けられる。この前半部分は、「此初問表白以下、恵心院本不慮一見之間、校合之處、互有々無之篇、仍写加之了」、「文治二年維摩会初座自嫌句以下至此句、以琳松房法印実専御自筆写了、時也明徳元年庚午十二月六日」、「以上鑽仰、明徳二初秋中旬写了」、「明徳三申初秋二、旧（ママ）反旧之時、依見及之写留了」との文中識語から、明徳元年（一三九〇）に舜専の手で「琳松房実専御自筆本」等の諸本から書写され「恵心院本」により校合・補記されたものに、同二・三年に他書からの追記がなされたことが知られる。また後半部分は、いずれもが応永年中の成立にかかる、発志院訓専が草した維摩会講師・探題の「自謙句」、大乗院経覚の法花会竪義「自嫌句」に加えて、「尺迦文院本」から東大寺法花会問者表白・維摩会講師表白を舜専が書写したものと考えられる。なお前半部分の底本を撰述した琳松房実専は、元弘元年（一三三一）に維摩会講師、建武四年（一三三七）に同会他寺探題に出仕した発志院実専であり（二九・三五丁）、本書に収められた「表白」・「自謙句」・「番句」は、主に興福寺発志院に住持する実専・訓専の手になる類聚本・自草を、舜専が書写したものということになる。

ところで本書を撰述した舜専は、応永七年（一四〇〇）に興福寺供目代の立場にあり（「大乗院日記目録」同年正月十二日条）、同十五年には維摩会に「寺分」竪者として出仕しており（「三会定一記」第三）、また舜専から本書を伝領した実英も、春日御八講論匠・慈恩会論匠・三蔵会竪者等に出仕し、延徳三年（一四九一）には維摩会に「寺分」竪者として出仕し、明応八年（一四九九）には別会五師に任じられている（「大乗院日記目録」第三・四、「三会定一記」第四）。つまり舜専・実英は供目代・別会五師という寺職に就き、維摩会に「寺分」竪者として出仕していることから推して、いずれも貴種としての出自をもたぬ興福寺住侶であったと思われる。しかし、いかに住侶とはいえ興福寺学侶として維摩会竪義に出仕するために舜専は本書を書写し、実英もまたこれを譲られたものであろう(5)。なお興福寺内で生まれ相承された本書が、いかなる契機により東大寺に伝わったものか、その経緯は明らかではない。

さて本書の内容であるが、全六十二通のうちから七通を除く五十五通が、外題の「大会以下表白・自謙・番句等」に対応する（本章末尾「大会以下表白・自謙・番句等」一覧参照）。このなかに収められる唱文は、前述の通り、前半四十五通の過半が「琳松房実専御自筆本」に掲げられた平安院政期から鎌倉前期までに成立したもので、また後半十通はそのほとんどが応永年中に生まれたものである。これらの唱文が用いられた法会としては、興福寺において催された維摩会二十一通、御斎会六通、法花会・淄洲会・撲揚講・春日社御八講各三通、寺家三十講二通、慈恩会・般若会・勅願三十講・一乗院三十講各一通、このほかに公家による最勝講・季御読経論義各一通をはじめ、薬師寺最勝会二通、法成寺御八講・東大寺法花会一通、そして未詳四通ということになり、出拠の過半が興福寺における諸法会ということになる。また唱文の起草者としては、前半には、解脱上人貞慶十三通をはじめ、宝積院信憲五通、光明院覚遍二通、一乗院良円・勝詮・憲円各一通が、後半には、発志院訓専四通、同実専三通、東院光暁一通が確認され、いずれもが維摩会講師を勤めた興福寺学侶であった（「三会定一記」第三・四）。つまり本書はおもに興福寺で催された法会において同寺僧が草した唱文を、いくどかの転写を経て、舜専により類聚されたものであることを再確認しておきたい。

ところでこれらのなかでとくに注目されるのはやはり貞慶草にかかる十三通の唱文であろう。建久二年（一一九一）、九条兼実は南都に下向して興福寺南円堂において貞慶を導師に請じて誦経を催し、「誦経導師貞慶已講、表白甚優」なりと記している（「玉葉」同年五月二十二日条）。また同年に兼実は後鳥羽天皇中宮である息女任子の病悩にあたり、自ら金泥般若心経一巻を書写し、併せて金剛般若経十巻を新調の上で、貞慶を講師として経供養を催したが、その折に「貞慶演説旨趣、大僧正・余相共拭感涙、実雖神明・三宝、争不伏此理給哉、殆可謂神歟、可尊々々、此感応必不可空者也」（同前十月十一日条）と記して、表白という形をとったと思われる貞慶の「演説」を聞いて、「感涙」に咽び「可謂神歟、可尊々々」と絶賛している。ところが貞慶が諸法会出仕にあたり草した唱文は、その高い評価にもかかわらず、いまだ系統的に蒐集されていないのが現状である。(6)しかし本書には、文治二年（一一八六）維摩会講師を勤修した折に草した、

文治二年維摩会

初座自嫌　　　　小僧貞慶

鈍刀用拙、隔徳誉於東箭之月、
布鼓響疎、謝雅音於南薫之風、
　方今
謬臨燈王之宝座、迦葉敗種之恨更深、
弥当妙徳之疑問、浄名抗対之詞難述、
愍休周章之神、聊献商量之答、

講房拝礼返答

悟暗毎麦、空隔杞梓之村、
性同驢馬、独恥龍象之交、
剰応諸徳之慰諭、弥失二足之所惜、

との自謙句・講師嘆徳返答文（二丁表、三丁表）をはじめとして、翌年の宮中御斎会、さらに薬師寺最勝会における講師自謙句（三丁裏、四丁裏）が見出される。この貞慶の唱文を通して、少なくとも鎌倉前期までは僧綱昇進の条件とされた維摩・御斎・最勝三会講師への出仕が確実に存続していたこと、また御斎会講師は御前番論義において精義をつとめる習わしであったことが確認される（三丁裏）。さらに貞慶草として、寿永二年（一一八三）の撲揚講番論義番句（八丁裏）、文治三年の淄洲会番句（一〇丁表）・寺家三十講番句（一九丁表）、同四年の法華会精義自謙句（一二丁裏）、春日社法華八講番論義番句（五丁表）・法華会精義自謙句（九丁裏）、寺家三十講番句（一一丁裏）、維摩会番論義番句（一三丁表）などが見出される。興福寺を代表する碩学として知られた貞慶は、寺内外にわたる数多くの諸法会に請ぜられており、その折々に多くの唱文を草したはずであり、わずかながらも本書に貞慶草の論義表白を見出すことができる。

維摩会をはじめとする論義会において、問・答を差しはさむ付帯作法のなかに、表白をはじめ自謙句・講師嘆徳文・講師嘆徳返答文（「講房拝礼返答」）・番句・鑽仰文という多様な唱文が用いられた事実を、本書は明快に物語っている。そして多様な唱文と問答との組み合わせのなかで論義会という場が実現し、その旨趣や功徳が聴聞衆に伝えられたことに改めて注目しておきたい。

第二節　「表白」・「自謙句」・「番句」

建武四年（一三三七）「琳松房法印実専発志院探題時、自東北院覚円僧正御房賀札云」として、維摩会他寺探題に請ぜられた発志院権大僧都実専に対し、東北院覚円は以下の賀札を送った（三十三丁表）。

二明之題者、一宗之先途也、冥感之独処、宿習之令然、随喜之至、言詞難覃、就中威儀儼然、真俗周備、尤以承悦候、御夢想事、神感又不能左右候、兼又自謙句事、被下門主御筆候之条、弥道之御面目候、猶々珍重々々候、謹言、

十月廿一日　判（覚円）

このなかで覚円は、「二明之題者、一宗之先途」として法相宗学侶の極位たる探題に実専が招請されたことをおおいに慶賀した。これに先立つ元弘元年（一三三一）、実専は齢六十六にしてようやく維摩会講師に請ぜられたが、これは拠るべき出自をもたぬ住侶の宿命でもあった。書状中に記された実専の「夢想」がいかなるものであったか知る術

もないが、住侶として探題に招請されんとの願いであったのかもしれない。そして「七旬之頽齢」にあった実専に、時の興福寺別当である「門主」(一乗院門跡)覚実は、探題として唱えるべき「自謙句」を自ら清書して下したが、これを覚円は「道之御面目」と慶んだのである。(7)

興福寺維摩会における探題には、本来竪義論義にあたり竪者に因・内二明の問題を定め、また問者・竪者との問答の末に、精義の講評を承けて得略の判定を加えるという役割があった。(8)そして竪者の本寺によって専寺・他寺に分かれた探題のうち、専寺探題は興福寺別当が兼ねることにより実質的に同会の主催者として立場を占めたが、他寺探題はあくまで探題本来の機能を果たすのみで、竪義論義の場を除いて際だつ所作を果たすことはなかった。しかし寺内の碩学・宿老として探題に請ぜられることは住侶にとってこの上ない名誉であり、他寺竪者の竪義論義において「自謙句」・「得略句」を唱えることこそ、他寺探題が自らの学識を顕示する機会にほかならない。つまり維摩会のなかでは表立つ所作の少ない専寺・他寺探題にとって、その存在を象徴的に示すのが「自謙句」といえるのである。それゆえに一乗院覚実は、実専の「自謙句」を自ら筆をとり清書したのではなかろうか。

そこで職衆各々の立場を象徴的に示す「表白」・「自謙句」・「番句」について、いかなる形式と機能をもつか検討を加えねばならない。ところで前掲の自謙句・講師嘆徳返答文の冒頭に「初座自嫌」・「講房拝礼返答」とあるように、本書に収載された唱文の多くには当時の呼称が付記されており、これを重要な手がかりとして形式と呼称の関係を考えることにする。(9)

まず本書の第一丁に記される最勝講初問表白を掲げる。(10)

最勝講初問表白

夫以堯日光明、添影於仏日之余光、

徳水流清、増潤於法水之遺流、
仏法・王法互助互来者歟、方今　吾君陛下
聖運秀万古、万国同事書之道、
皇徳被四方、四塞絶風塵之声、
因茲慣亮弘之往日、講金光於清涼之月、
当暁夏之良辰、談法性於華寝之風、
誠是明時累代之佳例也、
豈非宝祚延長之秘術哉、
抑講匠者天台之嗜徳也、十乗三観之薫修年久、
問者者法相之短才也、五重唯識之鑽仰日浅、
只以謂法臈之次、愍恐勤初問之役矣、

この「表白」は、最勝講の講問論義において、天台宗（延暦寺もしくは園城寺）の講師による講説を踏まえ法相宗（興福寺）の問者が「初問」を投ずるに先立ち唱えたものである。「表白」の草者と成立時代は明らかではないが、鎌倉時代前後の興福寺僧の手になるものと考えられる。仏法の布弘と公家の徳化を讃え、最勝講勤修の意義を掲げるとともに、講師を「天台之嗜徳」と誉め、自らを「法相之短才」と貶める文言が連ねられるが、問者による「表白」の要諦は最後の二行にあろう。これは「爰講匠者中宗鴬舌、開疑関於一座、問者々法相鴦鴛、泥論義於初問」との表現をもつ勅願三十講初問表白（二丁裏）にも見出されるわけで、講問論義にあたって、問者は講師の高い学識を讃え、自らの学識の低さを嘆く表現形式の「表白」を読み上げて「問」に入るのである。(11)

さて維摩会では初日から第七日まで朝夕両座にわたり、講師は同会の由緒・次第に願文を加えた構成をもつ「維摩会表白」を唱え、これが法会表白と論義表白を兼ねた役割を果たすと考えられる。[12] この講師の「維摩会表白」について、先に掲げた「次問者表白シテ論義在之、次講師自謙句アリ、取牒答之」との次第に見られるように、「問者表白」「論義」に続いて「講師自謙句」「答」が唱えられる。つまり「表白」と「自謙句」は、問者と講師の問・答に先立つ所作であり、基本的な機能としては類似しているといえる。

そこで前項で引用した貞慶草の維摩会初座自謙句に目を向けるならば、冒頭から「鈍刀用拙、隔徳誉於東箭之月、布鼓響疎、謝雅音於南薫之風」という自らの学識を貶めた表現の後に、菲才にもかかわらず講師として「妙徳之疑問」に対し「商量之答」を献じるとの文言が続く。末尾一覧にも明らかなように本書には「自謙句」が少なからず収載されているが、これは講師のみならず探題・精義が自らの所作に先立ち唱えたからにほかならない。そして収載された「自謙句」を一覧するならば、「謬以小量之璅材、忝備大会講匠、心月未瑩、因明・内明之義尚暗、性淵無深、唯識・唯心之教相已浅」との表現をとる維摩会講師自謙句（一八丁表）、「爰某、沢畔截蒲、七旬之頽齢雖闌焉、窓前編柳、二明之練習尚疎矣」との維摩会探題自謙句（三〇丁表）、「爰精義者、沢畔截蒲、愍雖累数廻之霜、窓前拾螢、猶恥暗三学之月」との法華会精義自謙句（三四丁表）等々、講師・探題・精義が謙遜の意を込めて唱えた「自謙句」が見出される。[13]

「表白」・「自謙句」は、いずれも論義に請ぜられた職衆が自らの浅学を嘆き、聴衆の面前で賞讃に値する所作などなしがたいことを強調する謙遜の表現をもつ。このような「表白」「自謙句」が、いかなる時代に生まれ広く論義会のなかで用いられるようになったのか明証は得がたく、今後の課題とせざるをえない。

なお前掲の自謙句に続く維摩会講師嘆徳返答文については、「維摩会聴衆嘆徳返答」（一六丁表）との呼称に窺われるように、「爰講匠者、宿善内作、才智外顕、方入方丈之深室、速叶不二之秘局、然則、為因・内二明之梁棟、為真・俗二諦之柱石者歟」（三七丁裏）として講師の学識を誉め上げる聴衆の嘆徳文を承け、自らの非才を恥じながら、「剰応諸徳之慰諭、弥失二足之所惜」（三丁裏）として聴衆の「慰諭」により講師をつとめる当惑を表現した「返答」である。これら嘆徳文と返答文は、講問論義の朝・夕両座において、講師の「自謙句」と「答」にはさまれて聴衆と講師により唱えられたものと考えられる（三七丁裏）。

そこで「番句」の事例として、文治四年（一一八八）に維摩会勅使房番論義に出仕した貞慶草「番」句を引用する。

文治四年維摩会番論義　番　　　　貞慶已講

丈室並床三十億、迦葉忽驚眼、
玄門継慶五百廻、浄名再杜口、
方今
鳴論鼓而引雄材、翅入淮南之夜雲、
臨疑関而争驥躍、声嘶異境《坂》之暁風、
由之
長者尊閤、永伝青松万葉之色、
中使尚書、遙期紫藤参花之栄、

右の「番」句を見るならば、まず興福寺の興隆と維摩会の継修を讃え、隆盛を遂げる論義の功徳による長者九条兼実と勅使左少弁藤原親雅の繁栄を謳いあげており、やはりその要諦は末尾の二行に見出されよう。本書には維摩会のほか、春日社御八講・撲揚講・淄洲会・寺家三十講・一乗院三十講などいずれも興福寺の諸法会における「番句」が収められている。これらを一覧すると、勅使が下向する維摩会の場合には藤氏長者と勅使への祈念が掲げられているが、春日社御八講における「因茲、長者尊閤、翠松紫藤之栄永鮮、長吏諸徳、桂父・梅生之竿無窮」(五丁裏)、撲揚講における「長者尊閤、仁智礼之誉普布、長吏諸徳、戒定恵之徳永薫」(九丁表)など、寺家主催の諸法会における「番句」では、藤氏長者と興福寺別当への祈念が謳われている。

「番句」が唱えられる番論義は、維摩会勅使房番論義からも窺われるように、論義会の中核というべき講問・竪義論義に肩を並べるものではなく、その結願後に催される饗応・法楽という性格をもつ法要と考えられる。このため維摩会の場合には、法会の願主である藤氏長者と勅使への功徳を、それ以外の諸法会では檀越である長者と法会の主催者たる興福寺別当への功徳を願って「番句」が唱えられたわけである。

このように「番句」には謙遜の要素は全く見られず、その表現や機能が「表白」・「自謙句」と大きく異なることは明らかであろう。すなわち講問・竪義論義の場で、講師・問者・探題・精義などが問・答所作に先立ち、自らの浅学非才を対峙する職衆や聴聞衆に語る「表白」・「自謙句」に対して、番論義の場で勅使・長吏の面前にあって論義勤修による功徳の廻向を語る「番句」が、その表現形態を異にすることはいうまでもあるまい。

以上のような「表白」・「自謙句」・「番句」の形式と機能を踏まえて、最後にこれらがいかにして作成され活用されたかについて簡単に触れておきたい。

唱文の起草については、「文治元年維摩会　初座自嫌　信憲已講」(五丁裏)・「文治二年維摩会　初座自謙　小僧貞慶」(二丁表)として、自ら草し自ら唱えることが通例と考えられるが、「大乗院門主法花会御竪義　精義者北戒壇院御自嫌句　作者東院」(三三丁裏)とあるように、北戒壇院隆雅の精義役勤仕にあたり、東院光暁がその「自謙句」を草するということもあった。なお建武四年に発志院実専の探題役勤仕にあたり、その「自謙句」を一乗院覚実が清書し下したことは先に述べた通りである。

さて唱文をいかに草したのかを窺わせる痕跡が本書に散見される。まず応永七年に他寺探題を勤仕した発志院訓専は、「同講師拝礼返答元弘元年発志院実専、琳松房法印御房御遂講之時、」（二九丁表）とあるように、同院実専が元弘元年に用いた講師嘆徳返答文をそのまま用いている。

また寿永二年（一一八三）に貞慶が草した撲揚講番論義番句（八丁裏）には、

左注ハ嘉暦元年番ー
寿永二年撲揚講番　　貞慶得業

道樹三載《代》之教文、揚余波於濮水之風、
法林一日之論談、謝《忝》遺《法》徳於浄刹之月、
方今是以
扣論鼓《法用座》十双、騏驥《驎》忽争疾徐之蹄、
開疑関数問《瑩義理十双》、鳳凰遙尉雌雄《翱翔》之翅、
因茲
長者尊閣、仁智礼之誉普布《徳能明》、
長吏諸徳、戒定恵之徳永薫《功績積》、

とあるように諸処に傍書が加えられているが、これは嘉暦元年（一三二六）に貞慶草の文言を一部差し替えて「番句」が作成された痕跡である。このように先人の草を参照して唱文を作成するという方法は、「嘉元四年用之、旧草為本少々令潤色了」（二四丁裏）、「応永五年戊寅十二月十七日、第六日、講師慈恩院兼覚、予嘆徳ニ参拝之時、古両本ヲ合糅シ、又用捨シテ如此用之」（三七丁裏）との注記からも知ることができよう。そして「古本」を「合糅」「用捨」するという

方法が通例とされたからこそ、本書が撰述されたと考えるべきであろう。

　このようにして草された唱文は法流にそって師資相承され、起草者が止住する院家に伝えられ、末葉の学侶に参照されたことは、発志院実専草の「返答文」が同院に相伝され、のちに訓専の所作のなかで活用された事実からも明らかであろう（二九丁表）。論義会における中核的所作はいうまでもなく論義（問答）であるが、この所作を支える論義草は職衆の評価に直接関わるだけに、招請された学侶がその内容に強い関心を寄せたことは想像にかたくない。そして東大寺宗性は撰述した「華厳宗論義抄」の奥書に、「自去五月一日於尊勝院毎日有論義之談義、其論義者先師法印弁暁所製作双紙論義也、其双紙者秘談抄云々、其秘談抄秘蔵之間、毎日所被談論義暗以抄之」（東図103/20/1）と記しており、先師弁暁が草し尊勝院に「秘蔵」された論義「双紙」（「秘談抄」）を抄出し、「論義之談義」の場で独自性のある優れた問答を展開するための拠りどころとしたと思われる。この論義草に準じた「表白」・「自謙句」・「番句」も職衆の所作を支えるものとして重視され、先師の草は末葉の唱文起草に重要な役割を果したはずで、本書を撰述した舜専が原表紙に記した「極秘物也、不可有他見」との文言は、他流・他院にない独自の表現形態を秘して伝えようという意識の現れといえよう。

おわりに

　本章では、論義会における付帯的作法とされた「表白」・「自謙句」・「番句」の形式・機能と生成・伝来についていささかの検討を加え、これらが職衆の所作として問答に準じた役割を果たすものであり、決して過小に評価すべきではないことを再々確認した。

ところで「表白」・「自謙句」に共通して見られる、職衆自らの浅学菲才を嘆く謙遜表現は、現代的な感覚からしても決して奇異に感じられない。しかし自己を貶める表現を連ねた「表白」を語りながらも、そこに注目を引く独自の表現形態を求める職衆の心底には、論義草に独自性を求める意識と相通ずるものがあり、究極的には他の職衆や聴聞衆に自らの学識を顕示しようとの志向を認めざるをえない。この志向のゆえにこそ、「表白」以下の唱文は法流・院家という閉鎖的な場に秘蔵され相承されたわけである。そして閉鎖的環境のなかで継承され熟成された唱文は、謙遜と自己顕示という両極の意識の狭間を通り、論義会という場でその姿を現すことになる。

また学侶個々の意識とは別に、唱文の表現のなかに世俗的要素を見過ごすことはできない。これは二通の維摩会講師嘆徳文に付された、「始ハ貴種之時用之様歟、後ハ通途次様之時用之様歟」（三七丁表）との注記に窺われる。つまり講師の学識を嘆徳する聴衆の文言は、貴種に対しては、「爰講匠者、藤門摂家之芳胤、繁花累葉之貴種也、為因・内二明之梁棟、為真・俗二諦之柱石者歟」（三六丁表）との表現を、一方「通途次様」つまり貴種ではない住侶等には、「夫講匠者、宿習内催、入五重唯識之室、二明之奥旨石精無倦、三学之知恵聡敏稟性、誠是一宗之中興、将又吾寺再唱也」（三六丁裏）との表現を用いている。講師の学識を賛嘆するにあたり、出自という世俗的要素によって嘆徳文の表現を変えるという習慣の背景に、寺院社会における拭いがたい身分意識と、出自を学識に優先させる社会体制があったことを忘れることはできない。

このような学侶の意識と寺院社会の精神風土のなかで、多様・多数の唱文が生まれたわけで、貞慶草をはじめとする唱文を類聚することにより、論義会の勤修を契機に生まれた多彩な教学史料の存在、それらにより構成された論義会の構成、論義草と「表白」等の唱文を作成して論義会出仕に備える学侶の教学活動、教学活動を支える寺院社会の意識構造、これらの実相をより詳細に確認することが可能となるはずである。

注

(1)「表白」とは、法会や法要・所作において、その趣旨や職衆の資質・関わりについて、本尊や職衆・聴聞衆に告げる唱文の意味で用いる。なお法会において唱えられる「表白」は、法会表白と論義表白に大別されるといわれる(小峰和明氏「表白」『仏教文学講座』第八巻所収)。

(2) 論義会の法要には講問論義と竪義論義があるが、その各々については、拙稿『法会』と『文書』—興福寺維摩会を通して」(本書Ⅱ第一章所収)参照。

(3) 講師の「自謙句」については、高山有紀氏『中世興福寺維摩会の研究』(勉誠社、平成九年刊)一〇六頁に、「仏と参集の学侶に対し、自身が未だ浅学の身であると謙遜して述べる章句」との指摘がある。なお「自謙句」は史料上で「自謙」・「自嫌」・「示現」などと表記される。本章では、史料引用にあたりその表記を尊重するが、叙述のなかでは「自謙」を用いることにする。

(4) 江戸時代の後補表紙外題には「大会以下表白自論番句」とあり、「自謙」が「自論」と誤読されており、この時点で「自謙句」はもはやその本来の意味を忘失された語句ということになろう。

(5) 発志院実専・訓専についても、維摩会の「講師実専大徳」・「講師権律師訓専住侶春専房」(「三会定一記」元弘元年・応永七年条)と表記されており、いずれも興福寺住侶の立場にあったことが知られる。つまり本書は興福寺住侶層に属する院家に相承された聖教ということになる。

(6) 小峰和明・山崎誠氏編「平安鎌倉期・願文表白年表稿」(国文学研究資料館文献調査部『調査研究報告』一一号)・小峰氏「貞慶『表白集』小考」(『国文学研究資料館紀要』二〇号)参照。

(7)「門主」としては一乗院・大乗院門主の両者が考えられるが、大乗院門主は時に孝覚であり、翌暦応元年に維摩会講師を勤修しており(「三会定一記」第二)、探題の「自謙句」を清書する立場としては不自然であり、一乗院門跡覚実と判断した。

(8) 探題の機能については、前掲の拙稿と高山氏論著第三部「探題と維摩会」参照。

(9) 後掲「大会以下表白・自謙・番句等」内容一覧の史料名は、当時の呼称を参照しながら筆者が統一的に付けたもので、個々の唱文に付与されていたものとは必ずしも一致しない。

(10) 文中識語より、最勝講初問表白は「琳松房法印実専御自筆」本中には存在せず、興福寺「恵心院本」によって補記されたことが知られる（一九丁表・二一丁表）。

(11) 竪義論義において竪者の所作として「表白」があるが、本書には竪者の「表白」は収められていない。

(12) 「維摩会表白」については、前掲の高山氏論著第二「講問論義と職衆」・四部「維摩会の関係史料」参照。

(13) 本書には「慈恩会問者自謙　覚円君用之」として、「学山雲暗、独恥鶱鷟之易蹎、義淵浪深、未知驪龍之所蟠、恐臨当座之問役、難叶題者之高志」との表現をもつ問者の「自謙句」が一通見出される（九丁表）。論義にあたり問者は「表白」を唱えて問答に入るわけで、この「自謙句」が慈恩会に特有のものであるか、他の論義会にも見られるものか、さらに法会のいかなる所作のなかで唱えられたものか、今後の課題としたい。

〔「大会以下表白・自謙・番句等」内容一覧〕

1	維摩会初座自謙句	（表紙見返）
2	維摩会講師嘆徳返答文（「同聴衆返答」）	（表紙見返）
3	最勝講初問表白	（一丁表）
4	勅願三十講初問表白（「勅願初問表白」）	（一丁裏）
5	貞慶草維摩会講師初座自謙句（文治二年、「初座自嫌」）	（二丁表）
6	実専草維摩会講師初座自謙句（元弘元年、「又方」）	（二丁裏）
7	（貞慶草）維摩会講師嘆徳返答文（「講房拝礼返答」）	（三丁表）
8	実専草維摩会講師嘆徳返答文（「又方」）	（三丁表）
9	（貞慶草）御斎会講師自謙句（文治三年、「御斎会」）	（三丁裏）
10	貞慶草御斎会御前番論義精義自謙句（「御前御論義」）	（三丁裏）
11	（貞慶草）薬師寺最勝会講師表白（「最勝会」）	（四丁裏）
12	貞慶草春日番論義番句（文治三年、「春日番論義番」）	（五丁表）
13	信憲草維摩会初座自謙句（文治元年、「維摩会初座自謙」）	（五丁裏）
14	信憲草維摩会講師嘆徳返答文（「同講坊拝礼返答」）	（六丁表）

15 （信憲草）御斎会講師自謙句（「同人御斎会」）（六丁表）
16 （信憲草）御斎会御前番論義精義自謙句・鑽仰文（「御論義」）（六丁裏）
17 貞慶草撲揚講番論義番句（寿永二年、「撲揚講番」）（八丁裏）
18 憲円所用慈恩会問者自謙句（「慈恩会問者自謙」）（九丁表）
19 貞慶草法花会精義自謙句（「法花会精義」）（九丁裏）
20 貞慶草淄洲会番句（文治三年、「淄洲会番」）（一〇丁表）
21 貞慶草寺家三十講番句（文治三年、「寺家三十講番」）（一一丁表）
22 信憲草維摩会番論義番句（文治三年、「維摩会番」）（一一丁裏）
23 貞慶草法華会精義自謙句（文治四年、「法華会精義者」）（一二丁裏）
24 貞慶草維摩会番論義番句（文治四年、「維摩会番論義番」）（一三丁表）
25 覚遍草撲揚講番論義番句（建仁元年、「撲揚講番句」）（一四丁表）
26 覚遍草撲揚講番論義番句（建仁三年、「同句」）（一四丁裏）
27 一乗院三十講番句（一四丁裏）
28 淄洲会番論義番句（「淄洲会番句」）（一五丁表）
29 淄洲会番論義番句（一六丁表）
30 維摩会講師嘆徳返答文（「維摩会聴衆嘆徳返答」）（一六丁表）
31 御斎会講師自謙句（「御斎会表白」）（一六丁裏）
32 御斎会御前番論義表白（「御前番論義表白」）（一七丁表）
33 最勝会初問表白（一七丁裏）
34 季御読経初問自謙句（「御堂初問句」）（一七丁裏）
35 良円草維摩会講師自謙句（建久七年）（一八丁表）
36 勝詮草法成寺御八講探題表白（建久八年、「法城寺探題表白」）（一八丁裏）
37 貞慶草寺家三十講番句（文治三年、「寺家三十講番」）（一九丁表）

38 維摩会講師論義表白（「維摩会講師論義表白句」）（二〇丁表）
39 般若会初問表白（二〇丁表）
40 （某会探題表白「或人草云」）（二一丁裏）
41 喜光寺殿（一乗院覚実）草法差別短尺（二二丁表）
42 某会證義鑽仰文（「一座證義云」）（二三丁表）
43 某会證義鑽仰文（「證義範憲云」）（二三丁表）
44 春日社八講番論義番句（嘉元四年、「春日八講番句」）（二四丁裏）
45 春日社八講初問表白（「春日御願初問表白」）（二五丁表）
46 某会證義自謙句（二六丁表）
47 菩提院蔵俊草唯識比量奥書（二七丁表）
48 訓専草維摩会講師初座自謙句（応永七年）（二九丁表）
49 実専草維摩会講師嘆徳返答文（元弘元年、応永七年所用、「同講師拝礼返答」）（二九丁表）
50 （訓専草）維摩会番論義番句（「同番論義」、24と同文）（二九丁裏）
51 訓専草維摩会探題自謙句・得略句（応永十年、「同探題自謙句」）（三〇丁表）
52 訓専草維摩会探題自謙句・得略句（応永十一年、「同会探題」）（三一丁裏）
53 東北院覚円書状写（建武四年十月二十一日）（三三丁表）
54 東院光暁草北戒壇院隆雅所用法花会精義自謙句（応永十八年）（三三丁裏）
55 東大寺法花会初問表白（応永二十年）（三四丁裏）
56 維摩会講師嘆徳文（応永二十年）（三六丁表）
57 維摩会講師嘆徳文（三六丁裏）
58 維摩会講師嘆徳文（応永五年）（三七丁表）
59 南都両門跡事（明徳四年舜専書写奥書）（三八丁表）
60 祖師御入滅次第（三九丁裏）

61　一乗院・大乗院両門跡相承系図　（四〇丁表）

62　回禄勘例　（四一丁表）

第三章　論義と聖教——「恵日古光鈔」を素材として

はじめに

古代・中世の寺院社会は恒例・臨時の法会を中軸として運営されたといっても過言ではあるまい。そして寺院社会を構成する個々の寺僧、とりわけ教学を覚悟の術とする学侶は、自らの日常生活と永い人生の節目に法会を位置づけ、法会出仕を目安にして短期・長期にわたる教学活動を進めたと思われる。仏法伝持を基本的な機能とする寺院社会と、仏法を実質的に担う寺僧の両者にとって、法会・教学活動は自らの宗教的機能を示す証であり、しかも最大の関心事でもあったはずである。(1) そして寺僧による多彩な教学活動の有様は、今日に伝来する数多くの聖教のなかに窺うことができよう。

寺僧の教学活動のなかで生まれた聖教であるが、史料上では「顕・密」教学に対応して「顕宗聖教」「密宗聖教」と呼ばれることもあった（『鎌』一三—九八四七）。「顕宗聖教」としては、弘安六年（一二八三）興福寺尊信置文に「正願院経蔵聖教」として記される、「唯要　皮子四合、唯秘　皮子二合、唯纂　皮子二合、唯新　皮子二合、唯識問答皮子一合、唯識義抄　櫃一合、法花開示鈔　皮子一合、（中略）因上下　皮子二合、因明鈔　櫃一合禅忍房、因末鈔皮子二合、因明疏等櫃一合禅忍房、」がその一例である（同二〇—一四九〇五）。皮子に納められた唐窺基・智周撰述の

「唯要」（「成唯識論掌中枢要」）・「唯秘」（「成唯識論演秘」）や貞慶撰述の「法花開示鈔」など祖師・先師の手になる疏釈（経典の註釈・抄出）のみならず、櫃に納められた多くの寺僧の手になる抄物としての「唯識義抄」「因明疏」等などの総体が顕宗の「聖教」と呼ばれていたわけである。(2) 一方、「密宗聖教」としては、永仁五年（一二九七）醍醐寺報恩院憲淳譲状に記される、「一聖教　報召、須因、須雑、尊、黒白、修法、已上六合、台皮子内」が一例としてあげられ（同二五―一九二六八）、ここに掲げられる台皮子に納められた六合の「聖教」はいずれも修法次第であり、しかも略称で呼ばれ相承者以外に披見を許されぬ秘書であった。すなわち先師の疏釈や寺僧が修学のなかで作成した抄物が「顕宗聖教」、密教事相の次第を内実とし、特に伝授にあたり付与・相伝される次第本が「密宗聖教」と呼ばれていたわけである。(3)

そこで史料上に現れる「顕宗聖教」と「密宗聖教」の内実を参照して、改めて聖教の対象を措定するならば、印度から伝来し中国で翻訳された経・律・論は除くとして、この経・律・論をめぐり中国・日本において撰述された疏釈の類、寺僧が修学活動のなかで経・律・論や疏釈から作成した抄物や法会出仕のための論義草・次第、教学の伝授・継承のなかで生まれた教学内容を記す多様な聞書・口伝や公験（文書）など、きわめて幅広い内実をもつことになろう。すなわち寺僧・師資・門流さらには寺院社会による広範な教学活動の所産としての、教学内容を盛り込んだ多彩な形式・形態をもつ史料を聖教とすることができる。(4)

さて東大寺図書館に徳治二年（一三〇七）書写された「一乗仏性恵日抄」（113/152/1、尾題「一乗仏性究竟抄」）が伝来する。本書は承和年中に元興寺三論宗徒の円宗により撰述され、「一乗仏性宗」たる三論宗の仏性義を論じたいわゆる「顕宗聖教」である。その奥書には、

徳治二年九月十七日、於新禅院馳筆了、古本草書不見解之間、文字不審也、以勝本重可交合而已、

「（朱筆）同年十二月廿五日、一交之次加点了、」

とあり、東大寺新禅院において「三論宗沙門」聖然が書写の上で加点したものであることが知られる。この「一乗仏性恵日抄」と同じく聖然が書写（一部他筆）した「恵日古光鈔」という十帖の聖教が東大寺図書館に伝来している（113/153 1～10）。ただし本書の第一帖目の原表紙には「新禅院聖守」とあり、また後補表紙にも同筆で「恵日古光鈔」と打付外題が記され、いずれも聖然ではなくその師である聖守の筆と考えられる。清書本と思われる本書は、外題と自署を加えた聖守の意思に基づき、聖然の手で撰述・書写されたと思われる。鎌倉時代における三論教学復興のなかで生まれたと思われる「恵日古光鈔」であるが、『国書総目録』にその所在が掲げられこそすれ、教学史上で注目されることのない無名の聖教といえる。(5) 三論宗教学史のなかで「恵日古光鈔」がいかなる位置を占めるか定かではないが、鎌倉時代における東大寺三論宗僧の教学活動の具体的な痕跡を見出すことを期して、本書を素材に一つの聖教が成立する背景と、聖教が教学活動に果たした意義について検討することにしたい。

第一節　三論宗と聖守

南都六宗のなかで三論宗が最も早期に伝来し、大安寺・元興寺を拠点に布弘したとされる。しかし法相宗の隆盛のなかで三論・法相両宗の対立は深まり、延暦年中には「緇徒不学三論、専崇法相、三論之学殆以将絶」（『類聚国史』延暦廿一年正月戊寅条）とあるように三論宗は衰退の極にあった。(6) このような三論宗の再興を図ったのは、貞観十七年（八七五）に東大寺東南院を創建した聖宝である（『東大寺要録』諸院章）。また「三論長者、諸宗〔寺カ〕三論宗中殊撰器量、以官符所補来也、而延久三年永以東南院々主可為此宗長者之由、被宣旨以来、于今無違礼矣」（「東大寺続要録」諸院編）とあるように、延久三年（一〇七一）の宣旨により東南院院主が「三論長者」となり、以後これが恒例となったという。ただしこれ以前に三論宗「長者」が実在したという証左は見出しがたいが、少なくとも聖宝により創建された東南院が、三論宗の拠点となったことは確かであろう。

聖宝により東南院が創建されたのち、「東南院務聖宝已後、于今一十八代、顕密兼学作宗貫首、但勝賢一代唯密宗、寺中衆徒従昔至今学三論者、並肩継踵、互奪金玉、倶諍蘭菊、永観・珍海・樹朗・重誉、並中古学英、乃智解鸞鳳也、明遍・貞敏・秀慧・覚澄、倶近代名哲、是学識玉鏡也、厥後樹慶・智舜・快円・定春等、継踵騰旨、不可勝計者也」（「三国仏法伝通縁起」巻中）として、「寺中衆徒」の三論修学を背景として、「顕密兼学」（三論・真言兼学）の歴代東南院院主の周辺に永観・珍海・樹朗・重誉・明遍・貞敏・秀慧・覚澄・樹慶・智舜・快円・定春という「学英」・「名哲」が輩出したとされる。また平安院政期から鎌倉前期にかけて、「東大寺号八宗兼学梵場、然近来所弘顕宗大乗、唯学華厳・三論両宗而已、寺内学侶繋属両宗」（「円照上人行状」上）とあるように、東大寺学侶の多くが「華厳・三論両宗」を修学しており、この両宗が「八宗兼学」道場たる東大寺における教学的な柱であったことは確かである。(7)

そして東大寺学侶の「華厳・三論両宗」にわたる教学活動を実質的に支えたのは講の存在であった（「東大寺続要録」仏法篇）。保延二年（一一三六）に創始された大乗義章三十講は、

保延二年始行、撰召三論一宗之学徒、令修三十座之講行、一向以大乗義章為宛文、分二百余科、令問答・輪読、（中略）大乗義章之精読、三論疏之問答、共闘智弁、互決雌雄者也、

として、招請された三論宗徒が慧遠撰「大乗義章」の二百余の科文（経論段落の要約文）とその本文をめぐる「問答・輪読」を行う場であり、後に「三論疏」（「中論疏」・「百論疏」・「十二門論疏」）の「問答」が加えられた。このように本

講の場において、「大乗義章」の「問答」・「輪読」（「精読」）、「三論疏」の「問答」を通して、三論宗徒は自宗教学の理解を深めることになったと考えられる。(8)

そして大乗義章三十講とは別に、鎌倉前期より三論宗徒が出仕して催される講が相次いで寺内に登場した。建久七年（一一九六）三論・華厳両宗に属する若薗学侶により創始された世親講、正治三年（一二〇一）に東南院院主定範により創始された東南院問答講、衰微した世親講を再興するため貞永元年（一二三二）に創始された三季講（三季世親講）、秋季の三季講をあてて嘉禎三年（一二三七）に創始された因明講、宝治三年（一二四九）新院において「歎三論一宗之衰微」き「中・百・十二之論疏」をめぐる講問・談義の場として創始された新院（新禅院）談義講、東南院々主聖実により創始された「十二門論并同疏」の問答を行う三論三十講、正嘉元年（一二五七）に三面僧坊北室において三面僧坊衆を講衆として五部大乗経の講讃・問答のために創始された四聖講、文永二年（一二六五）別当定親が「非器之類、疎学之輩」により占められる春秋二季の世親講を再編した西南院新房十講などが次々に生まれ消滅していった。これらの諸講では、基礎学としての「倶舎論」・「倶舎論疏」とともに「中・百・十二之論疏」に科題を求めて、「講問」・「精読」・「談義」・「問答」という形式の修学活動がなされたのである(9)（同前）。

また文永元年（一二六四）、東南院・新院における講の断絶を承け、「且為伝三論之宗旨、且為弘一乗之教意」に三面僧坊四聖院（坊）において碩徳智舜大徳を請じ、百余日にわたる法花義疏談義が催されている。この談義は、

首尾百余日、義疏十二巻精談事畢、即法花一巻疏披講終功之刻、当巻論義、或四帖或八帖出其問題、令修講行、凡談義之場、問答之莚、一宗之難儀悉詳、八軸之大綱忽顕、智舜大徳即列梵莚令證義了、談義衆中殊尽稽古之志、専積鑽仰之功、実誉・快円・定春等成業也、依之修学尽誉、碩才揚名、偏是伝法之力也、

于時文永元年五月十九日始之、沙門聖守勤行之、

という内実をもって催されている。すなわち「法華義疏」十二巻をめぐり首尾百余日にわたり催された「精談」とは、義疏一巻ごとの「披講」（講説）が終わるたびに、当巻に関わる「問題」について「論義」（「問答」「談義」）がなされるもので、その「論義」のなかで三論宗の「難儀」が解き明かされ、「法華経」の「大綱」が明らかにされた。この談義の場には三論宗の碩学である智舜大徳が「論義」の結果に「證義」（判定）を加えており、また実誉・快円・定春をはじめとする談義衆は「稽古之志」をもって出仕し、「修学」の誉れを示し「碩才」の名を揚げたという（同前）。このように三論宗徒が出仕し三論をめぐる論義が催された諸講の創始が確認され、これらすべてが継続的に開催されたわけではないが、「唯学華厳・三論両宗而已、寺内学侶繫属両宗」という記述を裏づける教学活動の場が保証されていたことは確かであろう。

なお右の法花義疏談義の記録の末尾に「聖守勤行之」との記載が見出され、「恵日古光鈔」の撰述に関わった聖守がこの談義の開催にも深く関与していたことが知られる。中道上人聖守は東大寺戒壇院中興開山円照上人の実兄であり、その一族は「累代連綿皆為東大寺之学侶、年序久積三百余歳、父氏三論号千手院、母氏華厳或亦三論、号唐禅院、近比祖父有寛豪已講、三論名匠、二明施功」（『円照上人行状』上）とあるように、代々三論宗を本宗とする東大寺の住侶であり、父厳寛得業もまた「論説包貫、能芸多端」との評判を承ける碩才であった。そして厳寛の次男である聖守は、「諱寛乗、房号大輔、昇有職階、親父以此立為嫡子、年二十八遁世入緇、諱聖守、房号中道、密教磬奥、唱導絶倫、興真言院、立新禅院」（同前）として、本宗である三論宗に加えて真言密教を受法し「有職階」（阿闍梨位）を得たのち、父の期待にもかかわらず遁世し、真言院・新禅院を再興するという事績をのこしている。すなわち建保三年（一二一五）に生まれた寛乗（聖守）は、樹慶律師に従い三論宗を受学し、さらに醍醐寺極楽坊に止住して成賢僧正より真言密教を受法したのち、仁治三年（一二四二）二十八歳にして本寺交衆を離れて聖守を名乗った。[10] 遁世した聖守は、西迎上人蓮実の手で再建が進められた戒壇院僧坊北室第二房に入り、「居住彼方丈、講談中論・百論・十二門論等三論」し、布薩を興行するとともに、海龍王寺迎願大徳を迎えて夏安居を、また海住山寺禅観大徳を請じて「梵網古迹」の講説を催し、さらに笠置寺修禅大徳を戒壇院の上座にすえて、同院再興の基礎を固めた。そして建長三年（一二五一）実弟の円照上人をはじめ真空上人・禅心大徳等の「顕密両宗碩徳」が戒壇院に移住するに及び、聖守は円照・真空と戒壇院の興隆と僧衆止住を図り、自らは白毫寺に退いた後に、真言院・新禅院の再建に着手することになる（同前、「伝律図源解集」下）。

弘仁十三年（八二二）空海が「灌頂道場」として建立した東大寺真言院は、すでに平安前期のうちに顚倒し荒地と化していた。真言密教の法流に連なる聖守は、「祖師之遺跡」たる真言院の再興を企て、建長六年（一二五四）に寺家から「真言院敷地」の「避与」をうけて院家再興に着手し、文永十一年（一二七四）までに堂宇の造営を終えており、弘安四年（一二八一）には「以真言院為鎮護国家道場」す太政官牒が東大寺に下されている（「東大寺続要録」諸院篇）。また真言院とともに再興された新禅院は、天慶元年（九三八）に明珍僧都が建立した院家であり、元は「念仏院」（「新院」）との院号をもった。仁治三年（一二四二）、時の別当定親は「三論之道場」として「新院」を再興し、院内で新院談義講等が催されたが、建長八年（一二五六）に同院は興福寺西金堂衆のために破却され、三論の「談論」は廃絶した。しかし定親入滅の後に「新院旧跡」を相伝した定済僧正は、本院再興の思いをいだいていた。

さて真言院再興の途上にあった弘長三年（一二六三）、聖守は南大門西脇の西南院旧地を買得し堂舎・僧房・庫院・経蔵の建立を進めていたが、文永二年（一二六五）新院再興を図る定済に対して、「西南院南大門之脇、大仏殿之前、当寺眼目掲焉之院家也」という理由から、自ら保有する西南院敷地と新院敷地との相博を申し出た。「当寺眼目」となる「三論之道場」の再興という定済の企てを後援するために、聖守はこのような提案を行ったのであろう。これ以降、定済は南大門脇を占める西南院を領して再建を推進し、「三論宗之章疏」・「法花・仁王之両典」を講読する「鎮護之道場」とし、文永七年には同院を「一院御願所」（御願寺）とする後嵯峨上皇院宣を得ている（同前）。一方、新院の敷地を得た聖守は、西南院敷地から堂舎を移すとともに堂宇造営を継続し、弘安四年（一二八一）には「菩薩戒比丘僧」が「修習三論・四曼之教法」する新院（新禅院）を「姑射山御願所」（院御願寺）とする亀山上皇院宣を得たのであった。定親僧正の遺志を汲む聖守は、新禅院において「屈智舜大徳令談中論疏畢、然間寺門学徒実誉・快円・定春等、連日烈其席、面々受法訓畢」とあるように、三論教学をめぐる講説を催し（「伝律図源解集」下）、文永元年（一二六四）三面僧坊四聖坊で開かれた法花義疏談義と同じく、三論宗徒に修学の場を供している。このように「三論・真言兼学」する聖守は、遁世の身でありながら、自らの本宗の拠点となる真言院・新禅院の再興を行い、また定済の西南院の再興を援け、三論・真言両宗の興隆と宗僧の教学活動を支える条件を整え続けたわけである。そして聖守の新禅院と三論宗の再興は、別当定親・定済による「三論之道場」再興の企てや、智舜大徳をはじめ実誉・快円・定春等の三論宗碩才の存在を背景として実現したといえよう。

なお「三論・四曼之教法」を伝える新禅院であるが、「以新禅院為真言院方丈定置之、即司真言院人、為和州之惣大阿闍梨」として、同じく聖守が再興した真言院の「方丈」の機能を果たした。また弘安五年（一二八二）には真言院院主を「和州之惣大阿闍梨」と「法印大僧都」とする永宣旨が下されたという。そして新禅院院主は実質的に真言院院主を兼ねたことから、「和州之惣大阿闍梨」として密教法流伝授の中核となるとともに、同院は寺内密衆の拠るべき院家となったわけである。正応四年（一二九一）再興開山の聖守が入滅した後、「律・密・三論等、智弁縦横」と評された弟子の聖然（道月上人）が、聖守の法流とともに新禅院院主を相承した。さらに以後の新禅院院主としては、聖然の弟子覚秀・覚深が第三・四代を、第五代以降は聖然から密教受法をうけた戒壇院中興五代十達上人俊才の法流が相承することになり、「不入密宗血脈」る住持も交わりながらも江戸時代まで継承されたのである（「伝律図源解集」下）。このように三論宗とは別に真言・律の色彩を濃厚にもつ新禅院ではあるが、「新禅院開山中道上人者、三論宗ニ而御座候處ニ、近来律宗相続仕来故、其分ニ而打過候」（東図3/12/10）とあるように、同院が三論宗を相承する院家であるとの認識が、江戸時代まで語り継がれていたことには注目しておきたい。

いずれにしても三論宗興隆を図る機運のなかで新院談義講・三論三十講・法花義疏談義などの諸講が催され、この場に参仕する三論宗徒により数多くの聖教が作成されたことは想像にかたくない。このようななかで、再興された新禅院において聖守により「恵日古光鈔」は撰述され、また弟子の聖然によって書写されたわけである。

第二節　「恵日古光鈔」の内容構成

建長八年（一二五六）、聖守は「慧日道場沙門」吉蔵が撰述した「三論玄義」を開版し、「為破邪顕正宗、新遂開彫文功、早耀八不正観月、速払三界迷倫霧」との識語を加えて刊行した（『大正蔵』四五・一五上）。「中論」・「百論」・「十二門論」の基本的な教義を記した綱要書というべき「三論玄義」の版行は、鎌倉時代における東大寺三論宗の興隆を象徴する事業ともいえよう。

ところで三論宗の所依経典は、龍樹造の「中論」四巻、「十二門論」一巻、その弟子提婆造の「百論」二巻であるが、唐の嘉祥大師吉蔵は漢訳された三論・法華経等により数多くの著作を撰述した。すなわち「三論玄義」（『大正蔵』四五）・「大乗玄論」（同前）・「二諦章」（同前）などの綱要書、「法華論疏」（同四〇）・「中観論疏」（同四二）・「百論疏」（同前）・「十二門論疏」（同前）などの論疏、「金剛経義疏」（同三三）・「大品経義疏」・「大品遊意」（同前）・「仁王経疏」

（同前）・「法華玄論」（同三四）・「法華義疏」（同前）・「法華遊意」（同前）・「華厳経遊意」（同三五）・「勝鬘宝窟」（同三七）・「観無量寿経義疏」（同前）・「浄明玄論」（同三八）・「維摩経義疏」（同前）・「弥勒経遊意」（同前）・「涅槃経遊意」（同前）・「金光明経疏」（同三九）・「法華経統略」・「維摩経略疏」・「維摩経遊意」などの経疏は、いずれも吉蔵の撰述にかかる。そして本朝にもたらされた吉蔵撰述の疏釈から、新たな聖教が撰述されることになった。すなわち平安前期に西大寺玄叡が天長勅撰となる「大乗三論大義鈔」（同七〇）を著し、承和年中には元興寺円宗が「一乗仏性恵日抄」（同前）を撰し、また保延二年（一一三六）に「三論・因明之英才」（『宇槐記抄』仁平三年十一月二十三日条）と評された禅那院珍海が「三論玄疏文義要」（同前）を、弘安三年（一二八〇）には澄禅（桂宮中観）が「三論玄義検幽集」（同前）を、蔵海が弘安十年に「大乗玄聞思記」（『日蔵経』）、正応三年（一二九〇）に「十二門論疏聞思記」（『大正蔵』六五）を撰述している。このように、龍樹・提婆の論から吉蔵の疏釈が、さらにこれらの疏釈から宗叡・珍海・澄禅・蔵海等の手になる疏釈が、そして時代とともにこれらの疏釈を素材として新たな疏釈が撰述されたわけで、ここに多彩な内容・形式の聖教が生まれる経緯を見ることができよう。そして「恵日古光鈔」もまた吉蔵の疏釈を拠りどころとして生まれた「顕宗聖教」の一つであった。(11)

そこで「恵日古光鈔」の具体的な構成を確認することとし、まず「恵日古光鈔」十帖の形態・外観を一覧することにしたい。各帖は旋風葉装で後背装表紙に聖守筆で打付外題が加えられている。なお後背装下の本料紙端に同筆墨書「新禅院聖守」が視認できる。そこで本書十帖の題跋を以下に列記する。

〔第一帖〕「一恵日古光鈔」（表紙外題）、「大乗玄　浄名玄／二諦章／新禅院聖守」（見返）、「墨付四拾参枚」（押紙、後筆）、「恵日古光抄第一」（文尾）、「新禅院之本」（裏表紙裏）

〔第二帖〕「二恵日古光鈔」（表紙外題）、「金剛般若疏　大品疏／大品遊意　仁王疏／花厳遊意」（見返）、「墨付四拾八枚」（押紙、後筆）、「新禅院之本」
〔第三帖〕（表紙外題）「三恵日古光鈔」、（見返）「中論疏　百論疏／十二門疏　三論玄」、（押紙、後筆）「墨付八拾八枚」、（裏表紙裏）「新禅院之本」
〔第四帖〕（表紙外題）「四恵日古光鈔」、（見返）「義疏第一已下六巻／新禅院聖守」、（押紙、後筆）「墨付五拾五枚」、（裏表紙裏）「新禅院之本」
〔第五帖〕（表紙外題）「五恵日古光鈔」、（見返）「義疏第七已下六巻」、（押紙、後筆）「墨付参拾七枚」、（裏表紙裏）「新禅院之本」
〔第六帖〕（表紙外題）「六恵日古光鈔」、（見返）「金光明経疏　維摩経疏／勝鬘宝窟　弥勒経遊意／観経疏」、（押紙、後筆）「墨付四拾壱枚」、（裏表紙裏）「新禅院
之本」
〔第七帖〕（表紙外題）「七恵日古光鈔」、（見返）「法花玄論」、（押紙、後筆）「墨付七拾貳枚」、（尾題）「恵日古光鈔第七」、（裏表紙裏）「新禅院之本」
〔第八帖〕（表紙外題）「八恵日古光鈔」、（見返）「涅槃疏上十巻」、（押紙、後筆）「墨付四拾壱枚」、（裏表紙裏）「新禅院之本」
〔第九帖〕（表紙外題）「九恵日古光鈔」、（見返）「涅槃疏下十巻　同遊意／新禅院聖守」、（押紙、後筆）「墨付四拾六枚」、（裏表紙裏）「新禅院之本」
〔第十帖〕（表紙外題）「十恵日古光鈔」、（見返）「法華遊意　法華論疏／統略／新禅院聖守」、（押紙、後筆）「墨付貳拾参枚」、（裏表紙裏）「新禅院之本」

料紙は楮紙打紙で、素紙もしくは文書紙背を用い一部に墨影がのこり、また全紙にわたり天地に墨界（天二線、地一線）が加えられている。また料紙のすべてに墨付があり、紙教は押紙のままということになる。

そこで帖ごとの記載内容に目を移すならば、第一帖では表紙外題・見返記に次いで、本紙の冒頭に、

問《顕忠》、中論八不偈者、龍樹大士置之可云、（下掲②の標目）
問《信円、円経、公尊》、花厳経中初発心時、便成正覚云々、爾者何位初発心耶、
問《俊猷》、摂論・法花論意、法身同可云、
（中略）
問、二諦唯教門事、（下掲①の標目）

として、標目というべき論題の一覧が掲げられる。この一覧は本帖に収められる論題（「問」）の要約を列記したものであるが、配列は本文中の論題配列とは必ずしも一致していない。この標目に次いで本文が始まるが、表紙外題・見返記・標目・本文という骨格は、本書の全帖に共通している。そこで第一帖の本文を引用することにする。

大乗玄

①　文暦元ー　維　円寛　問道教(宝)、

問、大師(吉蔵)或処尺二諦相、二諦唯是教門不開(関カ)境理云々、凡以真俗二智境尺名二諦、尤以境理可名二諦哉、以是大師自解尺中、破他家二諦、他家二諦明境不置理、故名半字、今此二諦共兼境理、故名満字云々、為然者、今解尺非不叶二諦之相兒違自解尺、如何、

大乗玄第一云、二諦者、蓋是言教之通證、相待之仮称、虚寂之妙実、窮《中》神道之極号ナリ、明如来ハ常依二諦説法、一者世諦、二者第一義諦、故二諦ハ唯是教門ナリ、不開(関カ)ケ境理ニ、而学スル者有テ其レ巧拙、遂ニ有得失之異、所以若有巧方便ノ慧、学レハ此二諦ヲ、成シ無所得、無巧方便慧、学レハ教、即成有所得故、常途ノ置コト(三師脱カ)辞ヲ各異ナリ、開善云、二諦者法性之旨帰、一真不二之極理ナリ、荘(厳)云、二諦者蓋是祛《サクル》或(惑カ)之勝境、入ル道之実津ナリ、光宅云、二諦者蓋是聖教之遥泉、霊智之淵府ナリ、三説雖復不同ニシテ、或ハ言ニ含シ智解、或ハ辞ニ兼聖教、同ク以境理為セリ諦、若依ハ広州ノ大亮法師ニ、定以言教為諦、今不同此等ノ諸師、問、摂嶺興皇何以言教為諦耶、答、其有深意、為対ンカ由来仏《以》理為スニ諦、故対テ縁仮説ルナリ、問、中論云、諸仏ハ依二諦説法、涅槃経云、随順衆生故説二諦、是何諦耶、答、能依ハ是教諦、所依是出諦文、

下文云、六《六》者半満異、他家雖有二無不二、故唯教無理、名為半字、今明具足理教、名満字云々、対他家出十種異、

二諦章上巻云、（中略）

二諦章上巻云、（中略）

二諦義私記実敏僧都云、問、二諦名為教、有何所承説、（中略）

②

建久七―　長講堂八講　顕忠　問貞敏、　同九―又問増覚、

問、中論初有八不偈頌、爾者、龍樹大士置之可云耶、進云、非置龍樹云々、付之龍樹制此論之時、論主可云置之、何如此尺耶、

大乗玄論第二八不義云、問、八不是仏説者、龍樹造中論時、引経中八不安論初、為非、答、不可定判、或賓伽(青目)引経中安處、或可、龍樹引経中八不、序無畏論初、故注論者安中論序意初也、而応非是尺論(大智度論)中八不牽安處、大論(大智度論)中至難處、即指中論為正観論、如正観論中説、応知尺論ハ中論ノ後ノ造也、又亦可、青目於千年中出世注中論、或可、引尺論中八不安處、中論序意也、　問、尺論中指正観論者、何必是中論耶、　答、中論観法品云正観論之称ヲ、故知、中論是正観論也、故相伝云、中論是尺論骨髄也文、

禅那院云、此有二義、一云、論主自引経説、以安中論初、二云、注論者安之、（中略）

十二門論疏上云、（中略）

大般若伝云、沙門智昭撰（下略）

右に引用した「恵日古光鈔」第一帖冒頭の論題①②のなかに、個々の論題を構成する要素を確認しておきたい。まず表紙見返に列記される疏釈（たとえば、第一帖の「大乗玄　浄名玄　二諦章」）は、論題個々に関わる主要な典拠聖教（経証）であり、各帖には見返に掲げられた疏釈に拠る論題が類聚されている。そして第一帖の論題①②は、いうまでもなく「大乗玄論」を主要な典拠とする論題ということになる。

ところで第一の論題の肩に付記された「文暦元―　維　円寛　問道教〔宝〕」は、この論題が文暦元年（一二三四）興福

寺維摩会の講問論義において、問者円寛が講師道宝に投じたものであることを示している。論題が用いられた法会名と開催時、講師・問者に関わる記載は、本書に収められている二百二十五の論題の八割強に付記されており、しかも一論題が時代と法会を異にする複数の場で用いられ、三論疏釈に典拠を求める論題が広く諸法会で論義されたことが確認される。

次に論題それ自体が掲げられる。右に引用した論題は、三論教学における中核的な教義である「二諦」(教化の方便としての第一義諦・世俗諦)と「八不」(縁起の八属性)に関するものである。まず第一論題を読み下すならば、

問う、大師或処に二諦の相を尺するに、二諦はただこれ教門にして境理に関からずと云々、凡そ真俗二智の境を以て尺して二諦と名づく、尤も境理を以て二諦と名づくべき哉、これ以て大師自解尺の中に他家の二諦を破す、他家の二諦とは、境を明し理を置かず、故に半字と名づく、今この二諦は共に境理を兼ぬ、故に満字と名づくと云々、然りとなさば、今の解尺は二諦の相皃に叶はず自解尺に違うこと非ずや、如何、

ということになろう。ここで問者の興福寺円寛は自らが属する法相宗の立場から、以下の「問」を講師である東大寺道宝に投じた。まず吉蔵には「二諦」を「教門」(教化の方便)であって「境理」(真俗二智で認識される真理)に直接に関わるものではないとの認識がある。これは「大乗玄義」第一にも、「二諦はただこれ教門なり、境理に関からず」と示されており、この吉蔵の認識を踏まえて、「真俗二智」の対象としての「境理」は「二諦」であると理解する。そしてこの理解は、「二諦」を「境」と捉えその本源にある「理」を認識しない「他家」(成実宗)を「半字」(不完全)として論駁した吉蔵の解釈と矛盾することはないか、これは如何という「問」を投じている。そして「二諦」と「境理」についての理解を示す「問」をめぐり、典拠となる疏釈として、「大乗玄論」巻一の当該箇所(『大正蔵』四五・一五上・中)と吉蔵撰述の「二諦章」、そして実敏僧都撰の「二諦義私記」を引用しているが、対応する「答」は

記されていない。

また「二諦」の根元となる「八不」に関する第二の論題は、建久七年（一一九六）に長講堂八講において講師貞敏に問者顕忠が、また同九年にも同会で講師増覚に問者顕忠が投じたものであり、園城寺顕忠は天台宗の立場から「問」を東大寺三論宗の貞敏・増覚に呈している。その読み下しは、

問う、中論の初めに八不の偈頌あり、しからば龍樹大士これを置くと云うべきや、進みて云く、龍樹の置くに非ずと云々、これに付きて、龍樹此の論を制するの時、論主これを置くと云うべし、何すればかくの如く尺するや、

ということになる。これは「中論」観因縁第一の冒頭に、「不生亦不滅、不常亦不断、不一亦不異、不来亦不出」との「八不偈頌」が掲げられているが（同三〇・一中）、この偈頌を龍樹が自ら置いたものと考えるべきであろうかと問者は問う。これに対する講師の答は記されないが、「然らず」ということであろう。この答を得た問者はさらに疑問を進める。それは偈頌を龍樹自らが置いたものではないとするが、やはり龍樹が「中論」を著すときに自ら置いたと考えるべきであり、これを否定するのはいかなる解釈によるものかという疑問であり、対する講師の答は記されない。そして第一の論題と同様に典拠となる「大乗玄論」巻二の当該箇所（同四五・三〇下）と「禅那院」珍海の解釈、吉蔵撰「十二門論疏」と智昭撰「大般若伝」を掲げている。「八不偈頌」は「仏教所説」である以上、「中論」の冒頭に置いたのが龍樹であるのか「注論者」青目であるのかは大きな問題であり、珍海撰述の「大乗玄問答」でもこの問題が取り上げられている（同七〇・五八九上）[12]。

このように個々の論題は、法会と講師・問者、論題の本文、論題の典拠という三要素から構成され、拠るべき疏釈を共有する論題が一括され、さらに疏釈ごとに帖に収められる。つまり「恵日古光鈔」は、吉蔵撰述の疏釈に拠る論題とその典拠の組み合わせを一単位とし、それを集積して疏釈単位で配列された聖教であることを再確認しておきた

い。このように論題を柱にして構成される聖教はきわめて多く、しかも吉蔵撰述の疏釈の多くが問答形式をとっており、聖教を記述する形式としては思いのほか古い起源をもつものである。(13) なお本書十帖には、二百二十五題の論題が収められており、掲げられた個々の論題について、また全論題を通しての教学的な検討、たとえば、問者がいかなる教学的な意図を以て「問」を進め、講師がこれに対していかに教学的な対応を図ろうとしたのか、さらにこれらを踏まえた本書の教学史的な位置付け等々、今後解明すべき重要な課題である。(14)

第三節　「恵日古光鈔」成立の背景

鎌倉時代の東大寺において、東南院・新禅院・西南院・三面僧坊四聖坊などを拠点として三論宗の興隆が図られ、この機運のなかで三論教学に関わる諸講が催されるとともに、多くの聖教が生まれた。そこで「恵日古光鈔」に記された論義勤修の記事を通して、論義に関わる三論宗徒の教学活動のなかに、本書が生まれた経緯を考えることにしたい。

前述の通り「恵日古光鈔」の論題（二百二十五題）には、その九割弱に法会・講師・問者に関する付記があり、それらを年代・法会・講師・問者等を指標として再配列することにより、いくつかの事実を窺うことができる。(15)

まず本書の論題が用いられた論義の場は総計で四百を数えるが、そのなかで最も古い法会は、承暦二年（一〇七八）の宮中御斎会である（第五帖第十八論題、以下五―一八と略す）。これに次ぐのは時代を下る天永三年（一一一二）の最勝講（五―一〇、「中右記」同年九月廿七日条）と大治五年（一一三〇）の最勝講（五―九）であり、これ以後、最も新しい建長四年（一二五二）の最勝講（二―二四）に至るまで、約百二十年の間におおむね均等に分布する三百五十弱の法会の存在が確認される。これらの法会を一覧するならば、公家主催の最勝講・御斎会・季御読経・二間仁王講・鳥羽院最勝講・院最勝講・院八講・院百日八講・長講堂八講、摂関家以下の貴族が主催する月輪殿八講・松殿舎利講・殿下仁王講・左大臣殿八講・二条殿八講・久我八講・六条殿八講・八条三位八講・徳大寺八講・光雅遠忌八講・光盛三位八講・春宮亮八講・西円八講・泰通遠忌・大外記師重八講・通資遠忌八講・定頼遠忌八講・隆季八講、武家主催の将軍家八講、諸寺における青蓮院（粟田口）八講・法成寺八講・法勝寺八講・興福寺維摩会・薬師寺最勝会・賀茂八講・勧修寺八講・石清水八講・石清水十六講会・今熊野八講・最勝光院八講・最勝寺八講・三塔八講・執行八講・太子御廟八講・衣笠八講、さらに安楽光院・円宗寺・尊勝寺・勧修寺・歓喜光院（岡崎）・吉祥院・西院・蓮華王院における諸法会が掲げられている。これらの諸法会は、公家・院・貴族・武家の発願により内裏・院御所・自邸で催されたもの、もしくは六勝寺・興福寺をはじめ京都・南都の諸寺社において催されたものであり、東大寺などで催された寺内法会は全く含まれていない。特に本書に多くの論題を提供した法会は、最勝講・法勝寺八講・最勝光院八講・御斎会・興福寺維摩会・勧修寺八講であり、いずれも南都・北嶺の寺僧が公請をうけて出仕する、法会としては最も格の高い勅会もしくはそれに準じる法会であることに注目しておきたい。

次に諸法会において論義を勤修した講師・問者に目を移す。前掲の諸法会はいずれも論義会であり、講師が講説を行い、問者がその内容説について疑義を呈し、これに講師が答えるという講問論義の形態をとり、この場で呈する問者の疑義こそが論題にほかならない。そこで論題を受けて弁説を行う立場にある講師であるが、その法名が明記される全論題四百のうち二百八十余から、すべて五十九人が確認される。この五十九人のなかには複数の論題に現れる、貞乗（四十五題）・貞玄（三十四題）・貞敏（二十九題）・頼恵（二十六題）・定範（二十題）道宝（十三題）・成宝（九題）・貞禅（八題）・増覚（七題）・定兼（七題）・光恵（六題）・信弁（六題）・明遍（六題）・定親（五題）・定済（四題）・覚雅

（四題）がおり、この十六人で全論題の八割強を占めることになる。しかもこの十六人はすべて東大寺僧であり、しかも明証の得られぬ貞禅・信弁を除く余は、東大寺三論宗に属していた。このなかには東南院院主定範や、先述の「三論之道場」新院を再興を図った定親、西南院を再建した定済も含まれている。またこの十六人のほかにも、珍海や東南院院主の覚樹・恵珍をはじめ、兼禅・顕恵（西室）・親宝・敏覚などの東大寺三論宗徒が見出される。すなわち二百八十余題のうち九割近くは、東大寺三論宗徒が出仕した論義における論題ということになるが、興福寺法相宗に属する覚憲・明海も少数ながら見出されることには留意したい[16]。

また論題四百のうちで問者が明記される二百七十二題について、問者の本寺を確認するならば、延暦寺八十題、園城寺百二十八題、興福寺六十三題、東大寺一題ということになり、四箇大寺（延暦寺、園城寺、興福寺、東大寺）以外の寺僧を見出すことはできない[17]。つまり勅会もしくはそれに准じる法会には、四箇大寺の寺僧のみが招請されたことが改めて確認される。ところで東大寺僧が問者をつとめた一題とは、承元四年（一二一〇）久我八講において講師貞乗に対する問者頼恵の「問」（三―二六）で、講師・問者のいずれもが東大寺三論宗徒である。ただし東大寺三論宗徒が問者をつとめる場合はきわめて例外的であり、基本的には三論宗僧の講師に論義を試みた問者は、四箇大寺のうちで東大寺を除いた延暦寺・園城寺・興福寺に属する天台・法相宗僧であり、とくに園城寺僧の出仕が多いという傾向が見られる。また特定の講師と問者の組み合わせが散見され、たとえば、二条殿八講・長講堂八講・維摩会での講師貞乗（東大寺）と問者円玄（興福寺）（一―一五、六―六、九―九）、院最勝講・青蓮院・六条殿・最勝光院・左府禅門八講・久我八講における講師貞乗と問者隆円（園城寺）（三―四一、六―五、七―一八・二二・二五・二九・三一・三三）、石清水十六講会・長講堂八講・最勝寺八講・今熊野八講における講師貞敏（東大寺）と問者明禅（延暦寺）（二―一三、三―三六、六―一五、一〇―三）など、別々の法会に特定の講師・問者の組み合わせで論義が行われていることは、四箇大寺側の意思で講・問の組み合せがなされたことを示唆しよう。

以上から「恵日古光鈔」の成立条件のいくつかを指摘することができる。まず「恵日古光鈔」に掲げられる論題（問）は、問者が論義の場で講師に投じたものである。前述の通り、講師の過半は東大寺の寺僧であり、また問者の過半が延暦寺・園城寺・興福寺の寺僧であることから明らかなように、これらの論題は論義の結願後に、問者側ではなく講師をつとめた東大寺僧の手許から東大寺内に伝えられ、最終的に聖守の手により「恵日古光鈔」として類聚されたと考えられる。また本書に収められた論題は、いずれも京都・南都における勅会もしくはそれに準じた格の高い法会において用いられたものである[18]。寺内で催される恒例・臨時の法会ではなく、公請をうけて出仕する寺外法会での論題が類聚されていることから、本書が勅会等において講師をつとめることを強く意識して編まれたと推測されるのである。すなわちこれらの法会には四箇大寺の寺僧が招請され、東大寺三論宗の講師は天台・法相両宗の問者と問答を交わし、そのなかに三論教学の特質を強調するわけで、それだけに教学的な蓄積が求められたことはいうまでもない。四箇大寺のなかで唯一三論宗を伝持する東大寺三論宗徒は、最勝講・法勝寺八講・最勝光院八講・御斎会・興福寺維摩会・勧修寺八講など公請をうけて臨む論義会において、他宗との問答のなかで東大寺三論宗の存在を誇示する必要があった。そこでこれら諸法会における論題を類聚し、その各々について三論や先師の疏釈に加えて諸宗の経論・疏釈を掲げた「恵日古光鈔」が生まれたのである。本書の編述にあたり、ことさらに論題の出拠を最勝講以下の諸法会に求め、また論題の肩に法会名と問者名を付記したのは、まさに勅会講師として研鑽のための論義書という撰述の意図によるものといえよう[19]。東大寺三論宗徒は本書により修学を重ね、講問論義の講師として問答のなかに三論教学の優位を誇示するとともに、自らはその学識を周囲に顕示してさらなる公請の獲得を目指したのではなかろうか。

そこで最後に「恵日古光鈔」を含む論義書の内容を比較することにより、これらの聖教が果たした機能の一端に触れておきたい。「恵日古光鈔」第三帖の第十五題には、保延元年（一一三五）法勝寺御八講において講師覚雅（東大寺）と問者證禅（園城寺）との間で交わされた、

問、嘉祥大師、付成実論心苦法忍等十六心中、第十六心何分別見修二道耶、進云、局見道文、付之、見論文元具説何、

答、他心地所縁云、就見道挙第十六心也、私云、梁三大法師義也、不可進之也、

との問答が掲げられ、この後に「中論疏」・「成実論」・「大乗義章」・「涅槃義疏」・「章安涅槃疏」から当該「問」に関わる経証が引用されている。ところでこの問答は、東大寺宗性が承久四年（一二二二）に同寺中院で書写した「法勝寺御八講問答記」第一（東図113/27/1）にも収められている。本書によれば、この問答は保延元年七月三日に始行された御八講の第五日朝座において、覚雅已講と證禅阿闍梨との間でなされたものであり、問答の本文として、

問、成論意第十六心、見修二道中何耶、　答、見道云□不明、證文全不見、何況以無量心断諸煩悩、非八、非九文、既不応十六心、何属見道耶、　答、見論文出他心智見道心、挙知第十六心知非修道云事、　難者云、彼文ハ即以毘曇義難毘曇義文也云々、

と記されている。この両者は同一の問答を記したはずであるが、問答の構成と文言はかなり異なる。すなわち前者では、問者の「問」に問者の「進云」、これに講師の「答」と続くが、後者では問者の「問」と講師の「答」（省略）に次いで問者の問に講師の「答」、さらに問者の「難者云」が続き講師の答はないわけで、前者では二問一答、後者では三問二答が掲げられる。しかも両者における問者の「問」と講師の「答」の主旨は同一と考えられるが、その表現は全く異なっている。すなわち論義内容を記す論義草や論題を列記した論義書においては、いかなる主旨の「問」がなされたかが重要であって、講師・問者が交わす問答の詳細な表現は必ずしも重視されないということになる。しか

も両者において講師の「答」が省略されているのは、論義書で必須とされるのは問者の「問」であって、講師の「答」は二義的にすぎない。この様に考えると、前者の論題の多くには「答」が記されず、むしろ「問」に対応するための経証が数多く引用されていることも首肯できる。

「恵日古光鈔」と「法勝寺御八講問答記」とで撰述意図は当然異なり、しかも宗性が後者を忠実に書写した保証もないわけであるから、単に形式・内容を比較して両者の性格の相違を導き出すことは慎むべきであろう。しかし「恵日古光鈔」は、三論宗の講師が天台・法相宗の問者から投げかけられた「問」に対応するために、「問」の主旨に応えうる典拠をもとめ疏釈ごとに整理したものであり、講師側に立脚した論義書であることはいうまでもない。これは「答」に付された「私云」の注記からも裏づけられよう。一方、「法勝寺御八講問答記」は、その記載内容から推して、論義を列記する論義書という機能と併せて、論義会の内容を記録する法会記の機能を負ったと考えられる。しかも本書を書写した承久四年の前々年に、宗性は初めて法勝寺御八講聴衆に招請され問者をつとめており（「法勝寺御八講問答記」第九）、講師としての出仕は仁治元年（一二四〇）を待つことになる（同前第十二）。すなわち若﨟にして二十一歳の宗性は、先に催された法勝寺御八講においていかなる「問」を問者が投じたのか、これに講師がいかに対応したのか、この様な関心のもとに本書を書写したのではなかろうか。

では今一つの事例として、「恵日古光鈔」第三帖第十一題の、建仁元年（一二〇一）興福寺維摩会における講師貞玄（東大寺）に対する問者増弁（興福寺）の論題を取り上げる。この時代の興福寺維摩会は、興福寺・東大寺の両寺僧により実質的に支えられており、法隆寺・薬師寺・西大寺等の寺僧が加わることはあれ、天台宗徒の参仕は見られない。(20)この論義における問者の「問」は、

問、金陵大師引法華経昔於ハラ捺乃至五衆之生滅文ヲ、小乗四諦十二縁法皆是生滅云々、五衆者即五蘊也、何以

五蘊生滅之言、可云諦縁二法生滅歟、何況四諦中滅諦、是不生滅之法也、如何、

とされ、講師の答なしに典拠となる「中論疏」「法花経」「（法華）義疏」の引用が続く。そして同一の論題が、貞永二年（一二三三）宗性により書写された「建仁元年維摩会問答記」（貞永二年写本の謄写本、東図181-71-1）の第五日朝座の第一問答に、

問、嘉祥大師引法花経昔於波羅奈乃至五趣〔衆カ〕之生滅之釈、小乗四諦十二因縁皆是生滅云々、所引之文説五取〔蘊カ〕之生滅、所證義諦縁云生滅也、如何、況四諦之中滅諦、豈有生滅乎、

と記される。両者に見られる同一の主旨と異なる表現については、前例と同様の理由で納得できる。ところで宗性は承久元年（一二一九）に興福寺維摩会竪義を果たし（「三会定一記」）、貞応二年（一二二三）より聴衆として問者をつとめ（「維摩会問答記」）、延応元年（一二三九）に講師を遂げており（「三会定一記」）、「維摩会問答記」の書写に着手した安貞二年（一二二八）には、問者としての出仕を重ねて講師の招請を待望する段階にあった。ところが「維摩会問答記」の冒頭をなす承安三年から建久八年までの分は、すでに講師を果たし精義をつとめていた宝治元年（一二四七）に書写されたものである。すなわち宗性が維摩会出仕という具体的な目的のもとに「維摩会問答記」を一括して書写したとは考えにくい。このような条件に加えて、貞永二年書写本には「以此一筆書写之勤、結彼三会値遇之縁矣」、宝治元年書写本にも「願以此維摩会問答数年書写之微功、必為彼兜率天内院順次往生之業因」との奥書が記されている。すなわち宗性は多年にわたる「維摩会問答記」書写の功によって、弥勒下生に値遇したいとの願念を明記しており、これこそが書写の第一義的な目的であったと素直に考えるべきであろう。

同一論題を収めた聖教でありながら、「恵日古光鈔」と「維摩会問答記」とでは、明らかに撰述意図のみならず果たす機能も大きく異なっている。書写の功徳を第一義においた「維摩会問答記」は、たとえ論題一覧として参照され

ることはあったとしても、論題の検討を前面に置いた「恵日古光鈔」の実質的な機能とは異なる次元に位置し、優れて宗教的な機能を期待された聖教といえよう。

このように類似した形式をもつ聖教であっても、成立条件のもとで全く異なった機能を果たす可能性があることを再認識しておきたい(21)。とはいえ、教学修得の拠りどころであれ、書写の功への期待であれ、また真摯な修学の術であれ、それらが寺僧の教学活動の所産である限り、そこに生まれるものはいずれも聖教と呼びうるはずである。

おわりに

本来、論義は教学の理解を深めるための術であり、講説に伴う「問」・「答」はまさにこの目的を果たすにふさわしい所作であると考えられる。ところがこの論義に寺僧昇進のための課試という機能が負わされ、平安前期には竪義論義という形式が生まれた。さらに「天長勅撰六本宗書」に象徴される諸宗教学の併列を前提として、諸宗が自らの教学の優位を誇示するため宗と宗との「諍論」が闘わされ(22)、その延長上に、少なくとも平安中期には諸宗間の講問論義が成立したと考えられる。このように論義は、寺僧個人の教学深化の術から、僧階昇進のための課試、さらには宗・宗徒の教学的な優位を顕示する術へとその機能を拡張させるとともに、平安院政期には南都・北嶺における中核的な法要形式として定着するに至った。しかし論義の性格変化がいかにあろうとも、南都・北嶺の寺院社会にあって、寺僧とりわけ学侶は論義に出仕して自らの学識を顕示するために修学に励み、教学活動のなかで数多くの聖教を生み出していったのである。

本章では、第一に、「恵日古光鈔」という聖教を醸成した東大寺における三論教学の興隆の機運、その機運を下支えした教学振興のための諸講の創始、教学伝持の拠点となる新禅院（新院）・西南院などの諸院の再建、三論宗碩学の存在、そして興隆の機運を強力に推進した中道上人聖守の役割を見た。(23)

第二に、「恵日古光鈔」の全体的な構成を俯瞰するなかで、論義会において講師・問者の間で交わされた問答とその経証の組み合わせが基本単位をなすこと、この単位が主要典拠としての吉蔵撰の疏釈ごとに類聚されて帖をなし、さらに本書の十帖が構成されていることが明らかとなった。またこの基本単位の柱となる問者の「問」をめぐる教学的検討ははなはだ不十分であるが、異なった宗に属する講師・問者の間でかわされた問答について、解明すべき課題を措定した。そして平安院政期以降に六勝寺などを道場に、諸宗・諸寺から職衆を招請して催された論義会において、宗つまり教学的立場を異にする講師・問者の間で問答が実現した前提条件として、諸宗教学に共通する論題が存在したこと、他宗との優劣を問うこの論題に、諸宗学侶は強いこだわりをもっていたことを確認することができた。

第三に、論題の肩に付記される、論題が取り上げられた法会名とその年次、問答を交わした講師・問者名を整序することにより、「恵日古光鈔」が成立する条件の一端に触れた。すなわち本書に収められた論題は、宮中最勝会・院最勝会・法勝寺御八講・維摩会など勅会やそれに準じた法会において用いられたものであること、これらの諸法会には四箇大寺（延暦寺、園城寺、興福寺、東大寺）の寺僧が公請をうけて出仕し、基本的に異なる本寺・本宗に属する講師と問者の間で論義が催されたことが知られる。また「恵日古光鈔」に収められた論題は、講師をつとめる東大寺三論宗徒の手許にのこされた「問」の主旨が東大寺内で伝えられ、これらが改めて類聚されて本書が成立したのである。そして本書の撰述にあたっては、三論教学の興隆ということよりも、論題の出拠となった勅会以下の諸法会の場で宗・宗徒の優位を示すため、修学の拠りどころとなる論義書が目指されたのではなかろうか。ここに宗と宗徒の自己顕示の場へと変貌した論義会と、そのために撰述された聖教の一つの姿が見られよう。なお「恵日古光鈔」の機能はさておくとして、問答形式をもつ聖教がすべて論義会出仕を直接の目的として撰述・書写されたものではなく、多様な機能を果たす可能性をもつことに留意したい。

さて南都・北嶺の学侶は、自らの修学のため、また寺内外の法会に出仕のため、自らの本宗はいうまでもなく他宗の教学に関わる論題を集めることに腐心した。たとえば、東大寺花厳宗に属する宗性は、承久二年（一二二〇）に寺内中院において「天台六十巻一返引之了、仍處々釈文在處少々所注之也」として、「止観輔行伝弘決」四十巻と「法華玄義釈籤」二十巻を通覧し、そのなかから「倶舎論意、以二十増減為一中劫云事、弘決第一本在之、」というように、論題となる「釈文」とその「在所」を列記した「天台宗論義指示抄第一」を書き上げている（東図103/13/1）。さらに寛喜元年（一二二九）法勝寺御八講に出仕のため京都禅林寺に寄宿していた宗性は、「而此間借請房主公厳僧都之本、引見禅門章之次、至要説所、聊以記之」との奥書を記す「天台宗論義指示抄第三」を撰述している（同103/13/1）。このような学侶の修学活動を背景として、「恵日古光鈔」のような論義書が生まれたわけである。

鎌倉後期に成立した「恵日古光鈔」は、前述したように勅会講師として出仕を意識した論義書であったが、撰述の意図は別として本書の成立によって三論教学に関わる論題が蒐集・整理された意義は大きい。平安院政期以降、諸宗では論義書の撰述が盛んに行われた。たとえば、法相宗の「成唯識論同学鈔」、因明について「明本抄」「明要抄」「因明抄」など、天台宗の「天台問要自在房」「台宗二百題」などがこれであり、三論宗においても「八幡宮勧学講一問答抄」（「三論宗判談集」『日本大蔵経』六二巻所収）が存在する。(24) この「八幡宮勧学講一問答抄」の成立はいまだ定かではないが、寺内八幡宮の勧学講における三論宗の問答百八十題を配列したものであり、成立の経緯も時代も「恵日古光鈔」とは異なる。また両者の間には共通する論題が二十余ほど見出されるが、明確な継承関係があるとは考えがたく、両者の教学的な関連についても今後の課題とせざるをえない。しかしながら「恵日古光鈔」は「八幡宮勧学講一問答抄」を含む一連の論義書撰述の流れのなかに位置づけられるとともに、平安院政期から鎌倉中期に至る三論教学の実相を示す貴重な史料であることを再認せざるをえない。

注

（1）寺院社会において法会が果たす機能については、拙稿「平安前期東大寺諸法会の勤修と二月堂修二会」・「東大寺学侶層の寺内諸活動」（『中世東大寺の組織と経営』所収）参照。

（2）「顕宗聖教」の具体的な生成と形態については、本書Ⅰ第三章「寺院聖教論―東大寺実弘撰述聖教を素材として」参照。

（3）顕宗・密宗により最も盛んに催された法会が論義と修法であることを反映し、その勤修を支える「聖教」が数多く作成されたわけで、現存する顕密寺院史料に論義と修法関係の史料が多く伝来していることも肯けよう。

（4）なお「聖教」には、「諸宗顕密経・論・抄物等」として「顕密経・論」を含め（同前八―五三五三）、さらに「顕経論」のみならず「伝記等」・「僧伝等」・「寺領文書」・「寺社縁起」などを加える事例も見出されるが（「正嫡相承秘書」）、「寺領文書」は論外としても、寺僧の教学活動の基礎となる漢・梵の経・律・論は経巻とし、聖教とは別に区分することにしたい。

（5）『国書総目録』には、聖守の著作として「三論興縁」（『大正新修大蔵経』七〇巻所収）・「因明四種相違抄」（東図124/53/1）・「東大寺八幡験記」（続群書類従本、東図「東大寺八幡宮大菩薩験記」142/842/1）があげられているが、このうち「東大寺八幡験記」については聖守ではなく聖然の書写であることが確認されている（千本英史氏「東大寺八幡験記について」『国語国文』六六五号参照）。

（6）三論・法相両宗の対立については、松本信道氏「三論・法相対立の始源とその背景―清弁の『掌珍論』受容をめぐって―」（『三論教学の研究』所収）参照。

（7）三論宗の足跡と教学的な消長、さらに宗僧の系譜と事績については島地大等氏『日本仏教教学史』に多くを拠っている。なお平安院政期以降、東大寺学侶によって三論宗が盛んに修学されたことが史料上に確認されるが、同氏によれば、教学的な展開を考えるならば、当該時代は永観・珍海を除いて見るべき成果はないとされる（同書一八七頁）。なお鎌倉時代の東大寺における遁世僧智舜・聖然等による三論宗の興隆と聖教の撰述については、拙稿「鎌倉時代の東大寺三論宗―三論聖教『春花略鈔』を通して―」（『史艸』四〇号）参照。

（8）平安院政期に興福寺頼超によって撰述された「義章問答第二」が伝来しており（東図104/132/1）、大乗義章三十講などへの出仕のため書写されたものであろう。

（9）講の具体的な運営については、注(2)拙稿参照。

（10）醍醐寺本「東大寺要録」巻一奥書には、「仁治二年九月十九日、於東大寺千手院、以故慈恩院法印御本令書写之畢、三論・真言兼学沙門阿闍梨寛乗」と記されており、寛乗（遁世後に聖守）は仁治二年（一二四一）までに密教受法を終えて東大寺に帰寺している。

（11）金倉円照氏『三論玄義』（岩波書店）、椎尾弁匡氏「三論玄義解題」（『国訳一切経』諸宗部一）、寺井良宣氏「一乗・三乗論争における三論宗の位置—玄叡の『大乗三論大義鈔』と法宝の『一乗仏性究竟論』との関係を中心に—」（北畠典生教授還暦記念『日本の仏教と文化』所収）参照。

（12）論題に対して標目は極めて簡潔であり、第一論題では「問、二諦唯教門事」、第二論題では、「問、中論八不偈者、龍樹大士置之可云」となっており、「問」の骨格を捉えることが容易である。なお論題の解釈については、平井俊栄氏編『三論教学の研究』（春秋社）、泰本融氏「八不中道の根元的性格—吉蔵『中観論疏（因縁品）』を中心として—」（『南都仏教』二四号）、宇井伯寿氏編「大乗玄論」（『国訳一切経』諸宗部一）、平川彰氏編『八宗綱要』（大蔵出版）などを参照した。

（13）構成要素から聖教を概略するならば、A著述形式、B聞書形式、C問答草形式、D論題・典拠形式、E談義引付形式、に大別することもできよう。

（14）論題の典拠としては、吉蔵撰述の疏釈を中核とすることはいうまでもないが、そのほかに経律論・疏釈として、「金光明最勝王経」「法華経」「仁王経」「勝鬘経」「花厳経」「大般若経」「瑶珞経」「首楞厳経」「増一阿含経」「雑阿含経」「大乗入楞伽経」「涅槃経」「大集経」「方広大荘厳経」「転法輪経」「提謂経」「如来蔵経」「普賢経」「十輪経」「正法念処経」「大乗伽耶山頂経」「華手経」「普曜経」「文殊師利菩薩問菩薩経」「優婆塞戒経」「観仏三昧経」などの経、「中論」「百論」「十二門論」「大智度論」「因明入正理論」「倶舎論」「成実論」「摂大乗論」「瑜伽論」「離心論」「十住毘婆娑論」「宗輪論」「解脱道論」「弥勒問論」「金剛仙論」「宝性論」などの論、「毘奈耶律」「四分律」「十誦律」などの律、そのほか「法華玄義」「法華文句」「摩訶止観」「大乗起信論」「釈摩訶衍論」「華厳五教章」「刊定記」「仁王私記（章安大師撰）」「天台仁王一巻疏（天台大師撰）」「大般若略述（道倫撰）」「花厳綱目（法蔵撰）」「十地論義記」「弥勒問論」「天台浄名疏」「海龍王経法進疏」「泰法師倶舎疏」「行信疏」「神泰疏」「恵影疏」「章安疏釈」「道蔵疏」「法花義疏」「元瑜正理論疏」「鏡水抄」「法花玄略述」「法花疏抄集記」「天台涅槃疏」「智證大師校決集」「二諦義私記（実敏僧都撰）」「往生十因」「道還涅槃記」などの疏釈、法蔵集「花厳伝」などの伝記、さらに「禅那院（珍海已講）云」「乗信擬講（得業）云」「貞禅僧都云」「私云」「私愚推云」との聖教からの引用が見出され、その典拠に戻っての検討作業も必要であろう。

(15) 二百二十五題の論題から、四百に及ぶ論義の場が抽出される。この論義の場を年代・法会・講師・問者を指標として配列処理し一覧化して検討作業を進めたが、膨大な量にのぼるため、本章での掲出は諸略する。

(16) 講師の本寺・本宗については、「三会定一記」・「維摩会講師研学竪義次第」のほか、『平安遺文』・『鎌倉遺文』・『僧伝史料』を参照した。

(17) 不明分が百二十八題あるが、仮に四箇大寺以外の寺僧が関わるとすれば、二百七十二題のなかに他の寺名が現れないのははなはだ不自然であり、やはりこれらの諸法会には四箇大寺の寺僧のみが出仕した可能性が極めて高い。少なくとも平安院政期における勅会などでは、四箇大寺の寺僧のみが招請されるという現象は認めざるをえないところである。しかし公家・院が主催する法会になにゆえに四箇大寺の寺僧のみが招請されるのか、その理由を示す確たる証左はいまだ見出しがたい。「四箇大寺」の語句自体がいかなる時代に定着したものであるかを含めて、今後の課題としたい。

(18) 公家・院の主催により内裏・院御所や六勝寺などを道場として催される法会を、近年では「国家的法会」と呼称するようになり、また公請や僧事を指標として用語の定義も試みられている（海老名尚氏「宮中仏事に関する覚書―中世前期を中心に―」『学習院大学文学部研究年報』四〇号、上島享氏「中世前期の国家と仏教」『日本史研究』四〇三号）。たしかに主催者の政治的意図を負う法会の性格を示すには格好の用語ともいえるが、法会を支える寺院社会側の関わり示すには必ずしも最適の用語とは言いがたいところがあり、本章では「国家的法会」は用いない。

(19) 「論義書」には論義の内容を記す書記という語義があるが（拙稿「『法会』と『文書』―興福寺維摩会を通して」本書Ⅱ第一章所収）、本章では楠淳證氏の用法に従い、「恵日古光鈔」のような論題を類聚した聖教を論義書と呼ぶことにする（同氏「日本仏教の展開―法相唯識について―」『仏教学研究』五〇号参照）。

(20) 維摩会勤修の詳細については、高山有紀氏『中世興福寺維摩会の研究』および注（19）拙稿参照。

(21) 同一形式をもちながら機能を異にする聖教については、注(2)拙稿参照。

(22)「諍論」については、注(6)・(11)松本・寺井両氏論文、蓑輪顕量氏「平安時代初期の諍論―漏生無漏諍論について―」(『大倉山論集』三四輯)・「平安時代初期の三車四車の諍論」(『大倉山論集』三五輯)参照。

(23)鎌倉時代における聖守・智舜等の遁世僧による教学復興については、注(7)拙稿参照。

(24)論義書の広範な存在とその具体的な内容については、楠淳證・蓑輪顕量・曾根原理・山崎誠各氏のご教示を得た。また注(19)楠氏論文参照。

第四章　修学と論義草——宗性筆「法勝寺御八講疑問論義抄」を通して

はじめに

鎌倉時代の東大寺が輩出した碩学の一人である尊勝院宗性は、撰述した数多くの聖教類が伝存することでも知られる。東大寺図書館において、第一〇三架「宗性・凝然両師図書目録」（冊子本）・第一一三架「宗性・実弘両師図書目録」（巻子本）に架蔵される撰述聖教類（冊子三百五十一点、巻子百二十九点）の書目は、東大寺図書館刊『宗性・凝然写本目録』（昭和三十四年）にも掲げられており、また宗性の生涯にわたる足跡は、平岡定海氏編『東大寺宗性上人之研究並史料』（昭和三十五年）からも知ることができる。

ところで宗性撰述聖教の書目を、門下に連なる凝然大徳の著述と比較しながら一覧すると、論義会の場で交わされた論義草（諸宗教学の要諦に関する問答形式の唱文）を集成した問答記がきわめて多いことに気付く。つまり諸宗にわたる論義の内容を掲げた問答形式の論義草が撰述されており、これが宗性の手になる聖教類の一つの特徴ともいえよう。これに対し、寺内戒壇院に止住しながらも遁世の身ゆえに法会出仕の機会をもたぬ凝然には、必然的に論義会出仕を契機とする聖教はないわけで、問答形式をとるものはあれ、撰述された聖教の過半を華厳・法華・戒律の疏釈・抄物が占めるのも首肯される。

建保三年（一二一五）、若き宗性は十四歳にして寺内の「頌疏講」に参じ、講会出仕の第一歩を踏み出した（東図「倶舎論第十九巻頌疏講問答記」103/4/2）。この「頌疏講」とは、「我等旨趣何者、年齢漸雖闌、修学之功是少、日月空雖過、蛍雪之勤似無、仍且為相励興隆、且為修学伝燈、殊廻衆議始行此講、夫所講者仁王般若之妙文、所談者円暉製作之頌疏也、則催十有余輩之結衆、以契毎月一日之講論」とあるように、「修学之功是少」き「十有余輩」の若年学侶が、仏法「興隆」と「修学伝燈」のために有志を募り催した「毎月一日之講論」であり、その場では「仁王般若之妙文」（仁王般若経）が講ぜられ、「円暉之頌疏」（倶舎論頌疏）の談義がなされた(1)。この「頌疏講」の創始こそ、建久七年（一一九六）三論・花厳両宗に属する若年の学侶（学生）により始行された世親講とも共通して、鎌倉時代の東大寺における教学興隆を象徴する一つの活動とすることができよう(2)。そして宗性は「頌疏講」へ出仕した直後に、その問答の内容を掲げる「頌疏講問答記」を撰述しているが、その奥書に「且為見後覧之人、結衆之中独書置之」とあるように、講に出仕した「結衆」中ひとり宗性がこのような問答記を記していたようである。いずれにしても本書を嚆矢として、多様かつ多量の聖教類が撰述されることになるが、これが宗性による不断の修学活動の端緒であったことはいうまでもない。

さて承久二年（一二二〇）、仙洞番論義論匠に請ぜられた宗性は、

自承久二年正月七日至同二月廿八日、探玄記第十一巻奉読道澄已講了、自同正月七日至五月一日、経論之所説、論義之問題、宗家之解釈、清涼（澄観）之定判、處々之至要、漸々注之了、是則為当年仙洞御論匠当處之間、励微力而抄之、任管見而写之、雖然仙洞御論匠今年止了、仍其功是空、其勤未顕、恨也、鬱也、不可不記、門跡之中後覧之輩、必唱念仏可訪後生矣、

とあるように、出仕に備えるため道澄已講に就いて論義の「当処」となる「探玄記第十一巻」を読み合わせるととも

に、関連した「経論之所説」・「論義之問題」・「宗家之解釈」・「清涼《（澄観）》之定判」・「處々之至要」を「注」し置いた（同前「探玄記第十一要文抄」103/16/4）。また嘉禄元年（一二二五）には、「於東大寺中院注之了、是則被召自来廿日被始行最勝講聴衆之間、為疑問所用意也」（同前「天台宗論義抄」103/11/3）として、最勝講の問者役に請ぜられた宗性は、「疑問」を投ずるための論義草を「注」している。このように論義会出仕こそ聖教撰述の重要な契機といえるとともに、「論義之問題」をはじめ「経論之解釈」・「宗家之解釈」・「清涼之定判」を「注」・「抄」するという行為こそが、宗性にとっては重要な修学方法であったことも注目される。

なお「披見唯識論第十巻尋思抄之次、為備自宗之才覚、書出此等之論義了、願此稽古修学之微功、必為彼慈尊値遇之業因矣」（同前「内明因明雑論義抄」113/143/1）とあるように、論義会出仕とは別に、「稽古修学」のため「書出」した「論義」草の存在も看過しがたいところである。

このように論義会出仕のみならず日常的な修学を契機として生まれた論義草は、宗性撰述の聖教の過半を占めることになる。そこで本章では、宗性撰述の聖教類のなかで、特に問答の唱文を記す論義草に注目し、それらが機能した論義会の場を踏まえて、鎌倉時代の学侶による修学活動の具体的な有様を明らかにすることにしたい。

第一節　論義草の撰述

建保六年（一二一八）十二月、宗性は倶舎三十講の講師をつとめたが、出仕にあたり「抄出」した「倶舎論第八九巻要文抄」（同前103/3/1）の末尾に、法会結願の後、「凡愚身所作殊勝之由、一寺之沙汰、万人之美談也、成慶賀之人是多、送賀札之輩又繁、東大寺別当法印権大僧都定範殊又称美之、愚身之面目何事如之耶、依之別当法印、同建保七年正月九日、結構問題講、被請愚身、其時之所作又以神妙也、政所弥有御随喜云云、一身之面目不知所謝矣」との奥書を記した。時に十八歳の宗性は、出仕した倶舎三十講における講師としての所作を大きく賞賛され、ただちに別当定範が催す東南院問題講に請ぜられ、この場でも定範の高い評価を得て面目を施したという。このように教学活動を事とする学侶は、論義会のなかで示した学識により寺内における評価とともに、他の法会への招請の機会を得たのである。「依為去年倶舎三十講々師之所作殊勝、所預今年維摩竪義請也」（同前「倶舎論第九巻文義抄」122/84/1）との文言にも明らかなように、学侶は論義会における際立つ所作により自らの学識を顕示し学階の昇進を果たしたわけで、そのためにこそ出仕に先立ち論義草を準備し論義の場に臨んだのである。

そこで学侶の日常的な修学活動と法会出仕を支えた聖教、とりわけ論義草やその唱文を含み込む問答記について[3]、それらがいかなる手続きで撰述されたのかを考えることにしたい。ここで宗性の手になる多様な聖教類の奥書を一覧するならば、その撰述方法はおおむね以下の「書写」・「抄出」・「結構」に大別されよう。

〔書写〕

承久元年（一二一九）倶舎三十講々師に招請された宗性は、先立つ十一月、出仕に備えて「倶舎論第十一巻抄」（同前103/2/1）を作成したが、

　承久元年十一月廿五日戌時、於東大寺中院書写之了、是則依被請今年倶舎卅講結座講師、借或人之本書写之了、門跡之中、後覧之輩、必唱弥陀之宝号、可訪愚僧之冥路矣、

との奥書に見られるように、本書は「或人之本」から「書写」されたものであった。このように先師・先人の作成した問答記の「書写」により生まれる聖教は少なからず見出される。なお「誂頼承法師令書写之畢」との奥書をもつ「最勝講問答記」（同前113/32/2）のように、他筆を催して「書写」された聖教もここに含めることができる。

〔抄出〕

前にも触れた「建保六年冬比、於東大寺中院随及管見抄出之了、是則為勤仕当年倶舎卅講々師之故也、今此要文者、八九巻聴聞集論義要文也」との奥書をもつ「倶舎論第八九巻要文抄」に見られるように、問答に関わる経論・疏釈を「管見」に従って「抄出」するという方法がある。また寛元四年（一二四六）、後鳥羽院御八講に招請された宗性は、「寛元四年二月二十日巳時、於承源已講白川宿房、自彼抄出之中書出之畢、即後鳥羽院御八講疑問之畢、互為経海大僧都也、彼疑問之様、別紙記之畢」として、承源已講が「抄出」した「七十三人之今釈文并難答」（「彼抄出」）を参照して草した「疑問」を、論義の場で講師経海大僧都に投じている（同前「諸宗疑問論義本抄」三113/19/3）。このように経論・疏釈さらには先人の抄物からの「抄出」が、論義草・問答記を含む聖教のなかで、量的にも内容的にも中核をなすことは注目すべきであろう。

〔結構〕

前掲の「書写」・「抄出」と比して、独自性の強い解釈を盛り込んで編述する「結構」という方法があげられる。たとえば、寛喜二年（一二三〇）に作成された「倶舎論第一巻三十講疑問論義抄」（同前103/6/1）は、「寛喜二年後正月八日巳時、於東大寺尊勝院抄之了、是則自去年十二月十七日、被始行倶舎論第一巻三十講開白講師勤仕之時、所疑問之論義也、両条論義倶以愚案之新結構也、凡北闕公請之砌、南都学道之庭、見出新不審度々疑問之類、聚其文釈処々記置之、門跡之中後覧之輩、毎見抄物之今跡、可哀修学之昔功矣」とあるように、前年の倶舎三十講において宗性が講師定覚に対し「所疑問之論義」であり、「愚案之新結構」が盛り込まれたものであった。この「論義」の唱文は、「北闕公請之砌、南都学道之庭」において「見出」された「新不審」や「度々」の「疑問之類」について、出拠となる「文釈」をもとに新たに「結構」したもので、宗性の学識と経験に基づく個性的な編述の産物といえよう。なお「結構」

は「抄」するという作業により成り立ち、その成果は「抄物」と呼称されているが、ここで「抄出」と「結構」との相違を明確にしておく必要があろう。(4) すなわち「抄出」が単なる経論・疏釈や論義草の抜書とは言い切れぬものの、あくまで拠るべき出拠からの抽出を目的とするに対して、個性的な解釈・文言を盛り込むことを優先したものが「結構」であると考えておきたい。弘長元年（一二六一）に「宗暁得業草本之上、加私潤色」えて「書写」された「文応元年法勝寺御八講問答記」（同前113/28/6）や、前述した「頌疏講」への出仕後に宗性自らが作成した「倶舎論第十九巻頌疏講問答記」も、この「結構」に含まれるものといえる。

以上のように宗性が撰述した聖教類の多くは、「書写」・「抄出」・「結構」という方法によって成立している。ではこれらの聖教類とりわけ論義草は、具体的にいかなる場において成立したものであろうか。ここで承久三年（一二二一）成立の「季御読経金光明会番論義問答記」（同前103/35/1）の料紙紙背の一紙に、

見参之時、令申候法相論義一両帖、可注領候、同クハ此使ヲ留テ、可注給候也、恐々謹言、

三月廿七日　宗性

との宗性書状が見られる。本書状の宛所は不明であるが、「見参」の折に依頼した「法相論義一両帖」の提供を求める文面から、宗性の他宗論義への強いこだわりが窺われよう。経論・疏釈のみならず、先師・先学の手になる論義草やそれらを収載した問答記に接することにより、宗性は論義草の撰述を行ったわけである。しかし当時にあって「悉挙諸徳之異説、被載衆義之難勢」れた論義草は、「秘蔵無極、外見有憚」（同前「慈恩会精義用意抄」113/137/1）とあるように、諸寺・諸院に秘蔵され、これらに触れることは決して容易ではなかった。そこで宗性はいかなる機会を得て論義草や問答記に接し、また新たな論義草を撰述したかについて確認しておきたい。

まず第一には、職衆として論義会に出仕を契機に、自らの手で経論・疏釈や先学の論義草に拠って「抄出」・「結

構」する場合である。寛喜元年（一二二九）宗性は維摩会聴衆としての出仕に先立ち、「寛喜元年十月上旬之比、於東大寺尊勝院抄之了、是則預当年維摩会聴衆請之間、為講問・竪問用意也」として、講問・竪義論義における問者をつとめるために「維摩会竪問講問論義用意抄」（同前103/40/1）を「抄」している。また先述した建保三年（一二一五）に宗性が「書」した「倶舎論第十九巻頌疏講問答記」（同前103/4/2）もまたこれに類するものである。なお竪義論義における竪者・問者・精義、講問論義における講師・問者・精義等の問答に関わる職衆ごとに、その分に応じた論義草が作成されたことはいうまでもない。

第二には、

文永七年庚午八月十九日申時、於東大寺知足院草庵記之畢、当寺別当権僧正定済、為兼日之沙汰、自倶舎第二十巻論疏中、被出三十条論義問題、可行十講之由有其沙汰、同法慶実大夫君、依預其催、為彼暗誦記此問答之間、省繁広而書要文、抽詮要而記問答、後覧之時可哀其志耳、此抄永譲与慶実、後日不可有依違、為年歯之次第者、一期之後、可被譲渡慶性伊予君之状、如件、

との奥書をもつ「御斎会・最勝会問答記」（同前113/34/1）からも窺われるように、寺内院家に伝来する抄物などを入手して「書写」・「抄出」するという場合があげられる。別当定済は教学興隆のため、「倶舎第二十巻論疏」からの「三十条論義問題」を問答する「十講」を創始したが、本講に招請された「同法慶実大夫君」が倶舎論疏の「要文」を「暗誦」する一助として、宗性が自らが寺内知足院に伝来していた「御斎会・最勝会」における問答草を抄出したものが本書である。このように寺内に伝来した膨大な論義草に触れることが聖教成立の重要な契機となるとともに、「対面各々之問者、乞置各々之論義之本調集之、少々之事所加潤色也、後覧之輩可哀其志而已」（同前「法勝寺御八講問答記」113/28/8）との文言に窺われるように、法流に連なる「後覧之輩」を意識して聖教が作成された事実を見過ごす

ことはできない。

第三には、寺外に伝来する聖教を得て論義草を撰述する場合があげられる。嘉禄元年（一二二五）、宗性は寺内中院において「法自相要文抄」（同前124/254/1）を書写し、

抑此文集者、宝積院故前権僧正信憲、省略菩提院贈僧正蔵俊因明三十六巻文集、所抄文集中法自相之所也、爰宗｜《性》親勤仕当年勧学竪義之間、以法自相々違作二問、仍去三日夜○《参》光明院権大僧都覚（遍）｜御許之時、借得此書了、而期日不幾、稽古無隙之故、相交自他筆所写之也、

との奥書を記した。この「文集」は、興福寺菩提院蔵俊の手になる「因明三十六巻文集」から、「法自相」に関する部分を宝積院信憲が抄出したものであり、光明院覚遍のもとに伝わったものである。そして勧学会竪義問者に請ぜられた宗性は、「法自相々違」により「二問」の「疑問」を作成するため、この「文集」を覚遍から借り受け、自らまた光暁・頼尊の手を借りて書写したのである。このように寺外に伝来した抄物を縁を頼って借用し、新たな聖教を作成したわけである。

第四には、寺外に赴き他寺僧のもつ聖教を入手する場合がある。

寛喜三年七月九日申時、於東大寺尊勝院書之了、去嘉禄二年六月三日、於北京白河禅林寺権僧正円長房、以光性内供奉之本、雖書写此問答記、不具之間重馳筆了、

とあるように、嘉禄二年（一二二六）宗性は洛中禅林寺の権僧正円長の住房において、「光性内供奉之本」である「最勝講問答記」（同前113/31/3）を書写したが、その内容が「不具」であったために、寛喜三年（一二三一）尊勝院において本書に再治を加えている。また寛喜元年に法勝寺御八講出仕のため宿所とした禅林寺で、「而此間借請房主公厳僧都之本、引見禅門章之次、至要説所聊以記之」した「天台宗論義指示抄」（同前103/13/2）や、天福元年（一二三三）の

法性寺「印円法印住房」において、「依不慮之子細、有感得之由来」として、思いもかけず「書写」の機会を得た「天台宗論義抄」（同前103/11/4）等、洛中諸寺において宗性が書写した聖教は枚挙に遑ない。

第五は、法会に出仕した問者・「論義書」から論義草を入手して整える場合である。弘長元年（一二六一）に宗性が「記録」した「最勝講問答記」（同前113/31/6）は、「弘長元年七月二十八日申時、於東大寺尊勝院新学問所、訪面々之問者、所尋置之論義、或誂能筆、或馳悪筆記録之畢」とあるように、「訪面々之問者」て論義の内容を集めたものであった。また嘉禄三年（一二二七）に宗性が「書写」した「維摩会問答記」（同前113/71/7）は、「相尋範舜浄密房・光喜讃岐公両人論義書、令書写之上」として、維摩会における講問論義の記録役である「論義書」の範舜・光喜に尋ねた内容に、自らの聴聞記を書き加えたものであった。このように講問・竪問論義の職衆である問者や、問答の書記役である「論義書」から、直接に論義草を入手し草した聖教も少なくない。

以上のように、宗性が論義草を作成するにあたっては、論義会職衆として出仕のため自ら「抄出」「結構」する場合、寺内院家に伝来する抄物を確保する場合、寺外に伝来する抄物を借用する場合、寺外に赴き他寺僧のもつ抄物を借用する場合、問者・「論義書」から論義草を入手する場合があったことを確認できる。すなわち宗性は、日常的な修学や論義会への出仕のために、さまざまな縁を頼って寺内外の論義草を得て「書写」・「抄出」・「結構」という手段により自らの論義草を作成したわけである。宗性が論義草を入手するにあたり、尊勝院主としての立場が大きな力となったであろうことは想像にかたくない。いずれにしても論義草・問答記と接することこそが宗性の修学活動に不可欠な条件であり、また宗性の手になる聖教類が成立する場でもあったことを再確認しておきたい。

さて宗性は「尊勝院講師宗性東大寺・花厳宗」（「三会定一記」第一）とあるように、「東大寺・花厳宗」を本寺・本宗とし、華厳宗本所の尊勝院に住持すると社会的には認識されていた。そして宗性の花厳宗へのこだわりは、寛元二年

（一二四四）に宗性が「抄出」した「季御読経一番疑問論義抄」（東図113/26/1）の、

寛元第二之暦正月下旬之候、於東大寺西塔院、広引見唯識論第七巻新古抄出之次、菩提院贈僧正抄出已下書入之、閇具之畢、此事自宗高祖清涼（澄観）大師演義抄定判、同慈恩解釈之間、華厳宗学者尤可存知之事也、

との奥書中に記された「自宗高祖清涼大師」という文言からも明らかであろう。つまり仁治元年（一二四〇）閑院内裏における季御読経番論義の場で、講師の興福寺威信已講と「論義」を交わした華厳宗徒の宗性は、問答をめぐる「自宗高祖清涼（澄観）大師演義抄定判」と法相宗祖の「慈恩解釈」との違いこそが、「華厳宗学者」として「可存知」べきことと確信して本書を草したわけである。平安院政期より公家の強い関わりのもとで、宮中・仙洞御所をはじめ六勝寺など洛中諸寺を道場として催された「北闕論談之庭」と呼ばれる最勝講・御八講などの諸法会には、四箇大寺（延暦寺・園城寺・興福寺・東大寺）の学侶が「公請」を得て出仕し、各々が本宗とする天台・法相・華厳・三論諸宗の教学を拠りどころに、異なる宗僧との講問論義を交わすことが通例であった(5)。宗性をはじめとする四箇大寺の諸宗僧は、精義・講師・問者として所作を果たす場で、他宗の教学を強く意識しながら、論義を通して自宗教学の優位と自らの学識を顕示することを目指したわけである。そして論義草の撰述を一つの柱とする宗性の修学活動が、「北闕論談之庭」・「南都維摩之砌」（同前「法相宗論義抄」103/26/1）という公家主導の諸法会への出仕を意図したものであることはいうまでもない。

このように他宗の教学へのこだわりがあればこそ、宗性が論義の場で対峙する延暦寺・園城寺・興福寺の学侶が依拠する天台・法相宗の修学を心がけたことも首肯されよう。これは前述したように、他寺に伝来する論義草・問答記を入手しこれを書写するという行為のなかにも窺うことができる。また、「嘉禄元年六月十三日申時、於東大寺中院、法苑林章一部七巻引見之次、説所注之了、公請之庭、学道之砌、法相宗論義専為要之故也」とあるように、「公請之

庭」・「学道之砌」で重視された「法相宗論義」の修得のため撰述した「義燈演秘法苑林章文義次第」（同前103/30/1）や、「仁治三年八月晦日、於北京白川禅林寺辺宿所、随聞及記之畢、為知天台宗大綱也」として、「天台宗大綱」を知るために宿所の禅林寺で記した「諸宗疑問論義本抄」（同前113/19/1）の存在からも、宗性の修学意図が裏づけられよう。

また弘長元年（一二六一）宗性は法勝寺御八講に證義者として出仕し、併せて初日朝座講師を勤仕している（同前「法勝寺御八講問答記」113/27/14）。その折に問者の延暦寺経玄阿闍梨が投じた「問、香象大師解釈中、明諸根互用相、爾者小乗教意、可明諸根互用義耶」との「疑問」は、

> 去安貞二年探玄記第十五巻三十講、宗ー《性》対良忠法師初疑此事、其後学者未用此論義之処、去弘長元年勤仕法勝寺御八講初座講師之時、延暦寺経玄阿闍梨、問今論義、為證義者之間、挙問題許、初重即答此趣畢、

とあるように（同前「華厳文義抄」121/35/1）、安貞二年（一二二八）に宗性が東大寺探玄記三十講に問者として出仕し、講師良忠法師に投じた「問、小乗教意可説諸根互用義可云耶」との「疑問」と同一であり、弘長元年まで宗性の周辺では用いられることはなかったという。法勝寺御八講で問者をつとめた経玄阿闍梨は、宗性がかつて用いた「疑問」を何らかの縁により入手して「問」を作成し、これを講師たる宗性に投じたものであろうか。

このように南都北嶺の四箇大寺の学侶が出仕する諸法会において催される論義は、本宗を軸に諸宗教学を修学する諸寺学侶により支えられ、その修学活動は論義草を一つの拠りどころとして実現したことを確認しておきたい。そして宗性もまた、さまざまな縁により自他諸宗の論義草・問答記に接し、それらを「書写」・「抄出」・「結構」して、法会出仕や修学という目的に応じた新たな論義草を撰述することにより、問答の場でその学識を顕示したわけである。

第二節　「法勝寺御八講疑問論義抄」

嘉禄二年（一二二六）七月、大法師宗性は法臈十三にして法勝寺御八講聴衆に二度目の招請をうけ出仕した。御八講に出仕直後の七月二十日に宗性は、

嘉禄二年七月廿日巳時、於東大寺中院抄之了、是則自去三日被始行法勝寺御八講、所疑問之両帖論義也、為後覧聊記之矣、

右筆花厳宗末学大法師宗性生年廿五、夏臈十三、

との奥書を記した「法勝寺御八講疑問論義抄第二度」（同前103/43/1）を抄し、講師の延暦寺陽円と交わした「両帖論義」と併せて、典拠となる経論疏釈を詳細に引き付けている。さらに天福二年（一二三四）法勝寺御八講に聴衆として四度目の招請に応じた後にも、類似した形式の「法勝寺御八講疑問論義抄第四度」（同前103/43/2）を抄し、その巻末に、

天福二年八月十八日巳時、於東大寺中院抄之畢、是則去七月法勝寺御八講第二日暮座、対薗城寺円順権少僧都、所疑問之論義也、他宗之文釈、雖不弁其旨、今度問用両条論義、本経・本書處々之相違、傍論・正論重々之難答、併任愚意新令疑問畢、雖似有当時之微功、猶深恥後代之披見者歟、仰願今依此釈教習学之勤労、必結彼弥勒値遇之芳縁、一期之終安住正念、遂上生内院之望、三会之始奉仕慈尊、開中道唯識之悟矣、

との奥書を記した。すなわち講師である園城寺円順が説いた「他宗之文釈」に対して、宗性が投じた「所疑問之論義」（「問用両条論義」）とは、「本経・本書處々之相違」・「傍論・正論重々之難答」を参照しながら、自らが新たに「結構」したものであった[6]。

このように華厳宗に属する宗性が、延暦寺・園城寺に属し天台教学を踏まえた講師の講説に「疑問」するにあたっては、「他宗」が依拠する「本経・本書」や、先行する論義における「傍論・正論」を参照することになる。そこで講師・問者により交わされる問答唱文の詳細に加えて、その論拠を「本経・本書」に求める「釈教習学」の成果として、「法勝寺御八講疑問論義抄」に類する形式の論義草が生まれたことも肯けよう。

そこで嘉禄二年法勝寺御八講の第四日目の問答を掲げた「法勝寺御八講疑問論義抄第二度」の構成に目を向けることにする。

巻子装の端裏に「法勝寺御八講疑問論義抄第二度　沙門釈宗性」との宗性自筆外題をもつ本書には、文首に細字で「嘉禄二年法勝寺御八講第四日朝座宗性問陽円已講」と記され、御八講の四日目にあたる嘉禄二年七月六日に講師陽円と問者宗性との間の問答であることが確認される。

この袖書に次いで本文が続くことになるが、問答は大きく二問あり、第一の問答が「問、講讃経中、付説菩薩相、且維摩経所列顕不二法門菩薩、其数有三十四可云耶」、第二の問答は「問、或論蔵意、全退無漏三無色、不退有漏四無色之類可有耶」との問者の「問」で始まるものである。そこで第一の問答を取り上げてその内容を検討することにしたい。

第一の問答は更に二つの部分から構成される。つまり宗性と陽円により交わされた問答の唱文が前半部分、問答の典拠となる経論疏釈の抜書が後半部分となる。

そこでまず前半の全文を引用するが、①③⑤⑦⑩が問者宗性、②④⑥⑧が講師陽円、そして⑨が両者の問答をとりまとめる證義聖覚の唱文である（括弧内、経・疏釈引用）。

①問、講讃経中、付説菩薩相、且維摩経所列顕不二法門菩薩、其数有三十四可云耶、

②答、可有三十三也、

③両方、若云有三十四者、披維摩経之所説、尋不二品之前後、始自法自在終至維摩詰三十三菩薩、顕不二法門、是以辰旦人師解釈中、或云「又不二法門品中三十三大士顕不二法門」、或述「按維摩経三十三聖明不二義」、経文幷人師解釈、無諍三十三菩薩、非三十四云事、若依之爾者、妙楽(湛然)大師解釈中、文殊・浄名外可有三十二菩薩見タリ、如解釈者、有三十四菩薩被得耶、如何、

④講答云、維摩経所列顕不二法門菩薩、其数有三十三云事、如疑難経文分明也、更不可云有三十四菩薩、但於妙楽釈者、文殊・浄名外有三十二菩薩、不可心得也云々、

⑤重難云、正見維摩経所説、始自法自在終至楽実三十一菩薩、各々説不二法門了、述「如是諸菩薩各々説已問文殊師利、何等是菩薩入不二法門」、三十一菩薩問文殊見、次下説文殊・維摩詰入不二法門相故、経文所列惣三十三菩薩也、而披弘決第三巻所釈、判シテ「如浄名中三十二菩薩」乃至「故諸菩薩説已語文殊言」、三十二菩薩問文殊見、此釈甚難思、加何菩薩云三十二耶、次下別列文殊・浄名故、解釈無諍文殊・浄名外可有三十二菩薩見、故惣可有三十四菩薩、所疑也、

⑥講答云、自法自在至楽実三十一菩薩外、加浄名三十二菩薩語文殊釈也、故惣可有三十三菩薩也、

⑦重難云、見経文、自法自在至楽実三十一菩薩、問文殊、浄名更無問文殊、何云今此三十二中加浄名耶、況次下述「浄名杜口無言」ト、三十二菩薩外別挙之耶、加之妙楽尺判セリ「如浄名中三十二菩薩各自説已所入之門」、而浄名以嘿然・無言標不二法門、云「三十二菩薩各自説已」等之中、更不可云有浄名耶、

⑧講答此上不分明、

⑨證義者聖覚法印云、疑難之趣、尤以可然、但存一義者、文殊説不二法門故、云「三十二菩薩各自説已」等之中、

加文殊可云三十二菩薩、次述「故諸菩薩説已語文殊言」之時、除文殊、自法自在至楽実三十一菩薩語文殊可料簡也、

⑩問者云、今此会釈、実雖可然、妙楽大師維摩経略疏中、釈「如是諸菩薩各々説已」等経文之時、述「是中明諸菩薩各々説、備有五千、何但三十二、三十二菩薩問文殊」見、次下別釈「文殊・維摩入不二法門相故、又惣可有三十四菩薩」見、此釈甚難思也、而見今此略疏次上文、或云「但三十三者、必有所表」、或述「此中雖有三十三人」、惣有三十三菩薩定タリ、於一巻之前後、何ニ可料簡耶、凡問者宗解釈中粗見、可有三十四菩薩歟之釈有之、仍為備自宗之才覚、今挙此疑也、

このように前半部分の問答は、講師陽円の講説を承けて、問者宗性の「問」①と講師の「答」②、これを承けた問者が「両方」の可能性を掲げた上で「如何」と投じた問③と講師の「講答」④、これに対する問者の「重難」⑤と講師の「講答」⑥、さらに畳みかける問者の「重難」⑦と講師の「講答」⑧という、四双の問答の末に、證義聖覚の問答をめぐる見解の披陳⑨と、それを承けた問者による「問」をめぐる趣旨説明⑩から成っている。すなわち講師・問者による講問論義（問答）は、四双にわたる問答の往復に加えて、證義が自らの見解を披陳し、これを承けて問者が「問」の趣旨を示すという一連の所作次第から構成されているわけである。[7]

そこで講師陽円と問者宗性による問答の具体的な内容を、煩を厭わずたどることにしたい。

まず問者から講師に対して、「問う、講讃せる経中に、菩薩の相を説くに付きて、且く維摩経に列するところの不二法門を顕す菩薩、その数三十四有りと云うべき耶」として、講師による「法華経」の講説を踏まえ、不二法門を説く菩薩の数を三十四とするべきかと問いがなされた。宗性による「問」の前提となる陽円の講説がいかなる内容であったのか明らかではないが、後半に掲げられた、「法花経第六云寿量品、欲令生諸善根、以若干因縁・譬喩・言辞、種々説

法云々」、「文句第九云、欲令生下第二正対機施己他形声益、○若対頓機、如別円等亦各四門若干種々、如三十二菩薩各説入不二法門云々」との出拠から、「法華経如来寿量品」における釈尊の菩薩教化を起点とした、「三十二菩薩」による「入不二法門」の解説に関わるものと推測される。天台宗徒の陽円が「法華文句」を出拠に講説し、そのなかで触れられた「三十二菩薩」・「不二法門」に注目した華厳宗徒の宗性が、「維摩経」や天台疏釈等に拠りながらそれらに関わる「問」を重ねるが、これ以降の問答の焦点は「不二法門」ではなく、それを説く菩薩の数に限定されている。

さて問者の「問」に対し講師は「三十三有るべき也」と答える。

この「問」を承けた問者は、ただちに菩薩の数について「両方」（「三十三」・「三十四」）の可能性ありと反論し、その理由を披陳する。すなわち「維摩経の所説を披き、不二品の前後を尋ぬるに、始めは法自在より終わりは維摩詰に至る三十三菩薩、不二法門を顕す」とし、「維摩経」入不二品によりすべて「三十三菩薩」の存在を確認する。また「これ以て辰旦の人師の解釈中に、或いは『又不二法門中、三十三大士顕不二法門』と云い、或いは『按維摩経、三十三聖明不二義』と述ぶ、経幷に人師の解釈に、無諍三十三菩薩にして、三十四と云う事に非ず」とあるように、慈恩大師窺基の「説無垢稱経疏」第一本（大正蔵三八・一〇〇〇上）、撲揚大師智周の「摂釈」第二を論拠に、「三十三菩薩」であって「三十四」とはなりえないとする。このように問者はまず「三十三菩薩」の可能性を掲げた上で、これと併せて「三十四菩薩」の可能性をも示す。すなわち「もしこれに依り爾らば、妙楽大師《（湛然）》の解釈中に、文殊・浄名の外に、三十二菩薩あるべしと見たり、解釈の如くんば三十四菩薩有りと得らるる耶、如何」として、講師陽円が拠るべき天台教学の祖師「妙楽大師の解釈」に出拠を求め、「三十二菩薩」に文殊・浄名を加えた「三十四菩薩」の存在が考えうることを強調する。このように問者は経・疏釈を論拠として「両方」の可能性を示した上で、講師に回答を迫ったわけである。

これを承けた講師は、「維摩経に列するところの不二法門を顕す菩薩、その数三十三有りという事、疑難の如く経文に分明なり、更に三十四菩薩有りと云うべからず、但し妙楽の釈に於いては、文殊・浄名の外に三十二菩薩有りとは心得べからざるなり」と答え、繰り返して問者が「疑難」に引用した「菩薩その数三十三」により「三十四菩薩」を否定して、「妙楽の説」に対する「文殊・浄名の外に三十二菩薩有り」とする問者の解釈を受け容れることはなかった。

ここから問者の「重難」が始まる。「正に維摩経の所説を見るに、始めは法自在より終わりは楽実に至る三十一菩薩、各々不二法門を説き了りて、『如是諸菩薩各々説已問文殊師利、何等是菩薩入不二法門』と述ぶ、三十一菩薩の文殊に問うと見えたり、次下に文殊・維摩詰入不二法門の相を説くの故に、経文に列するところは惣じて三十三菩薩なり、而るに弘決第三の所釈を披くに、『如浄名中三十二菩薩』乃至『故諸菩薩説已語文殊言』と判じて、三十二菩薩、文殊に問うと見えたり、此の釈甚だ思い難し、何の菩薩を加えて三十二と云う耶、次下に別に文殊・浄名を列するの故に、解釈して無諍の文殊・浄名の外三十二菩薩有るべしと見えたり、故に惣じて三十四菩薩有るべしと疑う所なり」として、「維摩経」(『維摩詰所説経』巻中、大正蔵一四・五五一下)によれば「三十一菩薩」のほかに「文殊・維摩詰」を加えて「三十三菩薩」となるが、湛然述「止観輔行伝弘決」第三之一(大正蔵四六・二二九下)の所釈には根拠不明の「三十二菩薩」とあり、これに文殊・浄名(維摩詰)が加わる以上は「三十四菩薩」となるはずであると疑問を呈している。「重難」では、前問での「妙楽の説」の出拠を湛然の「止観輔行伝弘決」であると明確に掲げ、この「解釈」(「所釈」)に拠りながら再び「三十四菩薩」の可能性を問うているのである。このように宗性の「問」は、天台宗陽円が拠るべき「維摩経」と湛然述疏釈との齟齬を突くかたちで展開している。

しかしこの「重難」に対する「講答」は、「法自在より楽実に至る三十一菩薩の外、浄名を加え三十二菩薩、文殊に語ると釈するなり、故に惣じて三十三菩薩有るべきなり」として、問者の掲げた湛然の「解釈」には触れることなく、「三十一菩薩」に浄名を加えた「三十二菩薩」が「文殊に語る」と「釈」される以上は「三十三菩薩」であることを繰り返すのみであった。

右の「講答」に問者は再度「重難」を加える。「経文を見るに、法自在より楽実に至る三十一菩薩、文殊に問う、浄名更に文殊に問うなし、何ぞ今此の三十二の中に浄名加うと云う耶、況や次下に『浄名杜口無言』と述ぶ、三十二菩薩の外別にこれを挙ぐる耶、しかのみならず妙楽の尺に、『如浄名中三十二菩薩各自己所入之門』と判せり、而らば浄名、黙然・無言を以て不二法門を標す、『三十二菩薩各自説已』等と云う中に、更に浄名有りと云うべからざる耶」として、「維摩経」により「三十二菩薩」に浄名を加えることに、また「止観輔行伝弘決」(同前)の所釈に拠りながら「三十二菩薩」に文殊を加えることに疑問を呈し、やはり「三十四菩薩」にこだわりを見せる。

この「重難」に対し「講答、以上分明ならず」とあり、講師は答に窮して明確な弁駁を加えることができなかったのであろうか。

ここで問者と講師による問答の記載は終わり、證義聖覚法印による唱文が続く。まず「疑難の趣、尤も以て然るべし」とあるように、問者の「難」を至当と認めながらも、「ただし一義を存すれば、文殊不二法門を説くの故に、『三十二菩薩各自説已』等と云う中に、文殊を加え三十二菩薩と云うべし、次に『故諸菩薩説已語文殊言』と述ぶるの時、文殊を除き法自在より楽実に至る三十一菩薩、文殊に語ると料簡すべきなり」として、一つの解釈を提示するならば、三十一菩薩の末に文殊が自ら不二法門を説いたわけであるから「三十二菩薩」ということになり、また「止観輔行伝弘決」の「故に諸菩薩説き已りて文殊に語りて言う」との所釈は、「三十一菩薩」が文殊に語ると理解すべきであるとの主張を述べた。すなわち證義聖覚は、問者が論拠とした経・疏釈の解釈について、あくまで「三十一菩薩」と文殊により「三十二菩薩」の存在を強調したわけで、結果として「三十三菩薩」説に帰結することになろう。

　この證義の見解を承けた問者は、「今此の会釈実に然るべし」とその解釈を受け容れながらも釈明を重ねる。「妙楽大師の維摩経略疏中に、『如是諸菩薩各々説已』等の経文を釈するの時、『是中明諸菩薩各々説備有五千、何但三十二〔三イ〕』と述べ、三十二菩薩、文殊に問うと見えたり、次下に別に『文殊・維摩入不二法門故、又惣可有三十四菩薩』と釈すると見えたり、此の釈甚だ思い難きなり、而るに今此の略疏の次上の文を見るに、或いは『但三十三者、必有所表』と云い、或いは『此中雖有三十三人』と述べ、惣じて三十三菩薩有りと定めたり、一巻の前後に於いて、何に料簡すべき耶、凡そ問者の宗の解釈中を粗見るに、三十四菩薩有るべきかの釈これ有り」として、湛然の略述にかかる「維摩経略疏」に、「三十二菩薩」と「三十三菩薩」（大正蔵三八・六九〇下、六九四下）が併存しており理解に苦しむこと、また宗性が本宗とする華厳宗の疏釈中には、たとえば「華厳五教章」の「維摩経中初三十二菩薩及文殊等所説不二」（大正蔵四五・四八三中）のように、「三十四菩薩」の可能性を示す解釈が見出されるという疑問の発端を述べた。さらに最後に、「仍て自宗の才覚に備えんがため、今此の疑を挙ぐるなり」とあるように、自らが本宗とする華厳宗への教学理解を深めるためにも、天台疏釈との矛盾を通して講師に「此の疑を挙」げたとの、「問」・「難」の旨趣を付け加えたのである。

　ただし宗性が疑問として掲げた「維摩経略疏」における「是中明諸菩薩各々説備有五千、何但三十二」の「三十二」は、『大正新修大蔵経』が底本とした元和二年版本には「三十三」となっている。(8) もし宗性が参照した経疏に「三十二」と誤記されていたということになれば、その疑問も積極的な意味のないことになるが、この点はしばらく措くことにしたい。

　以上が問者宗性と講師陽円により交わされた問答であるが、あくまで「問」を投じた宗性の手になる以上、問者側に都合のよい「答」となることは否めない。しかし論義草には「問」のみを略記するものが多いわけで、「疑問論義抄」のように「問」・「答」が具体的に記されるものは、論義の構成や教学的内実を検討するための貴重な素材といえる。

さて本書の前半はここで終わり、これに続いて後半に問答の出拠となった経・疏釈の引用が続くことになる。ここに掲げられる経・疏釈は、宗性が「問」・「答」の論拠と考えたものであり、とくに「問」が如何なる教学的な背景のもとに展開するかを示唆することになる。そこで引用される経・疏釈の書目を以下に列記することにしたい。

a、「法花経」（「妙法蓮華経」第一序品、第六寿量品）
b、「維摩詰経」（「維摩詰所説経」巻中入不二法門品）
c、「無垢称経」（「説無垢称経」第四不二法門品、第五末）
d、「涅槃経」（「大般涅槃経」第二十五師子吼菩薩品）
e、「摩訶止観」（第三、第五、第六、第九無釈）
f、「玄義」（「妙法蓮華経玄義」第二〔二下〕）
g、「文句」（「妙法蓮華経文句」第七、第九）
h、「弘決」（「止観輔行伝弘決」第三、第五末、第六末）
i、「釈籤」（「法華玄義釈籤」第二〔三〕）
j、「疏記」（「法華文句記」第七〔八〕、第九末〔下〕）
k、「維摩経略疏」（第九入不二法門品）
l、「無垢称経疏」（第一本）

m、「玄賛」（『妙法蓮華経玄賛』第二）
n、「摂釈」（『法華摂釈』第二）
o、「五教章」（『華厳五教章』上〔第一〕、下〔第四〕）
p、「探玄記」（『華厳経探玄記』第八）
q、「五教止観」（『華厳五教止観』）
r、「疏」（『華厳経疏』第一本）
s、「演義鈔」（『大方広仏華厳経随疏演義鈔』第三上）
t、「疏」（『涅槃経疏』第十一）
u、「暹記」第七
v、「演記」第四本

これらの書目を一覧すると、「法華経」・「維摩経」・法華三大部とその疏釈、「華厳経」の疏釈が大きな柱となっており、しかも「問」・「答」に直接に関わるのは前者であることが知られる。華厳宗徒として論義に臨む宗性が、その問答の論拠としたのが「維摩経」・法華三大部とその疏釈であり、とりわけ湛然撰述の疏釈であったことに注目しておきたい。ただし宗性は書目すべてから直接に出拠を引用したわけではなかったようである。これは「弘決第九末云」として引用される疏釈が、実は「法華文句記」第九寿量品の一文であり、また書目の巻数がしばしば誤記されている点からも明らかである。つまり宗性が自らの「問」を「結構」し、問者勤仕の後に本書を草するにあたり、必ずしも経・疏釈を直接に参照することなく、先学の手になる類似した抄物から出拠を引用したと推測される。

以上のように本節では、「法勝寺御八講疑問論義抄第二度」の一題を素材として、問答の展開をたどりながら、宗性が関わった論義の内実を確認した。ここに見出される注目すべき事実として、第一に、問者宗性と講師陽円は両者は共通の土俵で議論を展開していることが指摘できる。宗性が諸師の講説に対し「問」・「難」を投じた発端は、湛然略述の「維摩経略疏」に記された不二法門を説く菩薩数の二説である。そして菩薩数をめぐる「問」・「答」のなかで、問者・講師・證義がおもに論拠としたのは、いずれも「維摩経」と湛然の「維摩経略疏」・「止観輔行伝弘決」である。つまり東大寺宗性は天台宗第九祖の湛然の所釈に拠りながら、延暦寺陽円と同じ土俵に立って「問」を重ねているわけで、これこそ前述した天台教学の聖教を求めて書写するという修学活動の成果ともいえよう。そして法勝寺における諸宗間の論義は、特定の論題について、別個の教学的立場から問答を交わすばかりではなく、同一の教学的論拠に基づいた問答が実現することもあったわけである。

また今ひとつ注目すべき点として、講問論義の場において講師・問者による「問」・「答」とは別に、證義から問者に対する疑義とその返答という往復が存在した事実である(9)。この付加的な所作は、「東大寺證誠尋云、進尺何論可云耶、又難文何論説可云耶、問者云、進ハ婆沙論、難文ハ識身足論也」（東図「法勝寺御八講問答記」九113/27A/9）との往復のなかにも確認される。このように證義は問答の内容について一定の論評を下し、また問者は證義に向かって自らが「問」・「難」を投じた意図を披陳する。この問者による「問」・「難」をめぐる旨趣表明は、難解な論義自体のもつ教学的な意味と展開の方向を理解するためには貴重な唱文といえよう。そして問答の最末において、證義に向かい「為備自宗之才覚、今挙此疑也」と語った宗性の一文のなかに、論義の場で他宗の経論・疏釈に拠りつつ「問」を進めながらも、問答の結末に「自宗」への回帰を図る華厳宗徒としての強いこだわりを看取することができるのである(10)。

第三節　二つの論義草

嘉禄二年（一二二六）の法勝寺御八講における宗性の問答を記す論義草としては、「法勝寺御八講疑問論義抄」（以下「論義抄」と略称）とは別に「法勝寺御八講問答記」（東図113/27A/10、以下「問答記」と略称）が現存する。

承久三年（一二二一）から寛喜二年（一二三〇）に至る法勝寺御八講の問答を記した「問答記」は、

寛喜元年四月三日酉時、於東大寺尊勝院馳筆了、写本延暦寺智円律師之本也、

右筆華厳宗末学大法師宗性

との文中識語と、

寛喜三年八月三日申時、於東大寺尊勝院書写之了、写本興福寺公尊得業之本也、散在之日記引見有其煩之間、同日於同所結集一帖双紙了、後覧之輩可察其志者歟、

右筆花厳宗末学大法師宗性

との奥書から知られるように、嘉禄二年の出仕から時間をおいた寛喜元年に、「延暦寺智円律師之本」を、さらに寛喜三年には「興福寺公尊得業之本」を書写し、「散在之日記引見」の手間を省くために「結集」して「一帖双紙」としたものである。このように延暦寺智円・興福寺公尊の所持本を書写した「問答記」と、宗性が出仕の直後に自ら記録した「論義抄」とでは、記主も成立時期も異なっている。なお「写本」を所持した智円は承久二年・貞応元年の法勝寺御八講に聴衆として出仕し、公尊もまた嘉禄三年・寛喜二年・同三年の聴衆に招請されているが（同前）、いずれも宗性が「論義抄」を記した嘉禄二年の出仕はなく、宗性の「問」が智円・公尊自らの手で記録された可能性はな

い。

ここで「問答記」に記された嘉禄二年の第四日朝座における宗性の第一問を引用する（括弧内、経・疏釈引用）。

第四日　朝座講師陽円　　問者宗性

問、経文〇、維摩経中所列顕不二法門菩薩、其数有三十四云歟、両方、若云有三十四者、披維摩経之所説、尋不二品之前後、始自法自在終至維摩詰三十三菩薩、顕不二法門、是以辰旦人師解釈中、或云「又不二法門品中三十三大士顕不二門」、或述「按維摩経三十三聖明不二義」、経文幷人師解釈、無諍三十三菩薩、無三十四菩薩云事、若依之云爾者、妙楽大師解釈中、文殊・浄名之外、可有三十二菩薩見、如解釈者、可云有三十四菩薩乎、

前節で引用した「論義抄」の問答部分と比較すると、問者の「問」と講師の「答」を承けて「両方」を掲げた問者の「問」の唱文について、文言・表現に大きな異同は見られない。「問答記」の嘉禄二年の部分は、前述のように「延暦寺智円律師之本」から書写されたもので、講師である延暦寺陽円により記録された宗性の「問」が、この智円律師の「写本」に収められていたと思われる。ただし「問答記」には初「問」・「答」と二「問」が記されるのみで、「論義抄」には見られる二度の「重難」・「講答」、それに加えて證義と問者の応答は全く見られない。「問答記」には問答の冒頭部分のみが記されているわけで、御八講における「問」・「答」の内容がもれなく記録されているわけではない。

ところで「問答記」の全体を通して、問者の「問」はもれることなく掲げられているものの、講師の講説・「答」や證義の見解などは、きわめて簡略もしくは全く省略されている点に留意すべきであろう。このことは「問答記」のみならず、その元本となった「延暦寺智円律師之本」・「興福寺公尊得業之本」という「写本」においても同様であったと思われる。さらに宗性が自ら問者として出仕した論義会における問答を類聚した「諸宗疑問論義抄」（東図113/18/1

－22）などにおいても、「問」に「答」が副えられる基本形式をとりながら、「問」のみが掲げられる事例がきわめて多い。論議において「問」と「答」とは相互に関わりをもって展開するはずで、「答」を離れて「問」が単独で意味をもつとも思えない。ところが「問答記」の類には「答」に関わりなく「問」のみが列記されるものがきわめて多いことから、いかなる「問」を投じるかが関心の対象であって、「問」にいかなる「答」が対応したかは二義的であったと考えざるをえない。さらには四箇大寺の学侶は法勝寺御八講等に出仕し、各々が本宗とする教学的な立場から問答を交わしたが、必ずしも「問」と「答」がかみあうことなく、かみあわせる努力もなされぬままに問答が進むという事態も多々あったと推測される。また問答の場における職衆の強い視線は、講師の講説や「答」のみならず、もしくはそれ以上に若﨟の学侶である問者の「問」に向けられていたのではあるまいか。そして前述の「愚案之新結構」もとして生まれた「所疑問之論義」の存在にも（同前103－6－1）、自らの学識を顕示するため「新結構」した「問」への問者の強いこだわりが窺われよう。

宗性が論義会に問者の立場で出仕する以上、「問」にこだわることは当然であり、また撰述された論議草が「問」のみを記すことも首肯できる。しかし講師と問者により交わされる「問」・「答」を記すはずの論義草が、問者の「問」に偏しているからには、そこから問答の全貌を確認することは困難となる。少なくとも「問答記」により、天承元年（一一三一）から文永十一年（一二七四）に至る法勝寺御八講においていかなる「問」がなされたか、その全体を確認することは可能である。しかし毎年の五日十座に交わされる二十問の論義について、その「問」・「答」の詳細は「問答記」には望みがたく、これに応えるのが「論義抄」とその形式をとる論義草ということになる。

論義会の内実について、全体的な所作の柱を語る次第などの史料と、論義の内容について記す「問答記」の類は存在するものの、問答がいかなる構成と内容をもって展開するかを明確に語る史料は少ない。前節で触れたように「論義抄」から法勝寺御八講の基本的要素である問答の具体的構成が明らかになる。すなわち講師陽円の講説を踏まえた問者宗性の「問」と講師の「答」、これを承けた問者の「如何」（問）と講師の「講答」、これに対する問者の「重難」と講師の「講答」、さらに問者の「重難」と講師の「講答」、證義の問答への論評と、問者による「問」の旨趣披陳という所作を重ねて論義は展開した。このように一問につき四往復の「問」（「難」）と「答」、それに加えて證義と問者との往復という所作の構成は、少なくとも「問答記」からは確認することのできない事実である。とりわけ問答の末における證義（證誠・精義）の問者に対する所作は、講師と問者による問答の応酬に介入し、教学的な調整を図るという證義の役割を如実に示すものであり、講問論義における證義の機能はここにあるといえよう。

以上のように「論義抄」と「問答記」という二つの問答記を比較することにより、論義会における問答の構成とその内実を検討する上で、両者の史料的な特性を知ることができた。つまり「問答記」により、問者の立場から「新結構」の「問」へのこだわりと問者への聴衆の視線を、さらに「論義抄」により、講師・問者の問答構成と證義・問者との応答の事実を確認した。そして講師・問者の「問」・「答」における教学的な内容とその展開を検討するには、「論義抄」に類する論義草を拠りどころにせざるをえないことを強調しておきたい。

さて宗性が御八講に出仕したのちに「論義抄」を撰述し、また「写本」を求めて「問答記」を書写したのは、いかなる意図によるものであろうか。少なくとも自らの忘備のためという意図についてはことさら語る必要はあるまい。ここで天福二年（一二三四）の「論義抄」奥書に「雖似有時之微功、猶深恥後代之披見者歟」、「問答記」第十の奥書に「後覧之輩可察其志者歟」とある表現に注目したい。これらの文言から宗性は自身の忘備とは別に、「後覧之輩」を意識して論義草・問答記を撰述・書写したことが確実に窺える。とくに問者宗性が「問」・「答」の内容を自らの手で詳記した「論義抄」は、「後代之披見」を前提としたものであった。さらに嘉禄三年（一二二七）十月の維摩会に聴衆として招請された宗性は、出仕に先立つ八月に貞応二・三年・嘉禄元年の維摩会における問答を収めた「維摩会問答記」（東図113／71／7）を撰述したが、その奥書に、

嘉禄三年八月六日巳時、於東大寺中院馳筆了、相尋範舜浄密房・光喜讃岐公両人論義書、令書写之上、宗性親所聴聞少々添詞了、後覧之輩可為正本矣、

と記している。この三度の維摩会に宗性自身は聴衆として出仕していたが、「論義書」である範俊・光喜より入手した論義草を書写した上で、自ら「聴聞」した内容を「少々添詞」えて本書は撰述されたわけである。このように「論義書」により作成された公式の問答記に、「聴聞」に基づく自らの知見を加えて生まれた「維摩会問答記」は、「後覧之輩可為正本」とあるように拠るべき「正本」という役割を負ったわけである。ただし「後覧之輩」とは、あくまで宗性もしくは尊勝院の法流に連なる「門跡之輩」であって、広く寺僧の「後輩」ということではあるまい。すなわち宗性は自らとその門葉である花厳宗徒が、論義会出仕にあたって拠りどころとする「正本」として論義草や問答記を撰述したわけで、ここに「論義書」の手になる問答記とは異なる論義草が生まれたことはいうまでもない[11]。

本節では同一の問答を記した「論義抄」・「問答記」という二つの論義草から、各々の特性と機能について検討を加えた。「問」・「答」唱文の表現は、問者・講師・「論義書」という職衆の立場により、また本宗とする教学的な立場により区々であり、統一された公平な唱文などは存在しないのである。問者・講師は自らに引きつけた論理展開で唱文を記録し、「後覧」を意識した「正文」には自らの本宗に優位をもたせた唱文を記述した。それゆえに広範に伝存する論義草を取り扱うにあたっては、いかなる立場により記された唱文であるかを踏まえ、その教学的な内容に踏み込むという姿勢が必須であることを再確認したい。

おわりに

宗性をはじめとする南都北嶺の学侶層は、法会とりわけ論義会への出仕を重要な契機として自らの教学活動を進めた。法会出仕に備えての修学活動つまり加行のなかで、学侶は先学・先師の手になる論義草や問答記を参照し、「書写」・「抄出」・「結構」という方法により自ら用いる論義草を作成した。この場において参照する論義草・問答記には、学侶自身が出仕した論義会において用いたもの、自らが止住する院家などに伝来したもの、他寺より借用したもの、他寺に赴き書写したもの、問者・「論義書」などから提供されたもの等々があるが、さまざまな縁によってその確保がなされたことは確かである。そして学侶による修学活動のなかで、論義草の撰述という方法が重要な位置を占めていたことを確認しておきたい。

さて嘉禄二年（一二二六）宗性が問者として出仕したのちに撰述した「論義抄」に、證義・講師・問者による問答の具体的な展開をたどることができた。講師の講説を踏まえて、問者が四度の「問」（「疑問」、「難」）を投じ、これに応じて講師が四度の「答」（「講答」）を返すという応答の後に、證義と問者との往復があって問答は終了する。もちろん「論義抄」は問者宗性の手になるものであり、「問」・「答」の論理展開が問者側に有利に記されることは避けられない。しかし「論義抄」には「問」に対応した「答」が詳記されており、「問」を列記する「問答記」には省略される「答」の内容から、論義会において教学的な立場を異にした宗徒間での問答がいかに展開されるかを見ることができる。そして華厳宗徒である宗性の場合、天台宗徒の講師陽円に対して、「維摩経」・法華三大部やその疏釈を論拠に、天台教学という土俵にのった「問」の展開を図っていることは注目に値しよう。ただし宗性は天台教学という世界で「問」を投じたのではなく、あくまで「為備自宗之才覚」という基本的な立場を堅持していることも看過できない。このように教学的立場の異なる学侶が、共通の「論義問題」をめぐり問答を重ねる場において、問者が自らの教学的立場にとどまって講師に「問」を試みるばかりではなく、「自宗」の立場にこだわりながらも他宗教学に踏み込み「問」の展開をなしたことに注目したい。そして教学の壁を越えた「問」が投じられた背景には、天台・唯識・因明の論義草を確保して書写を重ねた宗性の日常的な修学活動が存在したことはいうまでもない。

宗性が問者として「結構」し講師に投じた「問」を掲げた「論義抄」と「問答記」を比較すると、大きな異同はないものの唱文が完全に一致することはない。しかも「論義抄」と「問答記」とでは撰述の意図が異なることから、前者では特定の「問」・「答」が詳述され、後者では多くの問題における「問」が列記されるという記載形式をとる。このように論義会における論義草・問答記はさまざまな意図や教学的立場から作成されているわけで、その形式・内容に幅があり統一性・公平性は期待できないのである。それゆえに論義草・問答記がいかなる意図・立場のもとで生まれたかを踏まえて、その問答の教学的な内容に目を向ける必要があろう。

以上のように、学侶自身の修学活動において論義草・問答記の撰述はきわめて重要な役割を果たすものであるが、その存在意義はここにとどまるものではなかった。「問答記」の奥書に見られる「後覧之輩可為正本矣」との文言は、自らの法流に連なる「門跡之輩」が拠りどころとすべき「正本」をのこすために論義草や問答記が撰述されたことを物語る。先師は「門跡之輩」の拠りどころとして「正本」をのこし、「後覧之輩」はこの「正本」を参照して自らの論義草を「結構」する。このように論義草や問答記の成立と相承は、「自宗」「門跡」を強く意識してなされるもので、宗性をはじめとする学侶層が先師とその聖教に強いこだわりを見せたこともうなずけよう。文応元年（一二六〇）宗性は「弥勒如来感応指示抄」第三（東図113/79/3）を撰述し、「自来十五日参籠笠置寺般若院、欲抄出弥勒如来感応要所之間、此間於此道場慇所励其功也、此料紙皆是先師光明院上綱覚遍御手迹也、故聚彼遺書記録此要所、翻裏見之、頗催恋慕悲歎之涙」との奥書を記した。宗性は嘉禄元年（一二二五）から「習学因明之志」により興福寺光明院覚遍のもとで習学を重ね、のちに覚遍が師貞慶から相承した秘書「明本抄」の書写を許されている（同前103/94/2）。そして宗性は、先師覚遍への追慕から、その書状を翻して自ら撰述する聖教の料紙としたのである。このような先師に対する追慕の情により、その手になる論義草や問答記が「門跡之輩」の習学活動のなかで活用され命脈を保ったと考えられる。

注

（1）『東大寺宗性上人之研究並史料』では「頌疏講」への出仕をもって、「倶舎三十講ニ参ズ」との綱文を掲げられているが、毎月開催される「頌疏講」と年中行事として催される倶舎三十講とは別の講と考えられる。

（2）世親講の創始とその意義については、拙稿「東大寺講衆集団の存立基盤」（『中世東大寺の組織と経営』）参照。

（3）論義草と問答記の形式・役割の違いについては、本書Ⅰ第一章第二節、第三章参照。

（4）「局通対抄物両三帖、借請定親已講之本、此書専可為亀鏡故、馳筆也」（東図「局通対抄」124/128/1）、「此抄物者、解脱房御草之由」・「此抄物者、蔵円得業自草案之後」・「此抄物者、去嘉禄二年蔵円得業遂維摩会竪義之時、所抄之本也」（同前「相違因抄」124/83/1）との表現から知られるように、「抄物」は単に経論・疏釈や論義草の「抄出」という範囲を超えて、個性的な思考に基づく「結構」の成果をも含みこむものであることを再確認しておきたい。

（5）公家主導による諸法会（「国家的法会」と呼ばれるにふさわしい行儀を備える）への四箇大寺の寺僧の関わりについては、拙稿「論義と聖教―『恵日古光鈔』を素材として」（本書Ⅲ第三章所収）参照。

（6）「法勝寺御八講疑問論義抄」は第二度分（嘉禄二年）と第四度分（天福二年）の二巻が現存するが、両巻の体裁・筆跡は類似していることから、いずれもが出仕直後に作成された原本ではなく、宗性の手でのちに整えられた清書本と考えられる。

（7）以下に掲げる第二の問答も、第一問答と同様の構成をもつことが知られる。

　問、或論蔵意、全退無漏三無色、不退有漏四無色之類可有耶、進云、論家無此類尺也、付之、就一論一部之性相、思無漏無色之退位、已離無所有處染、思法種姓等、聖者不起煩悩退種姓之時、全退無漏三無色、不可退有漏四無色、論家何云無此類耶、況全退有漏四無色、不退無漏三無色之類有之相例可同、如何、

講答頗不分明、

證義者聖覚法印云、今此已離無所有處染、思法種姓等、聖者不起煩悩退種姓之時、可還得退法種姓等、無漏三無色故、猶成就スレハ、無漏三無色云無此句歟、

問者云、見婆沙論一段之文云、無唯退無漏四静慮之句、雖出退時還得彼記故之故、以知有学聖者退種姓之時、退果道勝、果道勝種姓、無漏唯還得果道、所摂劣種姓、無漏云事、例如有学聖者、修練根之時、云捨果勝果道、唯得果道故也、若爾者、今此已離無所有處染、思法種姓等、聖者不起煩悩退種姓之時、不可還得退法種姓等、無漏三無色耶、

この問答に続いて、その出拠となる「発智論第十八云」・「婆沙論第百六十九云」・「発智論第十八云」・「婆沙論第百六十九云」が続く。

なお四双の問答の内、初「問」と初「答」に次いで、「両方」・「進云」を承けての「講答」と続く二双分の問答は、一括して「一問一答」と呼ばれていたようである（国立歴史民俗博物館所蔵「久安四年宸筆御八講記」、本史料の存在は山崎誠氏のご教示による）。

(8) 本書後半に掲げられた「維摩経略疏」第九にも、「是中明諸菩薩各々説備有五千、何但三十二」とある。

(9) 精義と問者との往復については、注(6)で引用した第二問答中にも確認することができる。

(10) 本節における問答の解釈については、大久保良峻・楠淳證・曾根原理・蓑輪顕量・山崎誠各氏から貴重なご意見を得た。なお證義・問者の唱文については、大久保氏より異なる解釈の示唆を受けている。

(11) 「維摩会問答記」（東図113/71/7）に合綴された嘉禄二年分の奥書に、

寛喜三年七月十九日未時、於東大寺尊勝院馳筆了、

以一乗院御本大都雖書写之、任問者注送、私本少々添其詞畢、雖似自由偏為委悉也、但嘉禄元年并同三年問答記、以前書写之、今残三ヶ年問答記此間馳筆了、而散在之書、引見有煩之間、書写終功之今日、同結集一帖之双紙了、後覧之輩可哀其志矣、

と見られ、やはり「一乗院御本」を基にして「問者注送」る内容に従い、「其詞」を添えた「私本」が撰述されたことが知られる。この「私本」が「一乗院御本」と異なる問答の表現をもつことはいうまでもない。

第五章　修法と聖教——太元帥法を通して

はじめに

真言密教を伝持する諸寺院は、密教修法の次第を記す膨大な史料を伝えることが少なくない。これら真言密教に関わる史料類は、「特に事相上の次第重書等を聖教と名く」（『密教大辞典』）とあるように、一般的に真言聖教と呼ばれてきた。また空海による真言密教の請来を契機として多彩な修法が勤修・相承されるなかで、たとえば、「親玄御弟子覚雄・房玄両弟也、覚雄久我殿御息、御家門也、嫡流聖教・同院家覚雄譲、房玄半身也云、事外不便被思食ケル間、深賢法印一流聖教・清浄院譲彼房玄、其外嫡流相承本尊等少々副聖教譲」（『醍醐鈔』）として、醍醐寺地蔵院親玄から覚雄・房玄への付法・相承のなかに窺われるように、嫡・庶に細分化する法流ごとに固有の「聖教」が形づくられ、これらは伝授・相伝の場において史料上にその姿を顕すことになる。このように真言聖教には多様な成立の経緯と形式・形態をもつことになり、その機能を一律に論じることはできない(1)。しかし特定の修法をめぐり、所作次第と併せて由緒・相承次第など、その全貌を窺うに足る記事を掲げた真言聖教が散見される。そこで修法の多面的な内容を記す真言聖教が撰述された目的とその機能について、とくに平安時代より国家護持の秘法として継修された太元帥法に関わる聖教類に素材を求め、いささかの検討を試みることにしたい。

さて太元帥法は、承和三年（八三六）に入唐した常暁が、栖霊寺文璨和尚から伝授され請来したもので、同七年には「保護国家」を掲げ山城法琳寺を「修法院」として本法の勤修を奏請し、勅許をうけ同年より内裏常寧殿で勤修することになった（「続日本後紀」承和七年六月丁未条、「醍醐」一四〇函一号「太元法縁起」）。このように仁明天皇の治下に創始された太元帥法は、以後、内裏常寧殿・豊楽殿・大膳職・治部省や法琳寺・醍醐寺理性院などに道場を転々とさせながら、「承和七年より文明二年のとしまてハ、六百三十一年ハ暦々《毎年》大法に行なわれ候、而れハ応仁の大乱に方々御祈料所違候て、大法ハ既略せられ、文明三年より護摩一壇《小法の分にても于今無闕怠》にて行なわれ候事、百廿二年に成申候事」とあるように、応仁・文明の乱の混乱のなかでも「大法」から「小法」（「護摩一壇」）に規模を縮小しながらも継修されたという（「醍醐」一四〇函三・一五号）。さらに文亀三年（一五〇三）正月には、

今度太元法御再興、誠以珍重至候、抑被染震（宸）筆、種々仰之趣、畏承候了、面目至忝令存候、為後鑑之御書所望申候、可然之様可預御　奏達候、宗永謹言、

正月十五日　　宗永

甘露寺殿（伊長）

との理性院宗永書状（東史「理性院文書」乾三丁）からも知られるように、後柏原天皇の勅旨をうけ、平安院政期より同法阿闍梨職を相承してきた醍醐寺理性院院主により「大法」として太元帥法の再興がなされている（「厳助往年記」[2]）。

近世以降は道場を理性院に定めて明治初年まで継修された太元帥法であるが、その勤修の足跡のなかで数多くの聖教が生まれ、醍醐寺には五百点を越える伝来が確認される。また東京大学史料編纂所には、「太元帥法血脈」[3]（17貴10）・「太元法理性院相承間事」（17貴11）・「太元帥法秘鈔」（25貴2）との外題をもち鎌倉・南北朝時代の成立にかかる真言聖教が架蔵されている。とくに仁治三年（一二四二）円学書写の「太元帥法血脈」には、本法の「略次第」が

記され、南北朝期成立の「太元法理性院相承間事」には常暁を初代とする太元阿闍梨が理性院賢覚に帰した後、理性院流による大阿闍梨相承に他流が介在した事情が記されており、さらに鎌倉後期成立の「太元帥法秘鈔」には、太元帥法の由緒と勤修に関わる多彩な記事が見られる。そこで「太元帥法血脈」・「太元法理性院相承間事」・「太元帥法秘鈔」という聖教を柱に据え、併せて醍醐寺伝来の聖教類を参照しながら、真言聖教の機能について具体的な検討を加えることにしたい。

第一節　太元帥法の勤修

太元帥法は、「国王・皇帝を守護し、国家の災難をしつめ、五穀成就の子細にて候、五穀ハ万民の命なれハ、年のはしめに正月八日より」催される護国祈禱として勤修され（「醍醐」一四〇函一五号）、仁寿元年（八五一）には官符によって空海創始の後七日御修法に準じた立場を公家から承認されていた（「太元法縁起」、「延喜式」巻二十一玄蕃寮）。正月八日から一七箇日にわたる恒例の勤修とは別に、平安時代には、斉衡三年（八五六）神泉苑で「為祈雨」、昌泰四年（九〇一）法琳寺で「為消伏坂東盗兵」、承平六年（九三六）禁中豊楽院で「依海賊事」、天慶三年（九四〇）法琳寺で「為追罰平将門」と「為消伏南海凶賊」、同三年に同寺と大膳職で「為消滅西海凶賊」、康保四年（九六七）に同寺で「為天変怪異」、安和二年（九六九）に同寺で「為消除兵賊」、治承四年（一一八〇）禁中「朝所」、同五年法琳寺で関東兵革のため、臨時の太元帥法が勤修されている（同前一四〇函一二号）。

このように太元帥法は護国修法としての機能を期待されたわけであり、またこの機能に相応した所作をもつことになる。そこでおもに「太元帥法血脈」（17貴10）に拠りながら、太元帥法勤修の様を俯瞰することにしたい。まず本書の構成を一見するならば、その前半に「太元帥法血脈」・「支度」（保延元年太元明王御修法五宝香薬等注進状、天養二年太元帥法巻数）・「壇場荘厳図」（「天蓋図」、「壇図」）・「壇荘厳事」・「大壇作法」（大壇、息災護摩壇、調伏護摩壇、十二天壇、聖天壇）という勤修の前提条件に関わる記述が、後半には「略次第」・「御衣加持」・「香水加持」・「発願」・「五大願」・「結護作法」が列記されている。

まず「壇場荘厳図」・「壇荘厳事」・「大壇作法」から、道場（壇場）内の具体的な有様が知られる。すなわち道場の中央には東向きに大壇が据えられ、その南側には北向きの息災護摩壇、北側には南向きの調伏護摩壇と十二天壇・聖天壇が一列に並べられていた。道場内で中核をなす大壇にはとくに重厚な荘厳が施され、その上には四方に幡を垂らした天蓋が懸けられる。小壇を並べた上に曼荼羅を敷き、その四隅に柱を立てて黄・紺の幔をめぐらして大壇とし、内側の四橛の間には五色の糸を曳く。この壇上に、「承和聖主、聞斯法之神験、深以崇重之、同七年《(承和)》仰所司、依法造作一百利劔、一百弓箭、法壇種々道具等、被荘厳也」（「醍醐」一四〇函一号「太元法縁起」）との由緒をもつ修法特有の法具である弓箭都合百具が、東西南北に各二十三具、壇中央の内陣に八具に分けて並べられ、さらに「正東十八面卅臂像、東北一面八《四》臂像、東南六面八臂像、北東毘沙門像、北ノ西釈迦曼荼羅、南虚空蔵曼荼羅、」（「太元帥法秘鈔」）として、壇の北・東・南には太元像や曼荼羅が掲げられた。この幔をめぐらした大壇の内側で、燈台の光のもとに念誦法が勤修されたわけである。

壇場内に設けられた大壇以下で修法を勤修するのは、大壇作法を修する太元阿闍梨（大阿闍梨）をはじめ、

一請伴僧事
員数十四《五》人也、浄蓮房抄云、伴僧十五人、或十四人、或十六人、或廿人、不定之云々、
十二月晦比請之、可連請歟、近来以消息請之云々、

伴僧所作
息災護摩　調伏護摩　聖天　十二天　神供
写瓶弟子勤仕大行事也、

とあるように、息災護摩壇・調伏護摩壇以下を修するおおむね十五人前後の「伴僧」であった（「太元帥法秘鈔」(4)）。年初の会日を遡る前年末に、請定もしくは「消息」によって招請された伴僧は、

定　御斎会太元御修法助修事
蔵有法橋息災護摩　慶深大法師
元厳阿闍梨調伏護摩　静宗大法師
宗胤入寺聖天供　能厳入寺
恵厳大法師神供　蔵秀入寺
貞海大法師　行厳大法師十二天供
已上々番
印厳大法師　宴厳大法師
相祐大徳　賢清大徳
右、守次第、可令勤仕給之状、如件、
建久八年正月八日　小行事大法師俊慶
大阿闍梨権律師法橋上人位（宗厳）
大行事東寺定額僧宗胤

とあるように、法会開白の当日に、行事が起草し太元阿闍梨が発給する請定によって出仕が再確認され、また勤修すべき壇も定められた（同前）。そして太元阿闍梨や伴僧という職衆は、いずれも番を組み壇所を宿所として、一七箇日に七座・十四座・二十一座にわたる諸壇の修法をつとめあげたわけである。

さて大壇における念誦法の所作が「略作法」に列記されている。[5] その次第をたどるならば、「上堂作法」により入堂し、「執香炉行道」・「壇前普礼」・「着座普礼」した行者は、「塗香」・護身法（「浄三業」・「三部」〈仏部三昧耶、蓮華部三昧耶、金剛部三昧耶〉・「被甲」〈護身〉）により心身の清浄をはかり、また「加持供物」・「覧字観」・「浄地」・「観仏」・「金剛起」・「普礼」・「啓白事由」（表白）・「神分」・「祈願」・「五悔」・「発菩提心」・「三耶戒」・「勧請若発願」・「五大願」・「普供養三力偈」・「四無量観」により行願の条件を整え、「大金輪」・「地結」（金剛橛）・「四方結」（金剛墻）で道場を結界（前結界）し、「道場観」・「大虚空蔵」により道場を荘厳する。ついで「送車輅」・「請車輅」・召請（「執香〈梵字「覧」〉啓請」、「結鉤召印誦真言」）・「四明」・「拍掌」により供養すべき本尊たる太元帥明王を道場に勧請し、結界（「太元怒使印」「乞命呪」「太元結界呪」「馬頭明王印明結界」）・「金剛網」・「火院」（金剛炎）・「大三昧耶」によって本尊を請じた道場を結護（後結界）し、「閼伽」・「蓮花座」・「振鈴」・「五供印明」・「現供」（事供）・「四智讃」・「本尊讃」・広大不空摩尼供（「普供養」、「三力」）・「礼仏」との次第で本尊を供養した上で、「入我々入」・「本尊加持」・「正念誦」・「字輪観」・「散念誦」という本尊への念誦をなし、「五供印明」・「現供」・「後鈴」・「四智讃」・「本尊讃」・「普供」・「三力」・「祈願」・「礼仏」・「廻向」・「解界」・「撥遣」・「三部被甲」・「普礼」として後供養を行い道場の結界を解き本尊を本所に送り出し、「出道場」して次第は終わる。

ところで大壇において、念誦法と併せて初夜・後夜・日中三時に催される「御衣加持」は、護国修法としての太元帥法を象徴する所作といえよう。「御衣ハ八日初夜蔵人相具シテ参壇所、大阿闍梨従僧下向テ請取之」（「太元帥法秘鈔」）

とあるように、蔵人が壇所に持参した天皇の「御衣」は、大阿闍梨従僧の手を経て大壇西南隅つまり礼盤右側の八足の上に安置され、太元阿闍梨は、「行法畢、居御加持座、向御衣誦呪加持之」（「覚禅鈔」太元法上）として念誦法に次いで「御衣」に向かい加持を施す。とくに初夜時には、

至心発願、唯願大日、本尊界会、阿吒薄大将、四王百部、部類眷属、両部界会、三部五部、諸尊聖衆、外金剛部、金剛天等、尽空法界、一切三宝、還念本誓、護持国主〔王カ〕、恒受快楽、悪人悪念、悪霊邪気、三世怨敵、年月日時、理運非常、天変怪異、所表悪事、未然解脱、未然消除、真言威力、護摩薫修、薫入御衣、玉体安穏、増長宝寿、国界安穏、無諸災難、無辺御願、決定円満、決定成就、

との発願文が唱えられ、太元明王（阿吒薄大将）以下の影向による「護持国主〔王カ〕」「玉体安穏」が祈願されるわけである。

また正月十二日から十四日までの三日間、毎日三時にわたり香水加持も勤修される。この香水加持は、「師主云、常暁入唐以前ニ、秋篠寺井ニテ夜叉形見之二辟也、入唐時拝見ルニ、太元二辟像、彼夜叉形全同也」（「醍醐」一四〇函四号「元帥鈔」裏書）とあるように、常暁入唐の契機となる太元明王が顕現した秋篠寺の閼伽井から香水をとり加持する作法であり、「師伝云、始自十二日後夜、至于十四日初夜三日九時有之、大阿闍梨御衣加持之後、立香水台前捧牛王杖、伴僧等又各立本座持牛王杖、伴僧之中堪能人発願、諸衆同音取次第発願畢、伴僧高声誦小心呪、行道三匝、阿闍梨ハ如本立本座」（同前一四〇函二号「太元法私記」）として、「御衣加持」に続いて太元阿闍梨と伴僧が牛王杖を捧げながら、

至心発願、加持香水、得大霊験、護持国王《金輪聖王》、消除不祥、玉体安穏、無辺御願《増長安寿》、決定円満《五穀成就》、宮内安穏《万民豊楽》、諸人快楽、《乃至》天下《〻〻》法界、平等利益、

との発願文を唱え行道する作法であった。

このような大壇における毎日日中・初夜・後夜に三座、一七箇日に合わせて二十一座の念誦法と毎日三時の「御衣加持」、三日間九時の「香水加持」により、「護持国王、万民豊楽、天下太平、成大願」が祈願される。

また大壇における所作と併行して、息災・調伏両護摩壇における各二十一座の護摩法、聖天壇における十四座、十二天壇における七座の念誦法が勤修され、総体として護国修法としての太元帥法が実現したわけである。

以上、本節では太元帥法が勤修される具体的な有様を、とくに「太元帥法血脈」に拠りながら跡づけたが、この修法勤修における、道場・大壇の荘厳、修法と職衆の構成、大壇における所作次第という側面に、護国修法の明確な姿を確認することができる。そして「太元帥法血脈」の記載からも明らかなように、修法勤修に関わる聖教類の中核的な記述が、修法の場、修法の次第、修法の職衆という勤修にあたって不可欠な要件に関わることは当然のことと首肯されよう。

第二節　太元阿闍梨の相承

太元帥法は太元阿闍梨（太元別当）によって相伝され、「太元帥法私鈔」によれば、その相承次第は承和七年（八四〇）に初任の根本律師常暁から元弘三年（一三三三）拝任の法印隆雅まで五十九代を数え、相承血脈は太元阿闍梨を幹として枝葉を拡げていった（表1「太元帥法付法血脈」参照）。前述の通り、承和七年に常暁が創始した太元帥法は、「無毎年遅闕退被懃修以降、第二代祖師寵寿阿闍梨以下廿四代、於小栗栖法琳寺彼門徒等被補法琳寺別当、懃仕彼法者也」（「太元法理性院相承間事」）とあるように、嘉承元年（一一〇六）に補任された二十四代宣覚までは、法琳寺別当を兼ねる常暁門徒が相承していた（表2「太元別当次第」参照）。

ところが「宣覚阿闍梨依故障改補」という事態を契機にして常暁門徒による相承が途絶えることになるが、これ以降の法流相承の経緯は、「太元法理性院相承間事」の記事にも窺われるところである。

ところで本書は、「大都分注進之候、中御門殿被申含候て被直候て、可有御披露候、此草をハ可返給候、清書御本も同可申請候」との奥書をもつのみであるが、内容から推して、理性院宗助が「太元阿闍梨」補任を求めて作成した申状の「草」であり、実家である中御門家に添削を加えた上で上奏を求めたものと考えられるが、その主張が自ら連なる理性院流に偏していることはいうまでもない。(6) なお本来ならば本書は訴状として機能し、宗助が太元別当に補任された時点でその役割を終えたはずであるが、そこに記された修法と別当職の相承は、「太元帥法血脈」冒頭にも掲げられる「血脈」を詳述したものであり、単なる訴状土代としてではなく修法の由緒を語る拠りどころ、つまり「重書」たる聖教として伝えられたと考える。

さて宣覚に次ぐべき太元別当の補任にあたり、法琳寺三綱は奏請して、第十二代別当賀仲の付法弟子元杲から仁海僧正が太元帥法を伝授されていることを理由に、仁海門徒の選任を請うたのである。法琳寺別当の系譜をはずれたところにあえて太元別当の選任を求めたのは、「源慶逝去之比、太元法相絶法琳寺」(「醍醐」一二九〇函三号)のように法流断絶のためとも、「太元阿闍梨近年不法也、是則被取次第譲之間、多被任非器之者故也、早可被尋補證器之人」(「太元帥法私鈔」)として、常暁門流の師資相承により「非器之者」が選任されたためであるともいわれる。そして嘉承三年(一一〇八)仁海孫弟の範俊僧正により推挙された良雅阿闍梨が太元別当に補任され、さらに保延元年(一一三五)の、

応令伝燈大法師賢覚勤修太元帥法事

右、右少弁藤原朝臣資信伝宣、権大納言源朝臣師頼宣、奉　勅、宜令賢覚勤修件法者、

表1　太元師法付法血脈

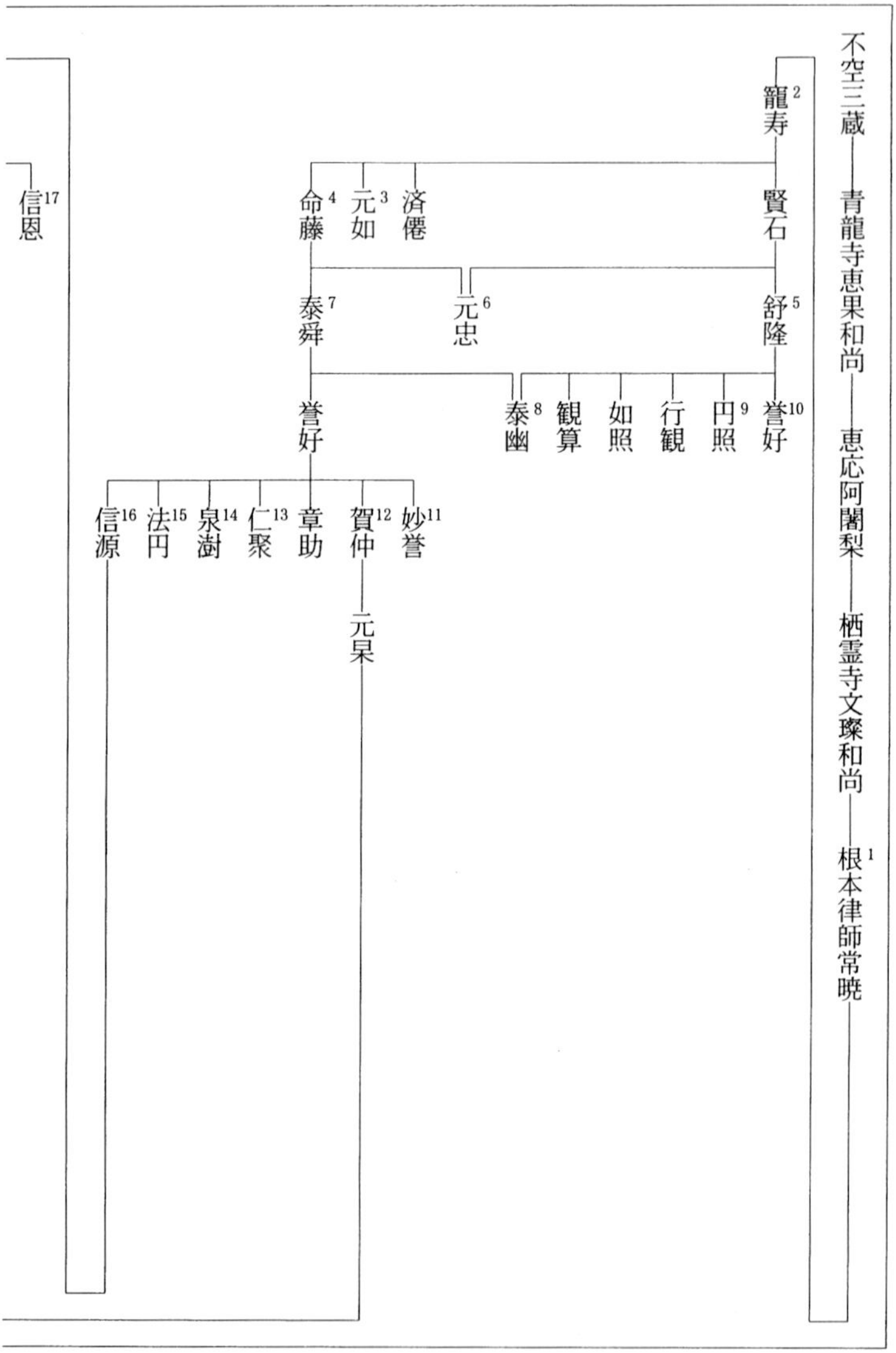
不空三蔵
青龍寺恵果和尚
恵応阿闍梨
栖霊寺文璨和尚
根本律師常暁[1]
寵寿[2]
賢石
済僊
元如[3]
命藤[4]
舒隆[5]
元忠[6]
泰舜[7]
誉好[10]
円照[9]
行観
如照
観算
泰幽[8]
誉好
妙誉[11]
賀仲[12]
章助
仁聚[13]
泉澍[14]
法円[15]
信源[16]
元杲
信恩[17]

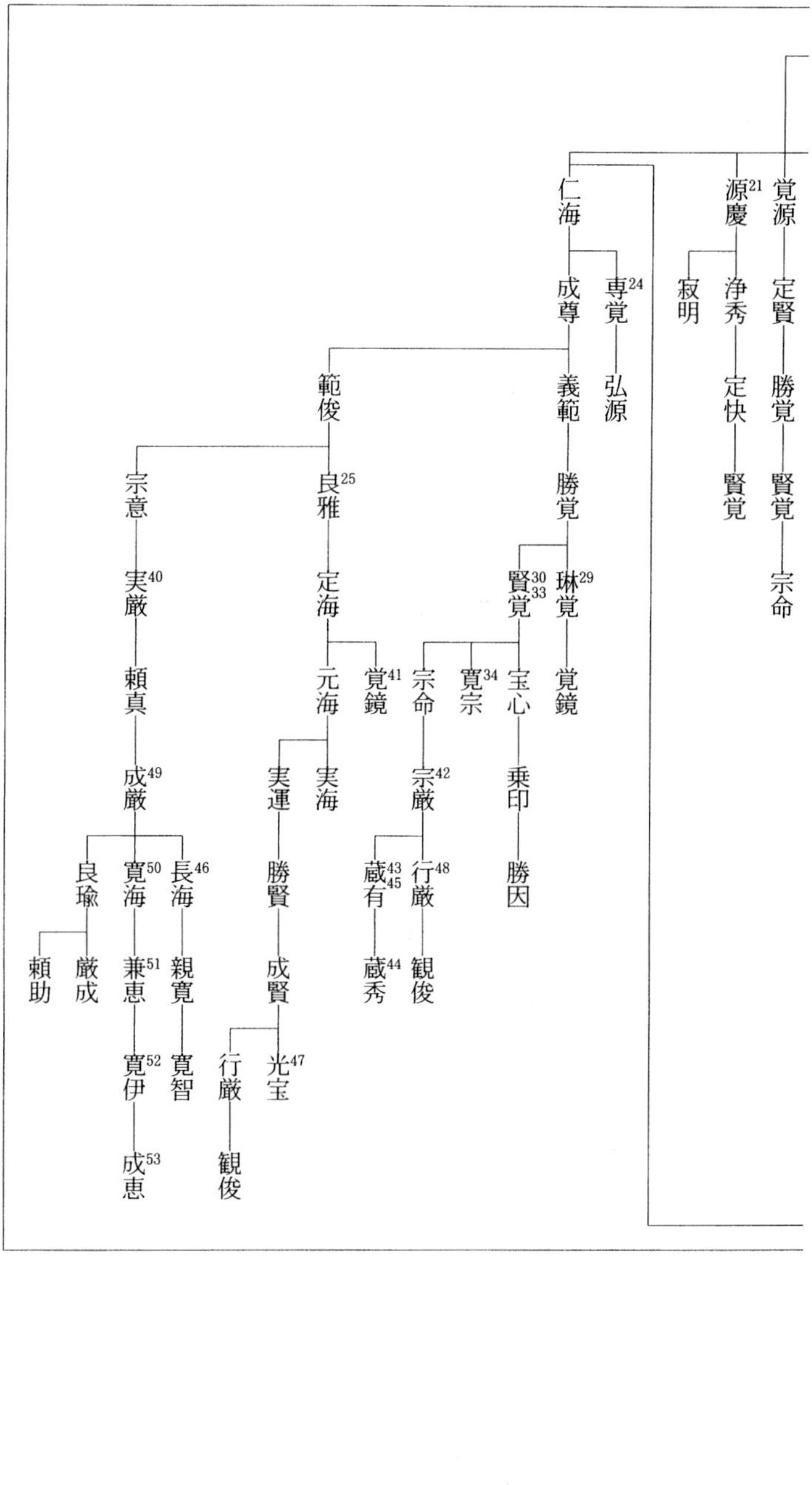

（注）「太元帥法秘鈔」より作成。数字は別当代数。

保延元年九月十九日　　左大史惟宗在判奉

との崇徳天皇宣旨からも明らかなように、勝覚権僧正の推挙により「当流祖師本願法眼賢覚」が補任され、久寿三年（一一五六）正月にも複任されている(7)（同前）。そして理性院初代である賢覚が同年三月に入滅すると、秘法奥旨はその弟子寛宗・宝心・宗命に相承されるとともに、別当職は寛宗に相伝され、これより太元帥法の相承に宗厳・行厳など理性院歴代が介在することになる(8)。

　ところが安祥寺実厳律師は、自ら「範俊僧正余流」を汲むとともに、「太元法勝覚僧正不伝之、賢覚随誰人可伝受哉」（同前）と理性院流には相承の実なしと主張して太元別当職を競望し、養和元年（一一八一）これに補任されるに至った。この実厳は「不儀子細」により改補され、一旦は「当流輩（理性院流）」である宗厳・蔵有・蔵秀らが別当職を継承した。しかし実厳の孫弟である成厳は「祖師勲仕之先例」を申し立て、ついに嘉禎二年（一二三六）に太元別当補任の宣下をうけ、三年にわたり勲修した後に弟子寛海に別当職を譲り、さらに兼恵・寛伊・成恵・光誉・良伊と「師資存日」のまま別当職が相伝され、理性院流は鎌倉後期まで別当補任から排除されたのである。このようななかで理性院信耀は、

近年安祥寺一流数代相継之条、且失祖師之本意、且背聖代勝躅者歟、随而被賞彼流之時分、珍事多之、大概見于別当次第者乎、就中去正和二年二月本尊炎上、化人所作之本尊、大唐請来之重宝、一時成灰燼畢、法之滅亡、国之衰微何事如之、然則釐務不叶、冥慮之所致歟、尤可有御沙汰之處、去年正月光誉受重病之刻、良伊令勲仕御願畢、彼良伊於一流未聞瀉瓶之号、為朝家又無忠節之労歟、厳重之御願抽賞何篇乎、況採用之時代、両年非吉祥、改補之裁断此時及豫議乎、爰信耀苟受譜弟之門塵、究秘法之奥旨、多年積　公請労、毎度施法効験、於被撰補誰稱非拠乎、

との款状を公家に奉呈した。すなわち安祥寺流により太元別当が相承されている現状は、祖師と聖代の意向に背くもので、この流が別当を勲修したときには「本尊炎上」など思いもかけぬ出来事が続き、仏法も王法も滅亡に瀕した。公家としてしかるべき処理がなされるべきところ、重病の光誉に代わり別当職に補任された良伊は、秘法相承の聞こ

表2　「太元別当次第」

1	根本律師常暁
2	寵寿(貞観八年任)
3	元如(仁和三年任)
4	命藤(寛平九年任)
5	舒隆(延喜十年任)
6	元忠(延喜十五年任)
7	泰舜(承平元年任)
8	泰幽(天慶七年任)
9	円照(天暦元年任)
10	誉好(天延二年任)
11	妙誉(永祚元年任)
12	賀仲(正暦元年任)
13	仁聚(長徳元年任)
14	泉澍(長徳二年任)
15	法円(寛弘二年任)
16	信源(信カ)(寛弘七年任)
17	進恩(長暦二年任)
18	尊覚(永承元年任)
19	信算(天喜五年任)
20	真宗(康平二年任)
21	源慶(康平三年任)
22	宣慶(承保二年任)
23	定慶(康和五年任)
24	宣覚(嘉承元年任)
	〈「已上廿四代本寺(法琳寺)」〉
25	良雅(嘉承二年任、範舜資)
26	定覚(天永二年任)
27	兼尊(永久三年任)
28	寛恵(永久五年任、寛助資)
29	琳覚(天治二年任、勝覚資)
30	賢覚(保延元年任、勝覚資、理性院)
31	真助(久安三年任、寛助資)
32	覚耀(久寿元年任)
33	賢覚(久寿三年複任、理性院)
34	寛宗(保元元年任、賢覚譲、理流)
35	琳助(平治元年任)
36	宗範(仁安二年任、寛恵流)
37	堯真(仁安二年任、宗範譲)
38	尊実(承安三年任、堯真資)
39	信遍(安元二年任、尊実資)
40	実厳(養和元年任、宗意資、安祥寺)
41	覚鏡(元暦二年任、琳覚資)
42	宗厳(文治四年任、宝心資、理流)
43	蔵有(正治元年任、宗厳譲、理流)
44	蔵秀(承元三年任、蔵有譲、理流)
45	蔵有(健保二年複任、理流)
46	長海(承久三年任、成厳資)
47	光宝(貞応二年任、遍智院)
48	行厳(寛喜元年任、理性院)
49	成厳(嘉禎二年任、安祥寺)
50	寛海(延応元年任、成厳譲、安祥寺)
51	兼恵(正嘉元年任、寛海譲、安祥寺)
52	寛伊(建治三年任、兼恵譲、安祥寺)
53	成恵(正応年中任、寛伊譲、安祥寺)
54	光誉(正安二年任、成恵譲、安祥寺)
55	良伊(正和六年任、光誉譲、安祥寺)
56	信耀(元応元年任、理流)
57	光誉(元亨三年複任、安祥寺)
58	良伊(元弘元年複任、安祥寺)
59	隆雅(元弘三年任、安祥寺)

(注)　「太元帥法秘鈔」より作成。

えもなく、公家への忠節も果たさず、別当をつとめた両年には世に「吉祥」がもたらされなかった以上、ただちに改補されるべきである。そこで良伊の代わりに、嫡々の法流に連なり秘法の奥義を極め、公請の労と効験を積んだ信耀自身を、太元別当に補任されんことを請うたわけである。

この款状により元応元年（一三一九）に信耀を別当とする後宇多法皇院宣と後醍醐天皇宣旨が相次いで下され、信耀が別当にあった四年間は、

四海戢逆浪、一天属平化、是併且依究秘法之淵源、施加持之霊効者乎、於当流者、殊太元法尽諸師之秘伝之条、古今無其隠、代々之祖師懃行之先例等、又以如此、今度之拝任、理運至極■■之上者、誰称非分哉、

とあるように、「代々祖師懃行之先例」と「秘伝」を伝えた理性院流に連なる信耀の修法は、「四海戢逆浪、一天属平化」という効験をもたらしたという。ところが信耀に次いで太元別当となったのは、

元亨三年光誉僧正還補之後、天下擾乱、是依為不議〔義〕之師跡故歟、光誉存日又譲良伊、其後隆雅・弘雅相続懃仕御願、元弘以来擾乱、似無国界護持之験乎、

として、元亨三年（一三二三）に還補した光誉であり、これより再び安祥寺実厳の法流に連なる良伊・隆雅・弘雅により別当職は相承された。しかし別当職が理性院流から離れた鎌倉末期から南北朝期において、太元帥法は「国界護持之験」を実現することはなかったとされる。

このような事態のなかで、理性院宗助による「太元法理性院相承間事」が起草されるに至ったと考えられ、この上奏が効を奏したものか、永和三年（一三七七）に太元別当は安祥寺僧正興雅から理性院権僧正宗助の許に戻ったのである（「醍醐」一四〇函四号「太元法請定案」）。この後の太元別当は、康暦二年（一三八〇）に信耀孫弟で「理流」西方院法印賢耀、応永十年（一四〇三）賢耀の灌頂弟子である證菩提院光覚、応永三十年（一四二三）理性院宗観、文安二年

（二四四五）理性院（西方院）宗済、さらに同院の歴代である公厳・宗永・厳助・堯助に相伝されており（同前四・五・一五号、「満済准后日記」応永三十年正月八日条）、折々に他流の介在が見られるものの、おおむねは理性院院主を中心とする理性院流により継承されたわけである。

「太元法理性院相承間事」は理性院流が太元帥法の相承に強いこだわりをもち、他流の介在を排除しながら同法の独占を図った足跡を物語っている。ただし理性院流に属する別当としては、祖師賢覚が太元別当として同法を懃修し、またその法流が確かに太元帥法を相承しているものの、鎌倉時代末までの歴代別当を一覧する限り、理性院院主もしくは理性院流（理流）に属する別当は必ずしも多くはない。第二十五代より第五十九代まで三十五人のうち、理性院院主は複任を含めて三代二人、理流に属するものは六代五人、合わせて九代にすぎないのである（表1・2参照）。しかし理性院側は、祖師賢覚以来の法流が「諸師之秘伝」をことごとく伝え、また「祖師勤行之先例」の由緒をもつとともに、「四海戢逆浪、一天属平化」との効験が得られた実績から、自らが太元帥法と同法別当を相承するに最もふさわしい存在であることを強調する。また理性院の別当相承を阻害する他流とりわけ安祥寺流は、「不議〔義〕之師跡」であり、この法流が別当を占めた年は「非吉祥」ず「無国界護持之験」しと非難を加え、さらに「建武以後闘乱、併依此法懃仕之不法者乎」とまで言い切っているのである。

　このように「太元法理性院相承間事」を草したと思われる宗助は、理性院流が太元帥法と別当職を相承する根拠を、修法懃修の由緒と効験に求め、この実績の蓄積こそが自らの優位を支える条件と認識していたわけである。理性院が太元帥法と別当職を相承するためには、単に秘法次第を師資相承するのみならず、実績としての効験の蓄積を掲げて後代に伝えることこそ不可欠の条件であった。それゆえにこそ修法懃修をめぐる聖教類には、修法次第に先んじて勤修の由緒が掲げられたのではなかろうか。

別当職補任をめぐる訴訟にあたり作成された「太元法理性院相承間事」は、数多くの聖教に伝えられた由緒・実績を拠りどころに起草され、またこれらの由緒によって理性院の正統性が裏づけられたと考える。法会の勤修と相承をめぐり作成された聖教にしばしば由緒が記されるのは、相承の由緒によって勤修の正統性が証されたからにほかならず、ここに前節において明らかにした修法勤修の要件とは別に、聖教が果たした今ひとつの機能が確認されるはずである。(9)

第三節　伝授と聖教

修法の場・次第・職衆という勤修の要件と相承の由緒とは、太元帥法の勤修を主導する太元別当（太元阿闍梨）がわきまえるべき作法・見識であり、また自らが勤修する正統性を主張する拠りどころでもあった。そして太元阿闍梨が一七箇日に五壇にわたる修法勤修を無為無事に主導するためには、五壇の修法次第のみならず、聖・俗にわたる細かな段取りを遺漏なく果たす必要がある。そこで太元帥法の勤修に伴う多様な段取りを記した「太元帥法私鈔」を検討素材として取り上げることにしたい。

本書は前欠で表紙・内題・文首を欠くが、その奥書には、

此書者、去文永年中故法印寛覚、先師延命院御在世之時、○以自抄被入見参也、然而不及御再治也、[redacted]師跡之記録多漏之間、乍憚○重註加之、雖似黷先哲之筆跡、偏為集累祖之口決而已、

との記述が見られる。つまり寛覚は「文永年中」に「自抄」を撰集し、いったん「先師延命院」に校閲を求めたが、その後に誤脱をのこしたまま放置したため、その弟子某が「累祖之口決」を集めようとの意思もあり、補記を加えて

鎌倉末期までに本書を完成させたという。寛覚が本書を呈した「先師延命院」とは即断しがたいが、賢覚以下の理性院歴代が上醍醐延命院を相伝していることから推して、寛覚の師観俊と思われる（「醍醐寺新要録」理性院篇）。また寛覚は「九条法印」と称され（「伝法灌頂師資相承血脈」）、本書の紙背文書の宛所に「九条御房」「九条御庵室」などと見られることから、寛覚は自らとその周辺に宛てられた文書を翻して料紙とし本書を記したもので、その過半は寛覚の筆跡が占め、余白・紙背に弟子某の補記が加えられている。[10]

では本書の内容構成を通覧しておきたい（『　』内は弟子某の筆跡にかかる）。

(1)（由緒）「根本記云」・「縁起云」

(2)「付法血脈事」

(3)『小栗栖寺事』

(4)「別当次第事」○弟子某補訂・追記、

(5)「受法沙汰事」「理性房（賢覚）法眼御記云」・「或記云」・「実任云」・「宝心阿闍梨云」・「又云」（保元元年十二月廿日　後白河天皇綸旨、年月日未詳　御室覚性法親王御教書）・「仁平四年八月廿八日賢覚法眼遣寛宗僧都之許状云」・『根本記云』

(6)「霊験事」「寂明記云」・「縁起云」・「寛信法務記云」・「遍智院僧都義範云」・「宝心阿闍梨記云」

(7)「宣下事」保延元年九月十九日　崇徳天皇宣旨
久寿三年正月八日　近衛天皇宣旨

(8)「支度事」保延元年十二月廿六日　太元帥法五宝香薬等注進状
「或記云」・「寂明記云」（正月五日　尊実法橋書状、正月七日　左大弁兼光書状）

(9)「請伴僧事」　「覚禅抄云」・「決疑抄云」・『建久八年正月八日　太元帥法伴僧請定』・『建久十年正月八日　太元帥法伴僧請定』〇補記紙背、

(10)「遣取秋篠寺香水幷壇土事」　承安四年十二月二日　官宣旨
承安五年正月五日　太元別当尊実下文
承安五年正月七日　秋篠寺所司香水壇土送文

(11)「潔斎湯事」

(12)「御本尊幷道具等渡事」

(13)「朝所敷設装束事」

(14)「朝所指図事」　『今私云、理性房令行給時図久寿三年』

(15)「内道場荘厳事」「或記云」

(16)「巻数事」　天養二年正月十四日　太元帥法巻数

(17)「伴僧交名書様等事」　(年未詳)正月十五日　太元帥法職衆交名注進状
大治四年正月　日　太元帥法職衆交名注進状
長久五年正月七日　太元帥法職衆交名注進状
承安五年正月十四日　太元帥法伴僧交名注進状

(18)「香水事」

(19)「壇供御明等支配事」

(20)「太元法所召物所済事近来定」　「諸司所課」・「行事所沙汰」・「蔵人方沙汰」・「永宣旨召」・「諸司切下文」・「秋

篠寺沙汰」・「比良保沙汰」・「守護事」・「酒肴事」・「饗膳支配事」・「御修法中自所運上物事」（『寛喜記云』・『小栗栖所当引付寛喜三年』）

本書の記事のほとんどは、「根本記」（「入唐根本大師記」）・「縁起」（寵寿草「太元法縁起」）・「寂明記」（「太元中文」）など太元帥法の根本「具書」をはじめとして、「理性院《（賢覚）》法眼御記」・「寛信法務記」・「理性院古御抄物」・「浄秀入寺壇様」という先師抄物・図様、「遍智院僧都義範云」・「宝心阿闍梨云」という先師口伝と、「覚禅鈔」・「決疑抄」などの次第本、さらに保延元年九月十九日崇徳天皇宣旨以下の文書の引用から構成されている。もちろん寛覚が本書のすべてをこれらの出拠から直接に引用したとは考えがたいが、ことさら祖師・先師の説と発給文書に依拠することによって、法流の正統を継承するための聖教撰述を目論んだのではなかろうか。

ここで寛覚がいかなる立場にあって本書を撰述したものかを考えてみたい。寛覚の師である観俊は先師行厳から理性院と同流を継承するとともに（「醍醐寺新要録」理性院篇）、併せて［賢覚—宗命—宗厳—行厳］と継がれてきた太元帥法を相承している（表1参照）。しかし寛喜元年（一二二九）に第四十八代太元別当に補任された行厳は、嘉禎二年（一二三六）に入滅し、これより元応元年（一三一九）に第五十六代信耀が補任されるまでの七代の別当はすべて安祥寺流で占められ、ついに観俊が別当に補任されることはなかった。ところで寛覚は文永四年（一二六七）理性院において観俊から伝法灌頂をうけており（「伝法灌頂師資相承血脈」）、これ以後に本書を撰述したものと思われる。「文永年中」に寛覚は「自抄」を草して観俊の「入見参」れたのは、いうまでもなく太元帥法の伝授を求めてのことであろう。しかし奥書に「然而不及御再治」と記されていることから推して、寛覚が本書に拠り太元帥法の伝授をうける機会は訪れなかったと思われる。本書の「附法血脈」の末尾には「観俊法印」が記されているが、この後に寛覚の法名が釣られることはなかった。このように太元帥法を相承することのなかった寛覚であるが、「文永年中」にいまだ太元別当に補任されぬ師観俊に「自抄」を呈したのは、やはり太元帥法の伝授を意図してのことであり、そのような意図のもとで本書が生まれたことは間違いあるまい。仮に寛覚の相伝が実現したならば後世の拠るべき聖教となったはずの本書であるが、弟子某の追記が加えられたのみで、その役割を果たさぬままに、「太元帥法私鈔」との書名を与えられ後世に伝わったのである。

そこで⑴から⒇までの内容と、「太元帥法血脈」・「太元法理性院相承間事」とを比較すると、記事の粗密は度外視するとして、共通する部分が多いことに気付く。⑴〜⑷・⑹・⑻・⒁〜⒃に記される太元帥法と太元別当の創始・効験・相承、勤修支度と道場の敷設・荘厳、修法巻数という、修法の由緒、勤修の場、修法の内実については「太元帥法血脈」と、また⑸の諸法流にわたる太元別当相承の経緯については「太元法理性院相承間事」と内容的に対応している。[11] ところが⑺・⑼・⒄という太元別当（太元阿闍梨）・伴僧の選任と⑾の職衆潔斎、⑽・⑿・⒀・⒅という道場の敷設・荘厳のための具体的な手順、⒆・⒇の修法勤修に必須とされる要物・費用の賦課と下行は、本書にのみ記されている記事である。つまり「太元帥法私鈔」は、「太元帥法血脈」・「太元法理性院相承間事」の内容を内包してより詳細に記すとともに、修法勤修を人的・経済的に支える要件を加えたものといえる。これは太元別当が果たすべき聖・俗にわたる段取りを掲げた本書を検討素材として取り上げている以上、至極当然の結果であろう。しかし多様な真言聖教のなかで、このような人的・経済的な要件を記した「太元帥法私鈔」は、決して特殊なものとはいえないのである。たとえば「延喜式」からの「太元法用途」や「嘉承年中永宣旨」の略抄が記される「覚禅鈔」はこの一例であろう。すなわち五壇にわたる修法の由緒・次第・道場荘厳のみならず、修法を中核に置く法会全体を実現するための人的・経済的な要件までが太元別当のわきまえねばならぬ職務であり、その全体が一括して太元別当により相承されるべき内実と認識されていたのではなかろうか。

これは修法勤修の前後で発給される文書からも確認することができる。たとえば、「太元帥法私鈔」に掲げられる保延元年（一一三五）の太元帥法五宝香薬等注進状は、「太元帥法血脈」や「覚禅鈔」にも全く同文で引用されており、また天養二年（一一四五）の太元帥法巻数の引用も、「太元帥法私鈔」・「太元帥法血脈」や「元帥鈔」（「醍醐」一一九〇函四号）に共通している。さらに「伴僧交名書様等事」に掲げられる太元別当が発給した年未詳・長久五年（一〇四四）・大治四年（一一二九）・承安五年（一一七五）の形式を異にする四通の交名注進状は、「書様」として掲げられたものであり、「覚禅鈔」などにも同文の引用が見られる。ところが遍智院に相承された太元帥法の要目を記す「太元法私記」（「光宝記」、「醍醐」一四〇函二号）には、貞応二年（一二二三）の太元帥法五宝香薬等注進状、同三年の太元帥法巻数、同年の太元帥法職衆注進状が引用されている。つまり修法を相承する諸流によって、太元別当が文書発給にあたって参照すべき「書様」を異にしているわけで、これらの「書様」を含めて修法次第の伝授が行われていたことを再確認することができよう。

ここで真言聖教に記される「書様」の意味についていささか触れておきたい。太元帥法の相承をめぐる理性院流と安祥寺流の相論において、理性院賢覚の伝受を主張する理性院側は、「定快供奉相伝、殊得法之肝心、是浄秀入寺所伝也、秘曲大事幷文書等、于今相伝見在理性院経蔵」（同前二九〇函三号）とあるように、第二十一代太元別当源慶から浄秀・定快を経て賢覚に相承された「秘曲大事幷文書等」が理性院経蔵に現存することを重要な証拠としてあげている。この「文書」とはかつての太元別当が修法にあたり発給したものであり、これらを相伝することこそが法流相承の証しでもあった。そして「文書」は拠るべき先例として真言聖教に引用されることにより「書様」となるわけで、「書様」は単なる文例以上に、法流の独自性を表現する先例として、さらには法流の象徴として認識されていたと考えられる。すなわち法流相承という場における「文書」・「書様」は、意思伝達や文例集という本来の機能を超えた次元に、新たな宗教的かつ社会的な機能を負っていたことに注目しておきたい。

以上のように、真言聖教のなかには修法勤修に関わる由緒・次第・支度・荘厳から職衆・供料など世務に及ぶ幅広い記事が盛り込まれたものが散見される。その好例が「太元帥法私鈔」であるが、本書を単に太元別当がわきまえるべき諸務を書き上げたものとのみ評価することは適切ではあるまい。一般に修法を主導する立場にある大阿闍梨、たとえば太元帥法での太元阿闍梨は、密教法会の柱となる修法を自ら勤修するとともに、その法会全体を主導して法会の効験を実現することになる。大阿闍梨にとって法会勤修に伴う人的・経済的要件は、単なる世務にとどまらず、効験を実現する前提条件として濃厚な宗教的意味をもつはずである。また大阿闍梨は、聖・俗にわたる内容の真言聖教により伝受をうけ、修法を中核におく密教法会の全体を掌握し主導するわけで、この伝受が完了した時点で、真言聖教は修法相承を象徴し、また伝受それ自体を対象化する役割を果たすことになると考えられる。

なお論義会に代表される法会のなかで生まれた顕宗聖教と比較するならば、聖・俗にわたる幅広い内容構成は、真言聖教がもつ際立った特徴とすることができる。すなわち論義（問答）勤修のために撰述された顕宗聖教において、論義法要に関わる記事が過半を占めることは真言聖教と変わらない。しかし論義法要を支える講師は、職衆の招請や供料の徴納・下行に関与することなく、顕宗聖教にいわゆる世務に関わる記事が盛り込まれることは少ない(12)。これに対し修法を中核とする密教法会では、修法を勤修する大阿闍梨は法会全体を主催・主導する立場にあり、しかも伝受を媒介にしてその立場が相承されることから、ここに特徴的な真言聖教の内容構成が生まれ、さらにこの構成自体も相承されたと理解しておきたい。

おわりに

修法勤修にあたり作成される真言聖教が果たすべき機能について、護国修法として継修された太元帥法に関わる「太元帥法血脈」・「太元法理性院相承間事」・「太元帥法私鈔」を素材に検討を加えたわけである。

修法勤修を契機として生まれる真言聖教に、道場・壇という修法の場、壇作法を中心に展開する修法の所作次第、そして修法の作法を具体的に担う職衆に関しての記述が盛り込まれることは至極当然のことといえる。そして修法勤修のための要件を具体的に記し伝えるという実務的機能こそ、真言聖教がもつ第一の機能ということになろう。ただし効験を期する修法には、場・次第・職衆という側面で、儀軌や先例に基づいた詳細な規定が定められており、これらが遺漏なく備えられ果たされることが求められる。壇の荘厳や所作に僅かな欠失が生じたならば、修法の効験は決して期待しがたいのである。修法を中核とする密教法会の勤修条件を整えることには、単に法会を催すための環境整備という実務的な次元とは別に、修法の効験を得るための前提条件を確保するという宗教的な次元での役割があり、これを見過ごすことはできない。

また修法は祖師を発端として師資相承により継承されるわけで、太元帥法でも明らかなように、勤修を主導する大阿闍梨には相承系譜の正統性が求められた。修法の相承における正統性は、祖師からの「秘事」を余すところなく継承することにより保証され、また修得された正統な所作次第によって初めて効験が得られる。この正統性は各時代に於ける効験の蓄積によって裏打ちされ、この効験の伝承により正統性はより確固たるものとなったはずである。ところで修法が相承される過程における法脈の細分化は通例であり、その系譜のいずれが嫡流であるかが修法勤修にあたって大きな問題となる。真言聖教のなかには修法相承の足跡を記すものが散見されるが、継承の経緯と効験の実績に関わる記述は、単なる回顧では決してなく、当該の大阿闍梨が法会主導にふさわしい正統性を備えることを証する重要な役割を果たしているのである。このように修法の由緒・実績を明記して勤修の正統性を示すことこそが、真言聖教の第二の機能となろう。

さて修法の相承は師資間における伝受を経て初めて実現するものである。修法の伝受を求める受者は、相承すべき内容を記す聖教を事前に書写もしくは撰集した上で、師僧からの伝受の場に臨む。この場で師僧は受者に対して聖教に拠り、修法の由緒や勤修の要件を逐いながら口伝による奥義を授け、受者はその内容を聖教の面に朱墨・角筆・押紙により記録する。ここに伝受が完了するとともに、師資相承の証としての聖教が完成するわけである。師資間の伝受において、真言聖教は双方が授受される内実を確認し合うための媒という実質的な役割に加えて、伝受が完結し修法が相承されたことを示す社会的な役割が確認される。この伝受の場での媒と証こそが、真言聖教の第三の機能として指摘できる。

本章では法会全体にわたる内容が盛り込まれた真言聖教が、寺院社会において果たした機能について検討を試みた。冒頭に触れたように、真言聖教は修法勤修を契機として生まれるが、その形式もまた対応する機能も多様にわたる。このなかで真言聖教に特徴的ともいえる修法の全貌を記した聖教が、伝受という手続きを経て修法を実現させる過程で、多面的な機能を果たし、伝来したことを確認したわけである。そして一類型の聖教に内在する多面的な機能により、多様な真言聖教の生成・機能を検討する一つの手がかりが得られたと考える。

注

（1）　聖教の定義については、拙稿「論義と聖教―『恵日古光鈔』を素材として」（本書Ⅲ第三章所収）、同「「聖教」の相承―

守覚法親王草「密要鈔」を素材として―」(『醍醐寺文化財研究所紀要』一六号)参照。

(2) 文亀三年より天正末年までの間、理性院厳助により天文三年(一五三四)、同堯助により天正十三(一五八五)・十五年に「大法」として太元帥法が勤修されたという(「醍醐」一四〇函一五号)。

(3)「太元帥法血脈」の外題は、本書文首の「太元帥法血脈」をそのまま用いたもので、その内容は血脈にとどまるものではない。なお本書には、「本云、建久六年七月日、以此法阿闍梨覚敬(鏡カ)之本書写了、為盛運伝様也」「仁治三年正月廿九日晦日也、書写了、於東子僧坊書写了、　円学」との奥書が見られる。

(4) 長久五年(一〇四四)の太元帥法職衆交名には、大阿闍梨と伴僧の末尾に「沙弥代僧十五口、弁壇沙弥四口」として、計十九口の沙弥の参仕が記されるが、宝治二年(一二四八)の奥書をもつ「元帥鈔」(「醍醐」一二九〇函四号)には、「沙弥十五人、但近来無之」とあり、少なくとも鎌倉前期にはその出仕は見られなかったわけである。

(5) 本書の「略次第」には、「雖有根本次第、今私用別次第云々」と付記されており、常暁以来の「根本次第」とは異なる「別次第」によって勤修されていたわけである。

(6) 本書末尾に「宗―苟受一流之正嫡稟承遺跡、積多年公請之労功、剰後七日御修法七ヶ年相続懃仕、五穀豊稔、四海安寧、雖為下愚之質、不恥上聖之徳者乎、依此等労積、当年被補任太元阿闍梨■、弥抽無貳之忠貞、■■祈方代々宝祚矣」との文言から、永和三年(一三七七)に「太元阿闍梨」(「醍醐寺新要録」理性院篇)となった宗助の草と判断される。

(7)「太元法理性院相承間事」には、賢覚の補任は天治二年(一一二五)と記されているが、「太元帥法私鈔」の別当次第によれば、天治二年に補任されたのは二十九代の琳覚となっており、これは保延元年の宣旨からも裏づけられる。

(8) 寛宗を太元法別当に補任するにあたり、保元元年(一一五六)十二月に、

被尋申御室院(ママ)宣云、

法眼寛宗太元法阿闍梨望申之由令申候、御能学其道候歟、近代人雖借受法之名、自不伝秘密之奥義、成如此之望、為法為世実不便事候、委尋子細、可令忩申給之由、宜令言上者、御気色如此、範家恐惶謹言、

保元々年
十二月廿日　右大弁範家奉

摂津法橋御房

との後白河天皇綸旨が御室に下され、「太元阿闍梨」を望む寛宗が、果たして「秘密之奥義」を極めたか否かを尋ね、これ

に対して御室覚性法親王から、

御室御返事云、

寛宗法眼太元法伝受事、子細者先日申上候了、賢覚逝去之刻、申故院《鳥羽上皇》云、弟子等之中寛宗・宝心・宗命令伝此法之奥旨了之由、慥申候了、且又年来所令語候也、件法為一宗之肝要、以荒涼之説、何輙可令執申候哉、実為法為世、尤可有其怖候歟、而寛宗齢及六旬、位為法眼、旁相当其撰候者也、以此旨可令申入給之由、所候也、恐々謹言、

月　日　　法橋

として寛宗は別当に相応しいとの返事が呈され、その結果として寛宗に「可勲仕太元法之由宣下」されたのである。このように太元阿闍梨の補任にあたり、御室がその資質について諮問をうけ、保証する立場にあったことは注目される。なお右の二通は「太元帥法私鈔」に拠ったが、「太元法理性院相承間事」の引用とは少々の異同が見られる。

(9)　このような内容を備えた太元帥法勤修に関わる聖教としては、「宝治二年二月十一日、以深沙御本書写之、彼本以極楽房御本写之云々、此抄者、遍智院御抄云々、七八日伝授了、交合了、金剛仏子全成」、「享保十九甲寅年蠟月三日、於紀州利生護国寺、以醍醐松橋無量寿院之御本書写之畢、沙門常明」との奥書をもち、(1)行法由来（「已上寵寿奏状意」）、(2)秘法霊験、(3)外儀法則・結願事・御衣加持発願・香水加持発願、(4)壇様荘厳、(5)印契真言、(6)巻数支度（天慶三年正月廿一日「太元御修法所謹奏」、天暦五年五月六日「臨時太元御修法所謹奏」、保延元年十二月廿六日太元明王御修法五宝香薬等注進状、天養二年正月十四日太元帥所「御巻数案」）、(7)付法相承、との内容をもつ「元帥鈔」（「醍醐」二九〇函四号）がその好例としてあげられよう。

(10)　「醍醐寺新要録」理性院篇の「血脈事」には、「寛覚」に「理性院法印」との注記が付されている。しかし「伝法灌頂師資相承血脈」（『醍醐寺文化財研究所研究紀要』一号）には、「寛覚」に「宰相法印、理智院」「九条法印」との注記が見られる。寛覚は理性院を相承した院主ではない以上、「理性院法印」は不自然であり、「理智院」の誤記ではなかろうか。このように考えると寛覚は師観俊から太元帥法を相承されてはいるが、醍醐寺理性院に常住していたわけではなさそうである。

(11)　修法の概要を本尊図像とともに掲げる「覚禅鈔」は、広範な内容にわたるところから、「太元帥法私鈔」と相通ずるところがあろう。

(12)　興福寺維摩会の場合、法会の主催者である探題が職衆招請から供料下行まで関わることはあるが、修法を自ら中心となっ

て勤修する太元阿闍梨と異なり、論義において探題は決して中心的な役割を果たすことはない（拙稿「法会と文書—興福寺維摩会を通して」〈本書Ⅱ第一章所収〉参照）。

第六章　「印信」試論——主に三宝院流印信を素材として

はじめに

真言密教（東密）におけるあらゆる事相（修法の作法）は、面授・口伝という付法の手続きによって師僧から弟子に継承される。このような付法の場では、事相の奥義の伝授とともに、付法行為の成就を証し、また付法の内容を記した文書が作成され、師僧から弟子に交付されるのが通例である。これらの文書は真言聖教と総称され[1]、密教寺院に多数伝来するばかりではなく、現代においても真言宗徒の養成過程で作り続けられている[2]。ところで現代にも生きる真言聖教であるが、時代と細分化された法流ごとにその体系や形式・呼称などあまりに多様にわたり、その全体像を捉えることは容易ではない。そこで真言聖教の体系化を試みる第一歩として、特定の法流という枠のもとで、付法の場において発給された文書の実態を把握することを課題とした。そして主に醍醐寺に伝来してきた東密小野流の中核をなす三宝院流の聖教類を、検討の素材として取り上げることにしたい。

さて天正十三年（一五八五）、醍醐寺座主義演は、上醍醐行樹院の院主深宥から先住澄恵の事績について、次に掲げる先途注文を受け取った（「醍醐」八九函六九号）。

一入室事　不知、最初ハ密教院弘典弟子也、然而行樹院祖師俊喩僧都弟子被申請云々、深応中伝也、

一得度事　是モ密教院ニテ得度之由深応申伝、年号ナト不知、
一加行等事　四度之通、密教院ニテ仕由申伝ケル、深応口伝也、（中略）
一入壇事　不知、印信等モ行樹院炎上之時紛失歟、水本（報恩院）ニ印信之跡書可優歟、
一開壇事　是モ何ヲ初ト不知、

行樹院澄恵は「平民」の出自ながら報恩院賢深から付法を受けて三宝院流正統を継承し、同院の住持に就いた人物であり、義演自身もその法流に連なっていた（『醍醐寺新要録』報恩院篇）。ところで右の注文には、密教行者がたどるべき「入室」・「得度」・「加行」・「入壇」・「開壇」という階梯が記される。そして密教行者にとって最も重要な階梯である「入壇」（伝法灌頂）にあたって「印信」が、師僧賢深からの法流相承にあたって「附法状」が発給されていたことが確認される。この師から資への付法行為は双方がその成就を確認すれば十分であり、これを証する文書を両者間で授受する必要などないはずである。それにもかかわらず「印信」・「附法状」が発給されたのは、師資を含みこむ門徒集団、門徒集団を含みこむ寺院社会、さらに寺院社会を包含する世俗社会において、付法の実施が社会的な意味をもち、付法の成就を客観的に証する文書が要請されたからにほかならない。この意味で付法の文書である「印信」・「附法状」が、師資間における付法行為の確認にとどまらず、社会的・政治的な機能を負っていたことは見過ごせぬ一面である。

密教行者が一人前の阿闍梨となり、自ら「開壇」して弟子に灌頂を授けるためには、伝法灌頂は不可欠な階梯であり、何時・何所で誰を伝法阿闍梨として伝法灌頂をうけたのかを記す「印信」は、阿闍梨の立場を証する重要な文書である。また付法という行為が仏法の師資相承を支え、ひいては密教教団の存続を支える以上、「印信」は真言密教の伝持・布弘を語る指標ともいえる。すなわち「印信」は、密教行者の個々にとっても、密教教団にとっても、重要

な意味をもつ文書ということになろう。しかし付法の文書としての「印信」であるが、寺院史料の宿命とはいえ、文書としてはしばしば軽視されてきた。そこで本章では、古文書としての「印信」が、いかなる時代に成立し、具体的にはどのような場で生まれ機能したのかについて検討を加えることにしたい(3)。

第一節　「印信」の成立

「印信」の一般的な語義としては「法門授受の證として阿闍梨より弟子に付属するものを云ふ。印は印可の義。信は符契の義なり。(中略) 而も普通は所授の法の印明を記せる文書を指す。従って印信の種類は其数少からず。伝法灌頂の印信は広沢諸流は多分印明・血脈の二通、小野諸流は多分印明・血脈・紹文の三通とす」(『密教大辞典』「印信」項) とあるように、師僧から弟子に伝授した印・明を記し付法の証とするための文書ということであるが、その起源については定説がない。その種類は多く、また伝法灌頂にあたり発給される「印信」の場合、小野流では印明・血脈・紹文の三形式、広沢流では印明・血脈の二形式というように、法流によって形式・内容は区々である。このような内容が今日にも生き続ける「印信」の一般的な語義であり、とりたてて異を唱える必要もない(4)。また栂尾祥雲氏は、「印可を翰墨に載せたものを印信と称して居る。是れ印可信憑の義で、此が秘法印可を証明すべき信憑となるが故にかく名くるに至ったものらしい。上古に於ては印可は何れも師資面授し、決して之れを紙に誌すことはなかったのである」(『秘密事相の研究』) と解説され、「印信」とは伝授の証拠として紙墨に記したものとの定義は、『密教大辞典』等と大きく変わるところはない。また元来は存在しなかった「印信」の嚆矢を、「快遍問答抄」に拠り、延長三年、(九二五) の観賢から壱定・淳祐への授与との説を掲げられている。

これらの説では「印信」という語義の根源を、「印」と「信」のもつ「印可」・「符契」もしくは「印可信憑」という密教的な語句の合成・省略に求め、「法門授受」を記した文書とする。また「印信」の起源については、栂尾祥雲氏の説を見るのみである。そこで現存する「印信」それ自体とともに、語句としての「印信」を史料上に求め、先行の諸説について再検討を試みることにしたい。

まず「印信」との語句であるが、大唐貞元二十一年（八〇五）、渡唐中の最澄が発給した牒（『平』八―四三〇三）に見られる「印信」が、日本の史料に現れる早い事例ではなかろうか。

日本国求法僧最澄　求法訳語僧義真

右、義真、深蒙　郎中慈造、於大唐台州唐興県天台山国清寺、受具足戒已畢、謹請公験印信、謹牒、

大唐貞元二十一年三月一日　　　　日本国求法僧最澄牒

任為公験、三月一日、台州刺史陸淳給印、

最澄は右の牒を「台州刺史」に送り、同道する弟子義真のために、台州天台山国清寺において「受具足戒」けたことへの承認を求めた。そしてこの要請を受けた「台州刺史陸淳」が最澄牒の奥に「任為公験」すとの承認文言と印を加えることにより、牒はそのまま「公験印信」となったわけである。さらに同年に最澄は同じ趣旨の牒を「明州刺史」に送り、「台州公験」に連ねて「当州公験印信」を求め、同様に「任為憑拠」すとの「明州刺史鄭審」の承認文言を牒の奥に得た（同前八―四三〇七）。ここでいう「公験印信」とは、義真が「具足戒」を受けたことを公的に証明する文書であり、「印信」は唐において通用していた〝証拠〟という意味をもつ語句にすぎず、密教法門の「印可」を証する文書という限定的な意味にとる必要はない。すなわち中国では「印信」に証拠という原義があり、しかも受戒・伝授は「公験印信」により証されたことを確認しておきたい(5)。

また弘仁十四年（八二三）、最澄の弟子である徳円が受けた菩薩戒牒には、「受菩薩戒僧徳円、弘仁十四年四月十四日、於此叡峯延暦寺一乗止観院、受菩薩大戒既訖、仍批件度縁後、永為公験印信」（園城寺蔵「徳円印信之類」）との文言が見られる。すなわち徳円が受けた度縁の奥にこの文言が書き加えられることにより、いったんは徳円に授与された度縁の機能が否定され、改めて戒牒としての機能が付与されたのである。つまり「公験印信」とは、「菩薩大戒」を受けたことを公的に証する戒牒そのものということになり、平安前期においても「印信」に証拠という以上の意味、つまり密教での「印信」という限定された語義は見出されない。

ところが承和九年（八四二）、「三部三昧耶」の伝授にあたり徳円が円珍に交付した「阿闍梨位印信」（園城寺蔵「智証大師関係文書典籍」）には、「阿闍梨《順暁》、大唐貞元廿一年四月十八日、於越府峯山頂道場、付本国最澄阿闍梨、皆是国師供奉大徳矣、澄阿闍梨、去大同五年五月十四日、比叡山止観院妙徳道場伝授広智阿闍梨、皆有印信、師々相付也」とあるように、順暁阿闍梨から最澄へ、また最澄から広智への付法にあたって、いずれの意味か判断としないが、「印信」が存在したと記される。この「徳円授円珍阿闍梨位印信」と同一の形式をもつ、貞元二十一年四月十九日の伝授に順暁から最澄に与えられた文書には、「大唐泰嶽霊巌寺順暁阿闍梨付法文一首」（「顕戒論縁起」）との表題が掲げられ、「印信」という表現は見られない。しかしこの「付法文」が伝授の証明書という意味で「印信」と呼ばれたと推測することは可能であろう。さらにこの「付法文」を承けその文言を取り込んだ唐治部省発給の「伝三部三昧耶公験一首」（同前）が発給されており、まさにこれこそが「公験印信」ということになる。そこで最澄が順暁から与えられた「付法文」が「印信」と呼ばれたならば、最澄からその弟子への伝授にあたり発給される「付法文」もやはり「印信」と呼ばれたはずで、これは徳円印信の表現とも符合する。すなわち順暁から最澄へ与えられた「印信」が、最澄から弟子への付法の過程で、祖師の「印信」への尊重の念のもとに、付法の〝証拠〟という意味から、〝付法の証拠〟さらには〝密教伝授の証拠〟という意味に変容を遂げていったという、台密における「印信」の成立の経緯を想定することができる。このように考えるならば、本節の冒頭に掲げた通説のように、密教における「印」・「信」の語義の合成によって、また「印可信憑」の省略として「印信」の語義を説明する積極的な理由はないということになろう。

では次に弘法大師空海を始祖とする真言密教における「印信」の成立について考えることにしたい。その成立をめぐる諸説には、「印信ノ最初ハ、寛平法皇広沢ノ益信ヨリ御灌頂ノ時、記憶被成カタキト仰ラル、ニヨテ、書テ奉リ玉フ、是印信ノ始也云々」(『醍醐』六一九函一六号「定隆聞書」)という益信創始説、「上古ハ印信トテ別ニ紙上ニ書キ示スコト之レナシ、タヾ口伝計リ也、然ルニ印信ノ始ハ、観賢ガ一定ニ書キ与ヘ、淳祐ガ真頼ニ書キ写フル是等ナリ」(『快遍問答抄』)[6]という観賢創始説などがある。これらの諸説に共通するのは、「印信」が真言密教の請来後に成立したということである。そこで一紙物や引付等さまざまな形態をとって伝来する「印信」を蒐集し、その成立について検討を進めることにする。[7]

まず真言密教における現存最古の「印信」は、写としてのみ伝わる、唐貞元二十一年に恵果阿闍梨から空海に与えられたとされる「印信」三通であり、これらはのちに青龍寺恵果にちなみ「青龍印信」と呼ばれた(『醍醐』八一函三号)。その第一通目には「唐貞元廿一年六月十三日」の「大和尚空海」への「胎蔵界伝法灌頂密契」の授与、二通目には「大唐貞元廿一年辛酉七月日」の「大法師空海」への「金剛界伝法灌頂秘印」の授与、三通目には「貞元廿一年歳次辛酉八月十日」の「大阿闍梨空海和尚」への「秘密大阿闍梨位密印」の授与が記される。結論的にいうならば、これらの「印信」はその形式や表現からして、とうてい当時のものとは考えがたい。唐貞元二十一年の六月に「入学法灌頂壇、是日臨大悲胎蔵大曼荼羅、(中略)即沐五部灌頂、受二三密加持」け、七月に「臨金剛界大曼荼羅、重受五部灌頂」け、八月に「受伝法阿闍梨位之灌頂」けたという三段階にわたる恵果から空海への伝授に対応し（『平』八―四三二七）、祖師空海への崇敬を踏まえ後世に作成されたものが「青龍印信」であり、それ自体が秘事として伝授の対象とされたと考えられる。すなわちこれが後世の法流伝授において意味をもつ「印信」であったとしても、唐貞元二十一年（延暦二十四年）、現実に恵果から空海に授けられた「印信」とすることはできない。また同様のことが、天長三年（八二五）空海が真雅に与えたとされる「天長印信」（「阿闍梨位印信」、「醍醐」八一函三号）や「法王灌頂印信」（「即身成仏義印信」、同前八三函五二号）についてもいえよう。そこで恵果から空海、空海から真雅への「印信」を後世の成立として除外するならば、以下に掲げる延喜二年（九〇二）に益信が宇多法皇に授与したとされる「印信」（同前六三六函二号「先徳印信等」）が最も古いということになる。

「（朱筆）寛平法皇」
沙門僧正益信。阿闍梨所而受得小師、縛曰羅没駄、
金剛界秘契
　大率都婆印合掌以二大指差中指下節、屈二頭指取大指甲上、
普賢一字密言曰、鑁
胎蔵界秘契
　五股母陀羅外縛五股、
満足一切智々五字明曰、
　延喜二年歳次壬戌二月廿三日日曜、弁宿、三月節、
書本曰、天治二年二月九日、於池上房以寛平（宇多）上皇自筆敬書写畢、

この「印信」を含む「先徳印信等」は、その書写奥書によれば、天治二年（一一二五）に高野御室覚法法親王が書写した宇多法皇と広沢僧正寛朝自筆の「印信」・口決を転写したものである。しばらく「寛平上皇御自筆」との文言を受け容れ、先に掲げた「定隆聞書」の説を考え併せるならば、右は宇多法皇が伝授をうけた「印」と「明」（真言）を忘備のため自ら記したもので、のちに「印信」の一形式となる「印明」の初見ということになろう。

また延喜二年の「印信」に次ぐものとして、延長三年（九二五）観賢から壱定への伝授を明記した「印信」（同前一八三函二二号二）を次に掲げることにする。

告我金剛弟子等

在昔大日如来開大悲胎蔵・金剛秘密両部界会、授金剛薩埵、々々々数百歳之後、授龍樹菩薩、如是伝受金剛秘密之道、迄吾祖師根本大阿闍梨弘法大師既経八葉、今至余即為第十二葉、拠大悲胎蔵之道、当第十一葉、伝授次第、師資肤〔血脱カ〕相承明鏡、普在秘密家、当今五〔吾〕生年過七十余命難期、以去寛平五年十二月十三日、於東寺灌頂道場、明受僧正法印大和尚位阿闍梨耶〔阿利脱カ〕摩尼〔聖宝〕印可、若不授受学弟子等徒然終焉、断種之罪何以免脱乎、今淳祐・遍基・壱定・平遍、親致承仕之労、普受諸尊之印明、年来見其所志、三時観念不怠、四等契印弥勤、年﨟漸高、持念年深、因之今以先師所授伝法印可、授金剛弟子等、能洗世間五塵之染、可尋出世八葉之蓮、是即酬三世仏恩、答一世師徳也、吾願如是、不可余念矣、

延長三年二月廿三日丙戌女|、日|、　　賜壱定

伝授阿闍梨大僧都法眼尚〔和脱カ〕位観賢

これは大日如来から弘法大師を経て観賢自身に至る両界伝授の経緯を掲げ、観賢から壱定へ正統が相承されたこと、そして壱定が伝授をうけるにふさわしい資質を備えることを、「告我金剛弟子等」げたものである。右の文書は、「伝

授阿闍梨」が自らの弟子集団に向かって伝授の成就を明言するという機能をもつ、「印信」の一形式としての「紹文」である。そして前掲の「快遍問答抄」の記事を考え併せるならば、右の文書は「紹文」の初見とすることができる。なお栂尾氏は右を「印信」の初例とされたが、これはあくまで「紹文」の初見で、「印明」の初見が延喜二年まで遡ることは前言の通りである。

このように管見に触れる限りでの「印信」を通覧し、真言密教における「印信」の二形式である「印明」と「紹文」の各々が、延喜二年と延長三年に初見されることを確認した。そして後世まで「印信」が「印明」の意味で用いられていることを勘案するならば（同前七八函一一三号「当流印信集」）、「印明」が「紹文」よりも先行して成立したと推測される。また紹文に記される法門相承の過程を系図様に表記した「血脈」であるが、三宝院流に限っては建久七年（一一九六）の許可灌頂印信（同前八一函七六号）が初見と思われる。そして通説のように、小野流で「印明」・「紹文」・「血脈」が一括して付与されるのは、鎌倉中期以降ということになる（「当流印信集」）。

真言密教では少なくとも十世紀前半期に「印信」が成立し、以後これが継続的に発給されるようになったが、その登場は台密に比べて大きく遅れたわけである。なお平安中期の台密では、付法の証となる「印信」の発給は一般化しており、真言密教で付法の証拠文書を「印信」と呼称したのは、台密における呼称を踏襲したものとも推測される。

第二節　「灌頂」と「印信」

真言密教における付法の文書としての「印信」は、具体的にどのような場で作成されるのであろうか。そこで三宝院流の正統をひく報恩院歴代院主の印信を類聚した「当流印信集」（「醍醐」七八函一一三号）に検討の素材を求めることにする。鎌倉前期から室町前期に及ぶ二十一通の「印信」を収めた「当流印信集」は、報恩院隆勝が筆跡を吟味して書写した先師「印信」、隆勝自らが発給した「印信」、これらに隆勝以後の院主が発給した「印信」を加え、寛永十二年（一六三五）に報恩院寛済が書写したものである。その冒頭には次掲の建保二年（一二一四）成賢から憲深への付法に際して発給された二通の「印信」が記されている。

水丁（灌頂）　月（隆勝）私云、御自筆云々、

阿闍梨伝燈大法師位憲深

授印可

金剛界　大率都婆印　普賢一字明

帰命 

金剛名号　遍照金剛

胎蔵界　外縛五股印　満足一切智智明

金剛名号　清浄金剛

右、於醍醐寺三宝院授両部灌頂畢、

建保二年歳次甲戌十一月十日庚午　昴宿、金曜、

伝授大阿闍梨権僧正法印大和尚位成賢

水丁　月私云、清書深賢法印、御名二字御自筆云々、

伝法灌頂阿闍梨職位事

昔大日如来開大悲胎蔵・金剛秘密両部界会、授金剛薩埵、金剛薩埵数百歳之後、授龍樹菩薩、如是伝金剛秘密之道、迄吾祖師根本大阿闍梨弘法大師既経八葉焉、今至愚身第廿三代、大悲胎蔵第廿二葉、伝授次第、師資血脈相承明鏡也、小僧数年之間、尽求法誠、幸蒙先師僧正具支灌頂印可、爰憲深深信三密奥旨、専学両部大法、今機縁相催、已所授伝法灌頂之密印也、為次後阿闍梨、為示後哲而授之、能洗五塵之染、可期八葉之蓮、是則酬仏恩、答師徳、吾願如此、不可余念耳、

建保二年歳次甲戌十一月十日康午昴宿金曜、　伝燈大法師憲深

伝授大阿闍梨権僧正法印大和尚位成賢

右の両通は、いずれもその袖に「水丁（灌頂）」と記されるように、成賢が憲深に伝法灌頂を授けたさいに発給された「印信」であり、前者に「伝法灌頂印信印明」、後者に「伝法灌頂印信紹文」との文書名を与えることができる。隆勝はこの両通を書写するにあたり、前者は全文が成賢の自筆、後者は成賢自筆の差出部分（「成賢」）を除き深賢によって清書されたものと判断しており、これは「印信」作成の手続きを考える上で有益な注記といえる。いずれにしても弘法大師が真言宗を立宗して以降、真言密教の教団が存続・発展するためには、その仏法を担う阿闍梨の再生産、そのための伝法灌頂の開催は必須の条件であった。そして阿闍梨であることを証する「印信」が生まれる第一の場が伝法灌頂であることはいうまでもない。

ところが「当流印信集」には、「水丁」以外の場で生まれた「印信」が収められている。

印可

伝法許可灌頂印信

昔大日如来開大悲胎蔵・金剛秘密両部界会、授金剛薩埵、数百歳之後、授龍樹菩薩、如是金剛秘密之道、迄吾祖師根本阿闍梨弘法大師既八葉、今至愚身第廿四代、伝授次第、師資血脈相承明鏡也、小僧数年之間、尽求法之誠、幸。（蒙遍智院）随先師僧正蒙灌頂印可、。（重随報恩院僧正伝密印許可秘奥、）爰権（大）少僧都実深（公惟）、深信三密奥旨、久学両部大法、今機縁相催、重所授許可灌頂之密印也、能洗五塵之染、可期八葉之蓮、是則酬仏恩、答師徳、吾願如此、不可余念耳、

（文永、、）嘉禎四年歳次戊戌十二月廿一日角宿火曜、

伝授大阿闍梨権少僧都法眼和尚位憲深（実深）

袖に「印可」と付記されたこの「印信」は、建暦元年（一二一一）の同形式の「印信」に付けられた「月(隆勝)御筆云、許可印信案」との注記を参照するならば、憲深から実深への許可灌頂にあたり発給された「許可灌頂印信紹文」という文書名になろう。またここで用いられる「印可」とは、許可灌頂と同義ということになる。[8] なお右の「印信」には、行間書や訂正などが加えられているが、これは報恩院僧正憲深から「許可灌頂印信」を受けた実深が、文永年中に公惟への許可灌頂にあたり、憲深「印信」を下敷きとしたためで、これまた「印信」の作成方法を示唆していよう。

さて真言密教の法門を伝授する儀式としての灌頂には、受者にとっての意義を指標とするならば、俗人が曼荼羅諸尊に結縁するための結縁灌頂、師位の前提となる弟子位を授けられるための許可灌頂（受明灌頂）、さらに師位を授けられるための伝法灌頂の三様があるとされ、[9] 密教行者を対象とする灌頂は許可潅頂と伝法灌頂ということになる。弘法大師が唐貞元二十一年の六・七月に「学法灌頂壇」において受けた灌頂を許可潅頂、八月の「伝法阿闍梨位之灌頂」を伝法灌頂とする解釈もあり、[10] これによるならば密教行者は許可灌頂を踏まえて伝法灌頂をうけることになるはずである。ところが現実にはその順序は逆転しており、すでに伝法灌頂を受けた阿闍梨に許可灌頂が授けられるのが通例であった。たとえば、嘉禎四年（一二三八）に憲深から許可灌頂をうけた実深であるが、先立つ安貞二年（一二

二八）に成賢から伝法灌頂をうけ、その折の伝法灌頂印信が「当流印信集」に収められている。憲深と実深とは共に遍智院成賢の門弟であるが、成賢は憲深を正嫡としたため、実深は庶弟の立場に置かれた。ところが憲深は、実深を改めて自らの正嫡とし、成賢からの法脈を継承させようとした。共に成賢の弟子であった実深を自らの法流を継がせるために憲深は許可灌頂を催したわけである。実深から公惟への許可灌頂印信に見られる「重随報恩院僧正（憲深）伝密印許可秘奥」の「重」とは、成賢からの付法に重ねて憲深から付法を受けたという経緯を示している。すなわち現実の許可灌頂は、伝法灌頂の前提としてではなく、阿闍梨位を得た行者への伝法灌頂「重受」の便法たる「略灌頂」として催されていたのである(11)（「定隆聞書」）。

この許可灌頂のもつ性格は、先に掲げた許可灌頂印信の文言にも窺うことができる。まず「紹文」の書出には、「伝法許可灌頂印信」・「伝法灌頂阿闍梨位事」との表現が見られ、これは許可灌頂が伝法「略灌頂」であることの証左と理解されていた（同前）。また「水丁」と「印可」の「紹文」を比較するならば、伝法灌頂における「秘密灌頂之秘奥」・「具支灌頂之印可」・「伝法灌頂之密印」との表現が、許可灌頂では「許可灌頂之秘奥」・「許可灌頂之印可」・「許可灌頂之密印」と変わるのみで、内容構成や文言に大きな差異があるわけではない。ただし日下に記される受者名の表記について、伝法灌頂では僧階・法名が併記されるのに対して、許可灌頂では僧名のみもしくは僧名が省略される場合もあり、後者が略形式であることの現れであろうか。また「印明」については、伝法灌頂における投花得仏の所作が許可灌頂にはないため「金剛名号」が記されず、加えて書止文言の「両部灌頂」が「両部印可」となることが相違点ということになる（「醍醐」八一函七七号「印可印信紹書案文」）。すなわち「紹文」と「印明」が、伝授の正当性を証する伝受印・明を記した文書であるならば、許可灌頂「印信」と伝法灌頂「印信」との本質的な差異はないと考えるべきであろう。

また『醍醐寺新要録』報恩院篇の「一伝法潅頂事并許可」に、同院歴代による伝法・許可灌頂の日時・受者・職衆口数が列記されている。憲深の場合、天福元年（一二三三）から弘長二年（一二六二）までの間、自ら大阿闍梨として四十五回の灌頂を催し、そのうち二十五回は実深を含む阿闍梨への許可灌頂であり、残りの二十回が伝法灌頂であった。また憲淳は灌頂十回のうちで許可灌頂は四回、道順は灌頂八回のうちで許可灌頂三回とされる。これらの事例から明らかなように、報恩院において許可灌頂は伝法灌頂に準じて催されており、伝法灌頂と許可灌頂のいずれによっても、法流を相承し、また実深のように法流の正嫡となることも可能であったわけである。

ただし「略灌頂」としての許可灌頂は、弘法大師による密教請来の当初より存在するはずもなく、密教行者への「灌頂」は事実上伝法灌頂であった。また平安院政期においても、「小僧去応徳三年七月廿三日、随少僧都法眼和尚位義範初受伝法印可、亦嘉保二年十二月八日、就法務法印大和尚位定賢重伝灌頂職位」（同前七六函二七号）との文言に見られるように、「重伝」（「重受」）として改めて伝法灌頂が行われているのである。すなわち許可灌頂は、伝法灌頂の「重受」が日常化し、正規の「伝法灌頂職位」の「重受」が省略されるようになった時代に現出したと考えるべきであろう。また実深の場合、成賢からは伝法灌頂、その弟子の憲深からは許可灌頂をうけ、実質的に成賢・憲深が伝えた三宝院流を相承している。このような同一の法流の「重受」のほかに、「於灌頂相承者、受四箇流」（同前七七函九号）とあるように、異なる法流を別の大阿闍梨から受ける「重受」が広く行われるようになった。[12] そしてこのような現象の背景には、平安院政期以降に顕著となる法流の分化を想定することができよう。たとえば、東密小野流を伝える醍醐寺においては、勝覚のもとから定海・賢覚・聖賢を流祖とする三宝院・理性院・金剛王院流の醍醐三流が分化し、それらがさらに細分化を遂げていった（「醍醐抄」）。このように諸法流が併存するなかで、密教行者が一つの法流のみならず他の法流を相承する風潮の高まりを背景に、阿闍梨位をもつ受者への伝授の条件として許可灌頂が盛んに行われるようになったと理解したい。つまり許可灌頂の盛行は少なくとも鎌倉時代以降ということになり、これは許可灌頂印信の増加とも符合するものである。(13)

以上のように、未灌頂の密教行者への「水丁」（伝法潅頂）とともに、已灌頂の阿闍梨への「印可」（許可灌頂）が、「印信」の発給される場としてあったことは確かである。では伝来する厖大な「印信」は、伝法・許可灌頂の場でのみ発給されたと断定することはできようか。実は「印信」類を蒐集してみると、先に掲げた伝法・許可灌頂の「印信」とは全く形式・内容を異にする多様な「印信」が確認される。そこで時代に幅をもたせながら、厖大な「印信」が作成される場について、今少し検討を進めることにしたい。

真言密教が請来され教団が発展を遂げた平安中期まで、たしかに伝法灌頂という通過儀礼は、密教行者や真言宗教団にとって重要な意味をもっていた（『類聚三代格』「修法灌頂事」）。しかし真言密教をとりまく世俗社会は、密教行者に現世利益を実現する修法を求め、また行者もその要請に応え験力を増すための「大事」・「秘事」や効験のある修法の修得を図ることになる。また法流自体が「大事」・「秘事」や修法を拠りどころに自らの独自性を強調し、その結果として法流の細分化が進行したことはいうまでもない。(14)そこで現世利益の験力を求める密教行者の関心も、通過儀礼としての伝法灌頂から、自らの験力を強化する「大事」・「秘事」や、多様な修法を実現する諸尊法へと移り、それらを伝える法流の相承を望むようになった。このような風潮のもとで、伝法灌頂の「印信」は単なる通過儀礼を証するのみで、密教行者の多彩な験力を証するものは、特徴ある「大事」・「秘事」や諸尊法の「印信」類ということになる。

鎌倉中期、成賢弟子の意教上人頼賢から法流を相承した慈猛上人良賢は、下野薬師寺を道場として武蔵国金沢称名寺開山の審海等に三宝院流意教流慈猛方（慈猛流）の伝授を行った。その伝授にあたり発給した「印信」の全貌が「慈猛流印信目録」によって確認され、本文書には、「一許可二　初行護摩之時出之、印信一」・「一初重二血脈」・「一伝法許可印信二」・「一第二重二」・「一第三重一」以下、八十五通の「印信」が列記されている（『南河内町史』史料篇2　二〇九号）。これらの「印信」類は、結縁・許可・伝法という枠を越えた、「瑜祇大事」・「不動許可灌頂」・「理趣経灌頂」・「即身成仏灌頂」・「霊灌頂」・「最極秘密灌頂」・「法王灌頂」など多様な「大事」・「秘事」を伝授する「灌頂」（切紙伝授）の場で成立したものである。[15]ここで用いられている「灌頂」の一語は、もはや結縁・許可・伝法の三様にとらわれず、広く秘伝の印・明を与える儀式との語義をもつもので、この広義の「灌頂」に対応して「印信」が発給されている。このような「灌頂」の語義変化のもとで、伝法・許可灌頂の「印信」を基礎に、「大事」・「秘事」の秘伝を伝えるさまざまな「灌頂」の「印信」が登場したことに注目しておきたい。[16]また「大事」・「秘事」を拠りどころとして布弘を図る諸法流は、自らの法流の特徴を顕示する「印信」を掲げ、他流との差異を強調したと思われる。

また許可灌頂と同義と考えられる「印可」であるが、時代とともに「伝授」と対で用いられ（同前七七函二二七号）、特定の法流を一括して伝授するいわゆる「一流伝授」の前作法として催され、ときには「一流伝授」と同義としても用いられることもあった（醍醐寺所蔵「尭雅僧正関東下向記」）。[17]特定の法流の「大事」・「秘事」を一括して相承させる「一流伝授」は、密教行者にとってきわめて簡便な法流相承の方法として、鎌倉後期より盛んに催されるようになり、その事前に許可灌頂が行われた。もちろん「一流伝授」における伝授内容には浅深が設けられ、法流の正嫡が相承すべき秘法・口伝は、他流の受者へは一切授けられなかった（『醍醐』八七函八六号、六二四函六六号）。つまり「一流伝授」は法流枝葉の相承と認識され、法流の幹では如法の手続きを踏んだ法流伝授がなされたわけである。しかし密教行者にとって諸法流の伝授は、自ら勤修する修法の幅を広げるとともに、多彩な法流を弟子に伝授できるという存在意義があり、一方、法流の側でもその枝葉が広がるという効用があったと思われる。そして「一流伝授」において許可灌頂「印信」が発給されており、伝来する厖大なこの「印信」の過半は「一流伝授」の場で作成されたものと考えられる。

以上の通り、「印信」が生まれた場について検討を加えたわけであるが、当初の「印信」とは伝法灌頂の場において発給された「伝法灌頂印信」そのものであった。ところが平安院政期より進行する法流の分化を背景に、伝法灌頂の「重受」という現象をうけて「略灌頂」としての許可灌頂が催されるようになり、ここに「許可灌頂印信」が登場した。この伝法・許可灌頂の「印信」が、時代を越えて発給される厖大な「印信」類の基幹を占めていたことは確かである。しかし鎌倉時代以降に急速に進む法流の細分化と、その表裏をなす付法行為の多様化のもとで、さまざまな「灌頂」が生み出され、その伝授のなかで多彩な「印信」が発給されるようになった。さらには最略の手続きにより法流相承を実現する「一流伝授」の盛行は、多くの道場において厖大な数の「印信」類を生み出すとともに、新たな許可灌頂「印信」の舞台を提供したのである。

第三節　「印信」の生成

正和三年（一三一四）八月、後宇多上皇は槇尾平等院において、我宝上人から「悉曇大事七重深極究源底」の伝授をうけた。この「大事」の伝授は師僧が「口決」・「印信」等を読み上げ受者に理解させる「読授」という方法で進められた。伝授作法が終了した後、後宇多法皇は旅宿とした神護寺曼荼羅院に戻り、「於燭下書写先師口決等・印信・血脈等、聖人雖可染自筆、病中有煩、仍可染短毫之由有命、仍写之、冊子五帖・相承印信一枚幷口決一帖所書写也、至印信、明日向聖人草庵、伝授状可令染自筆者也」として、病気の我宝に代わり伝授をうけた「口決」と「印信」（印明）・「血脈」を書写し、「印信」には翌日に我宝の署名を求めることになっていた（『鎌』三三―二五二一三）。この後宇多法皇への「悉曇大事」の伝授から、「印信」等の「読授」という伝授の方法、「大事」伝授における「印信」・「血脈」の交付、また伝授の後に師僧の「印信」を受者自らが書写し、師僧の署名を受けるという「印信」の作成手続きが知られる。

先にも触れたように、「灌頂」が印・明の伝授という語義に拡張した結果として、伝法・許可灌頂のみならず、多様な「灌頂」の場で多様な形式の「印信」が発給されている。そこでこれら多様な「印信」類のなかで、最も多数が現存する伝法・許可灌頂「印信」を中心に、「印信」の形式とその作成から交付に至る手続きを明らかにすることにしたい。

「当流印信集」(「醍醐」七八函一一三号)に収められた憲深授聖守「血脈」の末尾に、本書を編集した寛済の手で、「右血脈一紙、以報検御自筆書了、(報恩院検校僧正・憲深)同印信・紹書在之、以上三通也」と付記されている。憲深から聖守への伝法灌頂は建長八年(一二五六)のことであり(『醍醐寺新要録』報恩院篇)、その折の憲深自筆にかかる「血脈」・「印信」・「紹書」の写(書様)三通が、報恩院に伝存していたわけである。この注記からも、鎌倉中期の三宝院流では、「印明」・「紹文」・「血脈」という三形式の「印信」が作成され、これらが一括して受者に付与されていたことが確認される。

また伝法・許可灌頂における「印明」・「紹文」の形式としては、前掲の建保二年の成賢授憲深「印信」が一般的であると思われるが、同じく延長三年(九二五)の観賢授壱定「印信」をはじめ成立期の十世紀に発給された「印信」とは、文言・形式に違いが見られる。しかし「印明」には伝授された印・明が、「紹文」には伝法の経緯と受者の資質が記されるという、各々の根源的な機能に大きな違いはない。平安中期に成立した「印明」・「紹文」は、平安院政期には一定の形式・表現に落ち着き、少々の相違はあれ今日まで継承されている。これは先行する「印信」を参照して新たな「印信」が作成されたからであり、そのために「当流印信集」に類する印信集や「印信」書様が法流・院家において編集され相承された（「醍醐」七九函五三号「印信書様」、八一函七七号「印可印信紹書案文」）。ただし法流の細分化に伴い、伝法・許可灌頂における伝授内容それ自体が「初重」・「二重」・「三重」という形で分化し、「二重」以降が「大事」とされるとともに、「当金剛院流者、血脈両様在之、末寺・諸化之輩・他流之人者、正嫡之血脈不遣之」（同前六三六函四三号）とある通り、法流の「正嫡」と他流の「重受」者とでは付与される「印信」の内容が異なるというように、時代とともに形式や記載内容に微妙な変化が加えられた事実も見過ごせない。

一方、多様な「灌頂」（切紙伝授）にあたり発給される「印信」の形式は、伝法・許可灌頂における「印信」とは異なり、あまりに多様にわたり一定の形式をとることはない。たとえば、建長四年（一二五二）性円授真空の「阿闍梨位大事（天長大事、唯授一人大事）印信」（同前七八函一五号）の場合、

（端裏書）「伝法灌頂阿闍梨位印　　大師印信」
金剛界伝法灌頂密印
摂一切如来大阿闍梨行位印真言曰、
（中略）
大慈胎蔵界伝法灌頂密印
阿闍梨行位大印真言曰、
（中略）
右、天長二年三月五日壬午、於東寺、貞観寺真雅阿闍梨授之畢、
伝授阿闍梨遍照金剛空海
建長四年三月廿日　弟子真空

伝授阿闍梨伝燈大法師位性円示之

との形式をとる。この「阿闍梨位印信」は、天長二年の空海授真雅「天長印信」を組み込んだ複合文書で、「天長印信」に続いて伝授が行われた年月日と授受者の僧階・法名を付加したものである。このように先行して発給された由緒ある「印信」を引用して成立する「印信」には、永仁六年（一二九八）頼瑜授の「釈論大事印信」を引用した応永二十八年（一四二一）宗観授景範の「印信」（同前七九函一二八号）などが知られる。また天慶九年（九四六）淳祐授の「天慶印信」の奥に、この「印信」に関わる仁済の「口決」を付記し、全体として新たな「印信」とした事例も見出され（同前八〇函一号）、時代とともに新たな形式が創り出されたと考えられる。なお「阿闍梨位大事印信」は、三宝院流を引く報恩院流・地蔵院流・意教流・慈猛流などに、「釈論大事印信」は伝法院流に、「天慶印信」は石山流・勧修寺流などに伝えられた。つまり細分化した法流に特有な「灌頂」が新たに生み出され、これに対応する「印信」の形式が法流相承とともに継承されたわけである。

すなわち、一定の機能のもとでおおむね一定の形式を踏襲する伝法・許可灌頂「印信」と、細分化を進める諸法流に固有の「灌頂」に対応した多彩な形式の「印信」が併存した。そしてこれらの「印信」の形式や文言によって、逆に「印信」を発給した法流と、法流の分化の実態を確認することが可能となろう。

では「印信」は具体的にどのような手続きにより作成されたのであろうか。実は現存する「印信」のなかで正文と判断されるものは少なく、その過半は写と思われるが、そこに記される注記や転写の経過を窺わせる痕跡により、遡って「印信」作成の手続きを推測することができるのである。

まず第一に、後宇多上皇の伝授に見られるように、受者が大阿闍梨のもつ「印信」を書写し、これに大阿闍梨が署名を加えるという手続きがあげられる。受者が書写する大阿闍梨の「印信」は、大阿闍梨自身が師僧から交付された

「印信」原本の場合と、受者に参照させるための「印信」書様の場合がある。後宇多上皇が書写した「印信」や前掲の建保二年の成賢授憲深の「紹文」は前者の事例であり、同じく憲深から聖守への伝法灌頂における憲深「御自筆」の「血脈」は後者の事例ということになろう。この方法によれば、奥に記される大阿闍梨の署名を除いて、その余は受者の筆ということになり、原則として差出者の筆跡が全文にわたるはずの一般の文書とは大いに異なる。写として伝来する「印信」のなかには、奥の大阿闍梨の署名部分をことさらに異筆風に記すものが多々見出され、これは「印信」の署名のみが大阿闍梨の筆跡であるという認識が広く共有されていたことを窺わせる。

第二に、大阿闍梨が「印信」の全文を作成して受者に交付するという手続きである。先の後宇多法皇は、本来なら我宝上人が「印信」を書写すべきであるのにという口ぶりで、「聖人雖可染自筆」と記している。また徳治二年（一三〇七）後宇多法皇は報恩院憲淳から三宝院流正統の伝授をうけたが、その折に法皇に交付された「伝法灌頂印信」の土代から大阿闍梨憲淳による「印信」起草の痕跡が確認できる(18)（同七七函二〇・二三号）。ただし大阿闍梨が「印信」を起草したのは、必ずしも受者が法皇等の場合に限らない。前掲の成賢授憲深の「紹文」は、深賢が清書し成賢が署名を加えたものである。また時代は降るが文亀三年（一五〇三）の宗典授「伝法灌頂印信紹文」は、文中の受者名が入る部分を空けたまま清書されており、同時に複数の受者に交付する場合の便法として、大阿闍梨側で作成されたと考えられる（同前七八函四六号）。なお大阿闍梨は多くの受者へ「印信」を発給するため「印信」の写を自筆で残しており（同八〇函七・八号）、これが「御自筆」の「印信」案・書様として伝来することになったのであろう(19)。

さて現存する「印信」の過半は古文書学でいう竪紙に記されているが、この料紙の形態は「切紙」と呼ばれていた（同前七八函五〇号）。ただし「印信ノ事、他流ニハ丸紙ヲ用ユ、書様モ違也、（中略）往古ハ他流ノ人ヘモ切紙ニ書テ渡サレシ事モアリ云々」（「定隆聞書」）とあるように、自流の受者へは「切紙」（竪紙）、他流の受者へは「丸紙」（続紙）に「印信」を記す法流もあった。また料紙の紙質であるが、元杲より乗海に至る三宝院流の諸先師の「印信」を書写し貼り継いだ「印信類聚」（同前七六函二七号）には、その袖に「紫紙」・「薄紫紙」・「杉原紙」・「引合紙」・「引合打紙」・「庸吉紙」などの注記が見られる。また義演が書写した安貞二年（一二二八）の成賢授実深「印明」・「紹文」（同前七八函九号）の袖には、「料紙檀紙」と注記される。これらの注記はいずれも書写時点で付されたもので、原本と直接比較し紙質を特定する術もないが、平安・鎌倉時代の「印信」には比較的良質な料紙が用いられていたことは、その機能を考えるならば首肯されよう。

このような手続きで作成された「印信」は、最終的に受者に交付され伝授の証として保管される。受者が書写して署名を大阿闍梨に求めた場合、持参して署名を得た後ただちに「印信」が手渡されたことであろう。一方、大阿闍梨が「印信」を整える場合であるが、文永十年（一二七三）大阿闍梨兼観から受者仙覚への許可灌頂では、「一印信事後日ニ賜之了」として「印信」は後日に交付されている。ところが同年に同じく兼観から長算への許可灌頂は「略作法」により行われ、「印信即給之了、仙覚書之、御名御自筆、」とあるように、仙覚が起草し兼観が署名を加えた「印信」が伝授の場で交付されている（同前八〇函一七号「印可日記」）。この一事例のみでの断定ははばかられるが、「今度印信事、（中略）以別儀下賜候者、可畏入存候」（『大古』醍醐寺文書七―一四一二）として「印信」の交付を求める書状が散見されることからも、大阿闍梨が作成する「印信」は、「略作法」の場合を除いて、伝授の後に改めて交付されたと思われる。

以上の通り、「印信」の形式、作成の手続き、その形状・紙質、交付の手続きという側面から、「印信」の生成についておおまかな検討を行った。ただしその検討結果はあくまで中世の三宝院流「印信」という枠内にとどまり、多様な法流と時代にわたるものではありえぬことを付言しておきたい。

おわりに

「印信」について触れる先行研究や辞書は少なくない。ところがこのような解説により伝来する「印信」を理解しようとすると、違和感を感じることがある。これは従来の解説が、制度的に落ち着きをみる江戸時代に撰述された聞書などに拠っているからではなかろうか。もちろんこれらの聞書には、中世に発給された「印信」を理解する上で有効な記述が少なからず見出される。そこで聞書等を参照しながらも、現存する三宝院流「印信」を素材として、その生成と機能について検討を試みたわけである。

さて伝来する「印信」を蒐集しながら、正文・案文・写の判別に迷うことが多々あり、はたして「印信」の正文は伝来するものかという疑問をいだくこともしばしばであった。今日では、真言行者が受けた「印信」は、その死去とともに焼却されると聞く。阿闍梨であることを証する「印信」は、その在世中のみ意味をもつはずで、死去とともに焼却されることも首肯される。しかも「理印　ウツムヘシ」との端裏書をもつ清書された「印信」が見出され（『醍醐』七八函四六号）、これは受者の死去にあたり共に埋めよと解釈できる。このように「印信」の正文が受者とともに消滅するならば、正文が伝わらぬことも納得できよう。ところが冒頭に掲げた澄恵先途注文には、「印信等モ行樹院炎上之時紛失歟」とあり、これは澄恵の「印信」がその没後も行樹院に存在していたと解釈される。付法行為が単に師・資間の法流相承にとどまらぬ社会的な意義をもつ以上、三宝院流に連なる澄恵の「印信」がその住持した行樹院に伝わるということもまた当然と思われる。金沢文庫に保管される「印信」のなかに、下野薬師寺長老慈猛が称名寺開山審海に与えた「印信」があるが（『南河内町史』史料編2）、これらには慈猛自筆の署名が確認され、審海が受けた正文と判断される。つまり審海が没した後もその「印信」は称名寺で保管されていたわけで、「印信」の正文が伝来し現存していることも確かである。すなわち一方では「印信」を処分する慣習と、伝来する「印信」の正文が相対的に稀少であるという事実があり、他方では「印信」の正文が少なくはあれ伝来しているという事実がある。この相反する現実を前にして、「印信」の正文が伝来するか否かという疑問に明快に答えることはできないが、本来は受者とともに消滅すべき「印信」が、受者の法流の象徴・什物として、その拠りどころとなる院家に保管・相承されることもあったと考えておきたい[20]。

このように特定の法流に連なる先師の「印信」正文が相承され、また「印信・紹書文言、以累祖之御案・御自筆書集之」（「当流印信集」）として「印信」が書写・相承された理由は、もはや付法という枠を大きく逸脱したところにあろう。延元四年（一三三九）文観弘真は後醍醐天皇に宸筆の「天長印信」を請い、その奥に「此印信文者、大師御筆、代々座主相承之重宝也、然祖師三宝院権僧正（勝覚）時、一本写之座右置之、常為拝見也、正・写共三宝院嫡々相承大事、不伝此印信輙号嫡々弟者、冥慮可恐々々、（中略）近上皇帝（後醍醐天皇）宸筆所申下也、代々座主之外不可開見」との由緒を記した（東史「三宝院文書」二六冊）。先にも触れた空海授真雅と伝えられる「天長印信」は、醍醐寺座主房である三宝院に相承され、座主のみが拝見できる「座主相承之重宝」であり、三宝院流の正嫡に伝えられる「三宝院嫡々相承大事」とされた。空海が真雅に与えたか否かにかかわらず、東密門葉の根本に位置づけられた「天長印信」は、それが宸筆による写であれ法流正統の象徴にほかならず、それを所持することが法流正嫡の拠りどころでもあった。祖師の「印信」の正文や写を伝えるという行為には、後葉の「印信」の淵源として尊重するという意味とは別に、法流の正嫡に連なることの証というすぐれて社会的な意味があったことは確かである。

「天長印信」のように社会的に注目された「印信」の正文やこれに準じて尊重された写とは別の次元で、厖大な数の「印信」が発給され、その本来の機能を果たして消滅していった。「印信」を古文書として取り扱うとするならば、この両極に集まる「印信」に等しく目を向け歴史的な評価を加える必要があることを、自戒としても再確認しておきたい。

注

(1)『密教大辞典』「聖教」項には、「密教には特に事相上の次第重書等を聖教と名く。事相流派によりて聖教の種類一様ならず。又一流伝授の時一定の法則によりて相伝する印信・次第等を特に表聖教と云ひ、其口決聞書等の末書を裏聖教と名く」とあり、「印信」・「次第」は表聖教とも呼ばれたとされる。

(2)『東密諸法流印信類聚』参照。

(3)『鎌倉遺文』や『神奈川県史』『茨城県史料』『群馬県史』『南河内町史』などの史料集には「印信」が積極的に収載され、『茨城県史料』2の「解説」には簡略にして当を得た説明がなされている。また福島金治氏「印信よりみた中世東国の暦」（『日本歴史』五三七号）のように「印信」を素材とする研究も進められている。

(4)「印信」には、「印明」・「紹文」・「血脈」の総括名称という広義の語義とは別に、「印可成就之日、阿闍梨認印信賜受者時、此紹文相添渡之、而普通印信与之、各別有由緒寺格人、紹書・血脈相添賜之」（「三宝院流洞泉相承口決」幸心諸印信口決）とあるように「印明」それ自体をさす狭義の語義がある。そして史料上の「印信」には、後者の語義が多くを占めると思われるが、本章においては、前者の広義として用いることにする。

(5)大唐貞元二十一年四月「十六日」、越府峰山頂道場において順暁が最澄に三部三昧耶灌頂を伝授したことを証する唐治部省牒（『平』八―四三〇八）が発給され、しかもこの牒は台密における伝法「印信」の原形というべき形式をもっている。このように唐では受戒・伝授という行為が、「公験印信」と「治部省」牒により公的な承認を与えられると認識されていたことは注目される。

(6)原本確認の機会が得られぬため、栂尾祥雲氏『秘密事相の研究』一三六頁より引用する。

(7)「印信」の蒐集にあたり、醍醐寺文化財研究所により構築中の醍醐寺文化財データベースを参照した。その利用を許された醍醐寺当局に一言御礼申し上げる。

（8）「印可」と「許可」については、伝授内容が「浅略」を「許可」、「深秘」を「印可」とする説もある（藤井雅子氏「付法史料の語る醍醐寺無量寺院と東国寺院」（『古文書研究』五一号）参照）。
（9）栂尾祥雲氏『秘密事相の研究』第三参照。
（10）注（9）参照。
（11）許可灌頂の次第は、道場内に引き入れられた受者に対する大阿闍梨の「授三昧耶戒」・「灑水灌頂」・「授五古」・「授印可」（金剛界・胎蔵界・大恵刀印・外五股印・阿闍梨位印）という所作から構成される（「醍醐」八〇函五八号「許可次第」）。受者には加行が求められ、道場・道具を要するものであったとしても（同前八〇函一七号「印可日記」）、これは初・後夜にわたり三昧耶戒作法・金胎両部灌頂作法を柱とする伝法灌頂の次第に比して、略作法であることは歴然としている。
（12）下野薬師寺長老の慈猛上人は、弟子審海（称名寺開山）に対し、建長六年（一二五四）に許可灌頂を与えた後、自ら意教上人頼賢から三宝院流意教方の伝法灌頂を受けたために、改めて審海に対して伝法灌頂を与えている（『南河内町史』資料篇2、一二六号）。審海は慈猛から許可灌頂の後に伝法灌頂を「重受」したわけである。
（13）天暦三年（九四九）淳祐授元杲印信写（東史「三宝院文書」六三冊）に「最極秘密法界躰伝法許可灌頂阿闍梨位之印」の伝授が記されている。「伝法許可灌頂」に注目するならば許可灌頂印信の初見ということになるが、この「許可」を「許」すという一般的な用法と理解し、許可灌頂の事例とはとらない。
（14）拙稿「『院家』と『法流』―おもに醍醐寺報恩院を通して―」（『醍醐寺の密教と社会』所収）参照。また伝法灌頂から、初重（初伝）・二重・三重というように伝授内容が細分化され、その各々において「印信」が作成されたが、（「醍醐」六一九函一六号「定隆聞書」、六三六函三号「我友口伝」）、これも法流分化を示す現象と理解される。
（15）「諸流灌頂秘蔵抄」・「三宝院流洞泉相承口決」（『真言宗全書』）参照。
（16）慈猛は「許可灌頂印信」と「伝法灌頂印信」を同一の受者に与えたが、これは本来ならばありえぬことではあろう。伝法・許可灌頂の「印信」を同時に発給することは諸流の通例とは言いがたいが、「灌頂」の語義の拡大に伴い、伝法・許可の相違が強く意識されることなく、併せて発給されるようになったと考えておきたい。
（17）注（8）藤井氏論文参照。
（18）後宇多法皇に交付された「印信」の正文は伝わらず、憲淳起草の「印信」書様を後宇多法皇が書写した可能性も否定はできないが、「聖人雖可染自筆」との表現にこだわるならば、やはり大阿闍梨憲淳が作成したと思われる。

(19)　受者も自ら大阿闍梨として「印信」を発給するために、前掲の嘉禎四年の憲深授実深「印信」に加えられた追筆のように、自ら交付された「印信」の控を作成している。

(20)　院家・法流が相承する「印信」については、拙稿「醍醐寺所蔵『祖師印信』」(『醍醐寺文化財研究所紀要』十四号)参照。

終章　寺院史料論の総括と課題

一　寺院史料論の総括

寺院史料論を検討課題とするに至った起点は、東大寺・興福寺・醍醐寺等における史料調査の場で、多様かつ多量の寺院史料をいかに適正に整理・分類し史料名を付与すべきかという大きな壁に直面したことにある。寺院史料の全体像を見通すことなど言うに及ばず、史料群の一角と対峙しながら、個々の史料の性格や位置づけさえも、その判断には常に困難が伴った。そこでこの壁を越える一つの試みとして、まず史料を生み出す母体としての寺院社会を宗教的機能を軸として構造的に捉え、その成立と存続に必須の要件を抽出した上で、〔社会―組織―活動―史料〕という相互関係のなかから史料分類の柱を措定し、個々の史料の生成・機能を確認するという研究方法を試みてきたわけである。寺院社会が生きた各時代の政治的・社会的な環境のなかで、その実像を把握する作業は日本史研究にとって重要であるが、個性的な実態論や政治的な権力論の蔭にまわって、本質的な構造論は等閑視されているように思われる。しかし寺院社会の果たす本源的な機能によりながら社会的な構造を把握し、ここから組織論を媒介として改めて寺院史料の実相に立ち戻ることにより、多様・多量の寺院史料を解析することができると考えた。

本書では、まず「序章　寺院社会史と史料論」で、寺院社会の構造とその成立・存続を支える要件を踏まえ、寺院史料をいかに捉えるべきかその視点と枠組みを措定した。そして寺院史料論を取り扱うにあたり、組織論を背景として史料・史料群の生成・機能論を展開するという基本的な方向をとることにした。

「I　寺院史料の成立とその特質」では、その第一章において、序章で示した寺院社会の構造的な指標としての〔仏・法・僧〕・〔寺務・所務〕・〔信心〕が姿を現す組織・活動の場においていかに史料を生み出したのか、またその史料がいかなる機能を果たしたのかを具体的な素材に拠りながら考察した。また第二章では、寺院文書を寺院社会の存続のなかで機能した文書群と理解し、「根来要書」に収められる寺院文書を通覧することにより、たとえ世俗性の強い文書であっても、その根底には寺院社会の果たす機能に起因するぬぐいがたい宗教性を備える寺院史料の特質を指摘した。第三章では、東大寺実弘撰述「聖教」を素材として、寺院史料に特有といえる宗教性の濃厚な「聖教」について、学侶の修学活動という成立の場から撰述手続きや形式を跡づけた。なお「聖教」は寺院社会の本源的な宗教活動である教学・法会と深い関わりをもちながら、最も史料学的な検討作業が遅れている史料群である。少なくとも寺院社会の組織や活動の解明には「聖教」の有効な活用が不可欠である以上、各宗・各寺に伝えられる多様・多量の「聖教」について、その活用の前提となる「教学史料」論（聖教論）と併せて、個別の「聖教」に関する内容・機能についての積極的に検討がなされねばならない。

「II　法会の史料・修学の史料」では、法会の場と寺院文書、法会・修学と聖教という側面から寺院史料を具体的に取り上げ、史料・史料群の生成・機能を踏まえて、そこから看取できる寺院社会の実相に触れたわけである。IIに掲げた論考のなかでとくに注目した対象は顕・密聖教である。顕教では論義会における問答を主な契機として、密教では修法の勤修をめぐり生まれた顕・密聖教は、寺院社会における法会勤修の具体的な次第や教学伝持の実態と併せて、勤修とその前後になされる修学・伝授に表出した職衆・師資の社会的関係をも物語る。たとえば、論義会にあたり多様な文書が授受されその勤修が図られ、招請された職衆は問答における唱文や表白を草して会場に臨み、これらが伝授の対象ともなった。また平安院政期より鎌倉中期まで、宮中・仙洞や洛中六勝寺をはじめ諸寺を道場に、四箇大寺の寺僧を招請して勤修された論義会において、宗派を越えて交わされる論義（問答）が教学的にいかに実現しえたのか、その場に招請される寺僧が他宗の学侶との論義に出仕するためいかなる加行を行ったのかを知ることができた。これらの論義会が、政治権力（上皇・法皇）の世俗的な力により実現したかりそめの宗教空間であったにせよ、法会を支える宗・寺僧にとっては、教学的・社会的に大きな意味をもっていたのである。さらに密教における法会次第は実は事相の相承と密接な関わりをもち、この付法という場において密教聖教の多くが生まれたことが確認された。

顕・密聖教は諸宗ごとに多様な内容・形式をもつもので、本書で取り上げた聖教はそのわずか一部にすぎず、多彩な聖教を幅広く検討する必要があることはいうまでもない。しかし顕・密聖教の過半は論義・修法を契機として成立するわけで、限定された聖教から確認できた成立・形式・機能等の属性は、他の聖教類にも共通するはずであり、類似した聖教の生成・機能を評価する拠りどころとなろう。なお今後の課題としては、他宗・他寺における典型的な聖教を核として検討作業の幅を広げる作業があげられる。

本書における試みは、組織論との関わりを通して史料の生成・機能論を検討するということであり、必然的に組織的な解明が進んでいる寺院に伝来している史料・史料群に大きく依拠することになった。本書で解明を試みた問題の多くは、東大寺・醍醐寺・興福寺という特定寺院に伝来した中世史料という限定のもとにあり、ただちに一般化が可能というわけではない。通時代的に寺院社会を捉え、さらにその場に生み出された寺院史料の全体を俯瞰することは現状では望むべくもない以上、本書における検討結果には限定性が伴うことをわきまえつつも、そのなかに寺院社会に一般化が可能な要素を想定し、その確認を他の寺院・史料群に求めることになろう。

二　寺院史料論の課題

寺院史料論が展開される方向としては、時代・宗・寺院・寺僧という枠を越えた一般論的な全体像の解明と、逆に特定の時代・宗・寺院・寺僧という限定のもとでの個別史料の検討という両極が想定される。そして両極の中間に、本書における寺院社会の組織論を前提とした、特定の時代・宗・寺院における寺院史料論が位置することになる。本書で試みた〔仏・法・僧〕・〔寺務・所務〕・〔信心〕という枠組みは、少なくとも寺院の果たす本源的な機能から抽出した要件であるが、この枠組みが本書において有効であったとしても、諸宗・諸寺の個性を越えて確実に有効であるか否かについては、当面のところ結論を保留せざるをえない。

ここで現状における寺院史料論の効用としては、第一に個別史料を評価するという側面、第二に史料保存・管理という側面、第三に寺院史料を生み出した寺院社会の歴史的な解明という側面で、拠るべき判断材料を提供することが考えられる。第一の側面であるが、史料調査の場においては個別史料に適正な評価が加えられ史料名が付与されるが、この作業にあたり個別史料の生成・機能論的な検討の成果は一つの拠りどころとなる。第二の側面では、保存・管理にあたり個別史料を単位とすることは避けられぬとしても、個別史料の機能論的な検討を踏まえた成立の場を共有する史料群の再構成により、生成時まで遡及した伝来単位の復元が可能となる。第三では、寺院史料が生成・機能した具体的な舞台を再現することにより、その母体である寺院の組織と活動、さらに寺院が存続した時代社会の解明が可能となるが、これは寺院史料を活用した従来の政治・社会・経済史の検討手法にほかならない。しかしこの寺院社会の組織の解明を踏まえて、はじめて中世寺院史料論に「史料管理学」の分類手法を援用する基本的な条件が整うのである。このように寺院史料論は、史料・史料群の基本的な性格と役割を確認するという場で一定の成果を生み出し、これらがさまざまな分野で活用される可能性がある以上、その存在意義はあるわけで、今後も継続的な検討作業が必須であると考える。

また本書では十分な検討ができなかった視点として、「序章」において提示した寺院史料を「モノ」としての側面から検討する形態論がある。本書では、わずかに序章・Iの所々において料紙・形状について触れたのみに止まる。しかし史料調査の場で調書を作成して目録化を図るにあたり、個々の史料のもつ書誌的な要件は決して同定作業のための情報にとどまらない。古文書や聖教の原本から初めて確認できる料紙の種類、料紙の形状と折り方、複数料紙の用い方と貼続、これらは内容・形式と密接な関係をもつ以上、このような側面から個別史料を検討する必要があろう。たとえば、『醍醐寺文書聖教目録』(第一巻、平成十二年三月、醍醐寺刊)、『醍醐寺聖教類目録』(一~五、平成十二年三月、文化庁文化財保護部美術工芸課刊)は、その編集・刊行にあたり、このような視点を踏まえた情報の整理を行っている。すなわち寺院史料の形状・形態・素材と機能との有機的な関係の解明にあたり、個別史料の検討を前提に史料群を対象とする俯瞰的な検討が不可欠である以上、目録のなかに史料群の「モノ」としての情報を一覧できる表現方法が求められたわけである。

また本書で寺院社会史の研究素材として聖教の重要性を指摘したものの、そのわずか一部について内容や機能について検討を加えたにとどまり、多様・多量にわたる顕・密聖教の個別的な教学的特質や内容構成、さらに聖教史料論とも呼ぶべき全体像についての考察は今後の課題とせざるをえない。

ここで寺院史料がもつ書誌的な情報の検討のみならず、前述した寺院史料論を総体として追究するには、電算機を用いた史料情報の処理が有効な機能を提供する。史料群全体の一覧性、随意の指標に基づく情報の配列がきわめて容易に実現できる情報処理は、大量情報の俯瞰を必要とする寺院史料論の検討には不可欠な道具といえる。

今後の寺院史料論が向かう方向が全体と個別の両極にあることは先にも触れた。個々の史料についての稠密な情報確認と、仏教教学に関わることの多い内容に踏み込んだ史料読解と併行して、一定の規格・形式のもとに個別史料の情報を整理し蓄積することにより、より高次元に視点をおいた寺院史料の全体像が解明されると確信する。

あとがき

私が寺院史料と関わりをもったのは、故竹内理三先生のご指導のもとで修士論文に「東大寺文書」を利用して以来のことである。その後、東京大学史料編纂所に就職し、『大日本史料』編纂のための採訪を通して、東大寺を始め興福寺・薬師寺・醍醐寺に伝来する膨大な寺院史料と接することになった。このようななかで故田中稔氏（当時、奈良国立文化財研究所歴史研究室長）との出会いは私にとっては大きな僥倖であった。特に田中氏が主催された東大寺・興福寺・薬師寺における調査の現場で、伝来した寺院史料の全貌を意識し保存に配慮する調査の姿勢、文書のみに偏ることなく多彩な寺院史料を見通し、個々の史料原本の有様を注視しながらその機能を考える研究の姿勢を学ぶことができた。

いつのことであったか興福寺調査のある日、昼食後の雑談の折に、『古文書』（至文堂刊、後に『中世史料論考』吉川弘文館刊に再録）の執筆を進められていた田中氏に向かって、是非とも寺院史料について解説を付けていただけないかと希望を語った。それは文書函に納められた多彩な興福寺史料の調書をとりながら、文書・記録・経巻はおくとしても、多種多様の聖教類について、個々が如何なる場で成立し如何なる役割を果たしたのか全く推測もできず、史料名も付けられないという場面にしばしば出くわしていたからである。せめても寺院史料の体系が知りたいのだがという希望に対し、田中氏は、「それは君自身がやればよいだろう」とだけ答えられた。この田中氏の一言はそのまま大きな宿題となり、平成三年に急逝された田中氏のご霊前で自分なりの模索を決意した。

しかし本書の校正刷りを前にして、田中氏から与えられた宿題はとうてい果たされていないとの思いを強くいだく。本書のささやかな成果を踏まえて、果たして寺院史料を調査し目録を作成するという作業に相応の精度が確保できるのか、その場で確認した史料を的確に評価できるのか、さらに調査した史料により如何ほどに精彩ある寺院社会史を描きだすことができるのか、これらを自問するといずれにも否と答えざるをえない。『中世寺院史料論』との書名を冠した本書であるが、寺院史料の体系的把握にはほど遠く、所詮は自らの調査・研究のための問題点の整理に過ぎないことに忸怩たる思いがある。そこで今は、東京大学史料編纂所から日本女子大学に職場を移して十年余の末に、甚だ貧しい成果である本書を田中氏の仏前に呈し、改めて宿題の継続を誓おうと心に決めている。

さて三十代の頃に是非とも達成したい目標が二つあった。その一つは中世の書札をより正確に解読できるようになること、今ひとつは仏典を正確に読解できるようになることであった。寺院史料を読み解釈するという基本的な作業のなかで、自らの能力の低さに、また作業結果の不完全さに自己嫌悪を繰り返しながらも、依然この目標にこだわり続けている。五十代となった今もこの努力が続けられるのは、周囲にあって勉強の場を提供され、さまざまにご教示下さる先学・同学諸氏のご厚意によるものである。

「大乗院寺社雑事記」紙背文書の翻刻作業を通して史料解読の基本的な姿勢と方法をお教え下さる佐藤進一、笠松宏至両先生、論義史料の研究方法を含めて貴重なご助言をおしまれなかった大久保良峻、楠淳證、曾根原理、蓑輪顕量、山崎誠各氏と、『日本中世の唯識思想』をはじめとするお仕事から多大な学恩を賜った北畠典生氏、東大寺・醍醐寺における史料調査の場で「モノ」としての史料へ踏み込む方法を示唆下さった湯山賢一氏と綾村宏、富田正弘両氏、寺院社会における宗教儀礼の役割と有様を具体的に提示された佐藤道子氏と副島弘道、藤井恵介、山岸常人各氏、そして史料調査にあたりさまざまな便宜と情報をご提供下さった、東大寺の橋本聖圓、森本公誠、守屋弘斎各師、東大寺史研究所長の堀池春峰氏と東大寺図書館の新藤佐保里、野村輝男、野村かおる、横内裕人各氏、醍醐寺の仲田順和宗務総長を始め岡田祐雄、加来大忍各師と長瀬福男氏、醍醐寺文化財研究所の大隅和雄所長を始め研究員諸氏、加えて醍醐寺史料の調査と目録化の作業を通して共に寺院史料を学んできた藤井（菅野）雅子氏を始め日本女子大学大学院の皆さんに対して、心より感謝申し上げたい。

また末尾ながら、本書の出版をお引受けいただき、さまざまにご配慮下さった吉川弘文館の編集部諸氏に御礼申し上げる次第である。

平成十二年十一月一日

永　村　眞

成稿一覧

序章　新稿

I

第一章

第一節　新稿

第二節

一　「論義会と論義草」（速見侑編、平成七年度科学研究費補助金〈総合研究A〉研究成果報告書『古代から中世への転換期における仏教の総合的研究―院政期を中心として―』平成八年）に加筆。

二　新稿

第三節　新稿

第四節

一　新稿

二　「寺家雑筆至要抄」（『日本仏教史学』二二号、昭和六十二年十二月）に加筆。

第五節

一　新稿

二　「寄進」（『歴史学事典』交換と消費、平成六年二月、弘文堂）に加筆。

第二章　「中世寺院文書の特質―『根来要書』を素材として―」（『史艸』三八号、平成九年十一月）

第三章　「『法会』と『聖教』―寺院史料論の一齣―」（『日本女子大学文学部紀要』四三号、平成五年三月）

II

第一章　「法会と文書―興福寺維摩会を通して―」（佐藤道子編『中世寺院と法会』平成六年五月、法蔵館）
第二章　「表白・自謙句・番句」（北畠典生博士古稀記念論文集『日本仏教文化論叢』平成十年六月、永田文昌堂）
第三章　「論義と聖教―『恵日古光鈔』を素材として―」（速見侑編『院政期仏教の研究』平成十年二月、吉川弘文館）
第四章　「修学と論義草―宗性筆『法勝寺御八講疑問論義抄』を素材として―」（『南都仏教』七七号、平成十一年十月）
第五章　「修法と聖教―太元帥法を通して―」（皆川完一編『古代中世史料学研究』下巻、平成十年十月、吉川弘文館）
第六章　「『印信』試論―主に三宝院流印信を素材として―」（『三浦古文化』五五号、平成六年十二月）

終　章　新　稿

なお本書の内容に関連する拙稿を以下に掲げる。

①『史料』（歴史資料）と歴史学的思考」（『一九九四年情報学シンポジウム講演論文集』平成六年、日本学術会議）
②「史料目録とデータベース」（『日本の仏教』五、平成八年）
③「鎌倉時代の東大寺三論宗―三論聖教『春花略鈔』を通して―」（『史艸』四〇号、平成十一年）
④「醍醐寺所蔵『局通対略文集』紙背文書」（『醍醐寺文化財研究所紀要』七号、昭和六十年）
⑤「『聖教』の相承―守覚法親王草『密要鈔』を素材として―」（『醍醐寺文化財研究所紀要』一六号、平成九年）
⑥「醍醐寺所蔵『祖師印信』」（『醍醐寺文化財研究所紀要』一四号、平成六年）
⑦「中世寺院と『寺法』」（永原慶二編『中世の発見』平成五年、吉川弘文館）
⑧「寺領」（『講座日本荘園史』二、平成三年、吉川弘文館）
⑨「寺院社会における財と『利』意識―その原理的な側面から―」（『史艸』三六号、平成七年）
⑩「中世寺院における紙の利用」（富田正弘編、平成六年度科学研究費補助金〈総合研究A〉研究成果報告書『古文書料紙原本にみる材質の地域的特質・時代的変遷に関する基礎的研究』平成七年）

中世寺院史料論（オンデマンド版）

Digital Publishing

2018年10月1日　発行

著　者　永《なが》村《むら》　眞《まこと》
発行者　吉川道郎
発行所　株式会社 吉川弘文館
〒113-0033　東京都文京区本郷7丁目2番8号
TEL　03(3813)9151(代表)
URL　http://www.yoshikawa-k.co.jp/

印刷・製本　株式会社 デジタルパブリッシングサービス
URL　http://www.d-pub.co.jp/

永村　眞（1948～）
ISBN978-4-642-72798-3

著者略歴

一九四八年　熊本県に生まれる

一九七三年　早稲田大学政治経済学部経済学科卒業

一九七六年　早稲田大学大学院文学研究科博士課程中退

東京大学史料編纂所助手・助教授、日本女子大学文学部助教授を経て、

現在　日本女子大学文学部教授・文学博士

〔主要著書論文〕

『中世東大寺の組織と経営』（一九八九年、塙書房）

「鎌倉時代の東大寺三論宗―三論聖教『春花略鈔』を通して―」（『史艸』四〇号、一九九九年）

『醍醐寺文書聖教目録』第一巻〈共編〉（二〇〇〇年、勉誠出版）

中世寺院史料論

二〇〇〇年（平成十二）十二月二十日　第一刷発行

著者　永《なが》村《むら》眞《まこと》

発行者　林　英男

発行所　株式会社　吉川弘文館

郵便番号一一三―〇〇三三

東京都文京区本郷七丁目二番八号

電話〇三―三八一三―九一五一〈代〉

振替口座〇〇一〇〇―五―二四四番

印刷＝理想社・製本＝誠製本

（装幀＝山崎　登）

索　　引

あ　行

か　行

さ　行

た　行

な　行

は　行

ま　行

や　行

ら　行